U0557067

经以济世

褚衣游美

贺教方印

教改又向项目

成至之际

季羡林
丙戌夏六

教育部哲学社会科学研究重大课题攻关项目

城乡统筹视角下我国城乡双向商贸流通体系研究

RESEARCH ON THE BIDIRECTIONAL
COMMERCIAL CIRCULATION'S SYSTEMS OF
URBAN-RURAL AREAS FROM THE PERSPECTIVE
OF INTEGRATED URBAN-RURAL AREAS IN CHINA

任保平
等著

经济科学出版社
Economic Science Press

图书在版编目（CIP）数据

城乡统筹视角下我国城乡双向商贸流通体系研究/任保平，任宗哲等著．
—北京：经济科学出版社，2013.11
教育部哲学社会科学研究重大课题攻关项目
ISBN 978 – 7 – 5141 – 3964 – 8

Ⅰ.①城… Ⅱ.①任…②任… Ⅲ.①城乡贸易 – 流通体系 – 研究 – 中国 Ⅳ.①F724.3

中国版本图书馆 CIP 数据核字（2013）第 263897 号

责任编辑：刘　瑾　宋艳波
责任校对：杨晓莹
责任印制：邱　天

城乡统筹视角下我国城乡双向商贸流通体系研究
任保平　任宗哲　等著
经济科学出版社出版、发行　新华书店经销
社址：北京市海淀区阜成路甲 28 号　邮编：100142
总编部电话：010 – 88191217　发行部电话：010 – 88191522
网址：www.esp.com.cn
电子邮件：esp@esp.com.cn
天猫网店：经济科学出版社旗舰店
网址：http://jjkxcbs.tmall.com
北京季蜂印刷有限公司印装
787×1092　16 开　25.25 印张　480000 字
2014 年 1 月第 1 版　2014 年 1 月第 1 次印刷
ISBN 978 – 7 – 5141 – 3964 – 8　定价：63.00 元
（图书出现印装问题，本社负责调换。电话：010 – 88191502）
（版权所有　翻印必究）

课题组主要成员

(排名不分先后,按章节顺序)

首席专家: 任保平

课题组成员: 任宗哲　何爱平　郭俊华　高　煜
　　　　　　宋　宇　林建华　吴华安　赵　华
　　　　　　钞小静　魏　婕

编审委员会成员

主 任 孔和平　罗志荣
委 员 郭兆旭　吕　萍　唐俊南　安　远
　　　　 文远怀　张　虹　谢　锐　解　丹
　　　　 刘　茜

总　序

哲学社会科学是人们认识世界、改造世界的重要工具，是推动历史发展和社会进步的重要力量。哲学社会科学的研究能力和成果，是综合国力的重要组成部分，哲学社会科学的发展水平，体现着一个国家和民族的思维能力、精神状态和文明素质。一个民族要屹立于世界民族之林，不能没有哲学社会科学的熏陶和滋养；一个国家要在国际综合国力竞争中赢得优势，不能没有包括哲学社会科学在内的"软实力"的强大和支撑。

近年来，党和国家高度重视哲学社会科学的繁荣发展。江泽民同志多次强调哲学社会科学在建设中国特色社会主义事业中的重要作用，提出哲学社会科学与自然科学"四个同样重要"、"五个高度重视"、"两个不可替代"等重要思想论断。党的十六大以来，以胡锦涛同志为总书记的党中央始终坚持把哲学社会科学放在十分重要的战略位置，就繁荣发展哲学社会科学做出了一系列重大部署，采取了一系列重大举措。2004年，中共中央下发《关于进一步繁荣发展哲学社会科学的意见》，明确了新世纪繁荣发展哲学社会科学的指导方针、总体目标和主要任务。党的十七大报告明确指出："繁荣发展哲学社会科学，推进学科体系、学术观点、科研方法创新，鼓励哲学社会科学界为党和人民事业发挥思想库作用，推动我国哲学社会科学优秀成果和优秀人才走向世界。"这是党中央在新的历史时期、新的历史阶段为全面建设小康社会，加快推进社会主义现代化建设，实现中华民族伟大复兴提出的重大战略目标和任务，为进一步繁荣发展哲学社会科学指明了方向，提供了根本保证和强大动力。

高校是我国哲学社会科学事业的主力军。改革开放以来,在党中央的坚强领导下,高校哲学社会科学抓住前所未有的发展机遇,紧紧围绕党和国家工作大局,坚持正确的政治方向,贯彻"双百"方针,以发展为主题,以改革为动力,以理论创新为主导,以方法创新为突破口,发扬理论联系实际学风,弘扬求真务实精神,立足创新、提高质量,高校哲学社会科学事业实现了跨越式发展,呈现空前繁荣的发展局面。广大高校哲学社会科学工作者以饱满的热情积极参与马克思主义理论研究和建设工程,大力推进具有中国特色、中国风格、中国气派的哲学社会科学学科体系和教材体系建设,为推进马克思主义中国化,推动理论创新,服务党和国家的政策决策,为弘扬优秀传统文化,培育民族精神,为培养社会主义合格建设者和可靠接班人,做出了不可磨灭的重要贡献。

自 2003 年始,教育部正式启动了哲学社会科学研究重大课题攻关项目计划。这是教育部促进高校哲学社会科学繁荣发展的一项重大举措,也是教育部实施"高校哲学社会科学繁荣计划"的一项重要内容。重大攻关项目采取招投标的组织方式,按照"公平竞争,择优立项,严格管理,铸造精品"的要求进行,每年评审立项约 40 个项目,每个项目资助 30 万~80 万元。项目研究实行首席专家负责制,鼓励跨学科、跨学校、跨地区的联合研究,鼓励吸收国内外专家共同参加课题组研究工作。几年来,重大攻关项目以解决国家经济建设和社会发展过程中具有前瞻性、战略性、全局性的重大理论和实际问题为主攻方向,以提升为党和政府咨询决策服务能力和推动哲学社会科学发展为战略目标,集合高校优秀研究团队和顶尖人才,团结协作,联合攻关,产出了一批标志性研究成果,壮大了科研人才队伍,有效提升了高校哲学社会科学整体实力。国务委员刘延东同志为此做出重要批示,指出重大攻关项目有效调动各方面的积极性,产生了一批重要成果,影响广泛,成效显著;要总结经验,再接再厉,紧密服务国家需求,更好地优化资源,突出重点,多出精品,多出人才,为经济社会发展做出新的贡献。这个重要批示,既充分肯定了重大攻关项目取得的优异成绩,又对重大攻关项目提出了明确的指导意见和殷切希望。

作为教育部社科研究项目的重中之重,我们始终秉持以管理创新服务学术创新的理念,坚持科学管理、民主管理、依法管理,切实增强服务意识,不断创新管理模式,健全管理制度,加强对重大攻关项目的选题遴选、评审立项、组织开题、中期检查到最终成果鉴定的全过程管理,逐渐探索并形成一套成熟的、符合学术研究规律的管理办法,努力将重大攻关项目打造成学术精品工程。我们将项目最终成果汇编成"教育部哲学社会科学研究重大课题攻关项目成果文库"统一组织出版。经济科学出版社倾全社之力,精心组织编辑力量,努力铸造出版精品。国学大师季羡林先生欣然题词:"经时济世　继往开来——贺教育部重大攻关项目成果出版";欧阳中石先生题写了"教育部哲学社会科学研究重大课题攻关项目"的书名,充分体现了他们对繁荣发展高校哲学社会科学的深切勉励和由衷期望。

创新是哲学社会科学研究的灵魂,是推动高校哲学社会科学研究不断深化的不竭动力。我们正处在一个伟大的时代,建设有中国特色的哲学社会科学是历史的呼唤,时代的强音,是推进中国特色社会主义事业的迫切要求。我们要不断增强使命感和责任感,立足新实践,适应新要求,始终坚持以马克思主义为指导,深入贯彻落实科学发展观,以构建具有中国特色社会主义哲学社会科学为己任,振奋精神,开拓进取,以改革创新精神,大力推进高校哲学社会科学繁荣发展,为全面建设小康社会,构建社会主义和谐社会,促进社会主义文化大发展大繁荣贡献更大的力量。

教育部社会科学司

前　言

《城乡统筹视角下我国城乡双向商贸流通体系研究》于2009年立项，2010年3月课题组在西安成功举行了开题报告，经过教育部社科司批准，组成了以白永秀教授为组长，中国人民大学张宇教授、南京大学郑江淮教授、陕西省商务厅贾明德教授、陕西省行政学院曹刚教授为成员的专家组进行了开题报告。教育部社科司张东刚司长、徐庆森处长、李建平处长亲自莅临指导开题工作。

1. 课题的研究过程

开题报告结束以后，课题组吸收了专家组的意见，完善了研究计划，进行了任务分解，并立即开始着手进行研究。课题研究分为以下阶段：

第一阶段对课题难点和基本理论问题进行了先行研究。课题组召开3次研讨会，经过几个月的研究，形成了40余篇文章。课题组于2011年1月组织了研讨会，出版了《统筹城乡商贸流通的路径研究》（中国经济出版社，2011年版），在《财贸经济》、《社会科学辑刊》、《西北大学学报》、《经济纵横》、《中国流通经济》、《商业经济与管理》等杂志发表论文41篇，被人大报刊复印资料《贸易经济》全文转载2篇，被《中国社会科学文摘》摘转1篇。

第二阶段面上调研。课题组在第一阶段基础理论、基本问题、难点问题研究的基础上，从第二阶段进入调研阶段，2010年5月我们先选取陕西铜川的耀州区进行了试调研，2010年8月课题组到陕西宝鸡进行了典型调研，与宝鸡市发改委、商业局、农业局、供销社进行了座谈，又到岐山县进行了访谈和实际考察，形成了案例分析报告，为课题组调研和报告撰写提供了范本。通过文献检索和资料收集，我们在国内确立了浙江的宁波市和温州市、江苏的镇江市和无锡市、重庆市、四川的成都市、江西省南昌市、河北的石家庄市、云南的曲靖市、天津市、山东的烟台市、贵州的贵阳市等调研点，在调研方法和案例分析方法培训的基础上，从 2010 年 8 月开始分头组织在这些调研点进行调研，在调研的基础上采用案例分析方法进行第二阶段的研究，形成了 14 个案例分析报告，出版了《统筹城乡商贸流通的案例研究》（中国经济出版社，2011 年版）。

第三阶段进行专题研究。通过对基本理论问题的研究以及典型调研和案例分析，课题组确立了几个专题进行研究：城乡市场分割问题、城乡购买力动态平衡问题、城乡贸易条件问题、城乡供应链的一体化问题、城乡市场的一般均衡问题和农产品的流通成本问题。

第四阶段专题调研。对家电下乡政策绩效、农产品批发市场、万村千乡工程的农家店、家电下乡的网点、农产品流通成本进行专题调研。课题组设计了详细的问卷，于 2011 年 7 月对临潼、武功、山阳、宝鸡、重庆、陕西、安徽、山东等省市的几个县进行了专题调研，做了 500 多份调查问卷。2011 年 12 月至 2012 年 2 月对四川、重庆、贵州、河南、湖南等省市的几个县又进行了专题调研，做了 500 多份调查问卷。

第五阶段进行了总报告的撰写。2011 年 8 月至 11 月课题组完成了课题总报告《我国城乡双向流通的商贸流通体系研究》，并从 2011 年 12 月开始做结题准备。2012 年年底按照结题专家评审意见，对课题总报告进行了全面修改。

2. 课题研究取得的成果

本课题在研究中，围绕课题主题，按照研究计划，课题组取得了以下成果：(1) 在《财贸研究》、《中国流通经济》、《商业经济与管理》等刊物发表论文 50 余篇，被人大报刊复印资料全文转载 2 篇，人大报刊复印资料《贸易经济》索引 10 余篇，被《中国社会科学文摘》转载 1 篇。(2) 出版《统筹城乡视角下城乡双向流通的路径研究》、《统筹城乡商贸流通的案例研究》（中国经济出版社，2011 年版）。其中课题所采用的案例分析方法和田野调查方法，被《中国社会科学报》采访，以《告别"黑板理论"走进乡间现实》为题，发表于《中国社会科学报》第 236 期，并被《中国高校人文社科网》转载。(3) 向教育部和学校科研管理部门提交 8 份《课题研究简报》，并向教育部提交三份专家建言。(4) 依据问卷调研数据，形成了 3 份问卷调研分析报告：《家电下乡政策效果的评价》、《农户对农家店满意程度的评价》、《影响"万村千乡市场工程"政策绩效因素的调查分析》。(5) 通过对全国 13 个地区的调研，形成的案例分析报告，分送各地区商务管理和政策管理部门以后，被相关部门制定政策所采纳，得到了相关应用证明。同时课题研究的成果被形成 1 份新华社内参。

3. 课题组成员

本课题的完成是课题组成员集体努力的结果，课题组首席专家西北大学任保平教授主持了整个项目的整体组织工作，课题组成员任宗哲教授、何爱平教授、郭俊华教授、高煜副教授、林建华副教授、王聪博士、钞小静博士、陈丹丹博士、魏婕博士、安树军博士、郭晗博士、李娟伟博士、汤向俊博士、朱楠博士、马强文博士、孙赵勇博士、安树军博士、刘晗硕士、王蓉硕士都参与了课题基础理论的研究、课题的调研和总报告的撰写。重庆工商大学课题组承担了一个子项目的研究；吴华安博士参与了课题调研，提交了论文，也撰写了总报告。在总报告的结题中安树军博士、郭晗博士、李娟伟博士、魏婕博士做了大量工作。特别是魏婕博士协助我组织课题组成员对课题最终报告按照专家意见进行了修改，在总报告撰写中发挥了积极作用。

改革开放以来，城乡商贸流通业发展不平衡现象非常严重，城市商贸业与农村商贸业无论是在商业网点建设，还是在业态结构、空间布局、消费观念等方面都存在着较大的发展差距。相对落后的农村商贸流通业已经严重延缓了农村的市场化进程，抑制了农民的消费，成为农村发展面临的新"瓶颈"。城乡商贸流通体系作为连接农业生产经营主体和其他相关产业的部门、连接生产和消费的重要桥梁与纽带，城乡商贸体系的完善决定了农产品进入市场的能力、规模和效率，以及城市带动农村的水平和能力。因此,城乡统筹的商贸流通体系研究是中国城乡一体化发展的关键问题,尽管课题已经结题,但是我们课题组仍然会关注课题研究,把这一问题作为我们长期努力的研究方向。

课题组首席专家、西北大学经济管理学院院长　任保平教授

2013年元月于西北大学新村

摘 要

改革开放以来，城乡商贸流通业发展不平衡现象非常严重，城市商贸业与农村商贸业无论是在商业网点建设，还是在业态结构、空间布局、消费观念等方面都存在着较大的发展差距。相对落后的农村商贸流通业已经严重延缓了农村的市场化进程，抑制了农民的消费，成为农村发展面临的新"瓶颈"。城乡商贸流通体系割裂以及相对落后的农村商贸流通业已经成为了我国城乡统筹发展的新"瓶颈"。如何在城乡统筹视角下建立起城乡之间双向流动的商贸流通体系成为我国城乡经济一体化中迫切需要解决的战略问题。

本书以马克思主义城乡关系和流通理论为指导，借鉴当代西方经济学的商贸流通理论，以科学发展观为统领，综合运用发展经济学、区域经济学和管理学的理论与方法，具体运用了比较分析法、问卷调查分析法、案例分析法、定量与定性相结合分析法。在理论与实践相结合的基础上研究城乡商贸流通体系的建设。本课题按照"理论依据——客观依据——体系构建——支持系统"四大部分思路进行研究：第一，城乡商贸流通体系建设的理论依据。主要研究城乡统筹视角下商贸流通体系建设的理论依据，运用二元经济结构理论、城乡购买力平衡理论、物流管理理论、供应链理论分析城乡双向流动商贸流通体系的形成机理和形成条件。第二，城乡商贸流通体系建设的客观依据。通过对城乡二元经济结构背景下商贸流通体系建设的历史回顾，采用统计方法对现有城乡市场关系和商贸流通体系进行评价，分析城乡双向流动的商贸流通体系建设的制约因素。第三，城乡统筹视角下双向流动商贸流通体系的构建。从物流体系、市场体系、商贸组织体系、商贸服务体系、电子商务体系、连锁经营体系、商贸管理体系等方面研究城乡商贸流通体系的构建。第四，城乡统筹视角下双向流动商贸流通体系的支持系统。从政策、环境、组织等方面研究城乡统筹视角商贸流通体系的支持系统。

通过研究本书得出的结论是：城乡交易效率的提升是统筹城乡商贸流通的逻辑，资源禀赋条件是统筹城乡商贸流通的先决条件，专业化市场的发育是统筹城乡商贸流通的基础，多业联动是统筹城乡商贸流通的基本路径，农村流通主体的再造是统筹城乡商贸流通的关键，正确处理政府和市场的关系是统筹城乡商贸流通的出发点，转型与创新是城乡商贸统筹的动力，城乡双向流通是城乡商贸统筹的目标，城乡网络商圈的一体化是统筹城乡商贸流通的基本形式，城乡购买力平衡是统筹城乡商贸流通发展的保障。

本书研究的创新点主要体现在：(1) 提出了城乡双向流动的商贸流通体系。城乡商贸统筹发展的目标取向不是消除城乡市场差异，而是实现城乡商贸的相互融合与双向互动。城乡商贸流通一体化不是城乡商贸流通一样化，不是农村商贸流通城市化，更不是城市商贸流通农村化，而是从战略上探讨城乡商贸流通的双向互动，使我国商流、物流、价值流和信息流在城乡之间双向流动。(2) 提出了功能分类的城乡双向流通的城乡商贸流通模式。工业化和城市化发达的地区应建立"中心城市——规模城市——乡村"的城乡市场网络化商贸统筹模式；在工业化发达，而城镇化相对落后的地区，应该采取产业带动模式，促进城乡产业协同发展；在城镇化比较发达而工业化相对落后的地区，应该采取小城镇带动模式，形成以大城市为中心，以中小城镇为节点的资源要素双向流动的网络体系；在工业化与城镇化都不发达的地区，应该采取供应链空间连接模式。通过现代流通中的供应链、服务链和价值链，构筑城乡间商流、物流及市场的双向流通系统，形成网络化城乡商贸流通体系。(3) 提出了统筹城乡商贸流通业发展的多元协调机制。这些机制包括：城乡市场对接机制、城乡分工协调机制、城乡价格形成机制、城乡购买力平衡机制、城乡制度互补机制。(4) 提出了统筹城乡商贸流通中农村流通主体的再造。农村流通主体的再造需要发展以某种组织为核心的多元化流通主体，克服农户因分散而产生的市场不平等地位，提高讨价还价的谈判能力。

Abstract

Since China's economic reform, the phenomenon of the imbalanced development of the commercial circulation of urban-rural areas has become quite serious. There is a large commercial development gap between urban and rural whether in the construction of commercial network or in the format structure, space layout, consumption concept or other aspects. The relatively undeveloped rural commerce has delayed the process of marketization seriously and restrained the farmers' consumption, which has become the new bottleneck of rural development. How to set up the bidirectional commercial circulation systems of urban-rural areas from the perspective of integrated urban-rural areas is becoming an urgent strategic issue of integration of urban-rural economies.

This study is guided by the theories of Marxism about urban-rural relationship and circulation, using the circulation theories of the contemporary western economics. Under the guidance of scientific outlook on development, this study uses a combination of the theories and methods of development economics, regional economics and management, specifically uses comparative analysis method, questionnaire analysis method, case analysis method, quantitative and qualitative combining analysis method. On the basis of the combination of theory and practice, this study analyzes the construction of commercial circulation systems of urban-rural areas according to four parts which are "theoretical evidence—objective evidence—system construction—supporting system". Firstly is the theoretical evidence of the construction of commercial circulation systems of urban-rural areas. This part mainly discusses the theoretical evidence of the construction of commercial circulation systems of urban-rural areas from the perspective of integrated urban-rural areas. It uses the dual economic structure theory, the balance of urban-rural purchasing power theory, the logistics management theory and supply chain theory to analyze the formation mechanism and formation conditions of the bidirectional commercial systems of urban-rural areas; Secondly is the objective evidence of the construction of commercial circulation systems of urban-rural areas. Through a historical reviewing of the construction of commercial circulation systems of urban-rural areas in the background of the dual economic structure, it uses the statistical method to evaluate the current market relationship of urban-rural areas and the commercial circulation systems, and to analyze the restricting factors of the construction of the bidirectional commercial systems of urban-rural areas; Thirdly is the construction of the bidirectional commercial systems of urban-rural areas from the perspective of integrated urban-rural areas. It studies the construction of commercial circulation systems of urban-rural areas from the aspects of the logistics systems, market systems, commercial organization systems, commercial service systems, electronic commerce systems, chain operation systems and commercial management systems; Fourthly is the supporting system of the bidirectional commercial circulation systems of urban-rural areas from the perspective of integrated urban-rural areas. It studies the supporting systems of commercial circulation systems of urban-rural areas under the perspective of integrated urban-rural areas from the aspects of policy, environment, organizations, etc.

The conclusion of this study is that the promotion of transaction efficiency in urban-rural areas is the logic of integrated commercial circulation of urban-rural areas, the resource endowments is the prerequisite of integrated commercial circulation of urban-rural areas, the development of specialized market is the foundation of integrated commercial circulation of urban-rural areas, multi-industry's linkage is the basic path of integrated commercial circulation of urban-rural areas, the reconstruction of rural circulation's the main body is the key to integrated commercial circulation of urban-rural areas, correctly handling the relationship between government and markets is the starting point to integrated commercial circulation of urban-rural areas, transformation and innovation is the power of integrated commercial circulation of urban-rural areas, bidirectional circulation in urban and rural areas is the target of integrated commercial circulation of urban-rural areas, the integration of internet business in urban and rural areas is the basic formation of integrated commercial circulation of urban-rural areas, and the equilibrium of purchasing power in urban and rural areas is the guarantee to the development of integrated commercial circulation of urban-rural areas.

The innovations of this study are mainly reflected in these aspects: (1) the commercial circulation systems of urban-rural areas based on bidirectional circulation have been proposed. The target of the development of integrated commerce of urban-rural areas is not to eliminate the difference between the urban and rural markets, but to realize commerce merging and mutual-interaction in both areas. The integration of commerce circulation in urban-rural areas is neither to make the commercial circulation of urban-rural areas equally, nor to urbanize the rural commercial circulation, even not to ruralize the urban commercial circulation, but to discuss the bi-interaction of urban-rural commercial circulation on the strategical level, which could realize the flow of business, logistics, value stream and the flow of information through the bidirectional circulation between China's urban and rural areas. (2) The commercial circulation of urban-rural areas based on the mode of function classification of urban-rural bidirectional circulation has been proposed. Developed areas of industrialization and urbanization should be built the integrated commercial mode of urban-rural markets networking as "Central city – Scale cities – Rural"; the regions which have developed industry and underdeveloped urbanization should take industry-driving mode to promote the coordinated development of urban-rural industries; the regions which have developed urbanization and underdeveloped industry should take small town-driving mode to form a network system that big city as center, medium and small-sized towns as nodes to achieve resource's mutual-circulation; for those regions which do have neither developed industry nor urbanization should take supply chain space connected mode. By means of supply chains, service and value chains in the modern circulation, a bidirectional circulation system of business flow, logistics and markets in urban-rural areas will be built, which could form a network commercial circulation system in urban-rural areas finally. (3) Multiple coordination mechanisms of the development of integrated commercial circulation of the urban-rural areas have been proposed. These mechanisms include that urban-rural markets docking mechanism, urban-rural division of coordination mechanisms, urban-rural price formation mechanisms, urban-rural purchasing power balancing mechanisms, the systems of urban-rural complementary mechanisms. (4) Reconstruction the mode of rural circulation as main body of integrated commercial circulation of urban-rural areas. The reconstitution need to be developed diversified circulation main body based on some kind of organization as core, so as to overcome the unequal markets status for the dispersed farmers, and to improve the ability of bargaining negotiations.

目 录

第一章 导言 1

    第一节　研究的背景　1

    第二节　研究的意义　3

    第三节　研究的价值　4

    第四节　研究的思路　5

    第五节　研究的方法　6

    第六节　主要研究观点　6

第二章 统筹城乡商贸流通研究的理论基础与研究现状 9

    第一节　统筹城乡商贸流通研究的理论基础　9

    第二节　统筹城乡商贸流通的研究现状　14

    第三节　城乡商贸流通体系的内涵与外延　23

第三章 中国二元经济结构背景下的城乡市场分割 27

    第一节　中国二元经济结构的特征及孪生效应　27

    第二节　中国二元经济结构背景下的城乡市场分割的测度　31

    第三节　中国城乡市场分割对城乡商贸流通的阻滞　41

第四章 二元经济结构背景下中国城乡商贸流通体系的演变及评价 44

    第一节　二元经济结构背景下中国城乡商贸流通体系的演变　44

    第二节　二元经济结构背景下中国城乡商贸流通体系的状态描述　48

    第三节　二元经济结构背景下城乡商贸流通体系的状态评价　53

    第四节　二元经济结构背景下城乡商贸流通体系的现状与问题　63

第五节　二元经济结构背景下城乡双向流通商贸流通体系
　　　　建设的制约因素分析　67

第五章 ▶ 国内外城乡商贸流通体系建设的经验与启示　70

第一节　国外城乡商贸流通体系建设的经验　70
第二节　国内城乡商贸流通体系建设的经验　81
第三节　国内外经验对我国城乡商贸流通体系建设的启示　94

第六章 ▶ 城乡双向流通的商贸流通体系的形成机理与建设条件　102

第一节　城乡双向流通的商贸流通体系的形成机理　102
第二节　城乡双向流通的商贸流通体系的动力机制　104
第三节　城乡双向流通的商贸流通体系和谐共生的耦合机制　113
第四节　城乡双向流通的商贸流通体系建设的条件　118

第七章 ▶ 我国城乡商贸流通体系统筹的模式选择及其路径　123

第一节　我国城乡商贸流通体系统筹的模式选择　123
第二节　我国城乡双向流通的商贸流通体系的运行模式选择　125
第三节　我国城乡双向流通的商贸流通体系建设的内容　129
第四节　我国城乡双向流通的商贸流通体系建设的路径　141

第八章 ▶ 城乡统筹视角下城乡双向流通的市场体系建设研究　144

第一节　我国现有城乡市场体系的状态描述及其评价　144
第二节　现有城乡市场体系不对接对城乡双向流通市场
　　　　体系建设的制约　151
第三节　城乡市场体系不对接的形成原因分析　152
第四节　城乡统筹视角下城乡双向流通的市场体系建设的
　　　　目标和思路　155
第五节　城乡统筹视角下城乡双向流通的市场体系建设的措施　158

第九章 ▶ 城乡统筹视角下城乡双向流通的商贸
　　　　组织体系建设研究　161

第一节　我国现有城乡商贸组织体系的状态描述及其评价　161
第二节　城乡商贸组织体系不对接的形成原因分析　165
第三节　城乡统筹视角下城乡双向流通的商贸组织体系
　　　　建设的目标、思路和措施　167
第四节　城乡双向流通的商贸组织体系建设中行业协会组织的培育　169

第五节 城乡统筹视角下城乡双向流通的商贸组织体系
        建设中流通主体的培育 171

第十章 ▶ 城乡统筹视角下城乡双向流通的物流体系建设研究 176

第一节 我国现有城乡物流体系的状态描述及其评价 177
第二节 城乡统筹视角下城乡双向流通的物流模式的选择 183
第三节 城乡统筹视角下城乡双向流通的物流体系的设计 187
第四节 城乡统筹视角下建设城乡双向流通物流体系的措施 191

第十一章 ▶ 城乡统筹视角下城乡双向流通的电子商务
        网络体系建设研究 195

第一节 我国城乡商贸流通体系中电子商务发展的现状分析 196
第二节 中国城乡双向流通商贸网络体系建设中电子商务
        发展的可行性分析 201
第三节 城乡统筹视角下我国城乡双向流通的电子商务
        发展的思路和措施 212

第十二章 ▶ 城乡统筹视角下城乡双向流通的连锁经营网络
        体系建设研究 217

第一节 城乡商贸流通体系的现状分析 217
第二节 中国城乡双向流动商贸网络体系构建中连锁
        经营发展的可行性分析 219
第三节 城乡统筹视角下我国城乡双向流动的连锁经营
        发展的思路和措施 226

第十三章 ▶ 城乡统筹视角下城乡双向流通的商贸管理体系
        建设研究 233

第一节 我国城乡商贸管理体系的现状分析 234
第二节 我国商贸流通体系不完善对统筹城乡双向流通的制约 237
第三节 城乡统筹视角下城乡双向流通的商贸管理
        体系建设的目标、思路 243
第四节 城乡统筹视角下我国城乡双向流通的商贸管理
        体系建设的措施 245

第十四章 ▶ 城乡统筹视角下城乡双向流通的商贸服务体系建设研究　248

第一节　我国城乡商贸服务体系的状态描述　249
第二节　我国城乡商贸服务体系不完善对城乡双向商贸服务体系建设的制约　254
第三节　城乡统筹视角下我国城乡双向流通的商贸服务体系建设的目标和思路　257
第四节　城乡统筹视角下我国城乡双向流通商贸服务体系建设的措施　261

第十五章 ▶ 城乡统筹视角下城乡双向流通的商贸流通体系的支持系统建设研究　263

第一节　城乡双向流动的商贸流通体系的制度支持系统建设　263
第二节　城乡双向流动的商贸流通体系的组织支持系统建设　268
第三节　城乡双向流动的商贸流通体系的政策支持系统　270
第四节　城乡双向流动的商贸流通体系的环境支持系统建设　274

第十六章 ▶ 城乡统筹视角下城乡双向商贸流通体系建设中的政府与市场　277

第一节　城乡双向商贸流通体系建设中的政府　277
第二节　城乡双向商贸流通体系建设中的市场　282
第三节　城乡双向商贸流通体系建设中政府与市场的关系　287

第十七章 ▶ 研究结论与展望　293

第一节　研究结论　293
第二节　研究的展望　302

附录　303

调查问卷一："家电下乡"政策的效果评价　303
调查问卷二：中国农村农家店顾客满意度调查分析及评价　328
调查问卷三：农户对农家店满意度的调查分析　341
调查问卷四：统筹城乡视角下的城乡商贸流通体系研究调查问卷　350

参考文献　355

Contents

Chapter 1 Introduction   1

    Section 1 Background of the study   1

    Section 2 Significance of the study   3

    Section 3 Value of the study   4

    Section 4 Thoughts of the study   5

    Section 5 Methods of the study   6

    Section 6 Main points of the study   6

Chapter 2 The theoretical basis and researching status of the study on commercial circulation of integrated urban-rural areas   9

    Section 1 The theoretical basis of the study on commercial circulation of integrated urban-rural areas   9

    Section 2 The researching status of the commercial circulation of integrated urban-rural areas   14

    Section 3 The intension and extension of the commercial circulation systems of urban-rural areas   23

Chapter 3 The segmentation of urban-rural markets under the background of China's dual economic structure   27

    Section 1 The features and twin effects of China's dual economic structure   27

    Section 2 The measures of the segmentation of urban-rural markets under the background of China's dual economic structure   31

Section 3　The blocks of the segmentation of urban-rural markets on commercial circulation of urban-rural areas in China　41

Chapter 4　Evolution and evaluation of commercial circulation systems of integrated urban-rural areas under the background of China's dual economic structure　44

Section 1　Evolution of China's commercial circulation systems of urban-rural areas under the background of the dual economic structure　44

Section 2　Status description of China's commercial circulation systems of urban-rural areas under the background of the dual economic structure　48

Section 3　Status evaluation of commercial circulation systems of urban-rural areas under the background of the dual economic structure　53

Section 4　The current situations and problems of commercial circulation systems of urban-rural areas under the background of the dual economic structure　63

Section 5　Analysis of the restricting factors in the construction of the bidirectional commercial circulation systems of urban-rural areas under the background of the dual economic structure　67

Chapter 5　The experience and enlightenment of the construction of domestic and foreign commercial circulation systems of urban-rural areas　70

Section 1　The experience of the construction of foreign commercial circulation systems of urban-rural areas　70

Section 2　The experience of the construction of domestic commercial circulation systems of urban-rural areas　81

Section 3　The enlightenment of the experience of domestic and foreign commercial circulation systems of urban-rural areas　94

Chapter 6　The formation mechanisms and construction conditions of the bidirectional commercial circulation systems of urban-rural areas　102

Section 1　The formation mechanism of the bidirectional commercial circulation systems of urban-rural areas　102

Section 2   The dynamic mechanism of the bidirectional commercial circulation systems of urban-rural areas   104

Section 3   The coupling mechanism of harmonious coexistence of the bidirectional commercial circulation systems of urban-rural areas   113

Section 4   The construction conditions of the bidirectional commercial circulation systems of urban-rural areas   118

Chapter 7   The mode selection and its path of the integrated commercial circulation systems of urban-rural areas   123

Section 1   The mode selection of the integrated commercial circulation systems of urban-rural areas   123

Section 2   The operating mode selection of the bidirectional commercial circulation systems of urban-rural areas   125

Section 3   The construction contents of the bidirectional commercial circulation systems of urban-rural areas   129

Section 4   The path of the bidirectional commercial circulation systems of urban-rural areas   141

Chapter 8   Research of the construction of the markets' bidirectional circulation systems from the perspective of integrated urban-rural areas   144

Section 1   Status description and evaluation of the current market systems of urban-rural areas in China   144

Section 2   The restrictions of the current unmatched market systems of urban-rural areas to the construction of markets' bidirectional circulation systems of urban-rural areas   151

Section 3   Cause analysis of the unmatched market systems of urban-rural areas   152

Section 4   The objectives and approaches of construction of the bidirectional circulation of market systems from the perspective of integrated urban-rural areas   155

Section 5 The measures of the construction of the bidirectional circulation of markets' systems from the perspective of integrated urban-rural areas   158

Chapter 9 Research of the construction of the commercial organization's bidirectional circulation systems of urban-rural areas from the perspective of integrated urban-rural areas   161

Section 1 The status description and evaluation of the present commercial organization systems of urban-rural areas in China   161

Section 2 Cause analysis of the unmatched commercial organization systems of urban-rural areas   165

Section 3 The objectives, approaches and measures of the construction of the commercial organization's bidirectional circulation systems of urban-rural areas from the perspective of integrated urban-rural areas   167

Section 4 The cultivation of trade associations in the construction of the commercial organization's bidirectional circulation systems of urban-rural areas   169

Section 5 The cultivation of circulation subjects in the construction of the commercial organization's bidirectional circulation systems of urban-rural areas from the perspective of integrated urban-rural areas   171

Chapter 10 Research of the construction of the logistics bidirectional circulation systems of urban-rural areas from the perspective of integrated urban-rural areas   176

Section 1 Status description and evaluation of the current logistics systems of urban-rural areas in China   177

Section 2 The mode selection of the logistics bidirectional circulation systems of urban-rural areas from the perspective of integrated urban-rural areas   183

Section 3 The design of the logistics bidirectional circulation systems of urban-rural areas from the perspective of integrated urban-rural areas   187

Section 4　The construction measures of the logistics bidirectional circulation systems of urban-rural areas from the perspective of integrated urban-rural areas　191

Chapter 11　Research of the construction of the electronic commerce network's bidirectional circulation systems from the perspective of urban-rural areas　195

Section 1　The current situation analysis of the development of electronic commerce in commercial circulation systems of urban-rural areas in China　196

Section 2　The feasibility analysis of the development of electronic commerce in the construction of the bidirectional commercial network systems of urban-rural areas in China　201

Section 3　The approaches and measures of the development of the electronic commerce's bidirectional circulation systems from the perspective of integrated urban-rural areas in China　212

Chapter 12　Research of the construction of the chain operation network's bidirectional circulation systems from the perspective of integrated urban-rural areas　217

Section 1　The current situation analysis of the commercial circulation systems of urban-rural areas　217

Section 2　The feasibility analysis of the development of chain operation in the construction of the bidirectional commercial network systems of urban-rural areas in China　219

Section 3　The approaches and measures of the development of the chain operation's bidirectional circulation from the perspective of integrated urban-rural areas in China　226

Chapter 13　Research of the construction of the commerce management's bidirectional circulation systems from the perspective of integrated urban-rural areas　233

Section 1　The current situation analysis of the commerce management systems of urban-rural areas in China 234

  Section 2 The restrictions of the imperfect commercial circulation systems to the bidirectional circulation of integrated urban-rural areas 237

  Section 3 The objectives and approaches of the construction of the commerce management's bidirectional circulation systems from the perspective of integrated urban-rural areas 243

  Section 4 The measures of the construction of the commerce management's bidirectional circulation systems from the perspective of integrated urban-rural areas in China 245

Chapter 14 Research of the construction of the commercial service's bidirectional circulation of urban-rural areas 248

  Section1 The status description of the commercial service systems of urban-rural areas in China 249

  Section2 The restrictions of the imperfect commercial service systems to the construction of the bidirectional commercial service systems 254

  Section 3 The objectives and approaches of the construction of the commercial service's bidirectional circulation systems from the perspective of integrated urban-rural areas in China 257

  Section 4 The measures of the construction of the commercial service's bidirectional circulation systems from the perspective of integrated urban-rural areas in China 261

Chapter 15 Research of the construction of supporting systems for the urban-rural bidirectional commercial circulation systems from the perspective of integrated urban-rural areas 263

  Section 1 The construction of the institutional supporting systems of the bidirectional commercial circulation of urban-rural areas 263

  Section 2 The construction of the organization supporting systems of the bidirectional commercial circulation of urban-rural areas 268

  Section 3 Policy supporting systems of the bidirectional commercial circulation of urban-rural areas 270

  Section 4 The construction of the environment supporting systems of the bidirectional commercial circulation of urban-rural areas   274

Chapter 16   Government and market in the construction of the bidirectional commercial circulation systems of urban-rural areas from the perspective of integrated urban-rural areas   277

    Section 1   Government in the construction of the bidirectional commercial circulation systems of urban-rural areas   277

    Section 2   Market in the construction of the bidirectional commercial circulation systems of urban-rural areas   282

    Section 3   The relationship between government and market in the construction of the bidirectional commercial circulation systems of urban-rural areas   287

Chapter 17   Conclusions and prospect   293

    Section 1   Conclusions   293

    Section 2   Studying Prospects   302

Appendix   303

    Questionnaire 1: Evaluation of "appliances to the countryside" policies   303

    Questionnaire 2: Analysis and evaluation of customers' satisfaction survey of the countryside stores in China's rural areas   328

    Questionnaire 3: Investigation and analysis of the farmers' satisfaction to the countryside stores   341

    Questionnaire 4: The Questionnaires about commercial circulation systems of urban-rural areas from the perspective of integrated urban and rural   350

References   355

第一章

导　言

第一节　研究的背景

商贸流通业是国民经济的重要产业，是促进生产、引导消费的重要载体，是反映一个地方经济繁荣与社会发展的重要窗口和标志。由于城乡二元经济结构的存在，我国国内市场形成了两个相互分割的市场：城市市场和农村市场。农村市场与城市市场相比，无论是市场主体的完善，还是市场交易客体、市场载体建设、市场制度环境、居民购买力支出等方面都存在着巨大的差异，城乡市场差异已经对我国国民经济运行构成严重影响。主要表现在城乡市场的对立和分割上，农民无法平等参与市场活动，导致我国城乡收入差距越来越大。农业基础薄弱、农民收入低下、农村发展滞后的问题。因此，解决我国城乡发展不协调的状况，促进城乡统筹发展，将成为我国城乡一体化和扩大需求，促进经济发展的关键。

要破解我国城乡一体化的难题，寻求我国城乡经济一体化的模式及其实现路径，首先必须搞清楚我国城乡一体化的主要矛盾。从现有研究的观点来看，有人认为我国城乡一体化的关键是产业问题，认为农业产业化和农业工业化发展了，我国城乡一体化就实现了，其实这种观点也是有问题，产业发展是生产问题，生产是创造价值，而价值的实现靠市场流通。生产发展了，生产中创造的价值实现不了,农民收入增长不了,城乡一体化也是实现不了的。有人认为是制度问题,主张从身份户籍、劳动就业、子女就学、公共医疗、住房租购以及社会保障等方面,使农民工与城镇居民享有同等待遇,构建起与城市居民身份统一、权利一致、地位平等的制度体系,我国城乡一体化就实现了。但是制度仅仅是一个框架,只起到一个激励和约束作用。其实我国城乡一体化的主要矛盾是大生产与小市场的矛盾。具体表现在:

第一,生产和流通发展不协调,造成我国大生产与小市场的矛盾。也就是在我国经济发展中,长期重视生产忽视流通,生产发展快,而流通发展慢,生产和流通不协调,大生产与小市场的矛盾突出,这样农村生产的农副产品卖不出去,农民收入增长不了。工业产品难以卖到农村,农民生活水平提高不了,工业发展的价值实现不了。城乡社会整体的收入水平提高缓慢,购买力不足,制约了服务业的发展,导致严重的经济结构问题。

第二,城乡市场的分割加剧了生产和流通不协调,强化了我国大生产与小市场的矛盾。由于市场分割,城乡间要素与商品流动受阻,造成了城乡之间购买力不平衡,进而形成了我国城乡二元商贸流通体系:一是我国城乡商品市场的分割。城市具有发达的批发市场和零售市场,而且批发市场和零售市场的交易规模和业态形式都比农村发达得多。农村只有小型零售店,零售店的商品主要是从城市中批发而来的,商贸流通的城乡差异大。二是我国要素市场分割。由于城乡劳动力市场的分割,在我国城乡之间形成了四元劳动力市场,即传统农业、农村非农产业、城市正规部门和城市非正规部门。金融市场也处于城乡分割之中,城市金融市场发达、产品数量多,金融机构完善。而农村不仅市场不完善,而且金融机构的数量少,另外金融机构不仅没有为农村发展提供必要的资金,相反却把在农村吸收的存款通过各种渠道转移到城市,加大了我国城乡金融差距。

第三,大生产与小市场的矛盾造成了我国严重的城乡差异。一是我国城乡经济主体的差异。城市的经济主体是通过组织化的方式来从事商品生产和交易的,人们通过企业组织起来,企业在组织状态下从事生产活动;而农村则是以家庭为单位,组织化程度比较差的、分散状态的农户来进行生产和交易的,不能以平等的市场主体参与产品交换。二是我国城乡居民的购买力差异。由于城乡居民的收入差异,导致了消费支出的差异。城乡消费支出的差异导致城乡购买力的差异,购买力的差异又引起了城乡消费档次和城乡商贸流通的差异。三是我国城乡市场基础设施的差异。我国城乡之间不论是批发业还是零售业,基础设施差别都是非常大的。城市商业的基础设施条件好、数量多、现代化程度高、功能完善,业态结构先进、网点完善。而农村商贸流通业的基础设施严重不足,批发业和零售业的设施简陋,而且业态结构处于原始状态、网点少。

统筹城乡商贸流通体系建设是我国城乡市场一体化的重要措施，把城乡商贸统筹作为破解我国城乡二元经济结构的重要举措，对实现我国城乡统筹发展有着举足轻重的作用。发展农村市场的关键之一在于开发农村市场，统筹我国城乡发展的关键在于城乡市场的对接和城乡市场的一体化。开发农村市场、城乡市场一体化需要有完善的能实现城乡各类要素双向流动的商贸流通体系。因此，解决大生产与小市场矛盾的关键在于建立我国城乡双向流通的商贸流通体系。

第二节　研究的意义

城乡商贸流通体系割裂以及相对落后的农村商贸流通业已经构成了我国城乡统筹发展的新"瓶颈"。如何建立起城乡统筹视角下城乡之间双向流动的商贸流通体系成为我国城乡经济一体化中迫切需要解决的战略问题。因此，研究城乡统筹视角下城乡商贸流通体系具有重要意义。具体表现在：

第一，建立城乡双向流动的商贸流通体系是实现我国统筹城乡发展的重要举措。流通体系的完善与否是城乡一体化的重要标志，农村流通体系与城市流通体系的对接和融合是实现以工促农、以城带乡、统筹城乡发展的重要途径。我国城乡二元经济结构的存在，导致了城乡之间商贸流通体系的不对接，制约了城乡之间商品的流动和劳动力、技术、资本、资源等要素的合理流动和优化配置。通过建立我国城乡双向流动的商贸流通体系，实现城乡流通体系的对接和双向流动可以实现我国城乡之间物流、信息流和商流的双向流动，逐步实现城乡之间经济社会的协调发展。

第二，建立城乡双向流动的商贸流通体系是实现我国城乡一体化的重要方面。从经济学的基本原理来看，流通体系的完善将有助于生产的发展。生产是基础，消费为生产提供保障，而流通则是搭建起生产与消费的中间桥梁。城乡商贸流通体系的完善与否，直接影响到商品在城乡之间能否顺利得到销售和消费。农村流通体系是农业产业化的重要支撑系统，建设现代农业、发展农业产业化经营的根本目的是通过建立生产、加工、运销等一条龙，产前、产中、产后一体化经营的产业链，增加农业的附加值，促进农业产业价值的实现，确保农业增效、农民增收，这就必然要求以现代市场流通体系为支撑。农村流通体系作为连接农业生产经营主体和其他相关产业部门、连接生产与消费的重要桥梁和纽带，其发达程度决定了农产品进入市场的能力、规模和效率。没有相匹配的农村流通体系，农业产业化的"链条"将会断裂。因此，建立城乡双向流动的商贸流通体系是实现我国城乡一体化的重要方面。

第三，建立城乡双向流动的商贸流通体系对提高我国农民收入有重要意义。城乡商贸流通体系是连接城市和农村、生产和消费的桥梁和纽带，是确保农业增效、农民增收、农村发展的重要载体，也是促进我国城乡一体化发展的重要保障。长期以来由于城乡市场分割，城乡商贸流通体系不通畅，我国农产品卖难和农业生产资料买难问题严重，农村居民收入水平与消费水平比较低，城乡购买力严重不平衡，长期形成的工农业"剪刀差"难以消除。加强农村流通体系建设，建立城乡一体化市场，可以沟通城市和农村，沟通生产和消费，实现质优价廉工业品下乡、农产品进城，确保农业生产资料的保质保量供应，促进农业生产稳定发展。通过城乡商贸流通体系建设，在流通渠道不通畅的情况下，使农民能把握市场，解决农产品卖难问题，确保农产品顺畅流通，提高农民消费水平和生活水平，确保农产品销售转化增值，推动农业产业化现代化发展，有效推进我国城乡经济社会一体化发展进程。

第三节 研究的价值

改革开放以来，城乡商贸流通业发展不平衡现象非常严重，城市商贸业与农村商贸业无论是在商业网点建设，还是在业态结构、空间布局、消费观念等方面都存在着较大的发展差距。相对落后的农村商贸流通业已经严重延缓了农村的市场化进程，抑制了农民的消费，成为农村发展面临的新"瓶颈"。从城乡统筹视角出发，研究城乡商贸流通体系的价值在于：

一是理论价值。从流通领域研究城乡统筹，实现城乡之间在流通领域的一体化具有重要的学术价值。传统经济理论主要是从生产领域来研究城乡一体化，发展经济学的二元经济结构中的二元经济结构转化和城乡一体化发展也主要是从城乡生产一体化角度研究的，忽视城乡之间的流通一体化。尽管有些城乡一体化的研究也提出了市场一体化问题，但是市场一体化仅仅提出了城乡一体化的方向，而缺乏城乡一体化的具体操作流程。特别是现有的城乡市场一体化是从城乡之间单项要素流动来研究，而忽视了城乡产品和要素的双向流动。从流通领域研究城乡统筹，实现城乡之间在流通领域的一体化，建立城乡之间双向流动的商贸体系可以扩展已有的理论。

二是实践价值。城乡商贸流通体系作为连接农业生产经营主体和其他相关产业部门、连接生产和消费的重要桥梁和纽带，城乡商贸体系的完善决定了农产品进入市场的能力、规模和效率,以及城市带动农村的水平和能力。

第四节 研究的思路

本课题的研究思路分为四个层次:

第一层次:城乡统筹视角下城乡商贸流通体系的一般理论框架。在界定城乡市场一体化和商贸流通体系内涵的前提下,运用二元经济结构理论、市场分割理论、管理学的物流管理理论来解释中国城乡市场的分割和城乡商贸流通的阻滞。并用城乡购买力平衡理论来分析城乡市场一体化和城乡双向流动的商贸流通体系的形成机制和形成条件。

第二层次:二元经济结构背景下城乡流通体系的演变及其评价。从历史过程来分析中国二元经济结构和城乡市场分割背景下城乡流通体系的演变,同时建立相关指标体系,从城乡物流、商流、信息流、价值流等方面评价中国的城乡市场关系,描述二元经济结构背景下的城乡市场分割的基本态势。在此基础上来分析城乡市场一体化和城乡统筹双向流动的商贸流通体系建立的制约因素。

第三层次:城乡统筹视角下城乡商贸流通体系的构建。运用农产品供应链管理理论、现代物流管理理论为指导,按照现代物流方式组织市场、依据区域特色发展市场、利用先进信息技术手段提升市场的思路,以城乡市场一体化为目标,从城乡统筹的视角出发,研究和设计城乡商贸物流体系、商品市场体系、商贸组织体系、电子商务体系、连锁经营体系、商贸管理体系。

第四层次:城乡统筹视角下城乡商贸流通体系的支持系统建设。从当前城乡商贸流通体系存在的城乡配套服务差异大、城乡市场管理差异大、城乡商业网点布局不合理的现状出发,从制度支持、政策支持、组织支持、环境支持几方面研究城乡商贸流通体系建设的支持系统。

围绕四个层次,本课题研究的思路按照"理论依据——客观依据——体系构建——支持系统"四大部分来进行:第一,城乡商贸流通体系建设的理论依据。主要研究城乡统筹视角下商贸流通体系建设的理论依据,运用二元经济结构理论、城乡购买力平衡理论、物流管理理论、供应链理论分析城乡双向流动商贸流通体系的形成机理和形成条件。第二,城乡商贸流通体系建设的客观依据。通过对城乡二元经济结构背景下商贸流通体系建设的历史回顾,采用统计方法对现有城乡市场关系和商贸流通体系进行评价,分析城乡双向流动的商贸流通体系建设的制约因素,为统筹城乡商贸流通体系建设提供客观依据。第三,城乡统筹视角下双向流动商贸流通体系的构建。从物流体系、市场体系、商贸组织体系、商贸服务体系、电子商务体系、连锁经营体系、商贸管理体系等方面研究城乡商贸流通体系的构建。第四，城乡统筹视角下双向流动商贸流通体系的支持系统。从政策、环境、组织等方面研究城乡统筹视角下商贸流通体系的支持系统。

第五节　研究的方法

以马克思主义城乡关系和流通理论为指导，借鉴当代西方经济学的商贸流通理论，以科学发展观为统领，综合运用发展经济学、区域经济学和管理学的理论与方法，在理论与实践相结合的基础上采用以下研究方法：

（1）比较分析法。在国内外不同城乡商贸流通体系模式比较的基础上，研究和设计我国城乡统筹视角下城乡双向流通的商贸流通体系的设计。

（2）问卷调查分析法。采用问卷调查分析法，选择东部、中部、西部的典型地区，从国家、区域、省级、地市、县区、乡镇、村级各层次进行大范围、多样本、多层级的问卷调查，获得一手数据。

（3）定量分析与定性分析相结合。把定量描述和定性分析相结合，提高城乡市场关系和商贸流通体系研究的科学性、规范性。

（4）案例分析法。选择东部地区的江苏、浙江、广东，中部地区的湖北、湖南、河南，西部地区的陕西、甘肃、重庆等典型地区在城乡商贸流通体系建设中的成功案例，总结其经验教训，从中概括出城乡商贸流通体系建设的一般思路与方法。

第六节　主要研究观点

第一，城乡交易效率的提升是统筹城乡商贸流通的逻辑。农产品和工业品市场交易效率的差异是造成我国城乡市场分割的根本性原因，城乡交易效率的差异使得城乡市场发育的差别过大，农村市场发育不健全，农村经济整体发展水平低、生产规模小、农民收入低、农村市场对城市工业品需求容量的相对狭小，造成城市工业品滞销积压；农村不断涌现的初级产品由于缺少畅通的渠道和途径，得不到城市和工业及时充分的吸收，出现城乡交换关系的紊乱和"双重滞销"

的产生。只有不断提高农村市场的交易效率,实现城乡市场的整合和一体化,才能缓解工业品以及农产品的滞销积压,从而实现城乡双向流通商贸一体化。因此,城乡交易效率的提升是统筹城乡商贸流通的逻辑。

第二,建立城乡双向流动的商贸流通体系是统筹城乡商贸流通的目标。城乡商贸统筹发展的目标取向不是消除城乡市场差异,而是加大城乡商贸资源的统筹配置,实现城乡商贸的相互融合与双向互动。城乡商贸流通一体化不是城乡商贸流通一样化,不是农村商贸流通城市化,更不是城市商贸流通农村化,而是从战略上探讨城乡商贸流通的双向互动。我国城乡二元经济结构的存在,导致了城乡之间商贸流通体系的不对接,制约了城乡之间商品的流动和劳动力、技术、资本、资源等要素的合理流动和优化配置。通过建立我国城乡双向流动的商贸流通体系,实现城乡流通体系的对接和双向流动可以实现我国城乡之间物流、信息流和商流的双向流动,逐步实现城乡之间经济社会的协调发展。双向流动的实现主要使城乡之间各自分割和封闭的单向商贸流通体系向城乡之间互动融合的双向流通体系转变,使我国商流、物流、价值流和信息流在城乡之间双向流动。

第三,功能分类的城乡双向流通的城乡商贸流通模式是统筹城乡商贸流通的战略模式。我国不同地区经济发展水平、工业化和城镇化发展水平差异大。我们认为应该建立功能分类的城乡双向流通的城乡商贸流通模式:工业化和城市化发达的地区应建立"中心城市——规模城市——乡村"的城乡市场网络化商贸统筹模式;在工业化发达而城镇化相对落后的地区,应该采取产业带动模式。加强商贸流通业与关联产业的互动,以产业间和产业内不同行业间的有效合作和联动,充分发挥城乡产业比较优势,促进城乡产业协同发展;在城镇化比较发达而工业化相对落后的地区,应该采取小城镇带动模式。以数量众多、分布合理的小城镇商业为节点,形成完整、分散的城镇商业体系,将城市与农村两个相对独立的经济体有机衔接起来,实现城乡资源的双向流动,形成以大城市为中心,以中小城镇为节点的资源要素双向流动的网络体系;在工业化与城镇化都不发达的地区,应该采取供应链空间连接模式。供应链网络系统将分布于城乡间的供应商、制造商、分销商、零售商直到最终用户连成一个整体的功能网络,供应链网络连接模式强调通过现代流通中的供应链、服务链和价值链,构筑城乡间商流、物流及市场的双向流通系统,形成网络化城乡商贸流通体系。

第四,多元机制的协调互动是统筹城乡商贸流通业发展的机制。从目前城乡市场分割的现实来看,统筹城乡商贸流通业的机制有:一是城乡市场对接机制。实现城乡之间市场的对接,消除市场分割,形成城乡一体化的市场网络体系。二是城乡分工协调机制。协调城乡分工,建立城乡分工的协调点,从而实现城乡商贸流通业的一体化发展。三是城乡价格形成机制。实行城乡统一的价格制度,打破不合理的垄断定价，加快要素价格市场化，消除工农业产品价格差，让价格正确反映市场信息，引导城乡资源的自由流动和优化配置。四是城乡购买力平衡机制。实现社会购买力在城乡之间平衡分布，使城市居民人均可支配收入与农民人均纯收入的平衡、城市集团购买力和农村集团购买力的平衡、城市对农村产品的购买力和农村对城市产品的购买力的平衡。五是城乡制度互补机制。打破城乡商品市场的制度壁垒，实现城乡之间的制度互补，放松城乡商品市场和谐发展中各种约束条件，引导城乡商贸流通业的一体化发展。

第五，农村流通主体的再造是统筹城乡商贸流通的关键。由于二元经济结构的存在，造成了城乡市场的分割，在市场分割背景下，造成了农村流通主体的缺失，使城乡之间在流通主体方面不对接。城市有大型商业企业、大型批发市场和密集的零售企业，而农村过去的流通主体供销社随着经济体制改革，其职能逐渐丧失，造成了农村流通主体的缺失，这种主体缺失造成了城乡之间主体的不对接和谈判机制的缺失。在城乡商贸统筹的过程中，关键是要再造农村流通主体，实现城乡流通主体的融合与对接。因此，农村流通主体的再造是统筹城乡商贸流通的关键。而农村流通主体的再造需要发展以某种组织为核心的多元化流通主体，克服农户因分散而产生的市场不平等地位，提高讨价还价的谈判能力。包括：以大型农资企业为核心的多元化农资流通主体、以连锁超市为核心的多元化农村日用品流通主体、以连锁超市为核心的多元化农村日用品流通主体、以农业合作社为主导的多元化农产品流通主体。

第六，多业联动是统筹城乡商贸流通的基本路径。商贸流通业是服务业，是价值实现的过程，不能单纯强调城乡统筹，而是要把商贸业的发展与农业产业化、城市化和工业化的发展相联系，促进商贸流通业与农业产业化、工业化和城镇化的联动，实现工业支撑市场，市场与产业联动发展，在多业联动中实现城乡商贸统筹。因此，多业联动是统筹城乡商贸流通的基本路径。

第七，正确处理政府和市场的关系是统筹城乡商贸流通的出发点。统筹城乡商贸流通主要是解决城乡市场分割，实现城乡市场一体化，由过去以城市为本的战略转向以农村为本的战略。这一过程实质是克服市场失灵的过程。为此，需要正确处理政府与市场的关系。如果单纯发挥市场机制的作用，城乡分割只能越来越大。在尊重市场规律的基础上，要发挥政府的职能实现统筹。因此，正确处理政府和市场的关系是统筹城乡商贸流通的出发点。政府基于公平导向来推动城乡商贸统筹，市场基于效率导向来推动城乡商贸统筹。

第二章

统筹城乡商贸流通研究的理论基础与研究现状

随着改革开放的不断深入和社会主义市场经济体制的完善，尤其是步入后危机时代，发展城乡商贸流通业，对于扩大需求、提高农民收入、促进城乡协调发展的意义重大。因此，统筹城乡商贸流通体系建设成为中国城乡协调发展中在理论与实践上迫切需要解决的新课题。

第一节 统筹城乡商贸流通研究的理论基础

在经济思想史上，马克思主义经济学和西方经济学都对商贸流通理论进行过研究，但是两大理论体系对流通问题研究的视角、分析的重点和研究的范式都是不同的。马克思主义经济学是把流通作为生产、交换、消费和分配的一个重要方面，把流通作为社会再生产的一个环节这样一个视角去研究的。而西方经济学对流通问题的研究主要是从财富的源泉、交换的实现等视角进行研究的。马克思主义经济学是把流通作为社会再生产的一个环节这样一个视角去研究的，从理论抽象视角来研究流通问题的，而西方经济学对流通理论的研究是从应用范式上来研究。

一、马克思主义经济学的商贸流通理论

马克思主义经济学从理论体系上总体包括四大环节：生产、交换、消费和分

配。商贸流通理论是马克思主义政治经济学交换理论的重要组成部分,在《资本论》的第二卷中马克思把资本主义生产过程纳入统一的流通过程中加以研究,从流通形式、流通作用、流通时间等方面建立了系统的流通理论,阐明了市场经济条件下流通的一般规律,建立了完整而且系统的流通理论,充分阐明了流通在社会资本循环与周转中的作用。马克思商贸流通理论的内容包括:

(1) 商品流通的内涵。马克思对流通问题的研究是从商品交换开始的,马克思认为早期的商品交换是物物交换。随着货币的产生,进入交换过程的商品数量和种类的增多,使商品交换由物物交换进一步发展为以货币为媒介的交换。马克思认为商品流通的定义是"每个商品的形态变化系列所形成的循环,同其他商品的循环不可分割地交错在一起。这全部过程就表现为商品流通"①。马克思严格区分了"商品流通"与"直接的产品交换"两个概念。他强调商品流通是一系列永无休止的社会交换行为,而"直接的产品交换"则是一种个别偶然的交换行为。马克思指出:"商品流通是资本的起点。商品生产和发达的商品流通,即贸易,是资本产生的历史前提。"② 由此可见商品流通不仅是资本主义生产方式的前提,而且也是商品生产的前提。没有发达的商品流通,就不会有发达的商品生产,从而也就不会有发达的商品经济。总体来看,马克思的流通概念,至少包括三个含义:第一是商品流通,第二是货币流通,第三是资本流通。商品流通是真正意义上的流通,而这一流通过程又分为购买阶段和售卖阶段,两个阶段共同构成了完整的商品流通过程。

(2) 商品流通的过程。马克思认为以货币为媒介的商品交换就是商品—货币—商品的过程,其公式为 $W-G-W$。商品的两个形态变化,商品流通是由商品变为货币($W-G$)和由货币变为商品($G-W$)两个过程组成的。$W-G$(卖)是商品的第一形态变化,这个过程很重要。$G-W$(买)是商品的第二形态变化,这个过程比较容易实现。一个商品的第一形态变化,同时就是另一个商品的第二形态变化。同样,一个商品的第二形态变化,同时就是另一个商品的第一形态变化。$W-G$ 和 $G-W$ 的对立统一的运动构成商品的总形态变化。"每个商品的形态变化系列所形成的循环,同其他商品的循环不可分割地交错在一起。这全部过程就表现为商品流通"③。商品流通在形式上和实质上都与物物交换不同。物物交换受到时间、空间以及个人方面的限制,商品流通打破了这种限制,扩大了商品交换的品种、数量和地域范围。物物交换当事人比较容易控制,商品流通使人们相互之间的关系错综复杂地联结起来。物物交换没有货币作为媒介,

---

① 马克思:《马克思恩格斯全集》,第 23 卷,人民出版社 1972 年版,第 121 页。
② 马克思:《马克思恩格斯全集》,第 23 卷,人民出版社 1972 年版,第 167 页。
③ 马克思:《马克思恩格斯全集》,第 23 卷,人民出版社 1972 年版,第 131 页。

商品流通要以货币为媒介，而且货币不会退出流通，它不断地从一个人手里转到另一个人手里。从流通的一般形式中可以看出，流通的功能在于使用价值所有权的转移与商品价值的实现。

（3）流通时间和流通费用。马克思从资本周转的角度把整个社会再生产过程分为生产领域和流通领域。处在流通领域的时间则称为流通时间。而且马克思还把流通时间分为两部分：一是购买时间，即货币转化为生产资本的时间；二是销售时间，即商品资本转化为货币资本的时间。流通时间受市场供求状况、产销距离的远近、交通运输条件的制约。流通时间的缩短可以减少资本周转的时间，加速资本周转，从而影响剩余价值量和年剩余价值量。马克思在《资本论》第二卷第六章集中论述了流通费用问题。他将流通费用区分为两种，一是纯粹流通费用，具体包括买卖费用、簿记费用和货币费用；二是生产性流通费用，包括保管费用、运输费用。马克思首先分析了纯粹的流通费用。他认为纯粹的流通费用主要由三个部分构成，即买卖费用、簿记费用和货币费用。所谓买卖费用是指达成买卖交易所需要的费用。从单个资本家的角度来看，无论是商品转化为货币，即商品销售，还是货币转化为商品，即商品采购，都需要找寻交易对象并进行谈判、签约，这个过程不仅耗费时间，而且还要花费成本。簿记一方面耗费劳动力，另一方面耗费劳动资料。但是马克思认为纯粹的流通费用"不是为了创造价值，而是为了使价值由一种形式转化为另一种形式"。①纯粹流通费用是从剩余价值总额中得到补偿，它是剩余价值的一种扣除。同时马克思又研究了生产性流通费用。生产性流通费用是由商品的使用价值运动而引起的费用，如运输费、保管费、包装费等，这些费用是同生产过程在流通领域内的继续有关系的费用。从事运输、保管、包装等的劳动，也是生产性的劳动。这种劳动不仅能把劳动过程中消耗掉的物质资料的价值转移到商品中去，而且能创造新价值，即增加商品的价值和剩余价值。这部分流通费用可以从已经增大了的商品价值中得到补偿。

（4）关于商品流通与资本流通关系的研究。商品流通和资本流通的关系是马克思主义商贸流通理论的重要内容，马克思在分析两者关系的过程中，不仅分析了两者之间的共同点，而且研究了两者之间的区别。从共同点上来看，商品流通的公式是 W－G－W，即由商品转化为货币，再由货币转化为商品，是为买而卖。资本流通的公式则是 G－W－G，即由货币转化为商品，再由商品转化为货币，是为卖而买。虽然它们有共同点，即都具有买卖两个过程以及相应的买者与卖者的对立。但二者具有明显的区别：第一，从流通形式看，两个流通的次序相

---

① 马克思：《资本论》，第 2 卷，人民出版社 1975 年版，第 147 页。

反,终点和起点不一样。商品流通,以卖为始,以买为终。资本流通,以买为出发点,以卖为终点。它们的媒介也不同,商品流通以货币为媒介,资本流通以商品为媒介。第二,从货币的使用方式看,在商品流通中,货币是购买手段,最终被花掉了。在资本流通中,货币只是被预付出去。第三,从货币和商品的位置变换来看,商品流通是同一个货币变位两次,货币从一个人手里转移到另一个人手里。资本流通则是同一件商品变位两次,货币又流回到它的出发点。第四,从流通的目的看,商品流通的目的是使用价值,资本流通的目的是交换价值。第五,从流通的内容看,商品流通是两个具有不同使用价值的商品相互交换,是不同物质的交换。资本流通的两极都是货币,没有质的区别,而只是量的不同,即从流通中取回的货币多于原来投入的货币。

(5) 关于商品流通和生产关系的研究。马克思在分析经济问题时,从来都是生产和流通并重的。马克思曾指出"在商品生产中,流通和商品生产本身一样必要,从而流通当事人也和生产当事人一样必要"①。马克思认为国民经济是生产、流通、分配和消费互相联系、互相影响的整体。他不仅强调生产决定流通,而且流通也反作用于生产,所以马克思说"当市场扩大,即交换范围扩大时,生产的规模也就增大,生产也就分得更细"②。所以,马克思的流通理论不仅强调生产决定流通,而且也强调流通对生产的反作用。马克思认为"生产过程如果不能转入流通过程,看来就要陷入绝境"③。流通同样决定着生产,并对社会扩大再生产的速度、比例、结构起着决定性的影响。

(6) 关于商品流通危机性的研究。马克思认为商品流通孕育着危机的可能性,原因是在商品流通的过程中存在着时间和空间上的不一致性。商品流通虽然打破了物物交换的限制,促进了商品交换的发展,但同时却使商品经济的内在矛盾有了进一步发展。物物交换时,卖和买在时间上和空间上是一致的。在商品流通的条件下,卖和买在时间上和空间上可以分开,卖了商品可以暂时不买,或者在此地卖,到别的地方去买。在以货币为媒介的错综复杂的商品交换序列中,一个不买,后面一系列商品,就会因为没有货币周转,一个个随之无法卖出。这样就会出现卖和买的脱节,使一些人的商品卖不出去。所以,在商品流通中包含了发生危机的可能性。在简单商品生产的条件下,危机还只是可能性,它要发展为现实性,必须有一系列关系的发展。只有在商品流通发展成为资本流通的历史条件下,买卖脱节危机的发生才成为不可避免。

---

① 马克思、恩格斯:《马克思恩格斯全集》,第24卷,人民出版社1972年版,第144页。
② 马克思、恩格斯:《马克思恩格斯全集》,第12卷,人民出版社1962年版,第750页。
③ 马克思、恩格斯:《马克思恩格斯全集》,第46卷上,人民出版社1979年版,第388页。

二、西方经济学的商贸流通理论

西方经济学对流通理论的研究在不同阶段和不同经济学流派的研究中是不同的。总体来看,西方商贸流通理论的内容主要有:

(1) 古典经济学时期的流通理论。古典经济学对流通理论的研究不仅涉及国内贸易,而且着重研究了国际贸易。重商主义最早提出了通过国际贸易顺差积累金银,促进国家财富增长的思想。17世纪初,英国经济学家托马斯·孟出版了《英国得自对外贸易的财富》,将流通视为"财富的源泉",认为国民财富增长的途径是开展对外贸易。实际上重商主义不但极端重视国际贸易,而且还认识到名目繁多的国内通行费和税收会扼杀工商业经济并引起一国出口价格的上升,因此影响到出口和财富的积累。而亚当·斯密在其《国富论》中,将生产和交换联系起来,提出了分工的前提是交换,交换使专业化生产成为可能,斯密尤其强调了交换导致分工,而不是分工导致交换,这种观点在某种意义上可以理解为他只承认商品流通对经济增长有影响,而不承认经济增长对商品流通有影响。为了说明分工与交换的关系,斯密提出了绝对优势理论,在他之后李嘉图又提出了比较优势理论,并在此基础上奠定了国际贸易理论。

(2) 新古典经济学的流通理论。到新古典经济学时期,生产者和消费者直接见面、市场完全竞争、供求自动平衡、自动出清等成为经济学的基本假定,从而舍弃了客观上存在于两者之间的媒介要素——流通,这是理论研究的一个既定前提。在这个前提基础之上,西方经济学者研究生产者行为和消费者行为,产生了系统的生产理论、消费理论等,但没有专门的商贸流通理论,流通这一有形概念逐渐淡出经济学视野。以新古典经济学为主体的主流经济学忽视流通理论研究的原因在于两方面:"一是主流经济学的'假设——推理'分析为特征的公理化研究,逐渐使商贸流通理论不重视实际行为主体。二是新古典经济学在阐述市场有效资源配置时,完全抽象掉了生产者与消费者在现实中直接见面的过程。"[①]

(3) 新制度经济学的流通理论。新制度经济学是主流经济学最近以来最为重要的理论发展,它是从交易费用视角来拓宽商贸流通的研究范围的。新制度经济学认为交易费用的不同导致了市场和企业两种不同的资源配置形式,契约依据交易成本不同而自发形成,并由此形成不同的制度安排,对经济绩效产生至关重要的影响。科斯(1937,1994)以边际交易成本等价论证企业、市场和价格的关联,威廉姆森(1985)运用交易费用来研究产业组织特别是反托拉斯与政策

---

① 程艳:《商贸流通理论的发展及其述评》,载于《浙江学刊》2007年第5期,第181~185页。

的实践，都涉及了不同制度条件下交易成本和长期契约的形成问题。

（4）新兴古典经济学的流通理论。新兴古典经济学为商贸流通研究提供了另一种视角。20世纪80年代以后，杨小凯等经济学家，用非线性规划和其他非古典数学规划方法，将淡出新古典经济学视野的有关古典经济学的分工和专业化思想纳入决策和均衡模型，用现代分析工具复活了古典经济学的商贸流通思想。例如，他们以个人专业化水平的决策以及均衡分工水平的演进为基础，重新阐述斯密的分工理论及其对国际贸易原因的论述。他们的研究旨在重新科学地寻找经济增长的微观机制，建立起宏观经济增长的微观模型。杨小凯等人（2003）创立的新兴古典经济学对新古典经济学舍弃商贸流通的批评，是通过分工与专业化的论证来完成的，在他们的理论体系中，商贸流通被重新纳入经济学研究范围之中，与之相关联的产品和劳务的交换和流通成为该理论的重要内容。在新兴古典经济学的理论框架内，交换的产生、贸易的形成、批发与零售的分工、流通渠道的演化等流通问题都被以规范的形式进行阐述，因而可以认为它在一定程度和范围内为商贸流通理论的发展提供了新的分析工具和理论依据。布坎南评价杨小凯的超边际分析方法及其理论对于解释工业化、城市化、商业发展和经济结构变化的议程，既有创新性又有重大的政策重要性。

（5）西方经济学流派的流通经济理论。从新古典经济学开始，主流经济学淡出了对流通问题的研究，但是一些西方经济学的流派则从应用角度出发，对流通的有关方面进行了研究。区域经济学主要研究了商业的规模与布局问题，韦伯提出工业区位理论从交通运输距离的角度研究了工业的聚集扩展对商业聚集的分析，研究了城市内部和城市间的商品流通。戴维·巴腾和戴维·博伊斯建立了空间相互作用、运输和区域间商品流通模型的"商圈"理论，研究了区域内商业零售企业的规模和布局问题。产业组织理论对商贸流通业的内部治理和外部环境的研究揭示了商贸流通发生的机理。当代的日本学者对流通理论进行了系统的研究，他们将流通作为一个重要的产业来研究，如左腾肇的《流通产业革命》（1978）、铃木武的《现代流通政策与课题》（1993）。特别是日本学者提出了系统的流通革命理论，"揭示了流通革命的起因、内在机理、基本形式及其影响"。

第二节 统筹城乡商贸流通的研究现状

20世纪80年代我国学者就已经提出并开始着手研究城乡一体化问题，中共十六大以来，随着统筹城乡发展问题的提出，城乡经济一体化问题又成为了研究的热点问题。尤其是十七届三中全会提出城乡经济社会一体化新格局以来，城乡经济社会一体化成为经济学界和实际工作部门关注的热点问题。近年来理论界主要是从统筹城乡商贸流通的基本思路，统筹城乡商贸流通体系战略，农村商贸流通体系建设，区域城乡流通一体化等方面进行研究。

一、关于统筹城乡商贸流通的基本思路的研究

统筹城乡商贸流通是实现城乡一体化的一个重要方面，在统筹城乡商贸流通的基本思路方面，近年来学术界提出了以下观点：

第一种观点主张从农村城镇化角度来促进城乡商贸统筹。张智认为，城乡商贸统筹作为破解我国城乡二元经济结构的重要举措，对实现城乡统筹发展有着举足轻重的作用。而在城乡商贸统筹中，商贸流通的重点应该向二元经济结构中滞后的一元农村偏移，即农村的商贸流通业，农村城镇化的政策有利于农村商贸流通业的改善，从而促进城乡商贸统筹中商贸流通业的发展。[①]

第二种观点认为统筹城乡商贸要从消除市场分割角度来进行。洪银兴、高春亮详细考察了我国城乡市场分割状况，指出市场分割中最为突出的是城乡要素市场分割，并从农产品供销市场、土地市场、农村市场主体等多个角度进行了深入分析。[②]柳思维、唐红涛借鉴了萨缪尔森的"冰川成本"模型，对中国城乡市场分割程度进行了初步分析，得出了城市商品在市场效率和总量上都优于农村商品市场并且这种趋势正在不断加深的结论，并分析了其内在的制度诱因，针对这一现象提出了促进二元商品市场和谐发展的相应对策。[③]

第三种观点主张从农业产业化、农村商业网点布局和发展农村电子商务角度来统筹城乡商贸流通。易开刚认为统筹城乡商贸发展的路径有三：第一，农业产业化。以工补农促发展，农业服务化，创新农业发展模式，农业特色化，构筑农业新优势。第二，优化农村商业网点布局。构建特色镇区商业中心，加快农村城镇化步伐；改善农村生产生活环境，改善交通条件，为物流、商流、信息流提速，构建信息高速公路与安全便捷的支付系统，服务广大农村居民。第三，发展农村电子商务。构建农产品采供销一体化的服务体系，建立企业、消费者、政府之间的监督机制，健全农村消费者权益保障机制，加强农村商贸企业服务意识提

---

① 张智：《论城乡商贸统筹中商贸流通》，载于《重庆职业技术学院学报》2009年第1期，第58~60页。
② 洪银兴、高春亮：《城乡市场的分割和统一》，载于《经济学家》2006年第6期，第42~49页。
③ 柳思维、唐红涛：《关于城乡二元商品市场格局及城乡商品市场和谐发展的探讨》，选自宋则、荆林波：《中国流通理论前沿》，社会科学文献出版社2008年版，第159~174页。

升服务水平，促进服务体系建设。①

第四种观点主张从财政政策角度来研究城乡商贸统筹。黎筠从财政角度看要有效解决城乡商贸统筹问题，实现城乡经济社会协调发展，政府必须进一步调整和完善财政政策。编制城乡商贸统筹发展规划，完善基础设施和城乡商贸流通网络，发展龙头企业，培育龙头市场，积极开发新型商贸平台，大力兴办各类农村合作经济组织，建立健全财政长效运行机制。②

第五种观点主张从全面启动农村市场的角度来完善城乡市场体系。张学鹏认为城乡流通市场体系不健全造成了农村消费市场发育不良，启动乏力的局面，严重制约着全国统一市场的形成和农村经济社会的发展。针对当前各地城乡流通市场体系建设中存在的体系不完善、规划滞后、监管不到位和缺少符合农民需求偏好的商品等突出问题，认为从全面启动农村市场的角度来完善城乡市场体系，一方面要立足优势发展农产品批发、零售市场。另一方面要着力构建农村日用消费品和农业生产资料流通渠道网络。③

第六种观点主张通过城乡流通一体化来实现城乡商贸流通的统筹。洪涛认为建立城乡流通产业一体化格局是理论和认识的重大突破，意味着我国旧的城乡关系向新型城乡关系的转变，通过对我国城乡流通体系模式的回顾与总结，主张通过城乡流通一体化来实现城乡商贸流通的统筹。认为城乡流通一体化的内容包括：城乡流通规划一体化、城乡流通政策一体化、城乡流通基础设施建设一体化、城乡流通物流一体化、城乡流通信息一体化。④

二、关于城乡市场一体化的研究

统筹城乡商贸流通就是为了实现城乡市场一体化，近年来学术界在研究城乡商贸统筹中，还研究了城乡市场一体化问题，具体形成了以下观点：

第一种观点主张通过缩小城乡商品流通市场的差距来实现城乡市场一体化。朱智、赵德海认为城乡商品流通市场一体化是实现城乡经济一体化、建设和谐社会、"扩内需、保增长"以及发挥商业先导性作用的必然要求。我国乡村与城市商品流通市场在消费水平、基础设施、经营业态、消费环境和政策支持等方面都存在较大差距。选择正确的发展思路、发展策略和保障措施，通过以城带乡、城

---

① 易开刚：《统筹城乡商贸发展的路径探讨》，载于《中国流通经济》2010年第8期，第66~69页。
② 黎筠：《城乡商贸统筹发展的财政对策》，载于《中国集体经济》2008年第7期，第99~100页。
③ 张学鹏：《完善城乡流通市场体系，全面启动农村市场》，载于《山东轻工业学院学报》2010年第2期，第83~86页。
④ 洪涛：《我国城乡流通业协调发展初探》，载于《中国流通经济》2010年第7期，第11~15页。

乡互动、双向流通、协调发展，来缩小城乡商品流通市场的差距，对消除城乡"二元结构"、实现城乡经济社会一体化发展具有重要的现实意义。①

第二种观点主张流通带动型城乡市场一体化。周爱华、王艳认为我国城乡之间在流通体系建设、物流设施、商业网点及业态结构、空间布局等方面存在很大差距，流通滞后已成为我国农村经济发展的新"瓶颈"。流通带动型城乡市场一体化发展思路即是以现代商贸服务业为启动点，从城乡市场一体化角度考虑城乡资源配置，形成以市场为导向的商贸流通带动型农业产业化发展格局，以促进农村经济全面发展。②

第三种观点主张通过深化改革和制度创新来实现城乡市场一体化。路小昆认为统筹城乡发展，其基础性环节是要构建城乡统一融合的市场体系，更大程度地发挥市场在城乡资源配置中的基础性作用，通过深化改革和制度创新把农村经济纳入全国统一的市场化轨道，提高城乡经济社会发展，形成市场经济条件下的新型城乡关系。因此，统筹城乡发展既是一种政策性选择和发展的协调性和融合度，又是体制的设计与运行。③

第四种观点主张通过城乡流通现代化建设来实现城乡市场一体化。李湘蓉分析了阻碍城乡市场一体化进程的制约因素有：市场流通效率不高、城乡要素市场对农业产业化带动作用不强、农产品对城市居民的满足程度低、农民增收困难。针对这些障碍提出实现城乡市场一体化的总体思路是：加快城乡流通现代化建设，完善农产品流通设施，构建诚信市场环境，建立覆盖城乡的信息网络，培育农民合作经济组织，改善和增强中介组织的服务功能，提高农民素质和技能，建立健全市场规则。④

三、关于统筹城乡商贸流通模式的研究

统筹城乡商贸流通，实现城乡商贸流通一体化模式的研究也是近年来学术界和实际工作部门关注的焦点问题，在这方面形成了以下研究观点：

第一种观点主张建立城乡互动的双向流通模式。夏春玉通过对沈阳蒲公英和南京苏果两家企业的案例研究，提出了一个城乡互动的双向流通系统概念模型，

---

① 朱智、赵德海：《我国城乡商品流通市场一体化研究》，载于《财贸经济》2010年第3期，第132~137页。
② 周爱华、王艳：《流通带动型城乡一体化发展研究》，载于《南昌大学学报》2008年第11期，第66~70页。
③ 路小昆：《市场一体化：统筹城乡发展的体制基础》，载于《理论界》2006年第1期，第73~74页。
④ 李湘蓉：《城乡市场一体化的障碍分析及实现途径》，载于《经济体制改革》2005年第2期，第90~92页。

并重点研究了系统中城乡互动机制和可能的建立路径。研究发现,有效降低流通成本是建立城乡互动的双向流通系统最为重要的影响因素,消费品从城市向农村流通与农产品从农村向城市流通过程中对物流设施、店铺网络、人力等流通要素的共享是降低流通成本的有效途径,流通企业还必须解决好农村流通网络的规划与建设及其与城市流通网络的整合、采取合适方式实现"农商对接"等关键问题。① 梁云通过对城乡商贸统筹的内涵及目标取向的分析,认为城乡商贸统筹发展的目标取向不是消除城乡市场差异,而是加大城乡商贸资源的统筹配置,实现城乡商贸的相互融合与双向互动。提出城乡市场网络化发展模式、小城镇商业发展模式、供应链网络连接模式、产业联动模式、龙头企业市场带动模式等城乡商贸统筹发展创新模式。结合重庆的情况,对推进城乡商贸统筹发展进行了探讨。② 杨伟研究了城乡商贸双向流通战略模式的可行性,认为建立城乡商贸双向流通体系是农村经济可持续发展的保障,是解决"三农"问题,促进农民增收,获得农村经济发展"造血功能",促进我国城镇化进程的重要途径,是提高农业竞争力的需要,是打破城乡二元经济结构,构建城乡和谐发展的必然环节。③

第二种观点主张建立与经济发展水平相适应的、功能分类的城乡双向流通的城乡商贸流通的统筹模式。任保平认为由于二元经济结构的存在,中国城乡之间在市场状态、城乡市场的交易额、城乡商贸业态结构、城乡居民消费水平方面存在着巨大的差异,由此造成了城乡商贸流通业发展的二元格局。从目前城乡市场分割的现实来看,统筹城乡商贸流通业的机制有城乡市场对接机制、城乡分工协调机制、城乡价格形成机制、城乡购买力平衡机制、城乡制度互补机制。中国区域经济发展差异比较大,不可能建立统一的城乡商贸流通业的统筹模式,应在与经济发展水平相适应的基础上,建立功能为分类的在工业化和城市化发达的地区应建立"中心城市——规模城市——乡村"的城乡市场网络化商贸统筹模式。在工业化发达而城市化相对落后的地区,应该采取产业带动模式。在城市化发达,而工业化相对落后的地区,应该采取小城镇带动模式。在工业化与城市化都不发达的地区,应该采取供应链空间连接模式。④

第三种观点主张建立城乡联动模式。周海蓉认为城乡二元经济结构过渡到城乡一体化即城乡经济联动发展,这是社会经济发展的必然规律。然而在统筹城乡经济社会协调发展的过程中,中国现行的商业布局却凸显出一些不合理的方面,

---

① 夏春玉、张闯、梁守砚:《城乡互动的双向流通系统:互动机制与建立路径》,载于《财贸经济》2009 年第 10 期,第 108~114 页。
② 梁云:《城乡商贸统筹发展模式及实践》,载于《商业经济》2009 年第 8 期,第 211~214 页。
③ 杨伟:《城乡商贸双向流通战略的可行性研究》,载于《市场论坛》2009 年第 11 期,第 53~54 页。
④ 任保平:《统筹城乡商贸流通:态势、机制与模式选择》,载于《社会科学辑刊》2010 年第 4 期,第 142~145 页。

尤其是城市与农村的商业布局结构不协调，城乡结合部的网点布局与城乡之间的经济联系和商品流通不协调，严重制约了城乡经济的共同发展。因此，必须坚持城乡共建的原则，正确处理好两者的关系，合理配置商业资源，促进城乡经济联动发展。①

第四种观点主张建立双向流通低成本的模式。林素娟认为深化农村流通体制改革，积极开拓农村市场，是当前社会主义新农村建设的关键所在，农村双向流通低成本的模式，其核心为将分工理论运用到农村流通中，加强流通业内专业化分工，梳理农村分散流通趋向大流通，在现有的"万村千乡"工程基础上，将农产品流通纳入已有流通主道，在流通渠道上实现环节共用，实现了"大生产、大流通、大市场""三位一体"的低成本流通模式。②

第五种观点主张农产品供应链模式。柳春岩基于农产品供应链的角度，探讨了城乡商贸流通体系的协调发展问题。分析了我国农产品供应链的类型和农村商贸流通业的现状，发展农村商贸流通业及整合城乡流通体系关键在于创新新型农产品供应链的模式，主张建立对称型农产品供应链和混合型农产品供应链。③

第六种观点主张走"集市→集镇→城镇"的模式，促使城乡市场之间互相渗透、融合。曾庆均认为我国城乡市场协调发展的重点策略是：一是积极开拓发展农村市场，积极引导工业企业面向农村市场调整产品结构，增加农村市场的有效供给。深化流通体制改革，大力培育农村市场流通体系。二是开拓寻找城乡市场协调发展的新结合点。城镇是城乡市场结合的主要表现形式，通过城乡横向经济联合，建立农工商一体化、贸工农一体化方式，打破城乡分割、地区割据和部门封锁，促进生产要素在城乡之间的全面流动。打破城市工业生产分工体系中的自我循环服务的封闭状态，建立外向性、互补性优势的城市工业与农村工业分工体系，对于农村经济则采取规模经营为主体的农副业生产分工体系。大力发展沟通城乡市场的交通运输通信、商业及金融等部门，为城乡专业化协作的发展奠定基础。在上述两项战略的基础上，主张走"集市→集镇→城镇"的模式。在这一模式中，集市是城乡市场相互渗透、融合的第一步。集镇是城乡市场相互渗透、融合的第二步。④

---

① 周海蓉：《中国城乡经济联动发展要求下的商业布局研究》，载于《华东经济管理》2005年第10期，第40~44页。

② 林素娟：《构建双向流通低成本的模式促进社会主义新农村建设》，载于《商业研究》2006年第24期，第146~150页。

③ 柳春岩：《基于农村商贸流通业的农产品供应链——商贸流通业城乡协调发展战略研究之一》，载于《中国市场》2007年第49期，第91~92页。

④ 曾庆均：《我国城乡市场协调发展的重点策略》，载于《陕西财经大学学报》2001年第4期，第58~60页。

四、关于农村商贸流通体系建设的研究

统筹城乡商贸流通的关键是发展农村流通,在农村流通发展的基础上,实现城乡商贸流通的一体化。为此,我国理论界和实际工作部门对农村商贸流通也作了积极的研究,提出了以下研究观点:

第一种观点主张从发展农村合作经济组织的角度来发展农村流通业。刘远分析了我国农村商贸流通业滞后的现状,其中最为核心的是落后的农村合作经济组织。我国农村商贸流通体系滞后的主要因素是:农村合作经济组织的发展缺少有效的扶持;发展农村商贸流通业的总体思路缺乏;业态结构和产业组织不甚合理;农村人口流动较少;必要的发展规划、法律保护、政策扶持和市场引导缺乏;基层商贸组织和信息化程度不高。针对这些滞后因素,提出了通过发展农村合作组织来统筹城乡发展,加强现代农村商贸流通体系建设。①

第二种观点主张从城乡双向流通体系角度破解农村发展的难题。庄尚文、尹星慧提出,在我国当前城市化的背景下,农业正处在从半自给经济向规模经济转化的时期,具有商品经济和自然经济的双重特征,而城市化加剧了生产和消费的脱节,生产和消费的矛盾加深,加上信息化和国际化相互交织,使得工业品和农产品的流通正在发生着剧烈的变革,具有高度的复杂性,若不能有效降低这种复杂性,会造成城乡差距进一步扩大、农村社会不稳定等一系列社会经济后果。随着我国经济的发展,城乡差距不断拉大,以及在此背景下城乡商贸流通体系的割裂,需要从城乡双向流通体系角度破解农村发展的难题,认为农村物流与发展成为推动农村生产和提高农业经济效益等方面的重要因素,建立农村物流势在必行。② 易开刚在研究我国农村现代流通体系的构建时,认为在我国新农村建设和统筹城乡发展的视角看,我国农村商贸流通体系的路径选择在于走城乡商贸一体化发展道路。③

第三种观点主张从体制改革和政策角度发展农村流通。张留记等人在《怎么改善农村商品流通》一书中谈到发展农村商品流通应主要在农副产品购销、工业品下乡、农村流通规模、农村商业体制、农村集市贸易以及重视市场预测和加强思想工作七方面下工夫。④ 姜受堪(1992)等人在《农产品流通论》中也曾

---

① 刘远:《农村商贸流通业的滞后要素与提升思路》,载于《南京社会科学》2005年第11期,第62~65页。
② 庄尚文、尹星慧:《城乡二元结构下商品流通的复杂性及发展对策》,载于《现代管理科学》2009年第1期,第120~121页。
③ 张留记、李福众、白炳林:《怎样改善农村商品流通》,河南人民出版社1984年版,第12页。
④ 姜受堪、崔延森:《农产品流通论》,中国商业出版社1992年版,第3页。

阐述我国农产品流通体系存在的问题，如渠道单一、流通环节过多等，而改革的内容集中在改革农产品价格、改革统购统销的政策以及改革价格管理制度。① 这些文献认为突破计划管制是改革商贸流通体系尤其是农村流通体系的最终目标。财政部经济建设司和中国物流与采购协会编写的《农村流通体系财税政策研究》一书主要分析了我国农村流通体系的现状和问题，并在此基础上研究了我国农村流通体系建设的财税政策建议。② 商务部研究院出版的《中国流通30年》中，通过对中国流通体系改革30年的回顾，总结了中国流通体系发展的成就和经验。③ 吴佩勋的《社会主义新农村流通服务体系的现状与展望》（中山大学出版社，2008）通过对我国农村市场的分析，进一步研究农村连锁经营、电子商务的发展。④

第四种观点主张从完善农村物流体系的角度来发展农村商贸流通。周建勤、鞠颂东提出从国家架构、区域架构、行业架构、企业架构四个方面来完善农村物流体系。⑤ 赵文丽的实证研究发现，在上海市和江苏省这样城市化率很高的地区，商贸流通业对于城市化有极大的推动作用，反之不成立，而在城市化率相对较低的浙江省，商贸流通业并不是城市化进程的直接动力，而城市化对于商贸流通业的发展却有直接的推动作用。刘远认为加快发展农村现代商贸流通业是统筹城乡协调发展的客观要求，是缩小城乡差距的重要突破口。根据农村流通业的现状与特点，提出了要发展农村现代商贸流通业来提升农村流通业的发展新思路：发展农业经济组织，畅通输出渠道。引进新型业态，繁荣农村商贸。发展龙头企业，形成规模效应。大力开拓市场，完善农村流通体系。⑥

第五种观点主张从农村流通主体的角度完善农村商贸流通体系。刘东明认为当前市场经济条件下，农村流通主体缺位，产销、供求无法衔接，限制了农村商品流通的发展和农村市场的开拓。主张在农村培育和发展具有综合服务职能的流通组织，培育农村流通主体，从而完善农村商贸流通体系。⑦

---

① 易开刚：《我国农村现代化商贸流通体系的构建》，载于《商业经济与管理》2006年第12期，第20~23页。

② 财政部经济建设司、中国物流与采购联合会：《农村流通体系财税政策研究》，中国经济出版社2007年版，第5页。

③ 商务部研究院：《中国现代流通30年》，中国商务出版社2008年版，第3页。

④ 吴佩勋：《社会主义新农村流通服务体系的现状与展望》，中山大学出版社2008年版，第16页。

⑤ 周建勤、鞠颂东：《新农村建设中农村物流体系构建初探》，载于《北京交通大学学报》2007年第3期，第29~32页。

⑥ 刘远：《农村商贸流通业的滞后要素与提升思路》，载于《南京社会科学》2005年第11期，第62~65页。

⑦ 刘东明：《流通主体缺位造成农村商品流通力低下》，载于《商业研究》2001年第9期，第16~17页。

五、关于区域城乡商贸流通一体化的研究

在研究统筹城乡商贸流通体系的诸多文献中,更多的是关于区域统筹城乡商贸流通体系的研究。这方面的研究有以下观点:

第一种观点是对河北省农村商贸流通体系建设的研究。焦伟伟等以河北省为典型案例,分析了河北省农村商贸流通体系发展中取得的成绩和存在的问题,认为缩小城乡区域在商品经济上的发展差距,关键是建立和完善市场经济条件下我国农村商贸流通体系和统筹城乡商贸流通体系,提出了如发展新型流通业态、提高农业的组织化程度、加强流通基础设施建设等促进河北省农村商贸流通体系发展的对策建议。[①]

第二种是对江阴市统筹城乡商贸发展的研究。沈益丹等人在《江阴市统筹城乡商业发展的实践与探索》一文中,总结了江阴市在统筹城乡商贸发展的经验,旨对研究提供参考,主要经验有:把农村商业网点建设纳入全市商业网点发展规划;实施"三集中"工程,即:农田向规模经营集中、农民住宅向镇区集中、镇村工业向园区集中,以此来提升农村居民消费水平;撤并村镇,推进中心镇村商业网点建设;把发展服务业工作列入市镇两级政府年度考核目标;加大乡镇商业项目招商引资力度,建设现代农村商业体系。[②]

第三种观点是对重庆市城乡商贸统筹发展的研究。喻问兰在重庆成为全国唯一城乡商贸统筹综合配套改革试验区的这一大背景下,探讨了推进重庆市城乡商贸统筹发展这一问题。认为重庆充分挖掘并加大对现有资源的开展利用、提高农民工素质、挖掘商业文化、加快商贸流通网络建设等方面来促进城乡商贸流通统筹发展。[③]黎筠以重庆市为一个典型,分析了在城乡商贸统筹发展进程中存在的主要问题,即认识不到位、乡镇基础设施建设滞后、城乡配套服务及市场管理差异大、城乡商业网点布局不合理、城乡收入差距持续扩大、城乡商贸流通市场体系规划滞后和政策及保障机制不健全七大主要问题,并针对这些问题提出了相应的促进城乡商贸统筹发展的对策。[④]

---

① 焦伟伟、张丽、丁森另:《河北省农村商贸流通体系实证研究》,载于《中国市场》2007 年第 41 期,第 74~75 页。

② 沈益丹、沈敏能:《江阴市统筹城乡商业发展的实践与探索》,载于《江苏商论》2004 年第 11 期,第 19~21 页。

③ 喻问兰:《推进重庆市城乡商贸统筹发展探讨》,载于《现代商贸工业》2008 年第 8 期,第 100~101 页。

④ 黎筠:《城乡商贸统筹发展中存在的问题及对策探讨》,载于《河北农业科学》2009 年第 2 期,第 123~125 页。

第四种观点是对西南地区城乡流通一体化体系构建的研究。关于区域城乡流通一体化的研究，林素娟等人做的关于《新农村建设背景下西南地区城乡流通一体化体系构建》的报告，其中认为西南地区新农村建设任务繁重而艰巨，城乡流通脱节、城乡流通体系建设滞后无法充分发挥流通先导的优势作用，所以实现西南地区城乡一体化流通体系的构建十分必要。而西南地区城乡一体化流通体系构建背景主要有五点：一是农村消费的增长速度持续低于城市市场；二是农民消费长期处于不安全、不方便状况且影响农民切身利益；三是农产品流通体制不适应现代农业生产的快速发展；四是商业龙头企业迫切需要开拓农村市场；五是实施城乡流通一体化体系建设的条件已基本具备。对于西南地区城乡流通一体化体系构建的难点主要在于五个方面：一是农村村寨分散，加重城乡流通一体化体系构建成本；二是农民收入低，阻碍城乡流通一体化体系构建速度；三是农村流通基础设施落后，制约城乡流通一体化体系构建平台的提升；四是农业产业化组织程度低，影响城乡流通一体化体系通畅；五是农村商贸人才缺乏，限制城乡流通一体化体系的推广。研究报告中提出将西南地区流通一体化建设纳入新农村建设的战略之中，加大政府的扶持力度，坚持以专业市场建设为核心，以城乡物流配送为关键，重视农产品加工增值服务，探索一网多用的城乡流通一体化体系之路[①]。

总体来说，对我国城乡商贸流通体系研究这一问题，在理论方面系统完善的探讨还很欠缺，运用经济学理论来分析这一问题的文献相对来说也比较缺乏，而且现有的研究基本研究的是农村市场、农村流通体系和农村的流通服务业的发展。即使在农村商贸体系的研究中也主要是从农村单方面来进行研究，缺乏从城乡统筹视角来研究。所以从城乡统筹的视角来研究具有重要的理论和实践意义。

第三节　城乡商贸流通体系的内涵与外延

一、流通体系的内涵与外延

（一）流通体系的内涵

商品流通是指商品从生产领域到消费领域的转移过程，商品流通包括商流与

---

① 林素娟：《新农村建设背景下西南地区城乡流通一体化体系构建》，载于《商业时代》2008年第13期，第93~94页。

物流两层含义，即商品的所有权转移与商品的实体转移。流通不仅是指价值的流通（商品价值形态的变化），而且包括使用价值的流通（物流）。从现代流通的意义上来讲，流通是商流、物流、信息流和资金流的统一，四大部分构成了完整的商品流通的过程。商品流通是整体社会经济运行的重要一环，是生产和消费得以实现的关键连接链，尤其在市场经济快速发展的今天，流通产业发展的重要性日益凸显。

流通体系是与商品流通相关的各个要素相互作用、相互联系而构成的一个有机整体，这些要素可以分为三类：一是渠道体系类要素；二是流通载体类要素；三是规范与支撑类要素。渠道体系类要素主要指商品流通主体及其相互之间的关系，这里的商品流通主体具体包括市场和农产品流通中的各类中介组织，如商品流通龙头企业、代理商、农产品流通合作社、农民协会、经纪人队伍、批发商、贩运商、零售商等。流通载体类要素是指从事商品交易的各类市场，如批发市场、期货市场以及零售市场。规范与支撑类要素主要指确保商品产销通畅的信息保障与政策支持。上述三类要素相互联系、交织复合在一起，就构筑了商品流通体系的基本框架。正是因为构成商品流通体系的三类要素存在着相互作用的关系，才使得商品流通体系呈现出动态变化的特征。

（二）流通体系的外延

依据流通体系的内涵，流通体系的外延包括：一是流通的市场体系。市场体系是商品流通的载体类要素，规范和健全的市场体系是现代流通的载体。成熟发达的市场经济是以规范健全的市场体系为基础的。应建立纵横交错的农产品市场网络：货物的集散，按产销流程、集散序列有序进行。在集货方面，有初级市场、中心市场和终点市场；在散货方面，有批发市场和零售市场。按成交方式分，有现货市场和期货市场。按经济成分分，有国营商场、合作商场、股份联营商场和私人商场。二是流通的物流体系。物流体系是商品流通的使用价值流通过程中各类新要素组成的体系，是物品从供应地向接受地的实体流动过程中，将运输、储存、装卸、搬运、包装、流通加工、配送、信息处理等基本功能实现有机结合组合而成的一个整体。三是流通组织体系。流通组织体系是渠道体系类要素，是指流通中龙头企业、代理商、农产品流通合作社、农民协会、经纪人队伍、批发商、贩运商、零售商等构成的统一体。四是流通管理体系，流通体系中的规范与支撑类要素，是指对流通业的发展实施管理和规范的一系列要素构成的系统。流通管理体系包括微观管理体系和宏观管理体系两个层次。微观管理体系主要指商贸企业利用现代化技术和信息手段对企业自身进行经营管理的体系。宏观管理体系主要指政府对整个社会商贸流通体系的管理和监督以及商会、行业协会等中介组织的管理。五是流通服务体系。服务体系也是流通体系中的规范与支撑类要素,主要是指为商品流通提供基础设施、信息服务、网络条件等方面所组成的系统或者体系。六是流通的支持体系。支持体系是流通体系的基础条件,包括制度支持系统、组织支持系统、政策支持系统、环境支持系统等。随着流通现代化的发展,流通业产生了新的业态,电子商务和连锁经营等新业态不断兴起,在渠道体系类要素中又产生了电子商务体系和连锁经营体系。

二、城乡商贸流通体系的内涵与外延

(一)城乡商贸流通体系的内涵

城乡商贸流通体系是城乡之间商品流通构成的体系系统,也是商流、物流、信息流在城乡之间对立和统一的运动。城乡商贸流通体系是二元经济结构的产物,在二元经济结构背景下,形成了城乡市场的分割,从而形成了城乡之间两个不同的流通体系。两个流通体系之间的对立运动就构成了城乡商贸流通体系,当城乡商贸流通体系分割时,城乡之间的商流、物流、信息流无法通畅运行。当城乡商贸流通体系一体化时,城乡之间的商流、物流、信息流能自由流动,从而就会引导资源的合理配置和合理利用。城乡商贸流通体系一体化就是城乡之间在商流、物流、信息流之间的一体化,具体包括:城乡商流一体化、城乡物流一体化和城乡信息流一体化。

(二)城乡商贸流通体系的外延

城乡流通体系的外延包括:一是城乡商贸流通的市场体系。城乡商贸流通的市场体系是城乡商品流通的载体类要素。城乡商贸流通一体化首先是市场一体化。二是流通的物流体系。城乡商贸流通的物流体系是城乡商品流通中使用价值流通过程中各类新要素组成的体系。三是流通组织体系。城乡商贸流通的组织体系是城乡渠道体系类要素,是指流通中龙头企业、代理商、流通合作社、农民协会、经纪人队伍、批发商、贩运商、零售商等构成的统一体。四是城乡商贸流通的管理体系,是指对城乡流通业的发展实施管理和规范的一系列要素构成的系统。五是城乡商贸流通的流通服务体系。城乡商贸流通的服务体系是指为城乡商品流通提供基础设施、信息服务、网络条件等方面所组成的系统或者体系。六是城乡商贸流通的支持系统。支持体系是城乡商贸流通系统基础条件,包括制度支持系统、组织支持系统、政策支持系统、环境支持系统等。七是城乡商贸流通的电子商务体系。随着流通信息化的发展,在城乡商贸流通中产生了电子商务这种新的业态,通过电子商务体系把城乡商贸流通联系起来。八是城乡连锁经营体系。连锁经营是一种商业组织形式和经营制度,是指经营同类商品或服务的若干个企业,以一定的形式组成一个联合体,在整体规划下进行专业化分工。城乡商贸流通的连锁经营体系是指通过连锁经营的方式把城乡之间的商品流通连接起来的现代商业业态形式。

第三章

中国二元经济结构背景下的城乡市场分割

随着我国改革开放的不断深入、社会主义市场经济体制的日益完善以及经济社会的全面发展,中国经济保持了持续高速增长态势,取得了举世瞩目的成就,逐步进入一个全新的阶段。然而,由于我国特殊的二元经济结构以及长期以来所实行的二元产业、户籍分割、投资、税费、消费政策等政策,使得市场机制难以克服要素流动的障碍,形成了城乡二元市场体系问题,表现出典型的二元经济结构特征:一方面存在着以城市工业为代表的现代经济部门,另一方面是以手工劳动为特征的传统农业部门,还未实现工业化和城市化。城乡二元经济失衡的非良性互动状态造成了工业化、市场化、城市化和社会化程度低,导致了一系列"孪生效应",日益成为制约我国经济社会持续、健康发展的"瓶颈",尤其表现在城乡市场的对立和分割上。因此,实现从二元经济结构向现代经济结构的转变,成为建设具有中国特色的现代市场体系的首要任务。在正确认识城乡体系分割现状的基础上,建设统一的城乡市场,更是解决城乡市场和商贸流通体系的对接,以及统筹城乡市场一体化的重要通道。

第一节 中国二元经济结构的特征及孪生效应

"二元经济"最初是由伯克(Boeke,1953)提出的,他在对印度尼西亚社会经济的研究中,将该国经济和社会划分为传统部门和现代化的荷兰殖民主义者所经营的资本主义部门。关于发展中国家经济二元性系统的理论则出自于美国著名的经济学家阿瑟·刘易斯（Lewis，1954），刘易斯指出，在发展中国家一般存在着性质完全不同的两种经济部门：一种称为资本主义部门或现代部门；一种称为自给农业部门或传统部门。传统部门落后，但比重庞大；现代部门先进，但比重较小。在一定的条件下，传统农业部门的边际生产率为零或负数，劳动者在最低工资水平上提供劳动，因而存在无限劳动供给。城市工业部门工资比农业部门工资稍高点，并假定这一工资水平不变。由于两部门工资差异，诱使农业剩余人口向城市工业部门转移。经济发展的关键是资本家利润即剩余的使用，当资本家进行投资，现代工业部门的资本量就增加，从农业部门吸收的剩余劳动就更多。当剩余劳动力消失，劳动的边际生产率也提高了，与工业达到一致，这时经济中的二元结构也就消失了。

中国的经济结构不仅具有发展中国家二元经济结构的特征，而且是特殊的"双层刚性二元经济结构"[①]（任保平，2004）。从总体上是城市与乡村的二元经济结构，而每一元中又分为两层：从城市来看是现代工业与传统工业并存，从农村来看是传统农业与以乡镇企业为代表的现代农业的并存，而且不同层次之间关联程度差，表现出刚性特征。在基本的双层二元结构的基础上，又形成了多方面的表现。其基本特征表现为：

第一，我国工业化发展过程中形成的二元工业化的格局，在这种格局中，乡镇工业、城市工业同时并存。在城市工业中，传统工业与现代工业同时并存，在中国的二元工业格局中，城市工业化是其中一元，城市工业化是以国有工业为主体来推动的；以乡镇企业为代表的农村工业化是其中的另一元。改革开放以来，随着以乡镇企业为首的农村工业化的提高，农村经济体制不断完善，城乡差距方面逐渐缩小，尤其是20世纪90年代以来国有经济效益下降，乡镇企业的发展在一定意义上弥补了国有经济增长效益下滑对整个国民经济增长的影响。然而在二元经济结构背景下所造成的城市工业化和农村工业化同时并存的二元工业化却带来一些不良的经济后果，如造成了城乡工业的产业趋同。产业结构趋同化及产品的同质性造成了城乡工业间的过度和无序的竞争，资源不能优化配置。城乡分离使城市人口、资金、物资、信息和技术等各种要素不能向农村地区扩散，城市文明也不能向农村推广和普及，大大延缓了农村城镇化的进程。二元工业化造成了城镇化的滞后发展。这种滞后发展的城镇化，不仅不利于工业现代化，而且也不利于农业现代化和农民生活的现代化。

第二，城乡劳动力市场和就业中形成的二元结构，呈现出典型的"二元四

---

① 任保平：《论中国的二元经济结构》，载于《经济与管理研究》2004年第5期，第3~9页。

级"特征（任保平，2004）。其特征为整个劳动力市场分为二元，一元是城市劳动力市场，另一元是农村劳动力市场。而在二元市场中，每一元又分为两层，城市劳动力市场分为正规部门（一级市场）和非正规部门（二级市场），农村劳动力市场分为传统部门的劳动力市场（四级市场）和非农产业部门（三级市场）的劳动力市场。同时，在劳动力市场的二元特征下形成了就业结构的二元性。按照发展经济学家刘易斯的二元经济结构理论，只要城市部门不断地扩大积累，城市对劳动力的吸收便具有无限能力，农村剩余劳动力会源源不断地流入城市，一旦农村剩余劳动力完全被城市部门所吸收，二元经济结构的鸿沟将被填平，就业矛盾将随之被解决，但是这一理论是建立在城市没有失业，而且工资不变的前提基础之上，并且这一理论与中国的现实有较大的差距。在中国的四级劳动力市场中，二级市场充当了一级市场的蓄水池，吸纳了从一级市场上在国有企业改革中淘汰下来的劳动力，同时也吸纳了有四级市场进入城市的农民工，减少了对一级市场的压力。作为三级市场一方面吸纳四级市场中的过剩劳动力，而且促进了农业劳动力向非农业劳动力的转化，加快了农业的工业化进程。

第三，城乡市场体系形成的二元结构，表现为城市市场体系与农村市场体系不对接。城市中社会分工较为发达，专业化组织能规范地成长，经济主体具有独立的物质利益关系，商品交换发达，从而形成了较为完善的市场体系，不仅商品市场中的生产资料市场、生活资料市场和文化与服务市场比较健全，而且城市要素市场中的金融市场、技术市场、信息市场、劳动力市场、房地产市场、产权市场也得到了巨大的发展。在农村市场体系中，尽管改革开放以来农村市场经济有了一定的发展，但是由于农村经济中传统农村经济和市场化的农村经济的并存，商品化和市场化程度较低，不论是商品市场还是要素市场都落后于城市，特别是金融市场、劳动力市场、信息市场和土地市场不健全，使得城市市场与农村市场不对接。这种城乡市场体系的二元分割性，决定了城市和农村经济转型的任务不相同：在城市经济转型的任务是经济体制的转型与经济结构转化，既要促进城市经济结构由低级阶段向高级阶段演进，又要加快经济体制由计划经济向市场经济的转化，完善城市市场体系，形成统一、规范、竞争和有序的市场，最终使市场机制在资源配置中发挥基础性作用。而农村经济转型的任务是：既要由自给自足的传统农业向专业化、集约化、市场化的现代市场经济转变，又要促进农村经济由传统的生产方式向现代生产方式转化。

由于中国特殊二元经济结构的存在，在中国经济发展中形成了一系列的负效应，有些经济学家称之为二元经济结构的"孪生灾难"或"孪生效应"。

第一，农村大量过剩劳动力无法得到转移，无法进行资源的合理配置。在市场经济条件下，城乡之间的资源配置主要通过城乡市场完成，城乡市场是工农业之间、城乡之间产品和要素流动的主要渠道，是优化配置城乡资源的主要手段。最早的古典经济学理论——重农学派的代表人物弗朗斯瓦·魁奈曾指出，农业和其他部门的产品和生产要素的顺利交换是社会再生产顺利进行的必要条件。马克思后来在他的社会再生产两部门模型中继承和进一步发展了魁奈的这一思想，提出为了保障社会再生产顺利进行，两部门之间的交换必须满足一系列的前提条件和必要条件。西方发展经济学家认为，在发展中国家存在二元经济结构的情况下，传统农业部门经济发展水平低，边际生产率低，劳动力过剩，为现代工业部门提供了廉价的劳动力。而现代工业部门随着资本存量的增加，工业规模的扩张和社会经济结构的变革，需要不断地吸纳农村劳动力。这样随着城市规模的扩大，人口会源源不断地流入城市，随着人口和经济活动从传统部门向现代部门的转化，社会整体生产力水平将不断得到提高，二元经济逐步会转向现代经济。然而中国特殊的二元经济结构妨碍了市场机制的有效运转，阻碍了社会资源的优化配置，使得农村大量剩余劳动力无法得到有效转移；另外，城市的现代经济部门发展缓慢，对劳动力的吸纳能力下降，而农村生产效率不断提高，大量过剩劳动力无处转移。

第二，抑制了消费需求，制约了内需的扩大。由于二元经济结构的存在，造成了城乡经济的差异和收入水平的差异以及城乡收入水平的不断拉大，使中国的二元经济结构由一般的"二元结构"的工农产业差异、城乡差异和地区差异，表现为突出的城乡收入水平的差异，城市人均收入远远高于农村人均收入，而农村人口又在全国人口总数中占据多数。依据经济学基本原理，消费是收入的函数，农村人均收入低，农村人口的消费需求低，必然导致全国总的消费需求不足。城乡收入的巨大差异、农村人口较低的收入和较高的恩格尔系数必然会使消费水平难以提高，而消费不足又会阻碍经济的增长。

第三，形成了经济结构转变的"双重演进"的特征，加大了制度变迁的成本。在中国经济结构转型中，一方面是要实现经济体制由计划经济向市场经济的转变，在城市建立现代企业制度，在农村实行家庭联产承包责任制和发展乡镇企业都是这一制度变迁的表现。另一方面，中国的经济转型要加快实现由二元经济结构向现代经济结构的转变，制度的变迁与经济的转型统一为一个完整的过程，表现出了转型增长的特征，形成了"双重演进"[①]（夏明，2002），这种双重演进的特征延长了改革的实践过程，增加了制度变迁的成本。

第四，加剧了城乡差别和城乡居民的不平等。在二元经济结构和经济转轨条

---

① 夏明：《二元结构转变条件下中国农业问题的性质和原因》，载于《农业经济》2002 年第 1 期，第 20~21 页。

件下，城市现代工业部门与传统农业部门对立的二元经济结构带来的经济利益的不平等，加剧了城乡收入的持续扩大（贾小玫、周瑛，2006）①。同时，在中国特殊二元经济结构的背景下，城乡居民仍然在受教育权限、社会福利待遇等方面存在着较大差别，城乡分割的升学制度和就业制度使得城市居民受教育的程度远远高于农村，从而使得农村居民的科技文化素质和就业竞争力相对低下，城乡分割的社会保障制度也使得农村居民很难享受到与城市居民同等的社会保障待遇，无法平等地分享经济社会发展的成果。

最后，二元经济结构还阻碍了全国统一大市场的形成和市场经济体制的完善，导致了城乡二元商贸流通体系的形成。城乡市场的分割使得城乡间要素与商品流动受阻，造成了城乡之间交易主体的不对称和购买力的不平衡，进而形成了城乡二元商贸流通体系。"城乡差距已经成为中国发展面临的一大挑战，也就是中国进一步发展生产力和促进社会进步的最大的体制性障碍。"②（胡鞍钢，2004）

第二节 中国二元经济结构背景下的城乡市场分割的测度

正确认识城乡市场体系分割现状是建设统一的城乡市场、解决城乡市场和商贸流通体系的对接以及统筹城乡市场一体化的基础。围绕转型期中的我国城乡二元市场及城乡市场分割（或者市场整合③）逐渐成为了一个研究的焦点，学者们对此进行了理论探索和实证研究巴瑞·诺顿（B. Naughton，1999）；杨⁻（2000）；庞塞特（S. Poncet，2002、2003）；戴红梅、贾后明（2004）；洪银兴、高春亮（2006）；黄赜琳（2006、2007）；柳思维、唐红涛（2007），等等，大致基于以下视角：①关于我国城乡市场分割形成的研究；②关于我国城乡市场分割表现的研究；③关于我国市场分割程度的测度研究。前两个视角主要是定性研究，主要探讨了城乡市场分割的历史、原因及其现实表现。第三个视角是关于我国市场分割程度测度的定量研究，比较具有代表性的有如下研究观点和方法。

喻闻和黄季（1998）对粮食市场的分割程度进行了研究，通过各地产品价格的残差序列的一阶差分对残差滞后水平和滞后的因变量进行回归，结论表明从长期来看，我国大米的共同整合程度是相当高的，从分时期的结果看，我国粮食

---

① 贾小玫、周瑛：《对缩小城乡收入分配差距的思考》，载于《财经科学》2006年第4期，第76~81页。
② 胡鞍钢：《中国：新发展观》，浙江人民出版社2004年版，第17页。
③ 市场分割程度和市场整合程度只是对同一事物正反两面不同的表述（赵奇伟，2009）。

市场的共同整合程度也在逐年提高；Kam-ki Tang（1998）以1992~1995年间中国各省份之间经济周期的相关性为研究对象，通过构建了一个结构向量自回归模型考查期内各省份之间经济周期的相关性的研究，认为相关性越强，经济一体化程度就越高，研究结果表明，整合的全国经济尚未形成；在分析中国商业周期时，把中国看成一个统一的经济体，在微观层面和宏观层面都可能有误导；诺顿（Naughton，1999）考查了1987~1992年中国省际贸易流，认为中国省际贸易流量不仅很大，而且制造业内部各部门间的贸易占主导地位，这种趋势与全国经济一体化是相协调的；计保平（2001）通过考查城乡消费结构变动的差异分析了我国城乡消费市场，认为城乡消费品市场的二元结构特征是明显存在的；许心鹏（2002）通过构建了一个误差构成模型（error-components model）考查了1991~1998年中国省际市场的一体化程度，他将每个省份的部门实际经济增长分解为国家宏观影响、部门自身生产率的影响和本省份对该部门的影响，考查各地区的经济周期的相关程度，通过研究表明，在长期中，省际产出增长具有显著的互动性，而在短期，实际产出增长的1/3是由各省具体因素决定的，尽管随着改革的深入中国省际经济一体化获得了进展，但进展还很不充分；杜鹏、任金芳、李茂（2004）依据均势市场理论考查了城乡市场，考查指标有市场主体差异、交易客体与市场需求适应性程度的差异、市场体系差异、市场制度环境差异、购买力差异，认为目前城乡市场总体上都呈现为畸形的买方市场格局，并处在逐渐向均势市场转变的过程中；戴红梅、贾厚明（2004）利用城乡商品流通网络、城乡生产要素市场、城乡商品品种和交易规模、城乡市场主体规模等指标对城乡市场分割的现状进行了描述，认为农村商品流通网络薄弱，商品交易方式落后，农村市场体系不健全，农村市场规模较小，商品品种较为单一，农村市场主体规模偏小，交易成本过高；桂琦寒、陈敏、陆铭、陈钊（2006）使用各地商品价值指数考查1985~2001中国相邻省份的商品市场整合程度及变化趋势，认为中国国内市场的整合程度总体上呈现上升趋势；柳思维、唐红涛（2007）首先通过城乡二元商品市场数目及交易额初步分析城乡在商品市场总量方面的差异，其次利用城乡商品零售价格指数对城乡商品市场运行效率方面进行比较，认为在市场交易总量指标方面，城市商品市场发展显著优于农村市场，并且由于我国对外开放的不断深入，外资在城市商品市场的全面进入更加加大了城乡二元市场分割的力度，在1993年以前，城乡商品市场在效率方面差距并不大，而之后开始呈现出逐步扩大的趋势；钱雪亚、张昭时、姚先国（2009）利用小时收入、接受正式教育的年数、工作经验、性别变量等构建城乡分割指数来考查2006年浙江省劳动力市场，认为在工资回报层面，相对高端领域的分割程度弱于相对低端领域；在就业机会层面，相对高端领域的分割程度强于相对低端领域。

对相关文献进行梳理不难发现，首先，对市场分割的相关研究主要集中在区域市场分割的研究范围内，对城乡市场分割的相关讨论甚少；其次，对城乡市场分割的相关研究主要集中在城乡商品市场的分割，对城乡要素市场分割的相关探索较少；再其次，对于城乡要素市场分割的相关研究缺乏一定的实证检验相辅佐。这些研究方法和测度方法对我们进行城乡市场体系分割程度的研究具有非常重要的启发和借鉴意义。

一、中国城乡市场分割程度的测度方法的选择

市场体系是在社会化大生产充分发展的基础上，由各类专业市场组成的有机联系的体系。包括商品市场和要素市场两大类。其中商品市场包括：生活资料市场（消费品市场）和生产资料市场（资本品市场），要素市场包括：金融市场、劳动力市场等。从市场体系的界定出发，我们把城乡市场体系分割程度的测度维度确定在两大维度上：商品市场和要素市场。通过城乡商品市场和要素市场两个方面来测度我国城乡市场体系分割程度。

根据对市场分割方法的综述，对我国市场分割程度的测算方法主要有市场要素分析法、产出结构法、贸易流量分析法、经济周期法、技术效率法和相对价格法六类方法。本章借鉴赵奇伟（2009）描述各地区消费品市场、资本品市场以及劳动力市场分割程度的方法——相对价格法的思路描述我国城乡市场分割程度。相对价格法的思想来源于萨缪尔森（Samuelson，1954）的"冰川成本"模型，该理论是对"两地一价"理论（Law of One Price）的一个修正，其核心思想在于市场的分割状况会影响商品的价格：当市场间存在壁垒，商品和要素无法自由流动时，商品的价格会出现差异；反之，当商品和要素能够自由流动时，最终商品的价格会趋同。尽管诸多学者将相对价格法运用于区域市场的分割和整合程度的测量，本章将此方法引入城乡市场分割的测算，用价格信息构建指标体系进而测算市场分割程度，仍不失为一种行之有效的方法。

首先，为了计算市场分割程度的指标相对价格方差，选取三维（$t \times m \times k$）的面板数据。其中，t 为年份；m 为地区，在这里表示城市或农村；k 为某类价格信息。三维面板数据很好地涵盖了价格的所有信息。

其次，相对价格的形式的确定。根据"冰川"成本模型的研究，相对价格有三种形式：两地的直接价格比 P_{it}^k / P_{jt}^k、价格比的自然对数 $\ln(P_{it}^k / P_{jt}^k)$ 以及价格的一阶差分形式 $\ln(P_{it}^k / P_{it-1}^k) - \ln(P_{jt}^k / P_{jt-1}^k)$。我们采取一阶差分的相对价格的形式来构造市场分割程度的指标，由于我们使用的数据中有指数形式，城乡采用基期的不同会引起偏误，而一阶差分的相对价格的形式可以剔除这种偏误，并

且不会改变其数字特征。由此我们可以得到：

$$q_{ijt} = \Delta Q_{ijt}^k = \ln(P_{it}^k / P_{jt}^k) - \ln(P_{it-1}^k / P_{jt-1}^k) = \ln(P_{it}^k / P_{it-1}^k) - \ln(P_{jt}^k / P_{jt-1}^k)$$

不同于赵奇伟（2009）在描述商品市场时使用八大类消费品之间价格变动平均值方差的形式，我们将直接使用一阶差分的相对价格形式代表市场分割指数。这是因为，我们认为年鉴中的价格总指数是各类商品价格变动趋势和程度的相对数，因而，使用相对价格形式直接构建市场分割指数，不仅涵盖了有代表性的商品价格的综合价格信息，同时也不会丧失其动态特征。生产资料市场、劳动力市场和金融市场的市场分割指数处理方式亦同。

最后，使用单位根检验方法对市场分割指数的时间序列的稳定性进行检验，由此考察我国城乡市场分割程度。如果不能拒绝 q_{ijt} 服从单位根运动的原假设，则时间序列 q_{ijt} 为非稳定的随机过程，其方差随着时间的推移不断扩大，说明城乡市场体系间分割严重。Fan 和 Wei（2003）就曾用 ADF 测试检验了中国各地区分类商品的时间序列，接着以 MW 方法检验了混合商品的面板型时间序列，得出了中国国内的市场价格有收敛的趋势，渐进式改革推进了区域市场的一体化。本章将采用 ADF 检验（Diskey - Fuller test，ADF test），即一般文献中的 τ 检验，来检验市场分割指数的时间序列是否平稳。

二、评价指标体系的确立

一般来说，城乡市场体系分为城乡商品市场和城乡要素市场，因此要测度城乡市场体系的分割程度，应该同时对城乡商品市场和要素市场的分割程度做一个考量。

首先将城乡市场体系分为城乡商品市场和城乡要素市场。在城乡商品市场方面，目前尚无衡量其分割程度的统一指标，本书将城乡产品市场分为城乡消费品市场和城乡生产要素市场，用商品零售价格指数来描述城乡消费品市场的分割情况，用全社会固定资产投资来描述城乡生产资料市场的分割情况。在要素市场方面，主要包括资金、技术和人力资本等生产要素，我们选择城乡劳动力市场和城乡金融市场来代表城乡要素市场，城市劳动力市场的实际工资比较容易获得，而农村劳动力市场包括农民工的实际工资情况较难获取，因此这里使用城镇居民人均可支配收入和农村居民人均纯收入分别替代城市劳动力市场和农村劳动力市场的价格；各年金融机构人民币信贷资金中的短期贷款主要包括工业贷款、商业贷款、建筑业贷款、农业贷款、乡镇企业贷款、三资企业贷款、私营企业及个体贷款和其他短期贷款，本书将使用农业贷款和乡镇企业贷款来描述农村金融市场的融资情况，使用其余的短期贷款描述城市金融市场。据此，可以建立我国城乡市场体系分割的评价指标体系，如表 3-1 所示：

表3-1　　　　我国城乡市场体系分割的评价指标体系

总体层	系统层	状态层	要素层
城乡市场体系	城乡产品市场	城乡消费品市场	商品零售价格指数
		城乡生产资料市场	全社会固定资产投资
	城乡要素市场	城乡劳动力市场	城镇居民人均可支配收入 居民人均纯收入
		城乡金融市场	金融机构其他短期贷款 金融机构农业贷款和乡镇企业贷款

同时应该说明的是，我们将以1993年作为数据集的起始年份，使用1993~2008年的相关数据用以评价，这是由于1993年中共十四届三中全会做出的《中共中央关于建立社会主义市场经济体制若干问题的决定》中指出"建立全国统一开放的市场体系，实现城乡市场紧密结合"，并采取了一系列政策和措施强化市场的统一性，因此1993~2011年的数据能够很好地检验自此之后我国城乡市场体系一体化的程度和趋势。同时，这也是出于相关数据的可获取性和一致性的考虑。

三、中国城乡市场体系分割程度的具体评价

根据前面对城乡市场体系分割程度的测度方法，我们可以分别测算出1993~2011年我国城乡消费品市场、生产资料市场、劳动力市场以及金融市场的市场分割指数（见表3-3、表3-5、表3-7、表3-9）；同时根据市场分割指数的时间序列直观地看到观测期内城乡市场分割程度的振动情况（见图3-1、图3-2、图3-3、图3-4）；接下来使用ADF检验判断各个市场的割据趋势是愈演愈烈，还是逐渐收敛（见表3-4、表3-6、表3-8、表3-10）。

（一）城乡消费品市场

表3-2　　我国城乡消费品市场的分割程度（1993~2011）

时间 t	城乡消费品市场 分割指数 q_{ijt}	时间 t	城乡消费品市场 分割指数 q_{ijt}
1993年	0.0186	2003年	-0.0090
1994年	-0.0164	2004年	-0.0204
1995年	-0.0252	2005年	-0.0089

续表

时间 t	城乡消费品市场分割指数 q_{ijt}	时间 t	城乡消费品市场分割指数 q_{ijt}
1996 年	-0.0057	2006 年	-0.0049
1997 年	0.0010	2007 年	-0.0154
1998 年	-0.0021	2008 年	-0.0113
1999 年	-0.0010	2009 年	-0.0030
2000 年	0.0000	2010 年	-0.0078
2001 年	-0.0071	2011 年	-0.0076
2002 年	-0.0061		

注：所使用的"商品零售价格指数"在 1994 年之前称为"零售物价分类指数"，1993 年的数据摘取"零售物价分类指数"中的"消费品"项目。

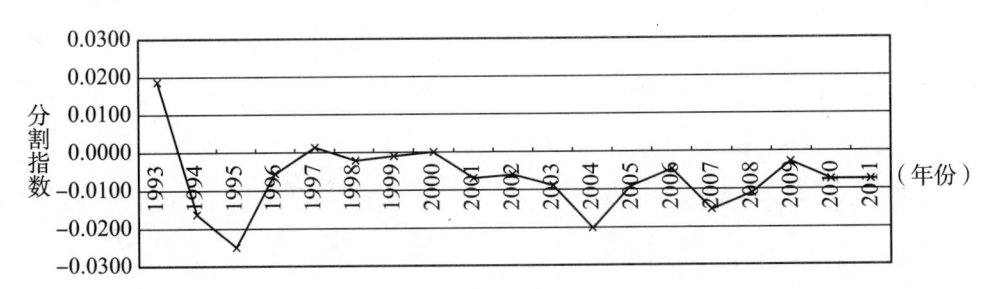

图 3-1 我国城乡消费品市场的分割程度（1993~2011）

对城乡消费品市场分割指数的时间序列进行单位根检验，可以得到：

表 3-3 对我国城乡消费品市场分割程度的 ADF 检验

		t 检验	P 值
ADF 检验		-1.133593	0.2224
检验的临界值：	1% 的置信水平	-2.717511	
	5% 的置信水平	-1.964418	
	10% 的置信水平	-1.605603	

检验结果显示滞后 q_{ijt} 的 t 值为 -1.133593，均大于 1%、5%、10% 的显著水平下的临界 ADF 值，即城乡消费品市场分割指数是非平稳时间序列，其方差随着时间的推移而不断扩大。从经济含义上讲，指数的非稳定性反映了城乡消费

品市场的严重分割,每一次意外冲击都将对城乡消费品市场的分割程度造成深刻影响。尽管从图3-1上看,城乡间消费品分割指数直观上有收敛的趋势,然而实际上随着时间的推移,城乡消费品市场分割并未呈现逐渐整合的迹象。

(二) 城乡生产资料市场

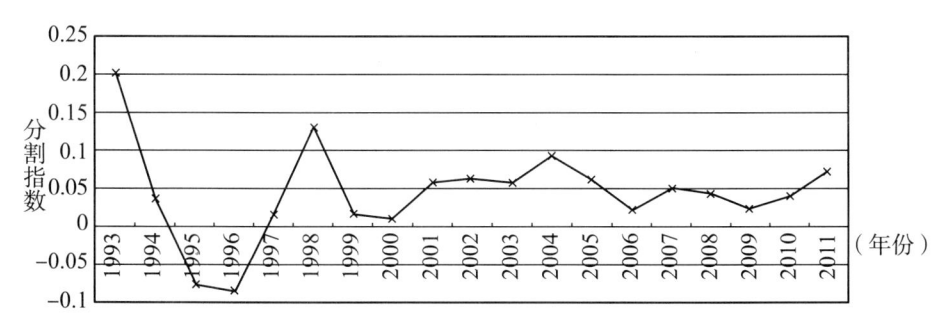

表3-4　我国城乡生产资料市场的分割程度 (1993~2011)

时间 t	城乡生产资料市场分割指数 q_{ijt}	时间 t	城乡生产资料市场分割指数 q_{ijt}
1993年	0.2024	2003年	0.0584
1994年	0.0362	2004年	0.0933
1995年	-0.0762	2005年	0.0628
1996年	-0.0844	2006年	0.0224
1997年	0.0163	2007年	0.0521
1998年	0.1297	2008年	0.0429
1999年	0.0191	2009年	0.0235
2000年	0.0103	2010年	0.0402
2001年	0.0604	2011年	0.0734
2002年	0.0629		

注:根据相关数据的统计口径,1995~1996年,除房地产投资、农村集体投资、个人投资以外,投资统计的起点为5万元;自1997年起,除房地产投资、农村集体投资、个人投资以外,投资统计的起点为50万元;自2011年起,除房地产投资、农村个人投资外,固定资产投资的统计起点为500万元。为了便于一阶差分的分割指数的计算,在计算1997年和2011年的分割指数时,对上一年的相应数据做了调整,使之口径一致。

图3-2　我国城乡生产资料市场的分割程度 (1993~2011)

表3-5　　对我国城乡生产资料市场分割程度的检验

		t检验	P值
	ADF检验	-2.639222	0.0117
检验的临界值:	1%的置信水平	-2.708094	
	5%的置信水平	-1.962813	
	10%的置信水平	-1.606129	

滞后 q_{ijt} 的 t 值 -2.639222 大于1%显著水平下的临界 ADF 值,大于5%和10%显著水平下的临界 ADF 值,如果我们取1%的置信水平,那么检验结果落入拒绝域,城乡生产资料市场分割指数是非平稳时间序列,这表明城乡间生产资料市场的分割比较严重,与前面分析类似。然而与城乡消费品市场相比,城乡生产资料市场的整合程度略高一些。

(三) 城乡劳动力市场

表3-6　　我国城乡劳动力市场的分割程度 (1993~2011)

时间 t	城乡劳动力市场分割指数 q_{ijt}	时间 t	城乡劳动力市场分割指数 q_{ijt}
1993年	0.0787	2003年	0.0377
1994年	0.0236	2004年	-0.0070
1995年	-0.0533	2005年	0.0047
1996年	-0.0775	2006年	0.0168
1997年	-0.0174	2007年	0.0155
1998年	0.0162	2008年	-0.0044
1999年	0.0540	2009年	0.0054
2000年	0.0509	2010年	-0.0318
2001年	0.0393	2011年	-0.0323
2002年	0.0708		

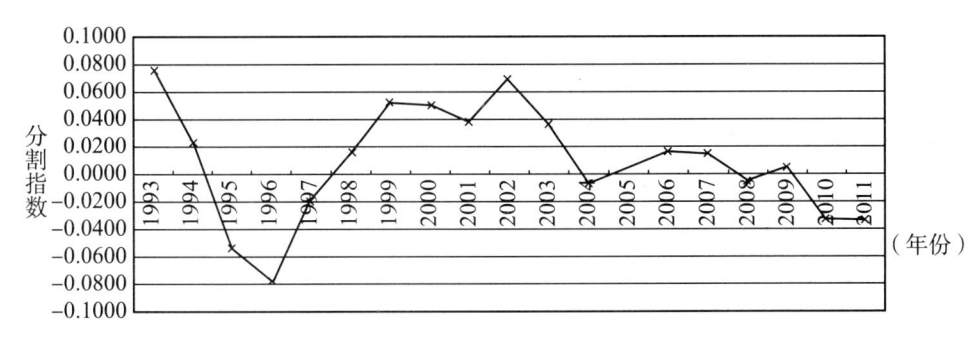

图 3-3 我国城乡劳动力市场的分割程度（1993~2011）

表 3-7 对我国城乡劳动力市场分割程度的检验

		t 检验	P 值
ADF 检验		-3.091260	0.0042
检验的临界值：	1% 的置信水平	-2.708094	
	5% 的置信水平	-1.962813	
	10% 的置信水平	-1.606129	

如表 3-7 所示，滞后 q_{ijt} 的 t 值 -3.091260 均小于 1%、5%、10% 的显著水平下的临界 ADF 值，落入接受域，城乡劳动力市场分割指数是平稳时间序列。从经济含义上看，城乡劳动力市场的差距变动幅度有限，并且呈现日渐收敛的趋势。图 3-3 表明，劳动力相对价格经历了一个先放大后收窄的过程，呈现出日渐整合的趋势。这和我国在 20 世纪 90 年代以来，农村剩余劳动的转移，使得城乡之间劳动力市场的逐步融合的事实是一致的。

（四）城乡金融市场

表 3-8 我国城乡金融市场的分割程度（1993~2011）

时间 t	城乡金融市场分割指数 q_{ijt}	时间 t	城乡金融市场分割指数 q_{ijt}
1993 年	-0.0179	2003 年	-0.0500
1994 年	-0.1395	2004 年	-0.0887
1995 年	0.6144	2005 年	-0.0948
1996 年	-0.6499	2006 年	0.1511

续表

时间 t	城乡金融市场分割指数 q_{ijt}	时间 t	城乡金融市场分割指数 q_{ijt}
1997年	0.2717	2007年	0.0018
1998年	-0.1105	2008年	-0.0217
1999年	-0.0434	2009年	-0.0534
2000年	0.0350	2010年	-0.0387
2001年	-0.0946	2011年	-0.0294
2002年	-0.0295		

注：(1)"乡镇企业"在1998年以前为"乡镇集体企业"，仍然用此统计项目代表"乡镇企业"；(2)1994年会计科目大调整，统计口径也相应作了调整，为了保持数据的一致性和完整性，1992年和1993年的数据使用中国金融统计年鉴（1995）中"国家银行、农村信用社信贷资金来源于运用统计"表的相关数据，恰好能与1994年的相关数据对接上。

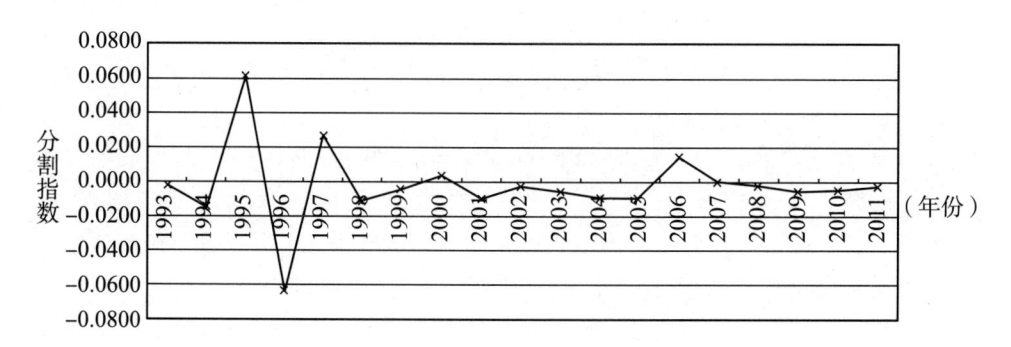

图3-4 我国城乡金融市场的分割程度（1993~2011）

表3-9　　　　　　对我国城乡金融市场分割程度的检验

		t检验	P值
ADF检验		-9.927449	0.0001
检验的临界值：	1%的置信水平	-2.699769	
	5%的置信水平	-1.961409	
	10%的置信水平	-1.606610	

滞后q_{ijt}的 t 值 -9.927449 均小于 1%、5%、10% 显著水平的临界 ADF 值，这说明城乡金融市场分割指数是平稳时间序列，其方差随着时间的推移而不断缩小。城乡间金融市场的差距在经历了1994~1997年的剧烈波动之后逐渐整合，

并有进一步改善的态势。

第三节　中国城乡市场分割对城乡商贸流通的阻滞

尽管1993年中共十四届三中全会做出的《中共中央关于建立社会主义市场经济体制若干问题的决定》中指出"建立全国统一开放的市场体系，实现城乡市场紧密结合"，并采取了一系列政策和措施强化市场的统一性，但通过以上研究发现，在我国的城乡市场体系中城乡劳动力市场、城乡金融市场呈现逐渐整合的趋势，城乡消费品市场分割仍然颇为严重，城乡生产资料市场次之，市场发展整体差距较大。这表明城市现代市场体系与农村落后传统市场体系同时并存，城市市场体系和农村市场体系无法对接，导致各种要素很难在城市市场体系和农村市场体系间自由流动，因而造成了城市商贸流通体系与农村商贸流通体系分离发展，为我国城乡商贸流通的一体化发展带来了一系列阻滞效应。

首先，造成了城乡市场主体的不对称，阻滞了城乡商贸流通的一体化。市场主体是指从事市场交易活动的当事人。由于城乡市场的分割，导致了市场交易主体的交易能力和业态结构的严重不对等，从而阻滞了城乡商贸流通的一体化。城市的交易主体通过组织化的方式从事商品交易，人们通过企业组织起来，企业既在组织状态下从事生产活动，又在组织状态下进行商品流通和交易活动，产品的购销市场是统一的，交易能力较强。同时，城市的市场经济发达，市场发育程度高，市场基础设施条件好，从而不断出现新的市场业态结构，物流方式、连锁经营、电子商务等现代商贸业态已经逐渐成为主流。

农村则以家庭为单位，由组织化程度比较差的分散状态的农户来进行交易，农产品的购、销市场是分离的，农民需要自己寻找市场，市场流通主体规模小、组织化程度较低、实力弱。以农民运销队伍为主体的农产品流通主体一方面素质低、经验不足，缺乏必要的收集和加工信息的能力；另一方面，在农村地区，由于市场经济不发达，缺乏商业流通和商业网点的建设，农村主体分散经营，经营行为存在较大的盲目性，农村商业网点呈现出了"小、散、乱"的特征，商贸业的业态结构多为夫妻店、杂货店、代销店，没有明确的业态定位，难以形成产品的规模效应。而且商贸流通业业态的升级换代落后，造成了单一、落后、无序发展的零售业态结构。除经济发达地区有部分现代商贸业态以外，大多数地区仍然采取传统的业态结构。城乡市场主体的不对称造成了城乡商贸流通体系在交易主体上无法对接。

其次，带来了城乡市场交易效率的不对等，阻碍了城乡商贸流通的发展。交易效率反映了特定时间内，一个区域经济体中交易活动或者业务活动进行的速度快慢或效率高低。由于农产品天然的属性，农村市场的交易效率低于城市市场。由于城乡市场的不对接，城市市场流通的组织形式及参与流通的主体相对完善，交易效率比较高；而农村市场自给自足的自然经济比例高，流通费用高，造成农村市场发展缓慢。中国农业目前正处在从半自给经济向较大规模的商品经济转化时期，使得农产品流通行为具有商品经济和自然经济的双重特征，农产品市场的交易效率远远低于工业品市场的交易效率，造成城乡工业制成品市场和农产品市场的脱节和分离，阻碍了城乡商贸流通的发展。

再其次，导致了城乡市场环境的差异，造成城乡商贸流通体系的不对接。不论是批发业还是零售业，城乡之间的基础设施建设的差别都是非常大的。城市商业的基础设施条件好、数量多、现代化程度高，功能完善，业态结构先进、网点完善。而农村商贸流通业的基础设施相对不足，批发业和零售业的设施相对简陋，而且业态结构处于原始状态，网点少。根据统计，截至 2004 年，全国行政区划中乡镇总数为 36 952 个，而全国农村商品交易市场为 5.8 万个，平均每个乡镇有 1.5 个市场，全国有 660 个城市，平均每个城市有 3 个农产品批发市场，全国县级区划 2 860 个，每个县不到 1 个。① 尽管近年来加大了对农村商贸流通体系的建设，如截止到 2009 年 12 月底，全国新建和改造 15.6 万家农家店、1 100 个配送中心，农家店已覆盖全国 85% 的县、75% 的乡镇和 50% 的行政村，建设了 196 个农资配送中心，建设和改造 200 家农产品批发市场和 400 家县乡农贸市场，推动农产品流通标准化和规模化。② 然而仍存在诸多问题，例如，农村商贸流通业的设施仍然不尽完善，"双百市场工程"、"农超对接"仍需继续加大投入力度等。

城乡市场的二元分割还产生了一系列的衍生效应，具体表现在城乡流通渠道的不畅通、城乡商品流通政策支持的差距过大等。在城乡流通渠道方面，商品流通渠道是商品从生产到达消费领域的过程，而渠道又是由流通环节连接起来的，流通环节多则流通渠道长。农村市场相对于城市而言，存在着经营主体实力弱、信息不灵、商品运距大等不利因素，使商品流通环节过多，导致流通渠道过长，造成商品消费价格过高，如农村市场的耐用品，特别是家电商品价格因流通环节过多而普遍较高，大大抑制了农民的消费。在政策支持方面，城市商品流通市场主体尤其是规模较大的企业可以享受国家相关的资金支持和税费减免等政策。对

---

① 财政部经济建设司：《农村流通体系财税政策研究》，中国经济出版社 2007 年版，第 59~60 页。
② 国务院发展研究中心信息中心：《中国经济关键词 2009》，中国发展出版社 2010 年版，第 93 页。

于农村市场而言，尽管国家出台了一些推进农村流通现代化的引导政策，也安排了部分国债、财政资金来扶持农产品市场升级改造和推进"万村千乡"市场工程等，但资金量小，支持的项目少。此外，农村金融服务体系不健全，大多数农村商贸企业的发展和农民消费等难以得到信贷支持。由于农民购物赊欠多，造成经营资金周转慢，严重地制约了农村商贸流通企业的发展。这些阻滞效应导致城乡商贸流通无法同步发展，结构性矛盾突出，滞缓了城乡商贸流通体系一体化的进程。

第四章

二元经济结构背景下中国城乡商贸流通体系的演变及评价

中国作为最大的发展中国家,最大的特征就是典型的二元经济结构。同样这种二元制也表现在城乡商贸流通领域,城乡商贸不论是在商业网点建设,还是业态结构、空间布局、消费观念等方面都存在巨大的差距。在本章首先回顾二元经济结构中中国城乡商贸流通体系的演变过程,并对现阶段其基本状态进行描述,同时建立相应的评价体系对中国城乡商贸流通体系的状态、现状与问题进行分析,再进一步深入剖析二元经济结构背景下城乡双向流通的商贸流通体系建设的基本制约因素,以期对统筹城乡实现城乡商贸一体化提供一定的依据。

第一节 二元经济结构背景下中国城乡商贸流通体系的演变

从新中国成立初期的城乡分治到中共十六大提出统筹城乡发展的转型,反映着60多年来中国城乡关系变化的基本过程。城乡商贸流通体系作为城乡关系的一个方面,同样走过60多年的风雨历程,不论是改革开放前商贸流通体系深深的计划体制的烙印,还是改革开放后以市场调控基本特征的体系,都说明了中国城乡商贸流通体系多年的发展和演变。在此从改革开放前后两个阶段,对二元经济结构下我国城乡商贸流通体系的演变予以简述和评价。

一、改革开放前的城乡商贸流通体系

改革开放前的 30 年中国商业发展是对"以国家所有制 + 计划经济"为核心的苏联社会主义模式的实践和深化的过程。通过组建国营商业、扶持供销合作社商业对官僚资本主义没收和资本主义工商业改造等形式,实现了商业的社会主义公有化或集体化,通过实施农产品统购统销、工业品统购包销等措施构建了经济短缺条件下国家分配产品的通道和运作模式。

新中国成立后,"重生产,轻消费"的思想占据主导地位,同时经过新中国成立后经济的短暂恢复,借鉴"苏联模式"以及工业化在苏联取得巨大成就,中国领导人毅然选择重工业化战略作为国民经济发展的基本方略。违背资源禀赋结构和发展阶段的重工业化战略,就需要政府利用非市场的方法来从国民经济各个部门最大限度地汲取工业化建设资源,中国城乡商贸流通体系此时最大的特征受制于国家行政权力,不论是农产品还是工业品的流通都烙上了统一分配的计划经济深深的烙印。

计划经济体制下农产品流通典型特征是统购包销。新中国成立初期,面对百废待兴、经济短缺、分散的个体小农经济,农业生产水平难以在短时间内实现快速提升。国家为了解决城乡粮食、农副产品等产、销之间的不平衡,提出了解决粮食问题的统购统销政策,即在农村实行统一征购,在城市实行定量配给。1953 年 10 月,中共中央做出了《关于实行粮食的计划收购与计划供应的决议》,11 月 23 日国务院颁布了《关于实行粮食的计划收购与计划供给的命令》和《粮食市场管理暂行办法》,规定粮食必须按规定销售给国家,余粮只能在国营粮店和供销合作社销售,城市居民凭证定量供应粮食,工业用粮由国家粮食部门供应等一系列有关粮食产销的政策。此后,国家陆续出台相关统购统销的命令、规定、意见等,扩大了统购统销的产品范围,调整了统一收购的产品价格,规定了统购产品的流通渠道等。统购统销商品的种类不断强化,品种不断增多。1954 年,国务院对包括花生、芝麻、大豆、棉籽、菜籽、胡麻籽、芥菜籽在内的 7 种食用油脂、油料的统购措施做出了具体规定。1957 年 8 月,国务院发布《关于由国家计划收购(统购)和统一收购的农产品和其他物资不准进入自由市场的规定》,要求对农副产品、土特产品等进行统一收购。1961 年 1 月,中共中央《关于目前农产品收购工作中几个政策问题的规定》制定了"农产品收购分类表",将农副产品划分为统购统销、合同派购以及其他物资三类,进一步规定了统一收购的办法和市场流通途径等。

计划经济体制下工业品流通典型特征是统购包销。新中国成立初期,为了尽快恢复国民经济、稳定市场物价,国营商业部门在对国营工业产品实行收购和包销的同时开始对私营工业产品进行收购和加工订货,实施了在计划体制下工业品的分配和销售模式,并推行了"三固定",实行行政式、封闭式的管理。随着计划经济体制的进一步强化,其统购包销的产品种类不断扩大直至覆盖全部工业产品。1951 年的统购包销商品仅仅是棉纱、煤炭等大宗物资;1958 年,商业部提出"大购大销"方针;1959~1960 年商业部门将工业品的包销范围从重要工业品扩大到次要工业品、从工业品到手工业品,包括小到书签、糨糊、发卡、袜子、纸花等在内的产品全部纳入商业部门的包销范围。直至 1977 年国务院批转《关于进一步安排市场供应几项措施的报告》中仍然规定:"所有工业企业生产的各种产品,除了规定以外,要一律交给商业部门,统一收购,统一销售。"

由此可见,改革开放前的城乡商贸流通体系,可以说人民公社、国有企业、"国家计委—供销社"三位一体的制度结构成为城乡流通体系的主导,其中国家和地方各级计委、供销社则完全控制了城乡之间商品和贸易的流通。这种由于国家权力的介入使得城乡市场形成了人为的分割,同时这种依靠国家行政权力支持的计划价格调节,完全扭曲了城乡之间以市场利益为导向的资源配置体系。

二、改革开放后的城乡商贸流通体系

改革开放后 30 多年商贸流通业的发展是实现从计划经济模式向具有中国特色社会主义市场经济模式转变的过程,这 30 多年初步建立了具有生机和活力、适应社会主义市场经济发展的商品流通体制。

1978 年开始,商贸流通体系的改革围绕"搞活企业、促进流通、培育市场"这一主题进行了两个阶段的改革。第一阶段(1978~1984 年)的主要措施有:①扩大生产企业的产品销售权,即在企业完成国家计划和供货合同外,企业可以自己销售按规定分成的产品、自己组织原材料生产产品。②对部分计划物资进行敞开订货。从 1980 年开始,在 77 种统配机电产品和 83 种有色金属中,各有 7 种按计划分配,其余都实行敞开订货。③实行灵活的供给办法。主要有定点定量供应、按需核实供应、配套承包供应和凭票供应。④依托城市和按经济区域合理组织商品贸易流动,开办区域性的生产资料市场(林毅夫等,2009)。第二阶段(1985~)改革的重点是缩小计划分配物资的品种、数量和范围,建立多种形式不同规模的生产资料市场。主要举措包括:①缩减国家计划分配物资的品种、数量和范围。国家统配的物资品种,从 1980 年的 256 种减少到 1988 年的 27 种,国务院各主管部门管理的指令性计划分配物资由 316 种减少 45 种。②从 1984 年起,国家按照计划内适当调整、计划外逐步放开的做法,对煤炭、木材、生铁、钢材、水泥等物资的计划价格做了不同程度的上调。③在开放计划外生产资料价格的基础上，石家庄等城市探索计划内和计划外物资"统一销价、价差返回、放补结合、扩大市场"的办法，并在全国推广。1988年，全国已有90多个城市将这种办法推广到钢材、木材、水泥和生铁等16个品种。1990年，有计划参与配置的生产资料减少到19种，1994年减少到11种。到1997年，国家计委只对原油、成品油、天然气和不到40%的煤炭、不到3%的汽车实行计划配置（林毅夫等，2009）。

这一时期城乡商贸流通体系，即农产品流通和工业品流通的改革主要是围绕价格改革的思路来进行的。到目前为止，前两个阶段的改革已基本完成。在农产品和工业品流通领域，市场价格配置的份额越来越大，计划控制的资源份额越来越小。到1996年，价格完全由市场决定的产品，已经占社会商品零售总额的93%，农产品收购总额的79%，以及生产资料销售总额的81%（《中国物价》，1997）。在工业品流通领域，受指令性价格影响的产值份额已由1979年的70%下降到5%。市场信号在工业品流通领域已经逐渐占主体地位。

经过改革开放后多年的改革和发展，不论是农产品市场还是工业品市场整体规模不断扩大、流通主体日益多元化、交易环境日趋良好，但中国城乡商贸流通体系发展并未改变过去城乡分割的状态，仍然呈现一种二元割裂状态。而这种分割状态开始直接影响着农民收入的增长、农业生产的发展、农村面貌的改善以及城市居民的日常生活和工业化、城市化的推进。党的十六大提出，"统筹城乡经济社会发展，建设现代农业，发展农村经济，增加农民收入，是全面建设小康社会的重大任务。"根据统筹城乡经济社会发展，在商贸流通领域，2007年重庆直辖市被国家正式批准成为全国统筹城乡综合配套改革试验区；之后，商务部又批准重庆成为全国唯一"城乡商贸统筹综合试点区"。2009年11月国务院发布《关于加快供销合作社改革发展的若干意见》，要求各级供销社加快发展农业生产资料现代经营服务网络、农村日用消费品现代经营网络，加快发展农副产品现代购销网络和再生资源回收利用网络，发挥组织体系完整的优势和扎根基层的优势，广泛凝聚各类社会资源，大力开展农村社区综合服务；发挥流通网络覆盖城乡的优势，加快推进新农村现代流通服务网络建设，改善农村消费环境，开拓农村市场；加快构建运转高效、功能完备、城乡并举、工贸并重的农村现代经营服务新体系。2010年中央1号文件《国务院关于加大统筹城乡发展力度进一步夯实农业农村发展基础的若干意见》又提出：①大力发展物流配送、连锁超市、电子商务等现代流通方式，支持商贸、邮政等企业向农村延伸服务，建设日用消费品、农产品、生产资料等经营网点，继续支持供销合作社新农村现代流通网络工程建设，提升"万村千乡"超市和农家店服务功能质量；②全面推进"双百"

市场工程和农超对接,重点扶持农产品生产基地与大型连锁超市、学校及大企业等产销对接,减少流通环节,降低流通成本。

21世纪这一系列政策出台表明中央对改善城乡商贸流通体系的决心和支持,发展现代城乡商贸流通体系,做到以城带乡、城乡互动,统筹城乡商贸成为新时期城乡流通发展的新共识,探索城乡商贸流通整合的步伐也在不断加快。

第二节 二元经济结构背景下中国城乡商贸流通体系的状态描述

改革开放30多年来,由于二元经济结构的存在,造成了城乡差距拉大、城乡市场分割,使城乡商贸业发展极不平衡,由此进一步形成了城乡商贸流通体系的二元格局,城市商贸与农村商贸不论是在商业网点建设还是在业态结构、空间布局等方面都存在较大的差距。在此从城乡居民收入和消费状况、城乡市场规模等几个方面来描述这种二元分离的城乡商贸流通格局。

一、城乡居民收入和消费状况

商贸流通业发展的基础在于消费,而消费又取决于收入。经过多年的发展,城乡居民收入呈现显著的增长,但是中国城乡居民收入增长速度不同,造成城乡居民收入差异,并进一步导致了城乡居民消费支出的差异,城乡消费的差异又引起了城乡商贸流通的差异。

表4-1 城乡居民收入和消费水平的差异

年份	1990	2000	2007	2008	2009	2010	2011
城镇居民人均可支配收入(元)	1 510	6 280	13 786	15 781	17 175	19 109	21 810
农村居民人均纯收入(元)	686	2 253	4 140	4 761	5 153	5 919	6 977
城镇居民人均消费性支出(元)	1 279	4 998	9 997	11 243	12 265	13 471	15 161
农村居民人均生活消费支出(元)	585	1 670	3 224	3 661	3 993	4 382	5 221
城镇居民家庭恩格尔系数(%)	54.2	39.4	36.3	37.9	36.5	35.7	36.3
农村居民家庭恩格尔系数(%)	58.8	49.1	43.1	43.7	41.0	41.1	40.4

资料来源:《中国统计年鉴(1991、2010、2011、2012)》。

从表 4-1 可以看出，1990~2011 年城镇居民人均可支配收入增长了 15 倍左右，农村居民人均纯收入虽然也实现了较快的增长，但相比于城镇居民，仅增长了 10 倍左右。收入增长速度的差异导致城乡居民消费支出差异的出现，1990 年城镇居民人均消费支出是农村居民的 2.2 倍，22 年后的 2011 年城镇居民人均消费支出却几乎是农村居民的 3 倍，由此可见城乡居民收入、消费的差异决定了需求结构的差异，"在城市以享受型为主，而农村则以生存型为主两个不同方面"（杜鹏，2004）。目前彩电、冰箱、洗衣机、空调器、影碟机、热水器等耐用消费品已逐渐成为城市居民家庭生活的普通用品；而农村居民冰箱、彩电、洗衣机等耐用品的拥有量仅相当于城市居民 20 世纪 90 年代初期的水平，远没有达到普及的状态（见表 4-2）。消费结构的城乡差异必然导致商贸流通业的城乡差异。

表 4-2　　农村与城镇家庭每百户耐用消费品保有量对比

每百户拥有量	单位	2000 年城镇	2009 年城镇	2009 年农村	2010 年城镇	2010 年农村	2011 年城镇	2011 年农村
洗衣机	台	90.5	96.01	53.14	96.92	57.32	97.05	62.57
电冰箱（柜）	台	80.1	95.35	37.11	96.61	45.19	97.23	61.54
彩色电视机	台	116.6	135.65	108.94	137.43	111.79	135.15	115.46
空调器	台	30.8	105.84	12.23	112.07	16.00	122.00	22.58
淋浴热水器	台	49.1	83.39	N/A	84.82	N/A	89.14	N/A
家用电脑	台	9.7	65.74	7.46	71.16	10.37	81.88	17.96
微波炉	台	17.6	57.18	N/A	59.00	N/A	60.65	N/A
移动电话	部	19.5	181.04	115.24	188.86	136.54	205.25	179.74

资料来源：《中国统计年鉴（2001、2010、2011、2012）》。

二、城乡市场规模

经过多年的发展，不论是农村的消费品市场还是城镇消费品市场都得到了长足的发展，最大的表现就是消费品市场数目逐年增多（见表 4-3）。但同时可以清晰地看出，城市消费品市场数远远大于农村消费品市场，增长速率也相对较高，而农村消费品市场却以年均 1.75% 的速度下降，2005 年商务部实施的"千村万乡"工程扼制了这一下降的趋势，但是城乡市场规模方面等的差异还是凸显出城乡市场的二元结构。

表 4 – 3　　　　　　　　　　城乡市场的规模

	1990 年	2000 年	2005 年	2007 年	2008 年	2009 年	2010 年	2011 年
消费品市场数（个）	72 579	88 811	69 520	61 913	61 535	58 647	55 895	53 271
城市市场	13106	26 395	25 905	24 150	24 945	24 263	23 584	22 909
农村市场	59473	62 416	43 615	37 763	36 590	34 384	32 311	30 362
城市消费品市场构成（％）	18.1	29.7	37.3	39.0	40.5	41.4	42.2	43.0
农村消费品市场构成（％）	81.9	70.3	62.7	61.0	59.5	58.6	57.8	57.0

资料来源：《中国统计年鉴（2012）》。

同样，城乡市场规模的不同还反映在城乡市场交易额方面。从表 4 – 4 可以看出，城市商品市场交易总额明显高于农村商品市场交易额，这充分反映了城市市场的规模、质量都要远优于农村市场。相比于 1978 年，2009 年城市社会消费品零售总额为 1978 年的 168 倍，农村仅为 1978 年的 38 倍；2011 年城市社会消费品零售总额为农村的 2.2 倍，这都充分反映了城乡市场规模、消费能力的差异。但 2011 年城市社会消费品零售总额相比于上一年增长了 16.8％，县及县以下消费品零售额增长 13.6％，这种整合的趋势也说明城乡商贸一体化的进程在不断推进。

表 4 – 4　　　　　　　　　　城乡市场的交易额

年份	社会消费品零售总额	按销售单位所在地分		
		市	县	县以下
1978	1 558.6	505.2	380.4	673.0
1990	8 300.1	3 888.6	1 337.4	3 074.1
2000	39 105.7	24 555.2	4 831.1	9 719.4
2001	43 055.4	27 379.1	5 251.4	10 424.9
2002	48 135.9	31 376.5	5 566.5	11 192.9
2003	52 516.3	34 608.3	6 011.8	11 896.2
2004	59 501.0	39 695.7	6 636.0	13 169.3
2005	67 176.6	45 094.3	7 485.4	14 596.9
2006	76 410.0	51 542.6	8 477.9	16 389.5
2007	89 210.0	60 410.7	9 943.8	18 855.5
2008	108 487.7	73 734.9	12 212.8	22 540.0

续表

年份	社会消费品零售总额	按销售单位所在地分		
		市	县	县以下
2009	125 343	85 133		40 210
2010	156 998	99 447		45 658
2011	183 919	116 168		51 884

资料来源：《中国统计年鉴（2009）》，其中 2009 年数据来源于"2009 年国民经济和社会发展统计公报"；从 2010 年起，社会消费品零售总额统计将经营单位所在地分组由"市"、"县"、"县以下"改为"城镇"、"乡村"，故 2010 年和 2011 年为估计数据。

三、城乡商贸流通现代化程度

对中国近些年城乡商贸流通现代化程度（见表 4-5）考察，可以清晰地看出，中国流通业发展迅速，现代化程度不断提高，不论是商业住宿餐饮业在国民经济中的作用，还是流通产值的逐年增加都反映了中国商贸流通发展日趋良好，城乡商贸流通现代化进程推进迅速。

表 4-5　　　　　2005～2008 年商贸流通现代化基础数据

	2005 年	2006 年	2007 年	2008 年	2009 年	2010 年	2011 年
批零贸易业商品销售总额（亿元）	93 151.3	110 054.8	132 740.8	208 229.8	201 166.2	276 635.7	360 525.9
商业住宿餐饮业增加值占 GDP 比重（%）	9.8	10.3	10.6	11.1	—	—	—
批发零售贸易从业人员（万人）	519.5	544.3	604.9	737.5	749	852.2	901.1
流通总产值（亿元）	24 632.3	28 713.7	35 538.9	42 544.8	46 042.2	54 714.6	65 377.1
流通从业人员（万人）	1 157.9	1 128.5	1 129.9	1 141.6	1 155.2	1 166.2	1 310.3
流通业固定资产投资总额（亿元）	39 758.2	46 115.8	56 109.3	70 573.9	97 773.5	122 438.8	153 325.4
亿元以上商品交易市场数量（个）	3 323	3 876	4 121	4 567	4 687	4 940	5 075

注：①商业住宿餐饮业增加值和 GDP 都是以 2005 年为基期的不变价格数值之间的比重，且《中国统计年鉴（2012）》只核算到 2008 年；②流通业指第三产业中"批发零售业"和"交通运输、仓储和邮政业"总和。

资料来源：《中国统计年鉴（2006-2012）》

但近些年城乡商贸流通的现代化程度的不断提高并不能掩盖城乡商贸流通之间的差异，工业品综合市场和农产品综合市场在数量以及成交额方面都有显著的差异，相比起来单个工业品综合市场成交额远远大于农产品综合市场（成交总额/市场数量），这也反映了工业品综合市场相对农产品综合市场发展较为成熟，交易更为集中，设施更为完善，现代化程度较高。

表4-6　　　　　　　工业品市场和农产品市场基本情况

		农产品综合市场	工业品综合市场			农产品综合市场	工业品综合市场
2005年	市场数量（个）	228	539	2009年	市场数量（个）	286	657
	成交额（亿元）	2 412.0	3 665.0		成交额（亿元）	3 653.8	4 582.4
2006年	市场数量（个）	295	811	2010年	市场数量（个）	293	671
	成交额（亿元）	3 484.9	4 339.3		成交额（亿元）	3 952.7	4 763.8
2007年	市场数量（个）	310	830	2011年	市场数量（个）	302	685
	成交额（亿元）	4 474.1	5 047.9		成交额（亿元）	4 262.6	4 985.3
2008年	市场数量（个）	287	630				
	成交额（亿元）	3 284.5	3 910.4				

资料来源：《中国统计年鉴（2006-2012）》。

四、城乡交易基础环境

近些年不论是城市还是农村交易基础环境都得到了长足了发展（见表4-7），为城乡商贸流通的畅通发展提供了基本服务。

表4-7　　　　　　　城乡商贸基础设施以及服务情况

	2005年	2006年	2007年	2008年	2009年	2010年	2011年
等级公路里程（万公里）	334.52	345.70	358.37	373.02	386.08	400.82	410.64
铁路货运总量（万吨）	269 296	288 224	314 237	330 354	333 348	364 271	393 263
公路货运总量（万吨）	1 341 778	1 466 347	1 639 432	1 916 759	2 127 834	2 448 052	2 820 100
邮路及农村投递路线总长度（万公里）	697.2	693.6	717.1	735.0	770.4	832.6	877.2
长途电话交换机容量（路端）	13 716 307	14 423 427	17 092 213	16 907 188	16 849 027	16 414 644	16 023 432

续表

	2005 年	2006 年	2007 年	2008 年	2009 年	2010 年	2011 年
移动电话交换机容量（万户）	48 241.7	61 032.0	85 496.1	114 531.4	144 084.5	150 284.9	171 636.0
互联网宽带接入端口（万个）	4 874.7	6 486.4	8 539.3	10 890.4	13 835.7	18 781.1	23 239.4

资料来源：《中国统计年鉴（2012）》。

但中国乡镇基础设施在 1996~2006 年的 10 年间发展得相对较为缓慢（见表 4-8），这就极大地制约了城乡商贸流通的发展。另外，中国的诸多批发市场还处于集贸市场的阶段。绝大多数批发市场，特别是农产品批发市场经营服务设施简陋、基础服务差、标准化程度低。大多数农产品批发市场仍是露天市场，市场配套设施不完备，仓储、制冷等基本配套设施严重不足，以冷藏设施为代表的基础设施等建设规模和水平已不能适应农产品流通的需要。同时，农产品流通的信息化建设还处于起步阶段，仅有 9.23% 的农产品市场全部或部分采用了电子交易方式。据统计，发达国家农产品流通的损耗率为 5% 以下，而中国却高达 25%~30%（宿长海等，2010）。由此可见，城乡在流通基础设施方面的差异，严重地制约了城乡商品流通，特别是农产品的流通，这样就进一步影响农民的增收和工业品下乡，造成城乡商贸流通系统的紊乱和双重滞销的产生。

表 4-8　　　　　中国乡镇村基础设施发展情况

	1996 年	2006 年	增减变化
通电村的比重（%）	96.0	98.7	2.7
通电话村的比重（%）	47.7	97.6	49.9
通公路村的比重（%）	87.4	95.5	8.1
能接收电视节目村的比重（%）	93.5	97.6	4.1
有火车站的乡镇比重（%）	8.1	9.6	1.5
有码头的乡镇比重（%）	5.7	8.9	3.2
乡镇农业科技推广站服务机构数（万个）	4.1	5.2	1.1

资料来源：根据《中国第二次全国农业普查资料综合提要》整理。

第三节　二元经济结构背景下城乡商贸流通体系的状态评价

要研究城乡商贸流通一体化，首先必须搞清楚目前二元经济结构背景下城乡商贸流通的基本状态。所以我们必须确立评价城乡商贸流通体系的基本维度并建立相应的指标体系来对现有的城乡商贸流通体系进行评价，从而为建立城乡双向流通的商贸流通体系提供客观基础。

一、城乡商贸流通综合评价的基本维度及指标体系的建立

对于中国城乡商贸流通体系状态的评价研究，并无现成的文献。当前较多的文献是关于中国商贸流通业整体的评价情况研究，洪涛（2002）构建了中国城市流通力的综合评价指标体系，该体系包括六类一级指标：政府支持指标、总量指标、发展水平指标、经济效益指标、现代化程度指标、对城市经济贡献指标，并在30个初选指标构成的原指标体系中选择了最具代表性和可操作性的13个二级指标构成目标体系。徐丽娟（2003）的研究虽没有给出具体的指标体系，但她认为，衡量地区流通力最为直接的指标应该包括：社会商品零售总额、货币流通速度、物流配送能力、商品信息传播速度等指标。宋则等（2006）从评价流通现代化入手，构建了流通现代化核心评价指标，该指标体系包括：流通产业贡献率、流通产业劳动力就业指数、流通效率、流通产业资源分布指数、流通产业集中度、流通产业信息化水平、连锁经营指数、物流配送指数、电子商务指数、流通产业人员素质指数，并给出了部分一级指标的44个二级指标和50个三级指标。石忆邵等（2004）从研究商贸流通业竞争力出发，建立了商贸流通业竞争力综合评价指标体系，该指标体系包括七类一级指标：规模指标、增长指标、市场潜力、业态及结构指标、国际化指标、基础设施和服务设施条件、社会经济水平，七类一级指标又包括22个二级指标。周日星等（2006）从规模与水平、潜力与环境、现代化程度、财务状态、综合社会贡献五个方面构建流通业的综合评价体系，形成相辅相成的指标系统，不仅从整体提出了流通业自身的发展状况评价，而且从流通业对国民经济影响的角度建立相应的指标体系。

除此之外，与城乡商贸流通体系现状评价相关的研究就是学术界关于城乡一体化评价的指标体系研究，赵保佑（2009）建立了城乡经济协调发展的评价指标体系，形成了7大类22个指标来评价城乡经济一体化。朱颖（2008）在城乡社会发展融合程度、城乡经济发展融合程度、城乡生态环境融合程度等方面共设置一级指标3个、二级指标16个，构成了城乡一体化程度评估指标体系。完世伟（2008）从空间、人口、经济、社会和生态5个方面建立了20个具体指标来评价城乡一体化。李志杰（2009）将影响城乡一体化进程的因素划为自然、基础、经济、社会、基本公共服务5大子系统作为一级指标，再将5大

子系统拓展为27个二级指标，建立了城乡一体化的指标体系。综合参考两类研究，在此来确定城乡商贸流通体系状态评价的基本维度、指标体系以及评价所采用的方法。

学术界对流通业所包含的行业范围认识不同，分为广义和狭义两种，从而以两种角度对其进行评价的结果也不一致。在目前流通业统计指标体系不太完善的条件下，按照现行的国民经济行业分类标准，批发和零售业、住宿和餐饮业、交通运输业和仓储业的统计制度相对健全，其中以政府部门开展的批发和零售业统计则更为具体。因此，我们认同宋则（2006）的观点，对于流通产业的界定，根据其是否专门从事商品流通，或者专门为商品流通服务，因此，在此研究的对象是批发业和零售业及专门为商业服务的仓储、交通运输及邮政业行业。

参考以往的研究，要对城乡商贸流通体系状态进行综合评价，不仅要从流通业自身发展出发，从城乡商贸流通的发展现状出发，还要考虑流通业对国民经济发展的贡献，因而必须从以下五个方面构建指标体系：

（1）城乡商贸发展规模。对于城乡商贸流通体系现状的衡量，首先需要全面了解中国商贸流通业发展的总体情况，即要说明商贸流通业整体的发展水平、发展规模、从业人员，才能清晰掌握商贸流通总体状况对城乡商贸流通发展的影响作用。

（2）城乡市场发展水平。流通是指在实体经济范畴内，由商品流通直接引起或与商品流通相关、直接由其派生并直接为其服务的商流、物流、信息流的总和，也就是社会把产品从生产领域运送到消费领域的能力。在城乡商贸流通评价的核心是商流，即城乡商品市场状态，评价城乡商品市场状态就涉及城乡商品市场规模、市场水平、市场主体、市场环境等诸多方面。

（3）城乡商贸现代化水平。基于流通的概念，流通力应该包含"三力"，即商流力、物流力、信息流力。除了第二维度"城乡市场发展水平"主要反映的是城乡商流状况，在"城乡商贸现代化水平"这一维度主要是涉及城乡物流和城乡信息流，即城乡物流和信息流为城乡商贸流通提供的服务的基本状况，而城乡商贸流通服务状况直接反映城乡商贸流通现代化的水平。

（4）城乡商贸流通发展潜力。任何一种产业发展都需要考察其发展的潜力和未来的趋势。对于城乡商贸流通业，人均收入的高低是关系到其发展的重要因素。城乡收入之间的差异，决定着城乡消费者具有多大的购买潜力和选择何种购买方式，所以在评价城乡商贸流通现状时，未来城乡商贸发展的潜力是评价的维度之一，而衡量这一维度的基本指标就是与城乡商贸流通相关的城乡收入水平、城乡消费水平以及城乡固定资产投资之类的指标。

（5）综合社会贡献。流通业是连接生产与消费的中间环节，在市场经济条件下，生产的规模和结构完全取决于流通的深度与广度。在城乡商贸流通状态评价中必须加入流通业在国民经济中的贡献。这些贡献就包括两个方面：一是经济贡献，即采用流通业对国内生产总值绝对贡献来衡量；二是社会贡献，则采用对消费拉动和推进作用的指标来衡量。

据以上五大维度以及数据的可得性和连续性构建城乡商贸流通综合评价指标体系，选择共计17个具有可操作性的基础指标，具体见表4-9。

表4-9　　　　　　　　城乡商贸流通体系评价指标

评价维度	基础指标	各指标计算	属性
城乡商贸发展规模	商贸流通业增加值（X1）	批发零售业增加值+仓储、交通运输及邮政增加值	正
	商贸流通业就业人员数占各行业就业人数比值（X2）	（批发零售业从业人员+仓储、交通运输及邮政从业人员）/总就业人员	正
城乡市场发展水平	城乡市场的交易额比（X3）	城市消费品市场成交额/农村消费品市场成交额	逆
	城乡拥有商品交易市场数量比（X4）	城市消费品市场数/农村消费品市场数	逆
	城乡社会消费零售总额比（X5）	市社会消费品零售总额/县及县以下社会消费品零售总额	逆
城乡商贸现代化水平	农村邮路占邮路总长比（X6）	农村邮政邮递线路/邮政邮路总长度	正
	工业品和农产品物流总额比（X7）	工业品物流总额/农产品物流总额	逆
	农产品物流总额占比（X8）	农产品物流总额/社会物流总额	正
	每单位GDP对农产品物流需求系数（X9）	—	正
	城乡电话用户比（X10）	城市电话用户/乡村电话用户	逆
	城乡拥有电视机数量比（X11）	城镇居民家庭平均每百户年底拥有电视机数/农村居民家庭平均每百户年底拥有电视机数	逆

续表

评价维度	基础指标	各指标计算	属性
城乡商贸流通发展潜力	城乡居民人均收入比（X12）	城镇居民家庭人均可支配收入/农村居民家庭人均纯收入	逆
	城乡消费水平比（X13）	城镇居民消费水平/农村居民消费水平	逆
	城乡居民消费性支出比（X14）	城镇居民家庭平均每人全年消费性支出/农村居民家庭平均每人全年消费性支出	逆
	城乡社会固定资产投资比（X15）	城镇固定资产投资/农村固定资产投资	逆
综合社会贡献	流通业绝对贡献（X16）	流通业增加值/国内生产总值	正
	消费推进系数（X17）	消费支出的增长率/流通业增加值增长率	正

二、城乡商贸流通体系指标权重的确定及综合指数计算

多指标评价体系的权重确定问题，一般有主观赋权法（专家评价法）、主成分分析方法、因子分析法、层次分析方法等多种分析方法。上文提到关于中国商贸流通业整体的评价及城乡一体化有关研究的多指标体系权重处理上，有的采用主观赋权法、有的采取网络层次分析法、有的采用主成分分析。由于城乡商贸流通体系状态的研究专业性强，内涵具体，各个指标的独立性相对比较强，且客观性较强，所以放弃主观性较强的专家打分以及层次分析法，采用主成分分析方法，主成分分析的权重是根据数据自身的特征确定，而非依靠主观判断，形成的权重结构可以充分反映城乡商贸流通各个维度以及各个基础指标对总指数的贡献大小。

（一）数据的获取及处理

本书详细检索了诸多统计资料，其中反映商贸流通的数据量较少，最终考虑数据可获得性和连续性，收集了1991~2011年各年的指标数据，其中各数据主要来自于历年的《中国统计年鉴》、《中国农业统计年鉴》、《中国农村住户调查年鉴》、《中国物流统计年鉴》、《中国商品交易市场统计年鉴》以及国泰君安数据库，具体各基础指标统计描述见表4-10。

表 4-10　　　　　　　　　基础指标统计描述

	均值	方差	最小值	最大值
商贸流通业增加值	$1.775*10^4$	$1.267*10^4$	3254.860	62377.136
商贸流通业就业人员数占各行业就业人数比值	0.093	0.011	0.071	0.115
城乡市场的交易额比	1.213	0.206	0.699	1.398
城乡拥有商品交易市场数量比	0.438	0.154	0.224	0.682
城乡社会消费零售总额比	1.623	0.431	0.927	2.122
农村邮路占邮路总长比	1.347	0.402	0.913	2.103
工业品和农产品物流总额比	20.482	12.767	7.201	42.869
农产品物流总额占比	0.057	0.029	0.021	0.114
每单位 GDP 对农产品物流需求系数	0.098	0.028	0.059	0.150
城乡电话用户比	2.729	1.001	1.636	4.654
城乡拥有电视机数量比	1.183	0.084	1.063	1.375
城乡居民人均收入比	2.163	0.333	1.720	2.674
城乡消费水平比	3.582	0.182	3.056	3.772
城乡居民消费性支出比	2.908	0.290	2.346	3.350
城乡社会固定资产投资比	4.369	1.108	2.641	6.321
流通业绝对贡献	0.138	0.006	0.131	0.152
消费推进系数	0.863	0.234	0.403	1.341

在指标"商贸流通业就业人员数占各行业就业人数比值"中，商贸流通业就业人数 1991～2002 年为分行业就业的"批发零售业从业人员 + 仓储、交通运输及邮政从业人员"人数，后无这一统计口径的数据，则在 2003～2009 年选择城镇单位从业人数分行业中的"批发零售业从业人员 + 仓储、交通运输及邮政从业人员"人数，另外数据前后变化并不大；指标"城乡拥有商品交易市场数量比"，由于 2003 年以前的多年统计是城市和农村消费品市场数，此后口径有所变化，关于市场统计的是"工业消费品综合市场"、"农产品综合市场"等，前后数据出入较大，于是对 2004～2008 年四年的数据用拟合回归的方法填充；关于反映城乡商贸流通现代化中的物流三个指标，1991～2006 年参考《中国物流统计年鉴（2007）》，2007～2011 年具体数据分别从《中国物流发展报告（2007 - 2008）》、《中国物流发展报告（2008 - 2009）》、《中国物流发展报告（2009 - 2010）》、《中国物流发展报告（2010 - 2011）》以及《中国物流发展报告（2010 -

2012)》中获得，另外指标"每单位 GDP 对农业品物流需求系数"，2007 年、2008 年的数据是由当年的农业品物流总额除以当年 GDP 而得；指标"城乡人均收入比"是以 1978 年为基期剔除城镇人均可支配收入以及农村人均纯收入的价格因素而进行的比值计算。

另外，由于各指标之间具有不可加性，无法直接进行计算，则需要对原始数据进行处理和变换。根据指标属性的不同，采取如下方法对数据进行无量纲化处理：

正指标：$<\bar{x}_i = \dfrac{x_i - \min(x_i)}{\max(x_i) - \min(x_i)}$；逆指标：$<\bar{x}_i = \dfrac{\max(x_i) - x_i}{\max(x_i) - \min(x_i)}$

其中 $\max(x_i)$、$\min(x_i)$ 分别为指标 x_i 的最大值和最小值，经过处理后的各指标数值取值范围为 [0, 1]。

（二）指标权重的确定

在进行主成分分析时，既可以使用相关系数矩阵，也可以使用协方差矩阵，根据现有文献采取相关系数矩阵作为主成分分析的输入。对数据进行了 KMO 检验，检验值为 0.629，说明数据适合做主成分分析。

主成分个数提取原则为主成分对应的特征值大于 1，且主成分累计贡献率大于某一特定值（如 85%）的前 m 个主成分，根据表 4 - 11 前三个主成分累计贡献率为 92.581% >85%，从这里也可看出提取三个主成分是可以基本反映全部指标的信息，所以决定用两个新变量来代替原来的 17 个变量。

表 4 - 11　　　　　　　　　方差分解主成分提取分析

	主成分提取		
	特征值	贡献率（%）	累计贡献率（%）
1	12.619	74.230	74.230
2	1.970	11.590	85.819
3	1.150	6.762	92.581

注：由 SPSS17.0 报告的结果。

表 4 - 12　　　　　　　　　初始因子载荷矩阵

	1	2	3
X1	0.992	-0.076	0.030
X2	0.908	-0.322	-0.073
X3	0.695	0.583	-0.057

续表

	1	2	3
X4	0.878	−0.434	−0.048
X5	0.982	0.155	−0.014
X6	0.981	−0.050	−0.132
X7	0.922	−0.249	−0.180
X8	0.903	0.406	0.115
X9	0.987	−0.007	0.080
X10	0.980	0.097	−0.052
X11	−0.809	0.242	0.485
X12	0.413	0.804	−0.161
X13	0.953	0.233	0.045
X14	0.637	−0.436	0.314
X15	0.857	−0.234	−0.208
X16	0.947	0.250	0.134
X17	0.513	−0.053	0.801

注：由 SPSS17.0 报告的结果。

用初始因子载荷矩阵中的数据除以主成分相对应的特征根开平方根便得到三个主成分中每个指标所对应的系数。得到的三个主成分如下：

$$F_1 = -0.279X_1 - 0.256X_2 - 0.196X_3 + 0.247X_4 + 0.276X_5 + 0.276X_6 \\ + 0.260X_7 + 0.254X_8 + 0.278X_9 + 0.276X_{10} - 0.228X_{11} + 0.116X_{12} \\ + 0.268X_{13} + 0.179X_{14} + 0.241X_{15} + 0.267X_{16} + 0.144X_{17}$$

$$F_2 = -0.054X_1 - 0.229X_2 + 0.415X_3 - 0.309X_4 + 0.110X_5 - 0.036X_6 \\ - 0.177X_7 + 0.289X_8 - 0.005X_9 + 0.069X_{10} + 0.172X_{11} + 0.573X_{12} \\ + 0.166X_{13} - 0.311X_{14} - 0.167X_{15} + 0.178X_{16} - 0.038X_{17}$$

$$F_3 = 0.028X_1 - 0.068X_2 - 0.053X_3 - 0.045X_4 - 0.013X_5 - 0.123X_6 \\ - 0.168X_7 + 0.107X_8 + 0.075X_9 - 0.048X_{10} + 0.452X_{11} - 0.150X_{12} \\ + 0.042X_{13} + 0.293X_{14} - 0.194X_{15} + 0.125X_{16} + 0.747X_{17}$$

用第一主成分 F_1 中每个指标所对应的系数乘上第一主成分 F_1 所对应的贡献率再除以所提取三个主成分的三个贡献率之和，然后加上第二主成分 F_2 中每个指标所对应的系数乘上第二主成分 F_2 所对应的贡献率再除以所提取三个主成分的三个贡献率之和，然后再加上第三主成分 F_3 中每个指标所对应的系数乘上第三主成分 F_3 所对应的贡献率再除以所提取三个主成分的三个贡献率之和即可得到每个基础指标的相应权重（见表4-13）。

表4-13　　　　各基础指标系数与相应的权重

评价维度	各基础指标	相应权重
城乡商贸发展规模	商贸流通业增加值（X1）	0.219
	商贸流通业就业人员数占各行业就业人数比值（X2）	0.171
城乡市场发展水平	城乡市场的交易额比（X3）	0.205
	城乡拥有商品交易市场数量比（X4）	0.156
	城乡社会消费零售总额比（X5）	0.235
城乡商贸现代化水平	农村邮路占邮路总长比（X6）	0.208
	工业品和农产品物流总额比（X7）	0.174
	农产品物流总额占比（X8）	0.248
	每单位GDP对农产品物流需求系数（X9）	0.228
	城乡电话用户比（X10）	0.226
	城乡拥有电视机数量比（X11）	-0.128
城乡商贸流通发展潜力	城乡居民人均收入比（X12）	0.154
	城乡消费水平比（X13）	0.239
	城乡居民消费性支出比（X14）	0.126
	城乡社会固定资产投资比（X15）	0.158
综合社会贡献	流通业绝对贡献（X16）	0.245
	消费推进系数（X17）	0.166

（三）综合指数的计算

在各基础指标的权重确定之后，我们求得各方面指数，如表4-14所示。

表4-14　　　　城乡商贸流通体系及各维度指数结果汇总表

年份	城乡商贸发展规模	城乡市场发展水平	城乡商贸现代化水平	城乡商贸流通发展潜力	综合社会贡献	城乡商贸流通状态
1991	0.000	0.595	0.854	0.677	0.215	2.341
1992	0.015	0.550	0.763	0.549	0.319	2.196
1993	0.032	0.509	0.575	0.361	0.260	1.736
1994	0.073	0.465	0.553	0.311	0.175	1.577

续表

年份	城乡商贸发展规模	城乡市场发展水平	城乡商贸现代化水平	城乡商贸流通发展潜力	综合社会贡献	城乡商贸流通状态
1995	0.103	0.378	0.577	0.323	0.177	1.557
1996	0.121	0.349	0.538	0.494	0.144	1.646
1997	0.140	0.308	0.530	0.490	0.080	1.548
1998	0.130	0.260	0.500	0.399	0.106	1.395
1999	0.139	0.216	0.485	0.322	0.177	1.339
2000	0.141	0.198	0.477	0.280	0.211	1.307
2001	0.148	0.164	0.472	0.273	0.220	1.276
2002	0.166	0.120	0.442	0.213	0.234	1.176
2003	0.252	0.099	0.364	0.119	0.208	1.041
2004	0.242	0.087	0.283	0.099	0.154	0.864
2005	0.225	0.063	0.261	0.126	0.105	0.780
2006	0.226	0.052	0.218	0.119	0.078	0.694
2007	0.253	0.034	0.188	0.097	0.051	0.624
2008	0.287	0.014	0.210	0.103	0.081	0.695
2009	0.298	0.015	0.107	0.067	0.169	0.657
2010	0.309	0.016	0.081	0.063	0.131	0.616
2011	0.321	0.015	0.072	0.061	0.14	0.577

从表4-14和图4-1、图4-2可以看出，反映我国在1991~2011年21年间，城乡商贸流通体系发展总体上呈现不断恶化的态势。首先是城乡商贸流通的规模随着整体流通业的发展呈现明显的增长趋势，但是由于城乡各个方面差距的拉大，反映到商贸流通领域，城乡商贸流通发展的潜力呈现巨大的波动并非持续的上升，从而导致城乡市场体系发展水平的下降，即城乡市场分割状态明显且并无向一体化整合的趋势，另外与城乡市场发展相关的城乡之间的物流体系、信息流体系等反映商贸流通现代化的水平也因此呈现不断恶化的趋势，同时也说明了城乡之间在商贸流通服务体系等方面差距巨大，商流、物流、信息流等一体化进程缓慢。因为城乡市场的分割，也影响到了城乡商贸流通发展对社会的总体贡献，使其并无清晰持续上升的趋势。总体来说，城乡近些年经济发展不平衡、社会隔离日益严重更加剧了城乡商贸流通的差距，所以改善城乡商贸流通的基本状态，统筹城乡商贸流通的发展成为迫切需要解决的问题。

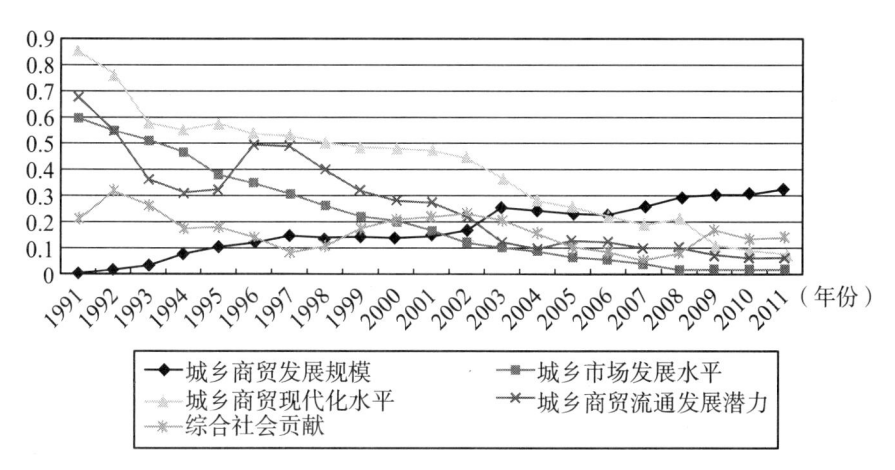

图 4-1 城乡商贸流通体系各维度指数

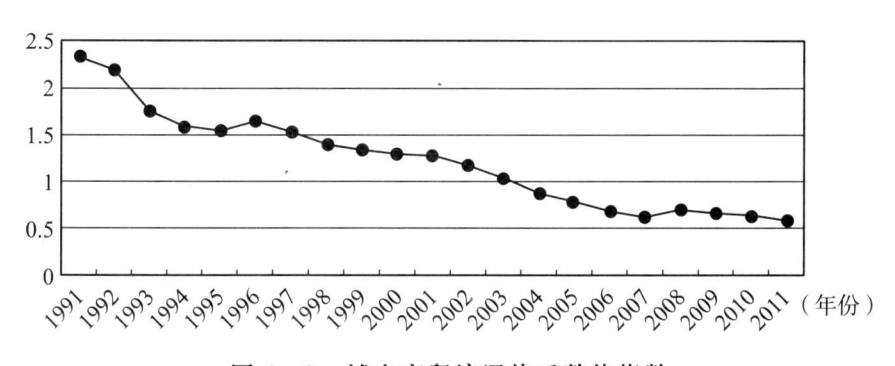

图 4-2 城乡商贸流通体系整体指数

第四节 二元经济结构背景下城乡商贸流通体系的现状与问题

一、城乡商贸流通体系的现状分析

随着商品流通在国民经济发展中的地位与作用日益增强，我国商贸流通业及相关的行业得到了一定的发展。相关研究证明，1978~2011年中国流通业增长能力的综合评价结果表明，流通业整体水平有了比较明显的提高。城镇和农村综合流通业评价得分分别由1978年的0.577118和0.577717上升到2008年的

1.375697 和 1.36275，说明中国城乡流通业都实现了显著的发展，且对社会经济的贡献力非常明显（马强文等，2011）。同时，近些年党的全会以及"中央一号"文件多次聚焦农村，对城乡一体化、农村改革发展做出了多项战略部署。在商贸流通领域开展的"家电下乡工程"、"万村千乡工程"、"双百市场工程"等多种举措使得城乡市场规模，尤其是农村的市场规模不断扩大，形成了多层次商品市场体系，主要表现为农副产品批发市场发展迅速、农资交易市场稳定发展、农村消费品市场规模庞大等特征（王成慧等，2009）。另外还促进了农村流通主体多元化格局的形成，农民经纪人、农产品运销大户、流通领域龙头企业、农村流通合作组织等日益成为农产品流通的核心主体。总体来看，过去18年城乡商贸的发展，尤其是政策的支持与扶持，城乡商贸流通整体发展的规模在加快，这与上一部分关于城乡商贸流通状态的基本判断是一致的。

但同时我们也能清晰地看出这种政策以及相应的市场作用对改善城乡商贸流通其他方面的作用是十分有限的，即从上文的评价结果可以看出，经过近些年的发展，中国城乡商贸之间的差距状态不仅没有改变，而且还呈现出愈演愈烈的拉大状态，说明我国城乡之间无论在生产、经营、消费观念及物流设施、商业网点建设，还是在商业业态结构、空间布局以及流通体系等方面，都存在着较大的发展差距，农村流通及商贸滞后已成为我国农村经济发展和农民收入提高的严重障碍。所以我们需重点分析目前中国城乡商贸流通体系存在的诸多问题。

二、城乡商贸流通体系存在的问题分析

统筹城乡视角下构建城乡商贸流通体系重点在于分析中国目前城乡商贸流通体系存在的问题，概括总结起来主要有以下五个方面：

（一）城乡购买力不平衡以及城乡消费品市场的分割问题

中国城乡商贸流通最为根本的问题在于城乡购买力不平衡，即农民消费能力不足。虽然"十一五"期间，在中央一系列惠农政策的影响下，农民收入状况明显改善，到2010年，按2005年价格计算的农民人均纯收入达到4 150元，年均增长5%以上。但与城市的收入水平相比，仍有较大的差距。此外，由于农村社会保障制度还不健全，农业的收入风险较大，在同样的收入水平下，农村居民的消费倾向要小于城市，这样某些工业品下乡，就面临着市场需求的问题。除此之外，城乡消费品市场的分割，特别是农村消费品市场发展之后，使得农村市场存在购销便利性差以及假冒伪劣商品充斥市场等问题。在购销便利性方面，中国消费者协会的调查显示，31%的农民认为购买生活资料不方便，农村居民人均固

定商业面积不足0.1平方米,仅为北京、上海等大城市的1/10。商务部和中国农业大学对20个省500个村的1万户农户的问卷调查显示,80%的村没有连锁超市等新型业态,97%的农户盼望城市超市向乡村延伸;在产品品质方面,据商务部的调查,全国70%以上的假冒伪劣产品的生产和消费发生在农村,高达74.8%的农民曾买到过假冒伪劣商品。综上所述,城乡之间形成了两个不同的工业消费品市场,城市中生产的优质工业消费品很难畅通地流入农村消费品市场。

(二) 农村商贸流通组织化程度低,流通主体缺失

我国农村商贸的市场主体主要是个体户、私营企业以及以前供销社的企业,具有一定规模与竞争力的流通企业较少,城市零售企业集团进入得更少。个体商户和私营企业规模小、交易量小、组织化程度低、经营管理手段原始、效益低下。这种以传统模式为主的商贸流通模式,中间环节较多,农户的组织化程度低,无法与其他流通主体如批发商、收购商进行平等的谈判。我国农村的小户经营格局在面对市场风险、在收集市场信息以及市场价格谈判时都处于劣势地位。"农产品收购市场基本上属于买方市场,中间商作为买方,农户作为卖方,中间商居垄断地位,分散的农民之间竞争过度。这种市场结构明显不利于农户"(洪银兴等,2006)。在农产品销售的份额中,农户直接进入城市销售的比例越来越低,农产品收购市场的主要参与者成了分散的农户和批发商,代表农民整体利益的中介组织(如合作社、协会等)很少,并且很不专业化。由于农民的组织化程度低,谈判能力弱,造成了批发商对农户端利润的挤压。曾被人们寄予较高期望的订单农业,由于农户和收购商之间的利益冲突,无法形成规范的"组织链",难以形成"风险共担,利益均沾"的利益共同体。

(三) 农村商贸流通的基础设施差,交易方式落后,信息化程度低

城乡商贸流通的基础设施主要包括公路、冷藏设施和批发市场。但中国公路、批发市场和冷藏设施的建设水平和规模已经不能适应农产品流通的需要。目前,我国的批发市场还处于集贸市场的阶段,绝大多数农产品批发市场经营服务设施简陋、基础服务差、标准化程度低。大多数农产品批发市场仍是露天市场,市场配套设施不完备,仓储、制冷等基本配套设施严重不足。它们同现代物流的衔接存在缺口,没有形成产业链的规模,与上游生产环节和下游销售环节一体化程度不高。相比之下,我国农产品流通冷藏设施的发展更为落后。据资料显示,目前美国、日本等发达国家肉禽蛋、乳制品的冷链物流比例已达100%,蔬菜、水果的冷链物流比例也达到95%以上。我国冷链物流总体发展滞后,我国肉类、水产品冷链物流比例分别为15%、20%,蔬菜、水果还没有真正意义上的冷链

物流，由此造成了损失巨大（杨剑英，2009）。在交易方式方面，农产品的交易仍以现货交易为主，期货交易量较小。随着"万村千乡工程"的实施，我国农村新型流通业态呈现良好发展势头，连锁经营、物流配送等新型经营方式和小型超市、便利店等经营业态，从城市开始走向农村乡镇，但相比于城市新兴业态发展的成熟程度，农村的商业业态模式还停留在起步摸索阶段，并未形成规模，交易也停留在传统的交易方式；在农村商贸流通信息化方面，虽然"十一五"规划要求在2010年基本实现全国"村村通电话，乡乡能上网"的目标，但这一举措主要为了服务广大农村地区的电子政务，与商贸流通相关的电子商务仍处在起步阶段，农民通过网上看市场和价格信息的途径依然缺乏。另外，我国农产品信息缺乏合理的整合和规范，信息准确度低、时效性差、功能单一、交互式不强、缺乏网络营销、电子商务的平台等问题，使得城乡之间的"数字鸿沟"成为统筹城乡商贸流通的"瓶颈"所在。

（四）农产品流通物流成本畸高的问题

中国农产品进入流通环节，最为显著的特征就是农产品流通物流成本偏高，严重制约了农业产业化的进程。农产品的特性使农产品物流成为高风险行业，与城市工业品物流产业存在较大差距。另外，在物流方面，城乡仍呈现二元之间的分隔、分离状态，导致城市物流和农村物流至今仍表现为两个"物流孤岛"，在物流规划、物流建设、物流运营、物流资源分布、物流能力分布、物流人才分布上各自为政，自成条块，相互区隔，没有形成协同效应，且这种差距还有拉大的趋势。城乡物流的差距大直接导致农产品在流通中损耗较大，中国水果、蔬菜等农产品在采摘、运输、储存等环节上的损失率达25%～30%，而发达国家果蔬损失率一直都是控制在5%的水平，美国在果蔬等农产品流通环节上的损耗率仅为1%～2%（任博华，2008）。除此之外，农产品流通环节多、费用高。我国农产品物流环节多、模式单一，常见模式为生产商—购销商—产地（销地）批发市场—农贸市场（超市）—消费者，在此过程中经过采摘、分选、运输、储存等物流环节，各项流通费用加总后总额巨大。虽然对我国农产品的流通给予减免过路费的优惠政策，但目前绿色通道只对蔬菜、水果、水产品、鲜肉蛋奶、活畜等鲜活农产品开放，粮食、冷藏冷冻肉类等农产品没有被列入范围。同时，国家级"绿色通道"只有"五纵二横"4.5万公里，仅占收费公路总里程的20%。即使加上各个省市自行划定的地区性"绿色通道"政策的道路9.6万公里，也只占收费公路总里程的66%，1/3的道路仍需要全额交费。据统计，目前国内生鲜农产品物流费用占到成本的70%左右，远高于国际平均50%的标准。流通中的高成本，进一步强化了农产品收购中的压价行为，造成城市农产品价格上涨与农户增产不增收现象并存，城市居民与农户的福利都遭受了损失。

（五）市场管理落后且商贸发展缺乏指导

在农产品市场，市场法规制度建设滞后，市场秩序混乱。到目前为止，我国还没有颁布一部完整的农产品市场流通交易法。另外，农村地区往往缺少专门的商贸管理机构和专业的管理人员，加之农村市场比较分散，政府各职能部门对农村的消费品市场监管成本相对较大，造成市场监管难以到位，市场管理落后，缺乏有效的市场交易规则，加之市场主体众多、成分复杂、市场秩序混乱，哄抬物价等行为时有发生，同时最为严重的是许多假冒伪劣、过期、变质商品流入农村，农村成为假冒伪劣产品的重灾区。除此之外，农村商贸发展长期缺乏规划指导，布局混乱，市场重复建设和市场缺失并存。有的地区市场布局过多、浪费严重，导致"有场无市"、"空壳市场"；有的地区市场建设严重不足，导致"有市无场"，沿街叫卖、沿街为市、占道为市的现象比较普遍。这种规划管理等方面的混乱、政府的缺位成为城乡商贸流通发展，特别是农村商贸持续改善的一个不可忽视的"瓶颈"。

第五节　二元经济结构背景下城乡双向流通商贸流通体系建设的制约因素分析

通过以上对二元背景下城乡商贸流通体系现状的评价以及对其存在问题的分析，我们还需进一步概括出制约城乡商贸流通体系建设的主要因素，以期为统筹城乡商贸流通提供一定的参考和依据，具体来说城乡双向流通商贸流通体系的制约因素主要表现以下三个方面：

一、城乡分割二元经济的制约

中国的经济发展是以城市化为导向，从城乡分割、地区分割的形式发展起来的。所以中国城乡之间各个方面都呈现出明显的二元经济的特征，在城乡商贸流通体系建设同样也具有城乡、地区分割市场的特征（戴红梅等，2004；洪银兴等，2006；唐红涛，2008）。具体表现在三个方面：一是城乡商品市场分割，二是城乡劳动力市场分割，三是城乡金融市场分割。虽然近些年国家强调"建立全国统一开放的市场体系，实现城乡市场紧密结合"，并采取了一系列政策和措施强化市场的统一性，但通过研究发现，在我国的城乡市场体系中除了城乡劳动力市场呈现逐渐整合的趋势，城乡消费品市场、城乡生产资料市场以及城乡金融市场分割仍然较为严重（任保平等，2011）。城市各类商品市场发展明显快于农村；城乡劳动力市场仍然存在着行业分割、职业分割等多个层次的分割；城乡金融市场分割较之前两个市场分割更为严重，农村金融供给主体单一，同时农村金融供给非农趋向性比较严重，这样各个方面的分割直接导致的结果就是城乡之间商贸流通体系在主体、模式、机制、方式等各个方面的差距和不对等，造成了流通中费用较高和损耗较大，从而极大制约了工业品下乡、农产品进城的双向流通的渠道构建。在城乡分割之外，商贸流通体系也存在行业垄断、部门分割和地区封锁的现象，部分地区、行业商贸流通企业进入的政策壁垒较高，造成了商贸流通主体的跨地区、跨行业经营，规模化经营优势得不到发挥。

我们认为，如果不能够很好地消除二元体制的不利影响，消除城乡各个方面的差距，特别是市场体系的差距，就难以解决城乡商贸流通体系的对接问题。因此，统筹城乡市场建立城乡商贸流通体系，首要问题在于推进中国二元结构的转换，打破城乡分割，实现城乡整合和一体化。

二、城市偏向的非平衡发展政策的制约

新中国成立初期，党和国家选择了重工业优先增长的发展模式，重工业建设需要大量资金投入，靠自身积累显然不可行，必须靠农业剩余来贡献。伴随着国家经济工作重心由乡村转向城市，以及赶超战略的实施，城乡关系一步步地走入"城市—工业偏向"的非均衡状态，农业、农村发展在政府行政力量的干预下处于不利境地。这段时期的城市偏向政策逐步以一系列制度的形式被正式确定下来。在政府集中配置资源的计划经济制度中，财政金融制度、外贸外汇制度、微观经济主体经营管理制度、城乡公共品供给制度等最终都落实在以户籍制度为主的城乡差别上。这些制度具有明显的资源倾斜配置实质，在城市偏向的制度安排中，城市获得了绝对优势比重的正式制度供给，农村处于绝对劣势地位，这一方面促进了城市现代工商业的发展，另一方面也制约了农村经济发展，形成了城乡二元正式制度结构。在这种制度结构下，城乡商贸流通领域的具体表现为：长期以来市场设施的建设主要集中在城市，包括各种农贸市场、商场、超市以及银行网点和其他生产要素市场。与城市相比较，农村市场设施建设比较滞缓，市场体系残缺不全，缺乏联系农村居民需求与供给的纽带。农村商业零售网点不足，大大地影响了农民的消费行为，从而导致了市场分割，成为制约城乡商贸流通一体化最为重要的制约因素之一。

三、城镇化程度较低的制约

城镇化的发展是实现二元经济转型、城乡统筹发展的重要载体。城镇化的形成有利于生产要素、经济活动的集聚，发挥规模报酬效应。温铁军等（2007）认为率先在县市以下推进城乡一体化，以优惠政策促进农村人口向包括城镇在内的中心城镇集聚，以低城镇化成本，促进农业发展和经济的现代化进程。商贸流通的空间布局只有在相对聚集的区域才能发挥规模效应，城镇化发展滞后将限制商贸流通体系在乡村的布局。农村市场需求分散、批量小、运输成本高，大型城市商贸流通主体往往不愿在乡村设立网点，乡村商贸流通主体往往以个体的夫妻店、便利店为主，规模小、集中度低。

城镇化发展滞后，无法为城乡商贸流通体系建设提供相应的空间集聚支持。巨大的运输成本和缺乏规模优势，无法激发商贸流通主体将商贸流通体系辐射至乡村地区的积极性。农产品分散流通的格局使农产品的标准化、品牌化建设落后，农产品的质量控制存在困难。虽然部分地区实施合作社形式为农产品流通提供支持，但是该模式因其交易成本、信息成本较高，难以发挥主导作用。此外，城镇发展滞后，不利于区域物流体系层次结构的建立。城镇是现代物流体系的重要节点，城镇可以成为农村的物流中心点、物流活动信息交流中心，进而促进物流体系城乡一体化发展。如果城镇化建设不足，将使物流体系缺乏支撑点。由此可见，城镇化发展的滞后将极大限制农村市场的提升和城乡商贸流通的整合。

第五章

国内外城乡商贸流通体系建设的经验与启示

世界各国城乡商贸流通体系建设都经历了一系列的改革与探索，其中主要发达国家已经逐步形成符合自身发展特点的商贸流通模式，对于促进本国的工农业发展起到了极强的辅助作用，成为沟通生产与消费的有效途径。同时，我国在城乡商贸流通体系建设中也做出了积极的尝试，试点地区依据自身经济基础与区位优势确立了不同的发展模式，为我国全面建设统筹城乡商贸流通体系提供了宝贵的经验。本章在总结国外城乡商贸流通体系建设的经验以及国内商贸流通体系建设成功经验的基础上，分析不同发展模式对我国全面建设城乡商贸流通体系的借鉴与启示，以期对统筹城乡实现城乡商贸一体化提供经验依据。

第一节 国外城乡商贸流通体系建设的经验

世界主要发达国家及农业大国的城乡商贸流通体系建设的成功经验对我国的城乡商贸流通体系改革具有很强的借鉴意义，对国外成功经验进行总结是提高我国城乡商贸流通体系的重要手段。美国的农产品流通方式是以车站批发市场为核心的农产品流通模式与现代大型连锁超市共存的流通方式；加拿大采取集大型批发市场、农场直销、连锁超市以及农产品博览会在内的综合流通模式；日本以批发市场为主要流通媒介；荷兰的拍卖市场与网络流通得到充分发展。这些成功的经验对我国的农产品流通体系改革都具有重要的借鉴意义。

一、美国城乡商贸流通体系

美国作为当今世界综合实力最雄厚的发达国家,一直有着"以农立国"的传统,历来注重农业现代化,并且倚仗得天独厚的自然条件,农业成为国民经济的重要组成部分。在美国农业的发展过程中,以本国农业发展的特点为基础形成了完整、庞大的农产品流通体系,从流通主体到流通渠道、政策支持各个方面都为农业的进一步发展提供了保障。

发展至今,美国农业形成了独有的自身特点。高度商业化的家庭农场是美国农业发展的基础;农业生产的专业化程度高;农业生产实现一体化;农产品产量较大,面临农产品过剩问题,因此对国际市场依赖性大。基于以上农产品生产的特点,美国的农产品流通中生产地集中在大规模的企业化农场,销售地则分散于全国各地,甚至出口海外,因此二者的流通环节就显得尤为重要,农产品的高效流通成为决定农业发展水平的关键点。

(一)美国农产品的基本流通模式

以小麦的交易为例,麦农在收获小麦后一般有三种选择:一是直接按市场现价卖给乡村仓储商;二是自己储存或由乡村仓储商代为储存,等待价格合适时出售;三是进行小麦期货交易。乡村仓储商收购的小麦通常卖给面粉厂或食品加工厂,或终端仓储商。由于大型面粉厂及食品加工厂的小麦需求量较大,因此它们通常由终端仓储商大量购得。前两种交易方式通常为现货交易,而期货交易一般适用于大宗小麦交易,且期货交易价格也为现货交易提供了价格基准。

除去小麦等谷物这种拥有专门流通渠道的农产品外,其他蔬菜、水果等农产品的流通则主要以产销地批发市场、车站批发市场和零售市场三种交易市场为主。产销地批发市场通常位于农产品产出地和销售地的中心,蔬菜、水果等采摘后被运往批发市场,批发市场内的装卸企业则利用专门设备对农产品进行包装,包装完毕后再将货物发往车站批发市场。车站批发市场距农产品销售地较近,来自不同地区的各种农产品均在车站批发市场进行集中,批发商和零售商则在这里当面进行现货交易,双方谈妥价格后则由车站批发市场向其他销售地进行分销。由于超级市场的快速发展,使传统的零售市场受到了巨大的挑战,超市以其便利的购物方式与较好的购物环境逐渐淘汰了传统的零售市场,随着超级市场向批发领域的涉足,使以传统三大市场为主的流通方式得到了巨大的改变。

由于美国农产品的生产供应地主要集中在距离城市较远的专业化生产区域,而凭借着国内发达的公路及铁路运输网,即使较远地区的农产品也能够迅速地由生产地运往大城市，这就促使较为发达的批发市场形成。各类批发市场的交易活动均由批发商自行决定，进货渠道、经营方式等自由选择，批发市场内部采取公开拍卖、代理销售等交易方式，不仅使批发市场上的农产品价格逐渐主导了农产品市场价格的形成，以批发市场为基础也进一步形成了农产品期货市场。批发市场和期货市场上形成的农产品价格则为生产者与消费者提供了正确的价格信息，指导农业生产者按照市场需求进行农业生产，成为反映市场供求关系的有效指标。

但为了适应快速高效的当代经济发展，大型连锁超市与连锁食品店迅速发展起来，现代美国农产品流通很大一部分是通过大型连锁超市实现的，较之以往的批发市场流通时间被明显缩短，流通环节减少，不仅有效地降低了流通成本，而且提高了农产品流通效率。美国大部分连锁超市都拥有自己的配送中心，直接在农产品产地进行产品采购，减少中间费用，更有一些大型农场直接为连锁超市提供种类多、大批量的农产品。现在，由于大型连锁超市的冲击，批发市场的农产品交易量有所降低，但批发市场作为一条传统而重要的流通渠道，仍有近一半的鲜活农产品是通过批发市场进入零售领域的。美国模式如图5－1所示：

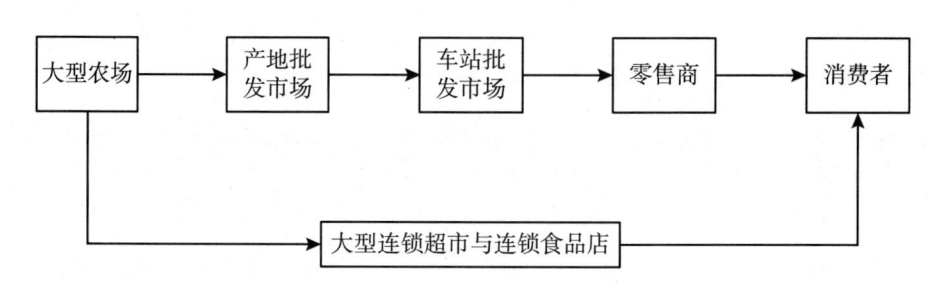

图 5－1　美国农产品流通模式

美国的农业合作社是美国最重要的农业中介组织，是市场经济条件下，个体农民出于自身产销利益的考虑，自发组织起来的松散联合体，在产品生产上"社员"各自都充分享有自主权，合作社最主要的目的在于帮助农民降低生产成本，解决农产品积压和销售问题，避免内部互相压价，扩大出口。合作社是美国农村的重要机构，它在帮助农民降低生产成本、解决农产品销售问题、增加收入方面发挥着重要的作用。在各类农业合作社中，销售和加工合作社为农产品的流通做出了主要的贡献。其业务包括集中、储存、深加工，还包括价格谈判、组织拍卖等，以使农场主获得更多的利润。

科罗拉多州丹佛北部地区的农业合作社就为农产品的销售带来了许多便利，农产品收获后，无须顾虑仓储、出售价格等问题，只需将农产品统一卖给合作社，合作社则替农场主承担了价格谈判的职责，参考国内外现货、期货价格统一销售出口或进行深加工，单个农场主则不存在积压或滞销的问题，同时以组织形式对外谈判也可以增加谈判筹码，使农产品以合理的价格销售，不至于在农产品的流通渠道形成"谷贱伤农"的局面。农产品销售后，合作社扣除成本将剩余的利润退还给农场主，由于农业合作社的非营利性，本身不产生利润，因此也就不存在其他的各种费用。另一方面，在进行农业生产时，合作社从批发商或厂商处直接购买所需的生产资料，分别发放给各农场主，这样就以较低的成本实现了农业生产资料由产地向销地的流通，从而有效地促进了农产品与生产资料的双向流通。

美国新一代合作社在全球化的今天发挥了地区行业农产品总代理的职能。美国西部地区的"新奇士"合作社是典型的"水果合作社"，合作社有科研、包装和销售（包括在海外设销售网点）三大部门，科研部门指导农场主改善种植技术、改良品种，包装部门统一采摘水果，按大小和质量分类包装，统一商标、价格，再由销售部门统一广告、营销，打通销售渠道，实现水果的高效流通。水果售出后，每户农场主按销量扣除一定的摘收、包装、广告成本给合作社，剩余收入全部退还给合作社。这样，企业化的新一代合作社不仅发挥了传统合作社的职能，使社员从农产品的销售环节、价值实现阶段获得了较高的利润，同时也为农产品树立了良好的品牌，创造了较高的品牌效益。

（二）政府在农产品流通中的作用

为了促进美国的农业发展，美国已经建成了庞大而完整的农业促进体系，包括美国农业部、美国农产品信贷公司、美国海外农业服务局、美国商业部、各类农业协会、各种农产品贸易协会及政府主导、农村合作与农村商业性金融体系并存的多层次的农村金融体制。

其中，美国农业部、美国农产品信贷公司、美国海外农业服务局、美国商业部属于官方化的政府机构，为稳定农产品市场、为农业生产流通提供资金支持、为促进出口提供帮助。而各类农业协会则是流通体系中的半官方机构，农业协会的资金部分来自于政府的直接支持或私营企业的捐赠，主要开展承办农产品展销会、国内农业调查研究、定点推销以及接待国外贸易代表团的工作，为打开农产品市场、疏通流通渠道起到了侧面推进的作用。美国各类农产品贸易协会是生产商、加工商及出口商的代表，主要是增加美国农业出口，开拓海外市场，使美国农产品流通渠道的覆盖面更广。美国农业及农业流通的发展离不开完备的金融体制，美国已形成了全方位、复合型的农村金融体制，农村信贷机构中，既有专业性农村金融机构，也有非专业性的其他金融机构；在组织体系上，既有政策性金融机构，也有商业及合作性金融机构，这就为农业生产者及农产品流通者提供了多样化的资金支持。

从美国政府的投资方向来看，对农业生产环节的投资较之于流通环节要少，出于促进农产品消费以及为社会公众提供安全健康的农产品角度考虑，美国政府对流通环节的投资较多，其中比例较大的几项分别为农产品计划、海外市场开拓及食品检疫与包装营销。其投资重点在于帮助收获后的农场主顺利出售农产品，实现农产品的供需对接，同时使农场主得到合理的收入。

二、加拿大城乡商贸流通体系

加拿大虽然是西方七大工业化国家之一，但农业却一直是加拿大国民经济的重要组成部分，也是加拿大国际贸易的主要贡献者，素有"世界粮仓"之称。幅员辽阔的加拿大为了更好地实现产销对接，也构建了自己的农产品流通体系，以确保农产品从产地至销地的顺畅流通，更好地完成农产品的价值实现。

加拿大的农业存在着显著的特点，农业和食品加工业结合紧密；农产品产地集中，生产专业化程度高；以大型家庭农场为主，农业机械化程度高。基于这样的农业生产特点，加拿大也根据自身国情，建立了完备的农产品流通渠道，并且规范流通主体的行为与准入，为农产品的流通营造了良好的环境。

（一）加拿大农产品的基本流通模式

农村粮食收购站、粮食中转站和粮食终端站是加拿大粮食流通中的三级操作主体，它们都是私人所有、自负盈亏的营利性机构。农村粮食收购站主要负责接收农民交送的农作物，对其进行分级并暂时储藏；粮食中转站则对谷物进行较为严格的管理，在中转站买卖双方协商好价格后则由中转站通过自备的集装箱卡车或冷藏车运往销售地；终端站则在接收到货物后对农产品进行清理、称重、加工，使农产品符合销售的标准，销往零售地或装船出口。

加拿大的蔬果流通方式较粮食流通灵活，在商业进一步发展的社会背景下，逐渐包括了大型批发市场、农场直销、连锁超市以及农产品博览会在内的综合流通体系。加拿大的农产品大型批发市场属于半官方化的农产品交易机构，市场内建有供农户销售农产品的铺面，还有大型停车场和冷冻库等配套设施，全天为农户接送货物，参加交易的公司企业及个人在获得许可后方可进行交易，市场收取相应的管理费、服务费、铺面租用费、冷库使用费和停车费等，参加交易的有农场主、批发商、独立零售商、餐饮店购货商、运输商以及个体农户等。农场直销的方式多数存在于有销售能力的规模较大的农场中，农场直接与批发商和零售商进行交易，现场成交。连锁超市这种全球化的业态模式在加拿大也得到了极大的发展，这种经营模式也打破了传统的流通模式，加拿大几乎所有的连锁超市都同时从事批发和零售，不再依靠批发商或食品加工商，加拿大最大的四家连锁超市

（Loblaws，Sobeys，Metro，Canada Safeway）占据了加拿大60%的市场份额，相应地都拥有自己的批发流通渠道，也供应特许专营连锁店和独立食品店。加拿大模式如图5-2所示：

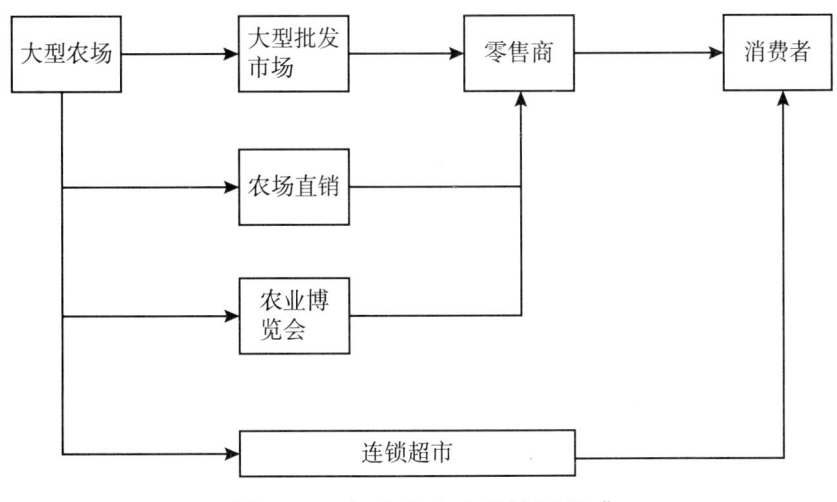

```
大型农场 ──→ 大型批发市场 ──→ 零售商 ──→ 消费者
    │                            ↑           ↑
    ├──→ 农场直销 ────────────────┤
    │                                        │
    ├──→ 农业博览会 ─────────────────────────┤
    │                            ↑
    └──→ 连锁超市 ────────────────┘
```

图5-2　加拿大农产品流通模式

（二）中介组织在农产品流通中的作用

加拿大的农业中介组织主要包括农业合作社与农产品行业协会两种，农业合作社的服务方向各异，作用不同，但其中的销售合作社与新一代合作社同样为农产品流通起到了关键性的促进作用；加拿大的行业协会是在政府指导下自发组成的民间社团组织，为会员提供农产品市场供求、育种及栽培技术等信息和技术服务，是自筹资金的组织。不同的行业协会对促进本行业的农产品流通具有一定的推动作用。

加拿大的农业销售合作社与美国的销售合作社具有相同的职能与作用，都为农户解决了销路问题，从流通渠道的源头入手疏通农产品流通。加拿大也存在着与美国情况类似的新一代合作社，其产生于20世纪90年代，是以一个加工企业为核心，联合周围生产同种农产品的农户组成的合作社，其职能不仅仅局限于完成产品交易，更注重为农产品提供增值服务，采取社员与合作社"利益共享、风险共担"的运作机制。事实上，加拿大的新一代合作社已经更倾向于企业化运作，成功地将农业纵向一体化付诸实施，也就更加促进了农业与食品加工业的共同发展，从而使大农业在全国的经济发展中占据重要的地位，也为"世界粮仓"的实现提供了基础。

加拿大的农业协会发展健全，各类农产品都建立了相应的行业协会。加拿大奶牛协会不仅监控奶牛的生长过程，提高牛奶、牛肉的质量产量，还对每头牛的信息建立档案，输入信息系统，使每头牛在销售时都可以查阅到其生长信息，打破了供需之间的不对接，使农产品的流通变得可观可感。加拿大油菜籽协会是代表整个油菜籽行业利益的非营利性机构，不仅提出行业协调发展规划、促进市场开发和科学研究，还收集和传递行业信息以及与其他行业和机构保持联系，以增进油菜籽行业的种植、加工、储运和销售能力。

（三）政府在农产品流通中的作用

加拿大建立了完善的粮食流通管理机构，包括农业部、谷物委员会、小麦局及谷物运输局在内的政府机构，确保粮食的整个生产及流通环节的质量与效率，同时政府对流通的财政支持、设立严格的市场准入制度、建立完备的粮食仓储设施与科学合理的运输体系也为农产品的流通带来了许多便利。

另一方面，为了增加出口，加拿大政府还制定了许多国家政策，包括农业和食品国家营销计划、扩大农产品出口的促销服务体系、以法律形式保护和增强农产品竞争力和提供相关的农业经营咨询服务。这些政策从不同角度帮助加拿大的农产品走向海外，进一步拓宽了农产品的流通渠道。

为了改善农场的经营与促进农产品流通，加拿大政府制定了农场改革和营销合作者贷款法案、预付款支付计划与价格联合计划。营销合作者贷款法案针对农产品营销组织，为其提供最高300万美元的贷款，以增加农产品竞争力、拓宽流通渠道、改善流通条件等；预付款支付计划则由政府担保使销售组织提前向农场主提供预付款，让农场主可以进行正常连续的生产活动，而等到市场走俏时进行销售，使销售收益最大化，也更好地实现了市场农产品的供求调节；价格联合计划帮助农场主进行农产品合作营销，联营组织根据生产者提供的产品支付预付款，由政府担保市场价格波动，规避价格风险，并帮助营销机构融资。

三、日本城乡商贸流通体系

作为发达的资本主义国家，虽然日本的工业以惊人的速度取得了巨大的发展，但是由于自然资源贫乏，耕地面积不断减少，社会老龄化带来的负面影响使农业难以满足本国需求，形成了自身农业发展的明显特点。日本农业发展自给率低；耕地面积不足，农业发展缓慢；人口老龄化趋势加大，农业劳动力不足；农户以小规模经营为主；兼业农户比重大；农户经营组织形式多样化，商品率高；公司、社会团体等共同参与农业生产。

基于日本农业供给不足的特点，日本的农业供给一部分依赖于国际市场的进口，另一部分则依靠本国规范化的流通渠道运送国内生产的农产品。由于农业本身的供给不足，如何促使农产品在流通环节的高效调运、缓解农产品供应紧张的局面，一直是日本各界研究的重要课题。通过两个阶段的改革，目前日本已经形成了市场型的农产品价格流通体制，在对自主流通的农产品进行间接调控的基础上扩大了农产品自由流通的范围。通过批发商自由交易，使农产品进入销售领域，在参考政府价格的基础上由交易双方共同协商决定，其主要交易场所与流通渠道是通过批发市场完成的，这种以批发市场作为流通媒介的运作模式获得了世界许多国家的认可与推广。

（一）日本农产品的基本流通模式

日本农产品从农户产出开始，通过批发市场等流通环节最终到达消费者手中，有一套严密的体系组织，减少了由于农业的小规模生产带来的流通不便，缩短了流通时间，有效地弥补了农业生产不足所带来的负面影响。日本的流通渠道主要包括中央批发市场、地方批发市场、中间商批发市场和组织零售以及供货组织等。中央批发市场是指由县级地方政府或具有20万人口以上城市负责集资开设的批发市场，通过批发商、经纪人等推动农产品在生产者以及消费者之间进行快捷有序的流通。地方批发市场半官半民或企业与公司开设的批发市场，对于开设地没有具体的限制，其功能与中央批发市场大致相同，只是开始的主题与地点有所区别。而中间商批发市场通常为批发领域的二级批发商的交易场地，最终实现农产品供给与需求的对接。

中央批发市场内，生产者自身或通过产地经纪人、农协组织将产品委托给中央批发商或产地批发商，这些经过农林水产大臣批准的批发商再通过竞买的方式卖给二级批发商或少数加工企业以及大宗零售商，并运往目的地；当农产品被运送到二级批发市场后，个体批发商、零售商再与二级批发商商定价格并由此发往各零售店，最终销往消费者手中。

批发市场作为日本农产品流通的主要渠道，多年来承担了大部分的流通职责，但全球市场经济的背景也为日本的农产品流通带来了新的发展。20世纪90年代以来，日本流通领域出现了"直卖所"这种新的流通模式，是以日本农民为流通主体的新建在都市近郊、城乡结合部或农产品产地对农产品进行地产地销的新兴流通模式。直卖所采取的直销模式，生产交换没有中间人介入，农民既是生产者又是经营者，在直卖所内直接将农产品销售给最终消费者，缩短了农产品的流通时间及流通成本。目前日本已经发展较为成熟的直卖所经营模式包括FG（Farm group）模式、JA（Japan Agriculture Cooperatives）模式以及GS（Government Support）模式。JA模式是由位于产地附近的农民自发组织起来的，是直卖所发展的雏形；GA 模式主要由日本农协充当运营主体；在 FG 及 GA 模式的基础上，政府开始对直卖所进行投资，通常以总额的 50% 开始进行投资，这种政府介入的直卖所即为 GS 模式。与世界其他发达国家一样，日本的大型连锁超市也日益发展起来，并拓宽了农产品的流通渠道，初步建立的连锁超市产销直挂式流通方式虽然无法全部解决农业小规模生产对流通带来的不利影响，但其流通成本低、时间短的优势也使其占据了一定的流通份额。日本模式如图 5-3 所示：

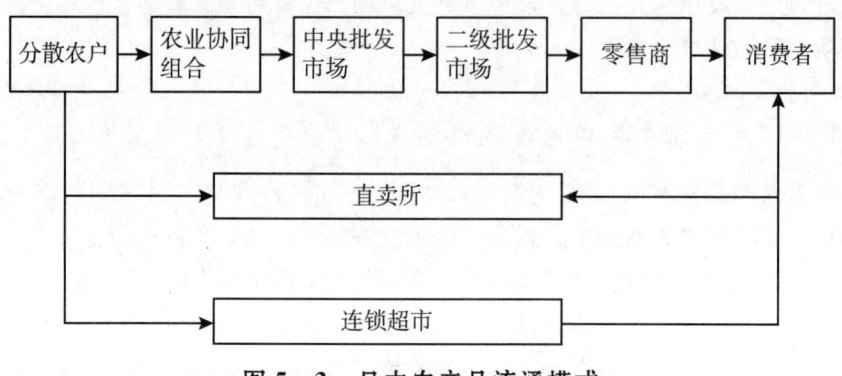

图 5-3　日本农产品流通模式

（二）中介组织在农产品流通中的作用

日本的农业中介组织主要是指日本农业协同组合，是依据日本 1947 年颁布的《农业协同组合法》设立的农民合作经济组织，是日本规模最大、群众基础最广泛的合作组织。日本农业协同组合涉及农业生产、购销、信贷、保险以及医疗卫生保健和文体活动等一切与农村经济和农民生活有关的方面。

日本农业协同组合在农产品的流通中作为经济型为主体发挥着极大的作用，不仅参与农产品销售，甚至出资建立批发市场，统一购买农用生产资料，对提高农产品交易效率起了重要的推动作用。

日本农业协同组合通过组织农户开展联合购买和联合销售增强农户的竞争力，农业协同组织利用先进的加工、包装、运输、保鲜技术，并借助现代化的信息网络，凭借庞大的组织系统，将农户产出的农产品集中统一销售，使售出的农产品质量、规格统一，竞价能力强、销售稳定，通过农业合作的组织形式在一定程度上发挥了企业的职能，使农户在流通环节得到合理的利润。农业协同组合还代理农户购买各种生产资料，农户向当地农协订购农业生产资料后，当地农协向县农协汇总，并继续向全国农协下订单，统一订购，生产资料购买完成后，根据当初的订单登记情况统一运送至农户手中，这种统一购买的方式不仅降低了交易成本，保证了交易质量，同时也有利于农户顺利组织农业生产，避免了由于生产资料无法落实带来的生产空档。与其他国家农业中介组织不同的是，日本农业协同组合在农产品批发市场的运作与交易中非常活跃，直接参与甚至出资建立批发市场。许多日本协同组合不仅建有自己的加工、包装厂、冷藏库、运输中心，有些还建立了批发市场和超级市场，此外，在各地的中央批发市场也拥有自己的分支机构，如东京都大田青果市场就是由全国农协联合会全额出资建立的。日本农业协同组合对批发市场的参与事实上直接涉足了农产品的流通环节，使农户在流通环节中的利益得到了保证，同时农业生产与农产品流通这两大环节之间距离的缩短为农产品流通渠道的畅通提供了条件。

（三）政府在农产品流通中的作用

日本是实行地方自治的国家，设立农林水产省全面负责农产品的生产、加工、流通、进出口以及农业生产资料的供应，对农业产供销实行一体化管理，对农产品市场流通起到了监督调控的作用。同时，日本建立了完备的法律保护体系保障农产品流通环节的规范，包括《批发市场法》、《食品流通结构改善促进法》、《农产品价格稳定法》以及《关于畜产品的价格稳定的法律》等，这些法律有效地维持了农产品流通领域的秩序，促进了农产品流通业的发展。另外，日本政府也对农产品的流通提供了各种不同的金融服务，农林中央金库向相关农产品流通组织提供短期贷款，并与全国农业信用联合会组成了覆盖全国的农协汇兑网络，为农业团体办理汇兑业务；县级与基层农业协会也在政府的支持下向农户及农业流通组织提供存贷款业务，存款利率允许高于普通银行利率贷款利率不仅较低而且手续较为简便，对担保的要求较低，方便了农产品生产及流通过程中的资金融通，也保障了农产品流通的顺利进行。

四、荷兰城乡商贸流通体系

荷兰作为欧盟经济发展较快的国家、农产品通往欧洲的门户，农产品的流通模式带有明显的国际化特点，建立起了以拍卖为主要形式的批发市场流通模式，同时利用网络建立农产品物流供应渠道，充分利用了自身优势以及现代科技的发展。

（一）荷兰农产品的基本流通模式

荷兰的农产品流通主要采取拍卖的方式进行，在批发市场的基础上采用了拍卖作为交易方式，被誉为最具荷兰特色的市场机制。拍卖市场一方面使供需双方直接见面,从而产生最合理、最能够反映市场供求的价格;另一方面提供了农产品集散地。在荷兰农产品的拍卖方式已经相当完善,不仅涉及交易方式,同时连同农产品的检验包装、运输出口等都形成了一定的制度规范。

拍卖市场由生产者组织建立和经营,具有合作社的性质,合作社的社员将农产品提供给拍卖市场,拍卖市场组织农产品销售。在市场内部农产品与其需求者直接见面,充分发挥市场机制作用,采用先进的销售设备,运用计算机、拍卖钟、手推车等进行流水销售,买家也可通过信用卡进行结算,实现了农产品的现代化交易。随着经济的发展,拍卖市场的职能也越来越多样化,不仅拥有现代化的交易设施,农产品分类、分级、质检、包装、储存、运输等各种配套服务也纳入了拍卖市场运作体系,并承担起了海外推广、市场研究等高级业务。

荷兰建成的网上虚拟农产品供应渠道通过网络链接农业生产者、批发商及零售商,形成农产品的电子供应链,客户只需通过网络即可商定价格、约定质量、完成订购,同时由于不同购买主体可以共享网络信息,因此网络流通的透明度更高、准确性更强,完成网上交易后,再借助一定的运输途径即可快速实现农产品由产地至消费者之间的流通。另外,与其他发达国家同样的,荷兰的连锁超市也是一种重要的农产品流通方式,对荷兰农产品的快速流通起到了巨大的作用。荷兰模式如图 5-4 所示:

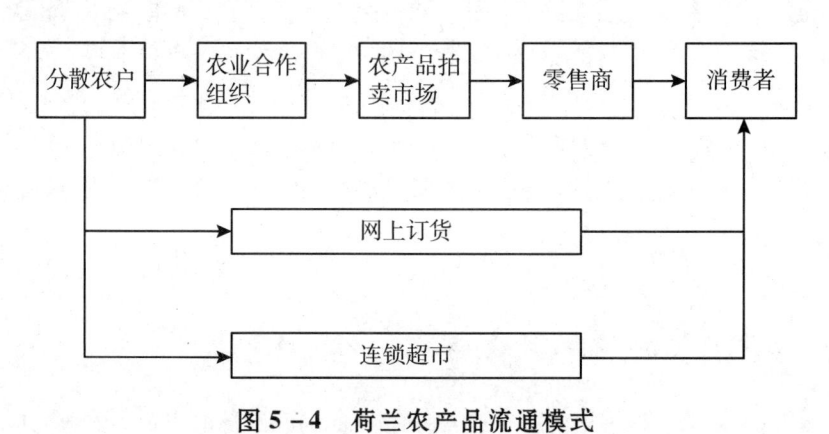

图 5-4 荷兰农产品流通模式

(二) 中介组织在农产品流通中的作用

虽然荷兰的农产品流通基本实现了现代化,并具有了明显的便利性,但农业中介组织仍然在其中起到了重要的作用。荷兰存在着大量的农业合作组织,农业合作组织建立高效的农产品销售网络,不仅集资建立拍卖市场,还建立行业内部协会保障行业利益,如成立的花卉合作社、农业与园艺合作社、奶牛协会等形成了自己的销售网络,为打开农产品销路、促进农产品流通起到了中坚作用。

(三) 政府在农产品流通中的作用

荷兰政府在促进农产品流通方面，不仅对于流通企业在选址、规划以及经营上予以指导并给予一定的资金支持，同时也相当重视农业标准化，对农产品从生产、包装到销售注重标准化，从而使荷兰本国的农产品流通能够融入欧盟的农产品流通体系，实现欧盟的标准化大流通体系。

第二节 国内城乡商贸流通体系建设的经验

在我国城乡商贸流通体系建设中，一批重点城市率先开展了城乡商贸流通改革试点并取得了明显的成果，这些经验对于建设全国性城乡商贸流通体系具有积极的示范作用，其中的同质性原理对于整体推进我国城乡商贸流通体系建设具有较强的促进作用。宝鸡市以"双业联动、以商强农、以城带乡"为出发点，扶持流通龙头企业，注重"县超工程"的建设，以"农超对接"为途径促进城乡商贸流通发展；天津依托已有综合优势，加快推进区域间的产业梯度转移，促使产业链向周边地区扩展延伸，带动人流、商流、物流、资金流和信息流汇聚和集散，促进了天津商贸流通业发展；宁波坚持以科学发展观为指导，强化统筹城乡发展理念，积极探索建立以工促农、以城带乡的长效机制；重庆以工业化、城镇化、市场化"三轮驱动"为基础，通过以城带乡、以商助农、商农联动的有效机制实现城乡商贸流通体系建设。这些已有的成功经验对于推进全国性的城乡商贸流通体系建立具有极强的借鉴意义。

一、宝鸡城乡商贸流通体系

宝鸡市在城乡商贸流通体系建设方面，以"双业联动、以商强农、以城带乡"为出发点，结合当地实际，通过扶持流通龙头企业，注重"县超工程"的建设，以"农超对接"为途径，探索出一条适合宝鸡发展且具有推广意义的城乡商贸流通发展之路，将城乡商贸流通一体化的"宝鸡模式"经验总结为以下"三大结合"：

(一) 市场作用与政府引导有机结合

宝鸡市在城乡商贸流通一体化方面最为成功的经验之一即实现了"市场"

与"政府"两只手完美的结合。一方面,市场机制运用其无形的手配置资源,城乡市场,尤其是农村市场广大,引导企业将视角投向广阔的农村领域,将生产流通直接延伸到农村农户;同时催生了一批从事城乡流通的流通主体,农民经纪人、农产品运销大户、流通领域龙头企业、农村流通合作组织等多元化的流通主体应运而生。除此之外,城市对生鲜农产品的大量需求,使得农产品直接从田间到餐桌成为一种必需。

另一方面,对于政府而言,在发展城乡互动的商贸流通的过程中明确自己的引导规范作用。一是在宝鸡市城乡商贸发展的各个时期都有明确的指导思想和规划,不论是20世纪80年代的"两下乡两进城建设",还是新时期的"一个目标、三个体系、四个重点",都对城乡商贸流通的发展有着科学合理、因地制宜的规划和布局;二是培育多元化的流通主体,特别是对流通龙头企业的扶持,宝鸡市政府通过税收、政策等方面的优惠政策鼓励扶持大型流通龙头企业,注重将农村和城市两个流通网络的互动整合;三是依托"万村千乡市场工程"、"双百市场工程"、"家电下乡工程"、"农超对接工程"、"县超工程"等一系列的工程试点市县,宝鸡市着重推动农村流通网络建设的密度,并通过招商说明会等形式使政府成为强化"农商对接"中的桥梁与中介;四是宝鸡市较注重农村"硬设施"与"软条件"建设,重视加强农村道路交通、通信等基础设施建设,同时重视农村信息化工程建设、农村信贷体系改善和农产品质量安全体系建设,为城乡互动的双向流通系统的建立与运行提供保障。

总体来说,宝鸡市在城乡商贸流通一体化探索过程中坚持了"市场运作、企业主体、政府引导、合作互利"的原则,将市场作用与政府引导有机地结合起来,发展适应城乡发展要求的双向流通体系。

(二) 传统流通业态形式与现代流通业态形式有机结合

宝鸡市城乡传统的流通方式除了各种集贸市场、综合市场、专业市场和批发市场发展的生机勃勃,另外就是新兴现代流通业态形式方兴未艾,同时"传统"在改造的基础上与"现代"实现了成功对接。

一是传统的供销社体系主营的是农业生产资料,其改造后形成了集中采购、统一配送为核心,以村便民店为终端的新型农资供应流通体系。而新兴的以私营为主体的流通主体更多是将重点放在农产品流通领域。传统流通主体与新兴流通主体各司其地,互相协作,配合实现了"农业生产资料下得去"与"农产品上得来"的畅通流通局面。二是宝鸡市在发展城乡商贸流通中坚持传统流通的载体——各类市场,同时依托城市新型业态丰富的优势,鼓励和引导农村商品流通市场采用规范化、标准化的连锁配送等现代经营模式,在县镇发展仓储式商场、专卖店、折扣店、步行商业街、购物中心及大型连锁超市等新型商业业态，改变传统结构单一的业态形式，形成传统业态与现代业态对接的新模式。三是除了传统的交易方式，宝鸡市注重现代先进流通方式的发展，鼓励在有条件的城镇采用电子商务、自动销售管理系统、现代物流配送等先进的流通方式。而流通龙头企业已经逐步开始实现采购、营销、物流配送、服务管理全过程的自动化、网络化、数字化，革新交易方式，提高城乡流通现代化水平。四是宝鸡市在对商贸流通企业进行税收优惠政策等传统方面扶持，还鼓励企业进行自主创新和资源整合，支持企业采取并购、重组、上市等现代公司融资形式，盘活存量资产，吸收社会资本，打造本土新型完善公司治理结构的商贸流通龙头企业。

总之，在商贸流通一体化的"宝鸡模式"的重要经验之一即实现了传统流通业态形式与现代流通业态形式的整合和对接，用"传统"补充"现代"，用"现代"改造"传统"，"传统"与"现代"共生共存，和谐发展。

（三）城乡商贸双向流通与城乡统筹有机结合

过去几十年中国商贸流通的发展一直是"重城镇、轻农村"，但当提出启动农村消费市场，统筹城乡市场发展以来，更多关注投入到如何构建农村现代化商品流通网络这一主题上，并没有深刻理解统筹城乡根本的目的是建立双向流通的商贸体系。宝鸡市倡导、规划的是大流通、网络化、全覆盖的流通新局面，即不是单纯的就农村商贸流通的落后仅扶持发展改善农产品等流通，而是将规划重点放在如何构建城乡双向互动的商贸流通系统上。而城乡双向流通主要是形成农产品由农村向城市流动以及消费品和生产资料由城市向农村辐射的双向流通作用机制，在城市市场和农村市场之间建立桥梁，逐步改变城乡间商品流通市场相对割裂的局面。

城乡商贸统筹是指城乡商贸发展的统一筹划、协调运行。宝鸡市在规划城乡商贸统筹方面，认为城乡商贸统筹的目标不是消除城乡市场差异，不是实现城乡市场一致化、一样化，而是加强城乡商贸的整合和对接，充分发挥城乡双方优势，实现城乡商贸的相互融合与双向互动。城乡商贸统筹实质上是城乡商贸结构的新安排，关键是打破城乡分割的二元体制，建立城乡互通的流通机制与制度，实现城市流通体系与农村流通体系的有机衔接和联动运行，核心是城乡商贸资源的统筹配置，重点是城乡市场的统筹发展，以城乡市场的一体化推动城乡间商品和服务、资源与要素的顺畅流动，使城乡资源通过市场的联结实现共享，实现城乡市场的开放和融合，充分发挥商贸流通的先导性作用，以贸促工、以贸促农、以城带乡、以乡促城，实现城乡互动发展。

由此可见，宝鸡市城乡商贸流通一体化最为创新之处在于重视将双向流通与城乡统筹结合起来，认识到城乡商贸统筹发展必须选择有利于城乡商贸融合、互动与互补的发展模式，单纯从农村商贸发展出发考虑问题不符合城乡商贸统筹的本质要求。

整体对宝鸡市城乡商贸流通一体化的经验总结：以城乡商贸一体化发展为主线，以市场为导向，以企业为主体，以政策制度为保障，以国家、省各项统筹城乡商贸流通的工程为依托，围绕建立和发展日用工业品流通、农副产品购销、农业生产资料流通、农业国际市场、城乡再生资源回收利用五大经营服务网络。同时将传统流通业态与新兴流通业态结合起来，推进城乡一体商贸流通网络体系建设，实现工业品销售超市化，农资供应配送化，农副产品购销专业化，再生资源回收标准化，商贸流通服务多样化。另外，以城乡统筹为根本出发点，做大流通市场，培育流通组织，创新流通方式，改善流通环境，增强流通组织化和标准化程度，扩大流通规模，最终要以实现"以城带乡，以商促农，城乡互动，城乡互助，城乡互补"的城乡双向互动的流通体系为根本目标。

二、天津城乡商贸流通体系

天津充分依托已有的综合优势，加快推进区域间的产业梯度转移，促使产业链向周边地区扩展延伸，特别是京津"半小时交通圈"的形成，带动人流和消费进而带动巨大的人流、商流、物流、资金流和信息流汇聚和集散，为天津商贸流通业的加快发展提供广阔的空间。同时，由于城乡二元经济结构背景下的市场分割造成的城乡商贸流通体系不对接、产需和供求信息滞后，致使农村总需求潜力大而发展缓慢，严重阻碍了天津建设"北方商贸中心"的步伐。而要发展农村市场的关键就在于开发农村市场，统筹城乡发展，最终实现城乡市场的对接和城乡市场的一体化。经过10多年的快速发展，天津市在围绕城乡商贸一体化建设中，形成了自身独特的措施，其经验值得推荐：

（一）更新理念，强化政府的政策支持和引导作用

天津市基于经济发展的形势，结合本地实际情况，充分发挥天津商贸中心城市的综合优势，大力实施结构调整，加快推进商贸流通业自主创新，进一步把天津商贸流通业发展成为引领消费潮流、提升都市功能、拉动经济增长、促进社会就业的支柱产业。为此，天津市政府相继出台政策，如2004年天津市商务委根据市政府要求大力推进的"三进"重点工程、2006年《天津市商贸流通业发展"十一五"规划》中提出的"建设一个中心、培育两个基地、发展四个重点"商贸流通业发展的主要任务，2010年又推出的"3116工程"、"菜园子"直通"菜

篮子"等措施,为全力推进流通现代化,商贸流通业实现了重大发展。

(二) 注重城乡商贸流通共同建设

天津市在经济发展过程中,由于城乡二元经济结构背景下的市场分割造成城乡商贸流通体系不对接、产需和供求信息滞后,致使农村总需求潜力大而发展缓慢,表现为农村消费的增长速度远远低于城市市场,农村成为假冒伪劣商品的多发地区,直接影响到农民的切身利益。同时,城市中龙头企业由于经营成本及竞争力增强,急需开拓农村市场。而要发展农村市场的关键就在于开发农村市场,统筹城乡发展,最终实现城乡市场的对接和城乡市场的一体化。在京津发展分工、在城镇化水平、在多层次的经济社会发展格局中认识到商贸流通建设在城市和农村同样重要,不能厚此薄彼。因此,在天津市众多商贸流通建设中,城乡的商贸流通业得到共同发展,具体体现在:《天津市商贸流通业发展"十一五"规划》提出未来5年商贸流通业发展的主要任务"建设一个中心、培育两个基地、发展四个重点"中对城乡商贸流通业的发展都有详细的规划;"三进"工程分为市区"三进"工程和农村"三进"工程,更是清晰地体现出对城乡商贸流通业的共同建设的理念;"3116工程"则是推动30个重要商贸载体建设,精心组织十大商贸节庆和十大商贸会展活动,努力推进消费领域六大新突破,积极打造商贸中心城市繁荣繁华新亮点,进一步扩内需、促消费,推动商贸服务业实现上规模、高水平发展,"3116"工程不但为城市的商贸建设增加亮点,而且为城乡商贸流通体系一体化营造了环境,其中对农村商贸流通的积极探索,为提升农村市场经济做出了贡献;"菜园子"、"菜篮子"和"农超对接"工程,打通了农产品进城的渠道,不但减少了超市流通环节的成本,缩短了农产品从采摘到上市的时间,节约的部分成本一部分用于提高对农户的收购价,另一部分还能以降价形式返还给消费者,增加超市客流量,最终使农民、超市、消费者三方共赢,城乡市场双赢。

(三) 试点龙头企业特色鲜明

天津城乡商贸流通体系构建中试点龙头企业作用不可忽视。试点龙头企业的健康发展有两个重要因素,一方面离不开政府的鼎力支持,天津市商务、财政和农业部门成立"农超对接"工作办公室,抽调专门人员负责日常推动工作,为农产品流通企业和农产品生产基地建立联谊机制,搭建"农超对接"桥梁,做好对接的各项服务工作。针对天津的生产基地分散、农村合作组织不健全等问题,政府帮助企业选择较大规模的生产基地,鼓励超市在基地附近新建或利用原有产地市场改建收购分拨中心及农产品冷链系统,对分拨中心及冷链系统给予资金支持，对农民合作组织的建立给予奖励政策和资金支持。另一方面试点龙头企业发展独具特色，主要体现在：一是产业化组织经营模式。例如，成万达等企业的"龙头企业＋基地＋农户"模式、海河乳业等企业的"龙头企业＋奶牛园区＋农户"模式和金钟农副产品有限公司等企业的"批发市场＋经纪人＋农户"等产业化组织经营模式。二是注重农产品质量安全。农产品质量安全问题是企业保持竞争力的根本，注重优质农产品基地建设、农产品品质质量检验检测体系建设、农产品质量监管建设，如傲绿集团与多家科研院所合作开发两代"农产品质量安全可追溯系统"，并在自有基地和销售网络推广使用。这些试点龙头企业已经经过奥运会、达沃斯论坛和国外监测体系的严格检测，可见天津的龙头企业对农产品质量安全的重视程度。三是农副产品易腐烂变质的特点要求企业要有完善、便捷的物流系统，天津市的物流业比较发达，便利了龙头企业将农副产品及时配送给客户，在这个过程中龙头企业一般采取与第三方物流公司合作，让专业化的物流公司完成，而有实力的企业也可自建物流配送中心，像傲绿集团等。四是注重销售网络建设。龙头企业在国内销售一般有三个渠道：自营连锁或专卖店网络、超市直供网络、直销消费者（企业团购、家庭送货上门、企业食堂餐饮服务），以此达到在覆盖城市的销售网络。

（四）物流业和港口提供便利条件

天津市具有独特的地理位置，拥有天然海港，四通八达的交通造就了发达的物流业。港口功能的带动作用使天津口岸有着广大的腹地，并与华北、西北、中西部地区省会城市口岸形成直通。天津口岸注重自身建设，经过多年的努力，实现了50%以上进出口贸易实现无纸通关，80%以上的加工贸易实现海关关联网监管。此外，注重发挥"港区联动"、保税区和出口加工区政策效应。天津已经形成各具特色的物流集聚区，包括天津港散货物流中心、集装箱物流中心、保税区国际物流运作区、保税物流园区、开发区制造业物流加工区、空港国际物流区、空港货运物流中心和邮政物流中心等物流园区，在此基础上配备有大型连锁企业的配送中心，知名国际物流企业与天津商贸企业合资合作，以"商贸＋物流"的方式对传统批发仓储企业改组改造，并培养出一批物流企业做强做大。拥有港口和发达物流业的天津市为农产品进城提供便利的外部条件，也为农产品走向世界提供便利途径，同时也方便了先进的工业品、生活用品从国外进入中国或从城市进入农村，有利于提高农民的生活水平。

（五）展会经济蓬勃发展

围绕"振兴北方商埠"的目标，大力发展展会经济，以此提升天津展会的国际化水平和在国内外的影响力。因此，天津市陆续建成了达到国际标准的天际国际会议展览中心、京津新城展览中心、航空城展览中心、泰达国际会展中心，吸引了一批国内外著名展览公司来津举办展览展示、交易博览、品牌发布、贸易洽谈等大型会展活动，并逐步扩大综合展会规模，形成了一批知名的展会品牌，如津洽会、国际汽车贸易展、国际自行车展、国际制造业手机配套会、PECC博览会。通过展会，不仅仅提升了天津展会的国际化水平和国内外的影响力，展会是商品的展示、交流、交易，是信息的交流，它带动了天津的城乡商贸流通业的发展。

三、宁波城乡商贸流通体系

宁波坚持以科学发展观为指导，强化统筹城乡发展理念，积极探索建立以工促农、以城带乡的长效机制。在目标内涵上，把握"三个要求"，即体制共融、资源共享、发展共赢。在任务重点上，突出"三个覆盖"，即设施覆盖、服务覆盖、文明覆盖。在推进路径上，加快"三个集中"，即土地集中、产业集中、人口集中。在城乡商贸统筹方面，以商务部"万村千乡市场工程"和省政府"千镇连锁超市，万村放心店"实事工程开展为契机，宁波全面实施了"百镇连锁超市，千村放心店"创建工程。宁波市"百千工程"作为农村流通领域现代化变革的一个新的开端，在宁波新农村建设中发挥了积极作用。以"百千工程"为抓手，一个以城市连锁商贸企业为龙头，乡镇连锁超市为骨干，村级放心店为基础的农村现代新型流通网络的雏形在宁波农村逐步形成，其功能也在不断延伸和拓展中。其统筹城乡商贸流通的特点包括：

（一）完善城乡流通网络，满足城乡需求

完善覆盖城乡的流通网络，打造消费载体，推进宁波商贸业统筹发展。一是加快现代商贸商务集聚区建设。以培育高端消费、时尚消费为中心，加快商业综合体建设，使商贸城市综合体与商务楼宇经济的发展紧密结合、统筹规划、联动发展，着力推进三江口商贸商务集聚区和城南商贸商务集聚区的品质提升，加快打造城东商贸商务集聚区和城北商贸商务集聚区，努力使宁波成为引领时尚、辐射周边的长三角南翼商业高地。二是加快县域商业中心建设。紧抓各县域重大商业项目建设，坚持在项目论证、规划会审、招商引资等方面跟进服务，促进各大项目早日建成投入使用，从而带动一片，繁荣一方。深入实施乡镇商贸中心工程，完善发展规划、建设标准、考核验收、政策促进等一系列制度措施，有计划、有步骤、有重点地在全市推开，扩大乡镇商贸中心建设覆盖面，使之成为乡

镇建设的亮点和新的经济增长点。三是加快农村现代流通网络建设。继续实施"万村千乡市场工程",加大推进力度,促进以连锁为主导的便利店在全市农村快速发展,惠及千家万户。支持重点企业打好攻坚战,新建连锁便利店 120 家以上,将连锁便利店扩展到全市 50% 以上行政村,使更多的农村居民共享现代流通成果。结合新农村建设,积极建设农村社区商业服务中心。

(二) 实施工程带动,完善城乡商业网点建设

一是大力实施农村"双建工程"。积极实施农村商贸业"万村千乡"工程,坚持标准,注重质量,拓展农民购物、生产生活服务等功能,搭建日用消费品和农资消费品连锁配送平台。2009 年新建连锁超市 2 家、农家店 4 家,使全区连锁超市达 34 家、农家店 171 家;全区 76 家小农资店全部通过整改验收。二是大力实施城镇"双进工程"。积极实施社区商业"便利消费进社区、便民服务进家庭"工程,引导大型流通企业进入社区,设立连锁经营网点,拓展服务领域,加快社区商业中心、居住小区的商业网点建设,创造便民店、综合超市等多业态互补、特色鲜明的社区商业模式。目前全区国家级商业示范社区已达 3 个。三是大力实施企业"双带工程"。积极实施"工业品下乡、农产品进城"工程,鼓励流通企业、餐饮企业带动生产、加工基地建设,农产品市场带动农产品流通。2009 年投入 600 多万元新建小港新棉蔬果基地二期和白峰名阳农庄基地,培育加贝等重点商贸企业,形成一批带动力强的大型农贸、商贸产品流通主体,进一步搞活产品流通。

(三) 坚持便民利民,建立多元化的商贸服务体系

加快推进商业网点和设施建设,建立安全、诚信、舒适的购物环境,保障城乡居民基本生活必需品供应。积极发展高端商业,不断完善社区、镇村商业,满足不同层次消费需求,形成多元化、多层次、功能完善的消费服务体系。推进"万村千乡市场工程"、菜市场改造工程、"放心早餐"工程、"三绿工程"建设和社区商业示范点创建工作,强化各类商品的质量检测工作,努力为人民群众提供方便、快捷、安全的消费环境。把菜市场改造作为改善城乡购物环境,促进城乡商贸发展的重要载体。继续保持菜市场改造力度,坚持数量、质量并重。建立食品质量安全保障体系、绿色食品配送体系和为农服务组织体系这三大商贸服务体系。不断提高流通组织化程度和农副产品的市场化程度,推进商品城乡间双向流通,为农村和农民提供更加便捷的流通网络和便宜的商品。重视拓展新的消费领域和新的消费空间,优化流通网络,促进便利消费。

（四）转型发展，提高城乡商贸流通业的现代化水平

宁波市把连锁经营、物流配送、电子商务作为现代流通业发展的主线，积极推进城乡商贸流通业的转型发展。一方面促进转型升级。创新商贸流通业发展模式、提高发展质量，努力运用现代化的新技术、新业态和新经营模式改造传统商贸流通服务业，推动商贸流通服务业转型升级，"从传统的保障供给，主要为生活服务提升到创造需求，引导消费，努力为生产服务"，以现代化大流通带动现代化大生产。另一方面加快从传统经营方式向现代流通方式转型。推动连锁经营向纵深发展，积极鼓励支持连锁经营龙头企业向社区、乡镇延伸，推动连锁经营向多领域推广。推进电子商务发展，推进现代信息技术在城乡商贸流通业中的普及应用，鼓励有条件的企业积极探索卖场销售与网上销售相结合、传统商务与电子商务相结合的新模式。积极发展新型流通业态，探索营销业态创新，依托现代物流技术和信息网络新业态发展。

四、重庆城乡商贸流通体系

重庆市作为我国改革开放以后较早进行经济体制改革的城市之一，曾经走在全国前列，特别是在商贸流通领域，创造过我国批发商业体制改革重大突破的"第一个工业品贸易中心"，也率先推行过零售商业领域的"四放开"改革。虽因综合经济实力，特别是商贸流通业的总体水平偏低，且在三峡工程建设期间又肩负着中央交办的"四项"艰巨任务，让城乡商贸流通体系建设在"九五"、"十五"期间进展缓慢，但特殊的地理地缘及资源优势、改革创新的气魄胆识和国家对重庆城乡商贸流通业发展的政策倾斜，使重庆城乡商贸流通领域同其他多个领域一样也在国内形成了较有影响的"重庆模式"，概括起来主要累积和沉淀了五个方面的特征。

（一）工业化、城镇化、市场化"三轮驱动"是重庆商农互动的城乡商贸流通体系形成的基础

根据世界经济依次经历"一、二、三"次产业结构演进的规律、城镇化推动商贸流通业集聚发展和市场化助推城乡市场一体化的实际需求，自直辖以来，重庆工业化、城镇化及市场化程度的快速提高，有力地推动了商农互动的城乡商贸流通体系的形成。重庆市三次产业结构从直辖初（1996年）的

21.9∶43.3（38.2）∶34.8 提升到 2009 年的 9.3∶52.8（44.7）∶37.9。13 年时间，第一产业下降了 12.6 个百分点，第二产业和第三产业分别增加了 9.5 个和 3.1 个百分点，其中工业增加了 6.6 个百分点。同时，常住人口城镇化水平也从直辖初的 29.5% 上升到 2009 年的 51.5%，增加了 22 个百分点；户籍人口城镇化率也从 1996 年的 19.09% 增加到 2009 年的 28.96%，增加了近 10 个百分点。另外，直接反映农村市场化程度的农业商品化率从 2000 年的 49.7% 上升到 2009 年的 60.6%，增加了近 11 个百分点，高于同期的工业化水平，但略低于常住人口的城镇化水平。由此可见，重庆市的工业化进程、城镇化速度和市场化水平等快速推进了商农互动的城乡商贸流通体系的形成。

（二）制度推进、政策扶持、企业主体是重庆商农互动的城乡商贸流通体系形成的关键

商贸流通业作为较早与市场接轨的产业，其发展源自参与者对市场的灵敏嗅觉，但市场的主要参与者更多的是追逐利润最大化，仅靠市场的自发行为是难以吸引企业主动进入基础条件和发展环境都异常薄弱的农村市场的，因而如何设计一个有吸引力的制度并辅之以政策支持，合理定位好企业和政府的职责功能，是构建商农互动的城乡商贸流通体系的关键环节。在重庆市商农互动的城乡商贸流通体系构建过程中，发挥企业的主体作用，依靠政府比较完善的制度设计和强有力的政策扶持，对形成城乡一体的商贸流通体系发挥了重要作用。

由于多年来受"重生产、轻流通"，"重城市、轻农村"等传统思想的影响，重庆城乡之间商贸流通发展不平衡，城乡居民消费差距较大，农村商业相对于城市商业仍显落后，尤其是农村市场网络体系不健全和基础设施建设薄弱等问题严重制约了商贸流通主体参与的积极性和热情。因此，城乡衔接互通的商贸流通基础设施及网络建设显得更为重要，而这也是政府可以有所为的地方。为此，通过《重庆市人民政府关于进一步推动区县（自治县、市）国有商贸流通企业改革促进发展的意见》、《关于城乡统筹商贸网络体系建设的实施意见》、《重庆市人民政府关于加快供销合作社改革发展的意见》、《重庆市人民政府关于印发重庆市"万村千乡市场工程"推进实施方案的通知》、《重庆市支持连锁经营发展的实施办法》、《重庆市人民政府关于实施农村市场"双建工程"的意见》、《重庆市"万村千乡市场工程"连锁经营超市建设与改造规范》、《重庆市"万村千乡市场工程"便民放心商店建设与改造规范》等一系列制度设计推进和商务部、财政部及重庆市商委、财政局等出台的资金扶持政策，积极引导企业发挥建设商农互动的城乡商贸流通体系的主体作用。到 2009 年年底，基本形成商农互动的城乡"四个层次"（包括城市商圈、商业特色街、乡镇"五个一"设施、街道片区型

和住宅小区型商业中心）商业设施，实现社零总额 2 448 亿元，商业增加值 657 亿元，占 GDP 比重的 10%，占三产比重的 26.5%，支柱产业作用明显。已建成县级配送中心 55 个，乡镇超市 1 728 个，村级便民店 18 256 个（包括日用消费品 2 339 个，农业生产资料 1 133 个），新增商业面积 39.6 万平方米，覆盖全市 897 个乡镇的 65% 以上，覆盖全市 9 065 个行政村的 60% 以上，已在全国率先实现了"县县有商品配送中心，乡乡有连锁超市，村村有商贸网点"。另外，建成商业社区 161 个，网点 3 460 个，社区商业网络体系也日趋完善。给城乡农民的生产生活带来了极大的方便。

（三）以城带乡、以商助农、商农联动是重庆商农互动的城乡商贸流通体系形成的有效机制

在中共十七大以前，重庆商贸流通体系由于受"重生产、轻流通"，"重城市、轻农村"等传统思想的影响，城乡之间双向衔接的商贸流通设施短缺、渠道不畅，较高品质的工业品下乡缺乏平台，而农产品进城的通路少且渠道单一，使得"三农"问题和扩大内需战略始终没有实质性。十七大之后，在城乡统筹背景下尤其是"万村千乡市场工程"和"全国城乡商贸统筹试点区"建设使得重庆的城乡商贸流通体系较快地进入了"以城带乡、以商助农、商农联动"良性互动阶段。

为引导城市商业资本下乡，通过"公司+基地+农户"或"超市+基地+农户"等模式，助推农民增收、农业产业化和农村可持续发展，实现商农联动"多赢"的目标。近年来，重庆城市商业资本走到了西部同行的前列。重庆的几家大超市纷纷自建基地种植农副产品，如重庆新世纪超市与南川区政府签订了 10 万亩蔬菜基地种植协议，形成新世纪牌商标蔬菜品牌的同时，基地产出的 95% 以上蔬菜都由新世纪超市统一采购。另外，沃尔玛也在潼南建立了 2 000 亩的无公害蔬菜种植基地，家乐福、永辉等也在不同区县建立了自有蔬菜基地。而成立于 2006 年 10 月的农龙生态农业发展有限公司更是一家"以城带乡、以商助农、商农联动"的典范。该公司成立时充分利用了潼南县作为全国无公害蔬菜生产基地的优势，在潼南的柏梓朱家坝、太安罐坝以及北碚的复兴等地以土地流转的方式租赁土地 5 000 多亩，涉及农民 6 000 多人。在蔬菜销售环节先后与永辉、沃尔玛、陶然居等大型超市和餐饮企业签订了直销协议，目前已基本形成以蔬菜科研、种植基地为中心，向蔬菜深加工、物流配送、餐饮服务等纵深产业链延伸，实现"从土地到餐桌"的完整产业。安置了当地农民工 1 200 余人，每年发放土地流转资金 300 余万元，发放工资 720 余万元，直接引领了当地农村经济发展。

(四）综合性龙头企业主导是重庆商农互动的城乡商贸流通体系形成的核心：以重庆渝惠食品集团公司为例

构建城乡双向流动的商贸流通体系，龙头企业不可缺少，而立足于"农产品进城与工业品下乡"的综合性龙头企业更能发挥城乡商贸统筹核心作用。对于城乡二元经济结构典型的代表，重庆要实现城乡商贸统筹的难度不小，但综合性龙头企业在购、销设施网络平台上的优势能够较好地衔接农产品与工业品在城乡之间的互动流通。而重庆渝惠食品集团恰好发挥了构筑商农互动的城乡商贸流通体系桥梁的作用。

渝惠食品集团有限公司成立于 2008 年 3 月，是一家国有独资大型企业。以原重庆市商务集团有限公司为基础，合并重庆市渝辉生活服务有限公司、观音桥农贸市场、重庆罐头食品总厂等组成。公司注册资本金 6.8 亿元，现有 24 个子公司，从业人员 1.2 万人。作为一家以肉类、蔬菜等食品产业为核心，集一二三级农业产业为一体的市属国有大型食品企业，是市政府进行粮食宏观调控的主要载体。因此，公司的首要任务是确保重庆农产品供给市场体系平衡，在此任务下打造拥有核心技术和完善营销网络的知名品牌。为此，公司筹集数百亿元资金构筑重庆三级农产品市场体系，即一级食品批发市场位于主城区，分别在渝北农业园区石盘河片区和江津双福新区。公司旗下农产品二级批发市场也正在完善，其中位于荣昌板桥工业园区的中国荣昌畜牧产品交易市场将是西部规模最大、规划面积最广、档次最高、功能和管理一流的大型畜牧专业市场；另一个大型的二级批发市场潼南蔬菜批发市场将成为重庆市内规模最大的蔬菜产地。另外，公司还正在南川、石柱、渝北、南岸、合川、永川、云阳等区县投资建设农产品二级批发市场。为了构筑完整的三级市场体系，公司依托控股的重客隆超市、天成标准化农贸市场、人道美便利店等三级零售网点，大力扩展三级市场网点，带动三级终端市场建设。到 2009 年年末，公司已在重庆 95 个百强镇布局与规划了三级零售网点，在主城社区和农村镇村等三级市场网点总数已达 1 500 余个。

渝惠集团按照"建立现代企业制度，争取三大创新（企业办市场、企业管市场、市场企业化）、发展五大功能（产品集散、价格发现、信息传递、运销服务、产地带动）、实现三大对接（产地市场与销地市场对接、农户小生产与社会化大市场对接、国内市场与国外市场对接）的农产品流通新模式"建立和完善三级农产品市场体系，在地域上实现了产地市场与销售市场的合理分布与有机联系；在经营管理上实现了市场设施现代化、管理规范化，有效地解决市场规划不统一、市场结构和布局不合理、市场运行和等级划分不明确、市场基础建设滞后、市场机制不完善、市场信息体系不健全等问题。三级市场体系成为沟通农产品生产与消费的桥梁与纽带,是现代农业发展的重要支撑体系之一。对扩大内需,保障农产品的有效供给,促进农民增收、引导农村消费,推动农村经济结构战略性调整,确保农业和农村经济持续稳定增长具有重要意义。

(五)"农超对接"、"农餐对接"、"连锁经营"是重庆商农互动的城乡商贸流通体系形成的基本途径

随着城乡居民消费水平的提高,日常消费更加注重绿色、便捷、省时、品质和环境。为此,城市商业资本"下乡进村"、农副产品"进城入社"成为大势所趋。城市商业网点向农村(社区)延伸,或直接与农业对接的"超市+龙头企业(农产品供应商、农协)+农户"模式;餐饮企业主动下乡建绿色食品生产基地的"农餐对接"等模式,引导千家万户的小规模农户或进入超市供应链、或进入餐饮企业集团式采购链、或进入现代业态及运营管理模式(连锁经营)的零售网点享受城市性消费,这既满足了城乡居民对安全、优质农产品及生活日用品的需求,也让农户、超市(餐饮企业)、顾客(城乡居民)真正实现共赢。

"农超对接"模式在"两翼"(以万州为中心的三峡库区城镇群为渝东北翼,以黔江为中心的渝东南城镇群为渝东南翼)万元增收工程中被重庆发展到一个新的境界。通过重庆市商业委员会强强联手重百、新世纪、重客隆等7家大型连锁超市的112家门店,统一挂牌"两翼"地区农产品销售专区(专柜),让武隆的高山大白菜、梁平早春红玉西瓜、黔江的淡水鱼等"两翼"地区大多数特色农产品直接从产地运往主城,在品牌超市专柜以零毛利的方式进行销售。同时,通过主城大型超市"两翼"地区农产品销售专区(专柜)平台,各区县农产品龙头企业、专业合作社、经销商、农产品加工企业主动与超市及其门店对接,"两翼"地区的农产品得到有力地推广和发展。一系列农商对接活动拓宽了流通渠道,减少了流通环节,降低了流通成本,大大提高了人们的消费水平,也实质性地促进了"两翼"农产品多销快销。

另外,重庆火锅产业的快速发展直接造就了"农餐对接"的城乡商贸统筹模式。其中,"农餐对接"的"德庄模式"也因此成为重庆餐饮企业下乡,带动农产品流通,促进农业产业化和农民增收的典范。一方面德庄于2003年就首先创建了农产品精深加工基地,建立了现代化的底料生产线,率先实现火锅底料生产从传统作坊式到现代工业化的过渡;另一方面,通过与地方共同申报"无公害辣椒精深加工"项目,带动"石柱红"辣椒产业化种植,不仅让公司的发展有了深厚的根基,也带动上万农户走上致富道路。同时,以"订单农业"和"公司+基地+农户"等形式在石柱、綦江、江津、南川建立辣椒、生姜、花椒以及方竹笋等种植基地,并在巴南、石柱、永川等地建立山地乌骨鸡示范养殖基地。其他企业也纷纷效仿，建立了不种类型的种植或养殖基地。以德庄为代表的"农餐对接模式"让重庆火锅开始走向"公司+基地+农户"的产业纵深发展。

第三节 国内外经验对我国城乡商贸流通体系建设的启示

总结发达国家在进行城乡商贸流通体系建设中的成功经验及我国试点城市的城乡商贸流通体系建设经验，可以发现其中同质的规律性启示，这些启示具有普遍性特征，可以较好地运用于我国商贸流通体系建设中，具有较强的适应性及包容性，可以作为我国城乡商贸流通体系建设的基准原则，在此基础上设定流通体系改革的方向，确立改革的路径。

一、国外经验对我国城乡商贸流通体系建设的启示

（一）促进农业合作社的发展

美国新一代合作社的发展是最具有借鉴意义的，其科研、包装和销售部门使其兼具对外商业交流总代理的功能。现代化的生产手段、规范而快捷的流通路径、良好的品牌管理使合作社不仅仅局限于原始、落后的运作模式，更具有了现代流通企业的功能。加拿大的农业合作社基于本国农业与食品加工业联系紧密的特点，形成以加工企业为核心，联合周围生产同种农产品的农户组成的合作社，注重农产品增值服务的提供，发挥了纵向一体化的功能。日本覆及全国的农业合作组织对农产品的流通环节直接参与，甚至建设批发市场，同时集中销售农产品、集中购买农业生产资料，这种对农产品流通的积极作为为疏通日本的农产品流通渠道起到了关键的作用。荷兰的农产品流通渠道尽管与其他发达国家有着明显的不同，更加快捷与现代化，但荷兰的农业合作组织依然在投资建立拍卖市场、打开农产品销路、保障行业利益方面起到了不可或缺的作用。比较而言，我国的农业合作组织虽然存在时间较长，也经历了不同的发展阶段，目前也形成了初具规模的销售渠道，但整体来看，还是相对落后，且功能单一，无法完成农产品纵向一体化加工，也提供不了先进的冷藏、保鲜、运输设备，且各地的农业合作组织与日本相比也没有形成上下各层级分明的统一体系，较为分散，在销售及采购中的优势并不十分明显，仅仅作为当地农民的代言人或经纪人而存在。因此，在我国农产品流通体系改革过程中应当更加重视农业合作社的作用，着力壮

大农业合作社的综合实力,提高合作社的技术水平,使其具有现代的标准化分类、包装、保鲜、冷冻、销售功能,尽量能够实现农业纵向一体化,以服务农业的非营利为目的,以高效的现代化企业为存在形式,与世界农业发展接轨,成为现代化农产品流通体制的重要组成部分。

(二) 连锁超市的发展壮大

通过对世界四大农产品流通典型国家的分析,可以发现连锁超市的经营方式已经渗透到各个国家,由于流通环节的减少,流通成本的降低,同时超市配送中心的渠道畅通降低了农产品物流的风险,降低了由于批发商、中间商的囤积带来的价格波动,因此,被多个国家所采纳。美国的连锁超市拥有自己的整套农产品采购、配送网络,不仅能够满足本超市的农产品需求,还能够向加盟食品店提供农产品,在传统的流通渠道之外开辟了更高效的流通方式。加拿大的连锁超市发展也比较充分,几乎完全脱离了批发商和食品加工商,直接从事批发零售业,并在国内市场占领相当大的市场份额。类似的连锁超市在我国近年来也得到了较大的发展,无论从数量还是市场份额上看都取得了一定的成就,成为农产品流通销售终端的重要组成部分,但我国的连锁超市很少建立起独立完善的农产品流通渠道,多数依然依赖于农产品批发商的供货,因此不仅在时间、成本上依然无法降低,消费者购买到的农产品价格往往还由于超市的管理运营费用而高于普通菜市场或农贸市场的价格。同时,超市农产品流通也没有获得相应的独立性,一旦供货商断货,销售终端也无法正常营业。所以,我国的流通体系改革中不但要扶持连锁超市的发展,更要促使连锁超市建立起独立的流通渠道,一方面使农产品流通成本有效地降低,另一方面形成多样化流通渠道,更有利于流通业的竞争发展,使市场机制在农产品流通领域充分发挥作用。

(三) 加大农产品流通环节政府投入

为了促进农产品销售、保证农产品安全,美国政府注重对农产品流通环节的投入,早在2000年美国对农产品生产环节投资101.93亿美元时,对流通环节的投入就已经达到了263.04亿美元,其中对农产品计划的投入为195.48亿美元,占市场流通环节的74.32%,海外市场开拓投入为51.9亿美元,占19.73%,食品检疫、包装、营销投入15.78亿美元,占6%,由此可见美国对农产品流通领域的重视。在这一政策的作用下,美国的农产品流通不仅高效且渠道多样化,批发市场与连锁超市共同发展,有效地降低了流通成本,为大规模机械化生产的农产品打开了销路。近年来,我国重视农业生产投入,却没有看到农产品流通环节对于农产品实现自身价值,从而加快农业发展的重要作用,因而对流通环节的投入不足，在我国的农产品流通体制改革中，应当根据我国农业的发展特点，开展农业生产计划管理，使生产更加适应消费的需求，同时对流通中的基础设施、设备技术予以更新，增加具有流通节点功能的中转站（如山东寿光农产品综合批发市场），同时将信息技术普及于农产品流通领域。

（四）发展并完善农产品期货市场

美国农产品批发市场中的成交价格往往以期货价格作为参考，为农产品流通提供了价格依据。同时，作为现货市场的补充，期货市场更适用于市场化的大宗农产品交易，也使农产品的价格波动带来的风险规避提供了可能，通过套期保值可以减少价格因素带来的利润损失，有利于流通行业的发展，美国已经形成了规范化的农产品期货交易场所，芝加哥交易所、堪萨斯交易所以及明尼阿波利斯谷物交易所分别承担了各种农产品的期货交易。我国目前还没有建立起规范的农产品期货交易市场，无法对农产品价格进行公开以及提前预测，从而更好地发出市场信号引导农业生产，因此，在农产品流通体系改革中应当将期货交易引入现有的流通渠道，从而方便大宗交易及其流通，也使农产品的价格形成机制更加合理化与公开化，使价格信号更加具有可控性，方便交易主体规避市场风险，降低流通成本提高流通效率。

（五）鼓励多种流通渠道的开辟

加拿大形成的包括大型批发市场、农场直销、连锁超市以及农产品博览会在内的综合流通体系对拓展多样化的流通渠道，促进农产品流通业的良性竞争，从而提高整个行业的运行效率具有积极的作用。加拿大的批发市场主要负责流通环节较复杂、批量较大的农产品；农场直销的方式多数存在于有销售能力且规模较大的农场中，买卖双方现场成交，这种模式对农场的规模有一定的限制，交易数量也不会很大；加拿大的连锁超市大多也从事批发与零售，兼备流通主体的作用，而且在农产品销售中所占份额较大。这种多样化的农产品流通使各个流通主体能够根据自身的批发、销售状况选择不同的流通方式，也能够根据各地经济发展的不同水平因地制宜，选择合适的流通方式。打破单一的农产品流通路径，开辟多种流通渠道是活跃我国农产品流通体系的又一重要因素，不仅能够提高我国农产品流通效率，促进市场竞争，又能够应对我国各地区经济发展差距较大、农产品流通业发育程度不同的特点，使不同地区、不同行业形成符合自身流通特征的渠道，城市近郊的农产品可以采取直销的方式减少流通成本，较偏远的农业专业化区域生产的农产品则依靠批发市场与连锁超市的方式流通，同时也应当大力发展如网上销售等多种现代化流通方式，提供我国农产品流通领域的综合效率。

(六) 促进行业协会的发展

加拿大的农业协会发展健全，各类农产品都拥有自己的行业协会，行业协会监控着行业农产品的生产、加工、销售各个环节，使农产品生产过程更加规范化，产出品符合现代农产品绿色、健康要求的食品，在农业合作社的横向集中管理之外开辟了纵向管理方式。行业协会从行业整体利益出发进行行业协调管理规划，对于调节农产品的供求具有重要意义，行业协会对农产品的销售渠道往往拥有较单个农业合作组织更为丰富的资源，了解更多的农产品需求信息，对于拓宽农产品销售渠道，促进农产品流通有着很好的促进作用。我国虽然也有少量的农业协会存在，但更多的职能集中在农业生产领域，大多是进行农产品育种、种植技术研究，而对于行业的规范化管理与全局整体规划不足，因此，在进一步的发展过程中，应当对行业协会的地位予以重视，发挥其在农产品流通中的纵向拓宽职能，使行业内的农产品流通渠道更为畅通。

(七) 为农产品流通提供金融支持

为了促进农产品流通业的发展，加拿大政府制定了营销合作者贷款法案、预付款支付计划与价格联合计划，这一体系化的政策使农产品流通过程中可能出现的各种资金缺乏状况都得到了保障，从拓宽流通渠道、改善流通条件所需的资金到为了迎合价格机制的调节高价时出售，政府担保使销售组织提前向农场主提供预付款，都体现了政府对农产品流通环节的重视。我国目前还没有形成针对农产品流通领域的金融支持体系，流通组织在运行过程中的资金缺口无法得到有效地弥补，因此，金融支持应当成为流通体制改革发挥政府职能的重要方面，将对农产品流通环节的财政、金融支持纳入农业支出的范畴，从金融支持的行为主体到运行模式参考我国农产品流通业发展现状制定合适的政策体系，从而改善农产品流通组织的资金状况，避免由于缺少资金带来的流通阻碍。

(八) 发展壮大批发市场

在农业以小规模生产为主，兼业农户占很大比重的情况下，日本主要采取批发市场的农产品流通模式，形成了严密的组织体系，由中央批发市场、地方批发市场、中间商批发市场和零售商组成了顺畅的流通渠道，并且政府还立法规范中间商及经纪人的行为，解决了农产品产地分散、产品规模化差的问题，发挥批发市场的集散功能，使各地生产的农产品统一集中于市场内，省去了销售商直接采购农产品的过于分散、数量较少的不便。我国的农业生产目前也并没有达到规模化的高产程度，单个农户的产量普遍较低，而农业产区分散，将各地区的农产品纳入统一的流通渠道，依然存在着许多困难。借鉴日本的经验，继续发展农业批发市场，并且进一步规范批发流通环节，首先政府应当加强对农产品批发市场的调控和规划，加大财政投入力度，根据各地农业以及经济发展水平对农产品批发市场的建设、布局进行合理安排，同时出台一系列的法律法规对流通行为进行规范，防止流通环节的欺诈行为的发生；另外要努力培育市场内规模化经营的现代批发商，提高经营主体的组织化水平。批发市场作为农产品流通的主要方式，在我国的农产品流通体系改革中的发展壮大对我国的农产品流通渠道的改善具有重要作用。

（九）缩短流通渠道，实现产销直挂

日本直卖所采取的农产品直销模式大大缩短了流通环节，使农户作为销售者直接出现在流通领域，发挥了农户的主动性。农户能够直接获取价格信息，引导农业生产，多样化的经营模式也更有利于直卖所适应市场竞争。在我国的农产品流通体系改革中可以借鉴日本的农产品直销经验，在城乡结合部建立产销直挂场所，简化流通环节，由农业合作社组织农户建立或参与直卖机构，减少流通中间成本，使更多利润回归农户。有效地减少流通环节还能够避免农产品在流通中存在的不安全性，防止中间商在农产品中添加保鲜、增重的有害化学物品，有利于绿色环保食品的普及。

（十）促进现代科技手段的应用

荷兰的农产品拍卖市场尽管是在批发商场的基础上发展而来的，但其发展规模与现代化程度大大超过了传统的批发市场，拍卖市场内连同农产品检验包装、运输出口都形成了规范的制度，在市场运行过程中充分利用了计算机、拍卖钟、手推车等进行流水销售手段和信用卡结算的现代交易方式，使交易快捷、便利，从而实现了农产品流通的高科技化。另外荷兰虚拟流通渠道的开辟则更加依赖于现代化信息工具，电子供应链的建立完全借助于互联网络的发展以及网上支付的成熟，这种现代农产品流通模式代表着未来农业发展的趋势，最大限度地节省了人力、物力，透明度更强，准确度更高，具有极大的借鉴意义。由于我国农业网络覆盖率不高，农产品物流业现代化水平较低，因此这种网上销售的方式目前无法在我国大规模普及，但在今后的农产品流通体系改革中，应当努力实现提高农产品销售领域的现代化水平，推广现代化交易工具的应用，在基础设施建设方面重视农村及农产品流通组织的网络覆盖率，扩大网络的影响范围，促进农村金融业发展，使信用卡、网上支付等现代化手段深入农业各个领域，最终实现大农业

的现代化发展。

二、国内经验对我国城乡商贸流通体系建设的启示

（一）城乡交易效率的提升是统筹城乡商贸流通的逻辑

由于这种农产品和工业品市场交易效率的差异造成我国城乡市场的分割，从而使得城乡市场发育的差别过大，农村市场发育不健全，农村经济整体发展水平低、生产规模小、农民收入低、农村市场对城市工业品需求容量的相对狭小，造成城市工业品滞销积压；农村不断涌现的初级产品由于缺少畅通的渠道和途径，得不到城市和工业及时充分的吸收，出现城乡交换关系的紊乱和"双重滞销"的产生。只有不断提高农村市场的交易效率，实现城乡市场的整合和一体化，才能可以缓解工业品以及农产品的滞销积压，从而实现城乡双向流通商贸一体化以及其良性的发展。因此，城乡交易效率的提升是统筹城乡商贸流通的逻辑。

（二）资源禀赋条件是统筹城乡商贸流通的先决条件

要素禀赋结构是指经济发展所需要的各种生产要素的比例关系。参与市场的任何组织和个人都拥有一定的要素，不同的主体要素禀赋也会有所不同，从而决定了各主体在市场中的特征和地位。统筹城乡商贸流通的"农超对接"项目能够顺利地实施，与农产品生产合作社、连锁超市、政府三个主体的要素禀赋有着直接的联系。因此，资源禀赋条件是统筹城乡商贸流通的先决条件。

（三）专业化市场的发育是统筹城乡商贸流通的基础

市场起源于分工，分工与市场规模成正比，城乡商贸统筹的本质是流通过程的分化与延伸，而流通过程的分化与延伸的实质是社会分工的深化过程。通过社会分工的深化，发展专业市场，提高城乡专业化分工水平，在城市分工深化、市场延伸的基础上、形成专业化市场的发展，最终实现城乡商贸流通一体化。专业市场促进农村的专业化分工，家庭工厂生产的"小商品"通过专业市场的渠道占领了"大市场"。因此，专业化市场的发育是统筹城乡商贸流通的基础。

（四）多业联动是统筹城乡商贸流通的基本路径

商贸流通业是服务业，是价值实现的过程，不能单纯强调城乡统筹，而是要把商贸业的发展与制造业的发展相联系，促进商贸流通业与制造业、工业化和城

镇化的联动市场带动工业。实现工业支撑市场，市场与产业联动发展。在多业联动中实现城乡商贸统筹，多业联动在宝鸡模式中表现得非常突出。因此，多业联动是统筹城乡商贸流通的基本路径。

（五）农村流通主体的再造是统筹城乡商贸流通的关键

由于二元经济结构的存在，造成了城乡市场的分割，在市场分割背景下，造成了农村流通主体的缺失，使城乡之间在流通主体方面不对接。城市有大型商业企业、大型批发市场和密集的零售企业，而农村过去的流通主体供销社随着经济体制改革，其职能逐渐丧失，造成了农村流通主体的缺失，这种主体缺失造成了城乡之间主体的不对接和谈判机制的缺失。在城乡商贸统筹的过程中，关键是要再造农村流通主体，实现城乡流通主体的融合与对接。通过主体再造、龙头企业带动、流通组织成长来带动城乡商贸的统筹。这一点在天津市的案例中体现得比较清楚。因此，农村流通主体的再造是统筹城乡商贸流通的关键。

（六）正确处理政府和市场的关系是统筹城乡商贸流通的出发点

统筹城乡商贸流通主要是解决城乡市场分割，实现城乡市场一体化，由过去以城市为本的战略转向以农村为本的战略。这一过程实质是克服市场失灵过程。为此，需要正确处理政府与市场的关系。如果单纯发挥市场机制的作用，城乡分割职能越来越大。在尊重市场规律的基础上，发挥政府的职能实现统筹。由于政府的有为，促进了专业化市场的发展。因此，正确处理政府和市场的关系是统筹城乡商贸流通的出发点。

（七）城乡网络商圈的一体化是统筹城乡商贸流通的基本形式

商圈是指商店以其所在地点为中心，沿着一定的方向和距离扩展，吸引顾客的辐射范围。简单地说，也就是来店顾客所居住的区域范围。无论大商场还是小商店，它们的销售总是有一定的地理范围。这个地理范围就是以商场为中心，向四周辐射至可能来店购买的消费者所居住的地点。在城乡市场分割的背景下，商圈主要是集中在城市中，城乡商贸统筹就是要扩展城市的商圈，形成覆盖城乡的商贸网络体系。在宁波市的案例中通过加快县域商业中心建设，加快农村现代流通网络建设实现商贸业的网络化发展。圈层辐射是指以城市为核心的集聚和扩散的圈层状的空间分布结构。圈层从中心区至外围，由城市核心到近郊县区和远郊镇、村之间在生活方式、经济活动等方面都是从中心向外围呈现出圈层状的有规律辐射作用。因此，城乡网络商圈的一体化是统筹城乡商贸流通的基本形式。

(八) 城乡购买力平衡是统筹城乡商贸流通发展的保障

商贸流通业的发展取决于消费需求，而消费需求取决于收入水平。城市经济发达，人们收入水平高，消费需求大，引起了城市商贸流通业的发展。而农村经济发展水平低，人们的收入水平低，消费需求弱，商贸流通业不发达。城乡购买力严重失衡是城乡商贸流通不对接的主要因素，因此统筹城乡商贸流通需要通过提高农民的收入水平，实现城乡购买力平衡来作保障。因此，城乡购买力平衡是统筹城乡商贸流通发展的保障。

(九) 转型与创新是城乡商贸统筹的动力

城乡商贸流通业的统筹发展需要立足于流通革命这一背景，流通革命是流通革命受产业革命与消费革命的制约，并对产业革命和消费革命起到能动作用。当代流通革命是在信息化背景下零售业结构调整、批发业结构调整、物流业结构调整、流通组织创新、流通国际化和流通现代化。城乡商贸流通业的统筹一方面要转型，从传统商贸流通业向现代商贸流通业转型，特别是农村流通业要把连锁经营、物流配送、电子商务作为现代流通业发展的主线，积极推进城乡商贸流通业的转型发展，促进转型升级。另一方面创新商贸流通业发展模式、提高发展质量，努力运用现代化的新技术、新业态和新经营模式改造传统商贸流通服务业，推动商贸流通服务业转型升级，加快从传统经营方式向现代流通方式转型。流通业的转型与创新在宁波经验中表现突出，宁波积极发展新型流通业态，探索营销业态创新，依托现代物流技术和信息网络新业态发展。因此，转型与创新是城乡商贸统筹的动力。

(十) 城乡双向流通是城乡商贸统筹的目标

城乡商贸统筹就是加快商贸流通业从城乡之间的单项流通转变为城乡之间的双向流通，按照城乡购买力动态平衡理论，将城乡商贸流通纳入统一的城乡经济发展激励结构转变中。探讨城乡各方主体在城乡商贸流通一体化中的利益均衡、激励相容的实施机制。设计城乡统筹的城乡双向流动的物流体系、城乡双向流动的市场体系、城乡双向流动的商贸组织体系、城乡双向流动的商贸服务体系、城乡双向流动的电子商务网络体系、城乡双向流动的连锁经营网络体系、城乡双向流动的商贸管理体系。这一点在各地的案例中都有体现，宝鸡模式中的城乡商贸双向流通与城乡统筹有机结合，天津模式中的日用消费品进村庄、农业生产资料进乡镇、农副产品进市场的农村"三进"工程都体现了城乡双向流动的特点。因此，城乡双向流通是城乡商贸统筹的目标。

第六章

城乡双向流通的商贸流通体系的形成机理与建设条件

第一节 城乡双向流通的商贸流通体系的形成机理

中国的二元经济结构是体制性的二元经济结构,这种二元经济结构在市场经济体制下表现为市场分割型的二元经济结构。由于市场的分割,原来体制型的二元经济结构进一步被强化了。随着市场经济的进一步发展,城乡对立不仅没有消除反而进一步被强化了。因此,城乡一体化的关键是市场一体化,而城乡市场一体化的关键在于统筹城乡商贸流通业。从目前城乡市场分割的现实来看,应该建立如下机制:

1. 城乡市场对接机制。要统筹城乡商贸流通业的发展,首先要实现城乡之间市场的对接,消除市场分割,形成城乡一体化的市场网络体系。统筹城乡发展必须按照建立统一、开放、竞争、有序的现代市场体系的要求,加快发展和培育城乡统一的商品市场和要素市场,建立健全城乡一体化的市场网络。要破除条块分割、地区封锁,增强城乡市场的内在联系,促进商品和各种要素在全国范围的自由流动和公平竞争。推进中心城市的展销市场、中小城镇的专业市场、广大农村初级农贸市场间的纵向联系,形成相互依赖且等级多样的城乡网络系统。以市场为导向,将农产品的生产、加工、销售纳入城乡统一的大市场中,以利于稳定供求关系，降低内部交易成本，减小农民直接进入市场的风险，同时鼓励和引导城市的工商经济组织向农村延伸和发展，促进农村组织化程度的提高。

2. 城乡分工协调机制。协调城乡分工，建立城乡分工的协调点，从而实现城乡商贸流通业的一体化发展。（1）通过城乡横向经济联合，建立农工商一体化、贸工农一体化方式，打破城乡分割、地区割据和部门封锁，培育农村市场，发展业态先进、设施良好、体系完整、交易繁荣的城乡一体化商贸流通体系。（2）打破城市工业生产分工体系中的自我循环服务的封闭状态，建立外向性、互补性优势的城市工业与农村工业分工体系[①]，在城市建立与大生产相适应的大流通体系，农村则采取规范市场建立农产品规模经营为主体的农副业生产分工体系，通过城乡分工实现城乡商贸流通的一体化。（3）大力发展沟通城乡市场的交通运输、通信、商业及金融等部门，为城乡商贸流通业专业化协作发展奠定基础。

3. 城乡价格形成机制。市场经济要求生产要素商品化，以商品形式在市场上通过市场交易实现流动和配置，从而形成各种生产要素市场。统筹城乡商贸流通业的实质是统筹城乡要素资源配置，就是要统筹城乡之间的各种生产要素，充分发挥市场在要素资源配置中的基础性作用，通过市场引导土地、资本、劳动力、技术、人才、信息等资源在城乡之间合理流动，促进各种要素在全国范围的自由流动和公平竞争，加快发展和培育城乡统一、开放、竞争、有序的一体化的要素市场体系。而统筹城乡要素资源配置的关键在于实行城乡统一的价格制度，打破不合理的垄断定价，加快要素价格市场化，消除工农业产品价格"剪刀差"，让价格正确反映市场信息，引导城乡资源的自由流动和优化配置。

4. 城乡购买力平衡机制。城乡购买力动态平衡是指在"二元经济结构"条件下，社会购买力在城乡之间平衡分布的一种动态匹配关系。当这种匹配关系满足时，社会生产和社会消费能实现平衡，经济总量平衡和结构均衡得以最好地实现，社会资源配置趋于帕累托最优状态。城乡购买力平衡机制包括：城市居民人均可支配收入与农民人均纯收入的平衡、城市集团购买力和农村集团购买力的平衡、城市对农村产品的购买力和农村对城市产品的购买力的平衡。城乡购买力一旦达到动态平衡，可以把农村巨大的潜在消费力变成现实的购买力，可以实现各种资源在城乡之间自由流动，合理配置，实现城乡商贸流通体系的一体化，消除城乡商品流通的壁垒，加快城乡市场一体化进程，最终建立城乡统一的商贸流通体系。

5. 城乡制度互补机制。制度与制度之间存在着多种多样的关系，追求统一

---

① 刘战平：《城乡商品市场统筹发展研究》，载于《消费导刊》2009年第2期，第8~9页。

目标的制度之间可能是竞争替代关系，也可能是互补支持关系。互补性的制度之间形成了一个有机系统，制度之间的互补性关系决定了制度变迁的绩效。要实现城乡商贸流通业的一体化，就必须打破城乡商品市场的制度壁垒，实现城乡之间的制度互补[①]。在城乡制度安排上，延续多年的户籍制度、就业制度、土地制度、社会保障制度、行政管理制度等仍然是城乡商品市场和谐发展的障碍。只有通过逐步放松城乡商品市场和谐发展中各种约束条件，城乡商品市场之间的经济联系才能更加活跃，城乡市场才能更加健康、快速的发展，城乡商贸流通业才能实现一体化发展。

第二节 城乡双向流通的商贸流通体系的动力机制

一、城乡双向商贸流通体系形成的双动力机制

城乡双向商贸流通体系的形成，主要是指农产品流通体系的优化、城乡工业消费品市场的统一与融合以及农用物资流通方式的创新。在城乡双向商贸流通体系的建立过程中，市场与政府都可以发挥各自的力量，但由于不同领域的特点不同，市场与政府力量的发挥方式应存在差别。城乡双向商贸流通体系的形成应是根据产品流通特点，正确配置市场力量与政府力量，形成市场为主导、政府为引导的双动力机制，推进统筹城乡商贸流通体系的建设。

（一）农产品流通体系优化的双动力机制

随着农业生产的发展、农产品商品率的不断提高以及工业生产和居民生活对农产品需求的日益扩大，农产品生产相对分散（分散于广阔农村的各地农场主或单个农业生产者）与农产品消费相对集中（集中于城市）的矛盾日益突出。这个矛盾不仅决定了农产品的流通必然是一个从分散到集中，再从集中到分散的多中转环节的过程，而且决定了随着农产品流通量的迅速增加，农产品流通体系需要进行优化，以适应生产和消费发展的需要，促进城乡经济的协调发展。农产品流通体系的优化，包括流通主体的培育、流通条件的改善两方面内容。

---

① 任保平：《城乡经济一体化新格局：制度、激励、组织和能力视角的分析》，载于《西北大学学报》2009年第1期，第14~21页。

在流通主体培育方面，现阶段我国农产品流通渠道过长、环节过多。目前大多数生鲜农产品如蔬菜、水果类通常采用如下渠道模式：生产者——产地批发商（或经纪人）——销地批发市场——农贸市场——消费者。流通渠道明显过长，生鲜农产品的竞争力在于新鲜和价格，流通渠道过长必然会提高农产品的成本、降低新鲜度和增加损耗。要改变现有的流通模式，需要培育两个新的流通主体，一是农业协会。农业专业协会的形成，要与当地的经济发展水平相适应，是政府鼓励下的农户自发形成的组织。这类组织的规模、数量与农业产业化水平相一致，是在市场竞争中自发形成的农业组织。不管是农业加工企业、农业专业协会，还是农产品流通企业的发展，都要依靠市场力量主导下的政府支持机制，它们的产生与发展是农业市场化的产物。由于农户在组织建设上的经验不足，所以在市场力量主导的前提下，农业专业组织的成立，仍需要政府的大力扶植。二是大型农产品物流企业。农产品流通企业专业化从事交易经营活动，其中大量的知识是经验式的默示性知识。因而流通知识积累是企业组织活动的一种有效而稳定的控制系统，是实现组织效率的重要基础[1]。农产品的特点导致农产品流通的难度要大于一般工业品，造成了农产品流通产业与工业品流通产业的分割。因此，在农产品流通体系的建设中，政府可以通过税收和财政补贴的方式，在当前物流成本居高不下的背景下，应继续降低农产品流通企业的负担，提高现有农产品流通企业的实力，引导大型物流企业进入农产品流通领域。

在农产品流通条件的改善方面，政府的作用更为直接，市场机制则退居其次。到2011年年底，全国公路里程达410.64万公里，全国90%以上的乡镇和行政村都通了公路。这些渠道建设成绩，对于农产品流通起到了巨大的促进作用。但是，由于我国收费公路占比较高，使物流成本居高不下，推高了农产品价格。目前，我国农产品批发市场主要是棚厅式建筑，需要占用的土地面积较大，不少市场占地高达1 000多亩。由于没有专门的用地政策，市场扩建用地按商业用地或工业用地必须要通过拍卖的方式交易，随着近年来土地价格的高涨，通过企业自行筹资建设大型农产品批发市场的难度加大，从而造成国家明令禁止的土地以租代征现象十分普遍。农产品批发市场在今后相当长一段时期内仍将是我国农产品流通的中心环节。但是，因国家没有专门的法律法规，普遍将农产品批发市场视为一般商业企业，需要缴纳营业税、城建税、土地使用税、房产税等多项税负，致使其税负较重，发展后劲严重不足[2]。除了有形交易场所的建设需要政府的直接投入外，农产品交易信息系统的建设更是刻不容缓，没有高效的农产品交

---

[1] 王朝辉：《市场结构、流通能力与我国农产品流通企业扩张绩效》，载于《经济学家》2008年第4期，第94~102页。

[2] 丁建吾：《农产品流通存在问题分析》，载于《中国经贸导刊》2009年第3期，第34~35页。

易信息系统,严重影响交易的效率,使得我国农产品市场的价格形成机制较为混乱。农业的弱质性和低收益决定了农产品流通渠道费用的降低,必须依靠政府的力量,要将农产品流通渠道的建设看做是公益性的事业。

(二) 城乡消费品市场融合的双动力机制

我国城乡经济的二元性导致了城乡消费品市场的分割,一方面是现代化的城市消费品市场,另一方面是混乱落后的农村消费品市场。要实现城乡消费品市场的融合,必须依靠城市消费品市场对农村消费品市场的全面整合,把城市中现有的先进销售方式和服务方式引入农村地区。城乡消费品市场融合的双动力机制,是以市场力量为主导、政府力量为引导的双动力机制。商务部推广的"万户千乡"工程和"家电下乡工程",都是政府引导、企业主导的典型代表。

农村消费品的流通主要是城市工业消费品进入农村市场的问题。我国农村的家用电器保有量与城市的差距非常大(见表6-1)。随着农民收入的稳步提高,农村消费品市场的潜在规模越来越大,城市中的消费品生产企业应该抓住农村市场的重要机会,在市场的开拓上,既要注意农村销售渠道的建立,又要注意开发出针对农村特点的消费品,调动农民购买的积极性,真正把内需特别是农村消费启动起来。与此同时,通过政府的补贴政策,如家电下乡、建材下乡等措施,降低工业消费品在农村市场上的销售价格,从供给的角度提升农村消费品市场的消费规模和水平。除了家电下乡政策,另一个重要的农村消费品流通建设项目是"万村千乡工程",就是利用连锁化的先进经营模式,在产品的流通中改善农村消费品的品质。但从我国的区域差距来看,该政策的效果在贫困地区的作用较大,而在发达地区的农村,企业已经将农村市场作为重要的拓展基地,将先进的业态引入农村,甚至实现了农村连锁超市既作为城市工业消费品的销售者,又作为农产品的征购者的双重角色。因此,农村消费品流通体系的建设,应以市场动力为主,政府补助为辅的双动力机制,在落后地区应注重政府政策引导,在发达地区注重发挥市场的作用。

表6-1　　　　农村与城镇家庭每百户耐用消费品保有量对比

每百户拥有量	单位	2011年城镇	2011年农村	差距
洗衣机	台	97.05	62.57	34.48
电冰箱(柜)	台	97.23	61.54	35.69
彩色电视机	台	135.15	115.46	19.69
空调器	台	122	22.58	99.42

续表

每百户拥有量	单位	2011年城镇	2011年农村	差距
淋浴热水器	台	89.14	N/A	—
家用电脑	台	81.88	17.96	63.92
微波炉	台	60.65	N/A	—
移动电话	部	205.25	179.74	25.51

资料来源：2012年《中国统计年鉴》。

（三）农用物资流通方式创新的双动力机制

农用物资在农业生产中起到举足轻重的作用，由于农业生产的季节性，一旦农用物资出现质量问题，损失往往无法弥补。因此，加强农用物资的质量监管成为地方政府的一项重要责任。然而农资市场的分散性，使流通终端的打假行动不能很好地扼制农用物资的假冒行为。农业部自2005年起开始转变农资打假工作思路，由"以打为主"转变为"疏堵结合"，启动了放心农资下乡进村活动，探索放心农资下乡进村的有效途径和模式。

农用物资流通方式的创新主要有三种，一是成立农资专业协会。初级的农资协会主要由普通农户自发成立，通过协会的力量与农资供给企业进行谈判，由于购买量大，农资协会可以获得价格优惠。更进一步，由农资生产企业、农资经营单位、农业服务部门和农民专业经济合作组织等共同参与，按照"民办、民管、民受益"的原则，组成农业生产资料协会或专业协会，为会员和农户提供放心农资和科技咨询服务。这种方式的最大特点是，农民不仅可以购买到物美价廉的农资，而且可以得到技术服务，一举两得。二是设立连锁农用物资超市。通过对销售环节的管理，有效地扼制假冒农用物资的泛滥。2008年，根据中央1号文件关于"启动实施'放心农资下乡进村'示范工程"的要求，农业部已经开展了放心农资下乡进村活动由试点转为示范，开展"放心农资下乡进村"示范县（市、区）建设。据统计，目前全国放心农资下乡进村试点（示范）县（市、区）已达129个。三是鼓励企业采取专营专售的方式，直接将产品销售到农村地区，通过减少流通环节防止假冒农用物资的出现。这方面的国内实践还停留在地区的农用物资企业的直销阶段，缺少大型规范化的农用物资企业是制约该模式创新的主要因素。

根据国内的实践经验，不难发现农用物资的流通方式创新主要依靠农用物资协会的成立和农用物资连锁超市的建设，在农用物资协会的建设中，市场力量起主导作用，通过专业协会的合理运作，既减少政府质量监督的压力，又给农户带来实际利益。

在发挥市场为主导、政府为引导力量的推进城乡统筹商贸流动双动力机制的基础上,我们应大力发挥城乡双向流通体系的内在动力——交易效率提高和分工深化的作用,推进城乡统筹商贸流通体系建设。

二、统筹城乡双向流通的内在动力机制

在一个现代产业体系中,假定我们所有消费的农产品和工业消费品都需要通过迂回生产得到,那么城乡双向流通体系效率提升作用将扮演关键角色。在完全分工结构下,也就是城乡双向流通体系实现时,存在农产品与工业品内部的流通以及农产品与工业品之间的流通。而商贸流通体系建设的好坏,将直接影响交易效率与分工演进的深度,进而影响现代城乡双向流通动力机制的发挥。

根据这一思路我们建立如下模型:

假设一个经济体存在三种产品 x、y 和 z,其中 x 为农业生产资料或工业消费品原材料;y 为中间产品附加,包括产品深加工工艺、先进的技术管理和配送服务;z 为工农业最终消费品。对于任何一个经济主体,他可以在 x、y 和 z 三种产品之间作出选择,每个人最终都要消费 z,但是生产 z 必须以 x 和 y 作为投入品[①]。于是该经济系统可以表示如下:

效用函数: $U = z + kz^d$; (6.1)

x 的生产函数: $x^p = x + x^s = \text{Max}\{0, L_x - a\}$; (6.2)

y 的生产函数[②]: $y^p = y$ 或 $y^s = \text{Max}\{0, L_y - b\}$; (6.3)

z 的生产函数: $z^p = z + z^s = \text{Max}\{0, [(x+kx^d)(y+ky^d)]^\alpha (L_z - c)\}^\beta$ (6.4)

禀赋约束: $L_x + L_y + L_z = 1$ (6.5)

预算约束: $p_x(x^s - x^d) + p_y(y^s - y^d) + p_z(z^s - z^d) = 0$ (6.6)

在此经济系统中,(6.1) 式为效用函数,z 表示最终工农业消费品的自给量,z^d 为购买量,k 为交易效率系数,并且有 $k \in (0, 1)$ 式;(6.2) 式、(6.3)

[①] 该经济系统对于工农业产品均适用,为避免重复论述采用一个模型对其进行分析。对于农产品生产和流通而言,x 为农业生产资料,y 为流通企业提供的深加工和统一配送等一系列标准化服务,z 为农产品成品;对于工业消费品生产和流通而言,x 为工业消费品原材料,y 为流通企业提供的深加工和统一配送等一系列标准化服务,z 为工业消费品成品。

[②] y 的生产函数形式表明专业技术具有完全非竞争性,假定一个经济主体通过自己研发的 y 来生产 z,或者只将研发的 y 用于出售而不生产 z,或者其既通过研发 y 生产 z 也出售,那么这三种情况下 y 的生产量都是一致的。

式和（6.4）式分别为三种产品 x、y 和 z 的生产函数，其中 x、y 和 z 表示三种产品的自给量，x^s、y^s 和 z^s 表示三种产品的售卖量，L_x、L_y 和 L_z 表示生产三种产品所投入的劳动份额，并有 $L_x \in (0, 1)$，$L_y \in (0, 1)$，$L_z \in (0, 1)$，a、b 和 c 则表示生产三种产品所需的固定学习费用，其中 $a \in (0, 1)$，$b \in (0, 1)$，$c \in (0, 1)$，考虑到 a 和 b 两种不同产品的经济意义，我们通常认为 $a < b$；（6.5）式为资源禀赋约束，代表单个经济决策主体投入到三种产品中的劳动总量是 1，可以用来衡量某经济决策主体的生产专业化程度；（6.6）式为预算约束，表示三种产品的购买量等于售出量。

那么，对于该经济系统有如下几种分工结构：

结构 A：自给自足型经济。在此结构下每一个经济主体的决策都是一样的 (xyz)，即每个经济主体不仅要生产 x 和 y，还要通过 x 和 y 来生产 z，进而满足自己需要，在此结构中没有交易发生，因而也不存在市场。

结构 B：无最终工农业消费品交易的部分分工经济。在此结构下经济主体有两种决策，决策 (xz/y) 表示经济主体自己生产 x，并通过购买 y 来生产 z 以满足自己需求，而决策 (yz/x) 表示经济主体自己生产 y，并通过购买 x 来生产 z 以满足自己需求。可以看出在此结构中实际上是一个要素交易结构，其中存在要素市场（x 和 y 的交易），但并没有最终工农业消费品 z 的交易。在这个结构中有两种产品的交易发生，同时每个决策主体至少生产两种产品，没有主体实现专业化生产。

结构 C：有最终工农业消费品交易的部分分工经济。在此结构下经济主体有两种决策，决策 (x/yz) 表示经济主体自己生产 x，并出售 x 给市场，以所得购买 z 满足自身需求；而决策 (yz/x) 表示经济主体自己生产 y，并通过购买 x 来生产 z，其所生产的 z 既用于满足自身需求，又用于出售。可以看出，在结构 C 下既存在要素交易（市场上 x 的交易），又存在最终工农业消费品的交易（市场上 z 的交易），但是在这一结构下仍然只有两种产品的交易发生，并且只有一方实现了专业化生产 (x/yz)，而另一方仍未实现专业化生产 (yz/x)，因此仍然是一个部分分工结构。这种结构类似于一个具有"剪刀差"特点的交易结构，即一方提供原材料，另一方提供产品的结构。

结构 D：完全分工型经济。在此结构下经济主体有三种决策，决策 (x/yz) 表示经济主体自己生产 x，并出售 x 给市场，以所得购买 z 满足自身需求；决策 (y/xz) 表示经济主体自己生产 y，并出售 y 给市场，以所得购买 z 满足自身需求；决策 (z/xy) 表示经济主体通过购买 x 和 y 来生产 z，并出售 z 给市场。可以看出，在结构 D 下既存在要素市场（x 和 y 的交易），也存在最终工农业消费品市场（z 的交易），并且在这一结构下有三种产品的交易发生，所有人都只生产一种产品,均实现了专业化生产,因而是一个完全分工的经济。可以看出,当工农业产品生产流通的分工状况达到结构 D 时,即为本书所论述的城乡双向流通体系。

通过求解不等式,可求得 k 的三个临界值及超边际比较静态分析结果[①]。若固定学习费用 $a+b+c<1$,可得四种结构的一般均衡存在区间(见表 6-2)。

表 6-2　　　　　　　　　k 的取值及均衡结构

k 的取值	$\in(0, k_1)$	$\in(k_1, k_2)$	$\in(k_2, k_3)$	$\in(k_3, 1)$
均衡结构	结构 A	结构 B	结构 C	结构 D

根据以上分析结果,可得出如下命题:

命题 1:交易效率和分工演进是现代城乡双向流通的动力机制。城乡双向流通体系,是交易效率提高进而导致分工深化的产物。

随着交易效率 k 的提高,市场结构逐渐从自给自足模式向部分分工和完全分工模式转变。由表 6-2 可看出,当交易效率小于 k_1 时,一般均衡存在于自给自足结构(结构 A)中,此时工农业内部不存在分工,也没有流通活动存在(产品 x、y、z 均无交易活动);当交易效率处于 k_1 和 k_2 之间时,一般均衡存在于具有要素交易特点的部分分工结构(结构 B)中,此时开始出现要素交易,但分工水平较为低下,没有出现流通与生产的分离(产品 y、产品 z 未实现专业化生产,无交易活动);当交易效率在 k_2 和 k_3 之间时,一般均衡存在于具有"剪刀差"结构特点的部分分工结构(结构 C)中,此时出现了最终工农业消费品的交易,但仍未实现内部流通与生产的分离;当交易效率提高到 k_3 时,一般均衡出于完全分工结构(结构 D)中,当工业和农业内部同时处于结构 D 中时,即城乡双向流通体系。所以交易效率的增进和分工水平的提高是城乡双向流通体系的动力机制。

命题 2:构建现代城乡双向商贸流通体系,就是一个不断拉长产业链条,增加交易迂回程度,提高市场化水平的过程。

随着交易效率的提高和分工的深化,生产一种商品的专业化水平将不断提升,交易迂回程度增加。交易迂回程度的强弱,反映了分工和专业化水平。在分工结构从 A 到 D 的转变中,生产者选择(代表产业链条长度)、专业化水平、交易迂回程度和市场种类的变化如表 6-3 所示:

---

① 具体求解过程,请参见任保平、任宗哲:《统筹城乡视角下城乡双向流通的路径研究》,中国经济出版社 2011 年版,第 273~280 页。

表 6-3　　　　　　　　　　　　分工结构

分工结构	结构 A	结构 B	结构 C	结构 D
生产者选择	1	2	2	3
专业化水平	$L_x + L_y + L_z = 1$	$L_x + L_z = 1$	$L_x = 1$	$L_x = 1$
		$L_y + L_z = 1$	$L_y + L_z = 1$	$L_y = 1$
				$L_z = 1$
交易迂回程度	无	直接	直接	间接
市场种类	0	2	2	3

从表 6-3 可看出，从结构 A 到结构 D 的转变过程中，生产者选择不断增多，产业链条不断拉长，交易迂回程度提高，市场种类也不断增加。进而得出，城乡双向流通体系的形成是一个交易迂回度增加和市场化水平提升的过程。

命题 3：构建城乡双向流通体系的关键，在于发展具有高科技含量的现代农业，并实现标准化和产业化生产，通过增加农业的固定学习费用，增强专业化程度和迂回生产程度，促进农业内部分工水平的提高。

从各分工结构下的均衡效用水平 U 的取值范围来看，当生产三种产品的固定学习费用 $a+b+c<1$ 时，一般均衡可能存在于 A、B、C 和 D 四个结构中；当 $a+c<1$，$b+c<1$，而 $a+b+c>1$ 时，一般均衡可能存在于 B、C 和 D 三个结构中；当 $a+c<1$，$b+c>1$ 时，一般均衡只可能存在于 C 和 D 两个结构中；当 $a+c>1$，$b+c>1$ 时，一般均衡只可能存在于完全分工的 D 结构中。这意味着，固定学习费用的大小，决定了均衡分工结构的存在区间，也影响分工和专业化水平。较高的学习费用，需要通过市场分工来分摊，换言之，也就是学习费用越高，越要求分工，分工也越有可能发生。因而，技术含量高的行业必须有很高的分工水平。

工农业的二元反差，来自于行业固定学习费用的差异。作为现代部门的工业，其学习费用必然要高于作为传统部门的农业。因而农业的分工结构必然要落后于工业，农业的分工水平相较于工业更为低下，生产和交易的迂回程度也都更低[①]。所以说建立城乡双向流通体系的关键，在于提高农业的科技含量，通过发展现代农业，提高农产品生产过程中的固定学习费用，提高分工水平和交易迂回程度，进而实现农产品的标准化和产业化生产。

命题 4：城乡双向流通体系的形成，在于农产品和工业消费品同时实现流通与生产的分离。

---

① 高帆：《论二元经济结构的转化趋向》，载于《经济研究》2005 年第 9 期，第 91~102 页。

流通环节和生产环节的分离可以避免高学习费用。通过观察四种分工结构下三种产品的专业化水平我们发现，代表城乡双向流通体系的结构 D 与其他三种结构的不同在于其实现了 y 的专业化生产，这意味着流通过程从生产过程中独立出来，也成为一种可以进行交易的中间产品，在本书构建的城乡双向流通体系中，产品 y 的生产和交易是由流通性企业提供的。只有在工业和农业同时实现流通与生产的分离，流通性企业独立出来成为连接城乡双向流动的重要环节，此时才能实现真正意义的现代城乡双向流通体系。

总之，本书通过新兴古典经济学的超边际分析框架构建了一个迂回生产模型，并对统筹城乡双向商贸流通体系的流通效率改善进行了分析。该模型证明了交易效率的提高和分工水平的深化是现代城乡双向流通体系的动力机制。在这一命题下我们进一步得出：城乡双向流通体系的构建过程，是一个交易迂回程度提高、产业链条拉长、市场化和专业化水平不断提升的过程；固定学习费用的高低影响分工水平，由于工农业在学习费用与分工水平上的二元反差，我们认为建立现代双向流通体系的关键，在于通过科学技术改造传统农业，提高农业分工水平，进而实现农业的标准化和专业化生产；当农业与工业同时实现了流通与生产的分离，那么本书提出的现代城乡双向流通体系才得以形成。

上述结论对我国目前城乡内部的生产流通活动是富有解释力的，随着现代化工业与农业的发展，传统生产方式正在逐渐改变为现代生产方式，社会主义市场经济的建立和完善更为商贸流通业的发展提供了条件和机会。在市场化水平和交易效率不断提升的背景下，我国的分工水平和交易迂回程度也一直在深化。但同时也应看到，我国城乡二元结构仍然比较明显（陈钊、陆铭，2008）[1]，商贸流通层面也存在着比较明显的城乡二元反差，特别是农业发展方式尚未实现向现代农业的转型。因此，工农业内部分工水平和交易迂回程度的差异成为了构建城乡双向流通体系的障碍。

基于以上结论和分析结果，本书提出如下政策建议：一是加快科技兴农，促进农业发展方式转变，促进传统农业向现代农业的转型，通过提高农业的分工水平和专业化水平增加行业内生产迂回程度和交易迂回程度，为构建城乡双向流通体系创造条件；二是开展各种形式的"农商对接"[2]，加快大型流通型企业与农户以及农村组织的合作，完善连锁经营中的营销网络和物流配送系统，将城乡之间的工农业产品流通过程从生产中独立出来，进而拉长产业链条，促进现代城乡

---

[1] 陈钊、陆铭：《从分割到融合：城乡经济增长与社会和谐的政治经济学》，载于《经济研究》2008 年第 1 期，第 21~31 页。

[2] 夏春玉、张闯、梁守砚：《城乡互动的双向流通系统：互动机制与建立路径》，载于《财贸经济》2009 年第 10 期，第 106~112 页。

双向商贸流通体系的完善。

第三节 城乡双向流通的商贸流通体系和谐共生的耦合机制

一、城乡双向流通的目标取向：和谐共生

（一）以双向流通为驱动的城乡和谐共生模型

当前，我国总体上已进入工业反哺农业、城市支持农村的发展阶段。实践证明，城市和农村是有机联系的整体，单纯的城市或农村发展战略不可能实现城市或农村两个单元中任何一个的和谐、稳定发展，唯有建立在和谐共生关系基础上的城乡协调发展战略才是必然选择。

城乡市场是城乡和谐共生的介质和纽带，城乡市场的繁荣有赖于城乡双向流通的发展，城乡双向流通是城乡和谐共生的重要驱动力量（见图6-1）。

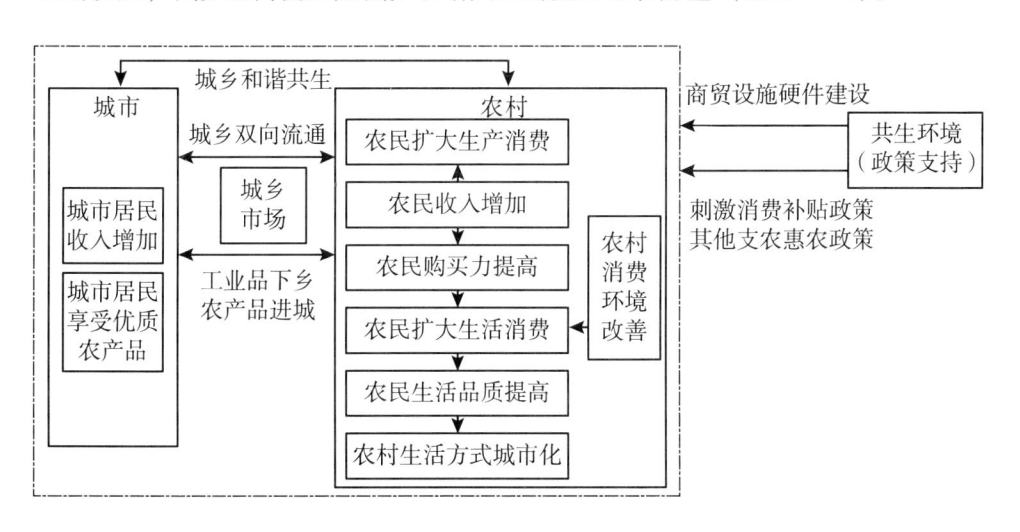

图6-1 以双向流通为驱动的城乡和谐共生模型

一方面，城乡双向流通有利于农产品实现顺利销售，农民收入增加，提高了农民的生产积极性，扩大再生产则进一步带动农民增收；基于城乡统筹发展和扩

大内需的需要，政府出台了一系列促进农民增收、扩大农村消费的政策措施，如加大商贸设施硬件建设、刺激消费的补贴政策、其他支农惠农政策以及对城市反哺农村的倡导，构成了城乡和谐共生的共生环境，也极大地改善了农村消费环境；随着农民购买力的提高和农村消费环境的改善，农民生活消费扩大、生活品质提高、农村城市化（生活方式城市化或就地城市化）进程加快。

另一方面，城乡双向流通有利于扩大工业品销售，作为工业品生产者的城市居民收入增加，同时，城市居民也可享受到优质农产品，改善城市居民的生活品质。城乡居民安居乐业，形成城乡和谐共生的良好氛围。

（二）城乡和谐共生的微观机理：流通企业与农户的和谐共生

德贝里将共生定义为不同种属按某种物质联系而生活在一起。从一般意义上说，共生是指共生单元（如城市和农村）之间在一定的共生环境（如政策环境）中按某种共生模式形成的关系。城市与农村作为工业品和农产品供应链（工业品下乡、农产品进城）中上下游的两个共生单元（节点），存在着相互依存的关系，这种关系实质上是一种建立在供需基础上的相互依存、相互作用的和谐共生关系。城市与农村的依存关系从商贸流通企业和农户（分别代表城市、农村的微观主体）的和谐共生关系中可见一斑，具体包括以下方面：

第一，协同是流通企业和农户之间共生关系的本质特征之一。城乡双向流通改变了以往流通中工业品下乡与农产品进城各行其道的平行相向的局面，将两道合一，流通企业和农户同时扮演卖方和买方的角色，且面对同一个交易对象（有时也有专业合作组织、加工企业等作为流通中介）。随着交易频率的增加，二者互信度提高，为了共同的利益一致采取相互支持、相互配合的态度和行动，包括信息共享在内的合作关系加强，双方收益都得以提高，共生关系进一步深化。

第二，流通企业和农户之间共生关系反映了二者作为供应链上下游成员之间的物质、信息和情感关系，其产生与发展是物质、信息和情感关系作用的直接结果，并随这种作用的消长而消长。流通企业与农户之间共生关系的起点和终点都是利益关系。城乡双向流通渠道构建与发展的关键是流通企业和农户之间利益上的互补。如果不能让各自利益得以实现，双方就不会建立稳定的共生伙伴关系。因此共生关系协调的关键在于了解双方的利益需求，寻找双方利益的共同点，并努力使双方的共同利益得以实现。

第三，流通企业和农户之间共生关系不仅影响其自身的存在和发展，而且影响整个供应链的存在与发展，还会影响链外的其他主体的存在与发展（积极的、消极的或中性的示范效应）。如农户因农产品的顺利销售实现了增收，农户就会生产出更多优质农产品满足城市居民的需求，使城市居民受益；再如，流通企业与农户建立一种超越买卖关系的和谐共生关系，共同致力于为顾客提供更多的顾客让渡价值，其他行业或行为主体也纷纷效仿，更多的社会群体受益，推而广之，包括交换关系在内的整个城乡关系也变得更加和谐。

第四，进化是流通企业和农户之间共生关系发展的方向和归宿。尽管流通企业和农户之间存在多种共生模式，但互惠共生是进化的一致方向。唯有合理分享，才能和谐共生，流通企业和农户之间才能真正建立长期稳定的共生伙伴关系。

二、城乡双向流通的耦合机制：利益重构

（一）流通渠道利益分配的现实考察

根据共生理论，实现和谐共生的前提是实现合理分享。合理的程度实际上是以公平程度为依据的，即投入（努力）与产出（收益）的匹配问题。换而言之，流通渠道成员（两个）的收益分配应满足以下条件[①]：

$$\frac{E_{S1}}{E_{C1}} = \frac{E_{S2}}{E_{C2}} = k_{sm} \tag{6.7}$$

其中 $E_{s1} + E_{s2} = E_s$，$E_{c1} + E_{c2} = E_c$

E_s 为共生收益，E_c 为共生投入，k_{sm} 为共生稳定的分配系数。该状态下共生收益的分配呈对称性分配，因其分配的公平性而具有良好的激励功能，也是理想的共生状态。但实际共生体系往往偏离理想共生状态，令

$$k_{si} = (1+\alpha)k_{sm} \tag{6.8}$$

k_{si} 为实际共生体系的分配系数，α 为共生体系偏离理想共生状态的系数，称为非对称分配因子。

若存在 α_0、α_0 为共生体系不解体的临界非对称分配系数，则当 $\alpha \leq \alpha_0$ 时，共生体系仍然存在，$\alpha > \alpha_0$ 时共生体系将解体。故有：

$$k_{si} = (1+\alpha)k_{sm}, \ (\alpha \leq \alpha_0) \tag{6.9}$$

式（6.9）为扩展的共生稳定的分配条件。

以式（6.9）为指导，构建流通渠道成员共生收益分配机制，实现流通渠道成员合理分享利益基础上的共同进化，最终实现流通渠道成员和谐共生。

---

① 袁纯清著：《共生理论》，经济科学出版社2001年版。

表 6 - 4　　　　　　　　农产品流通各环节成本利润　　　　　　　单位：%

	粮食	肉类	牛奶	蔬菜
农户	(74, 12)	(82, 43)	(53.5, 34)	(43, 8)
加工与营销商	(13, 70)	(13, 22)	(46, 13)	(19, 13)
零售商	(13, 18)	(5, 35)	(0.5, 53)	(38, 79)

资料来源：农业部《农产品价格形成及利润分配调查报告》(2008.3)；表中数据为 2008 年 3 月调查数据，括号内左边数字代表各环节成本在总成本中的比例、右边数字代表各环节利润在总利润中的比例。

2008 年 2 月 26 日至 3 月 19 日，农业部组织力量对粮食、畜产品、蔬菜三大类 9 个品种进行全程跟踪调查研究，形成《农产品价格形成及利润分配调查》总报告[1]。结合前面的理论分析和农业部调研结果，考察农产品流通环节的利益分配情况（见表 6 - 4），可以看出，生产环节投入大而获利较少，虽然有产业本身性质的原因，但这种非对称分配的局面将极大地影响农产品渠道的共生稳定性。

现实中农产品供应链源头的质量安全问题日益突出，很大程度上是由于农产品生产环节遭受到利益压榨而引致的机会主义行为。以原奶为例，1996~2004 年间，原奶收购价格与乳品质量呈现比较明显的正相关关系：原奶收购价格较高的时期，对应年份的乳品质量也相对较高，反之亦反[2]。较高的原奶收购价格确保了农户的收益，降低了原奶分销渠道中分配的不对称性，农户有更大的动力提供较高质量的原奶。又如，有报道指出，"三鹿事件"的根源在于"奶农已经被厂家压榨到无法生存的地步"[3]。国内乳品企业也意识到供应链重组的重要性，要加大对供应链的投入，加强对原材料的监管，同时，要把奶农吸纳到公司中来，通过更长期、更密切、更可靠的合作方式，如参股入股等多种形式，与奶农结成稳定的产销利益关系，以确保原料奶的质量安全可控。其中的参股入股形式实际上贯彻了投入与产出对等的公平原则，参股入股的分配机制很大程度上具有对企业和农户一致的激励功能。

因此，城乡双向流通的焦点是作为微观主体的商贸流通企业和农户的利益重构，这也是实现工业品下乡与农产品进城双向耦合的重要机制。

---

[1] 农业部调研组：《农产品价格形成及利润分配调查》，载于《农民日报》2008 年 4 月 29 日。
[2] 贾愚、刘东：《供应链契约模式与食品质量安全：以原奶为例》，载于《商业经济与管理》2009 年第 6 期，第 13~20 页。
[3] 张庆源、龙丽：《奶源背后的利益链》，载于《21 世纪经济报道》2008 年 9 月 13 日。

（二）利益重构的路径选择

市场消费需求是指人们有支付能力的需求。促进城乡双向流通，扩大农村消费，关键在于增加农户收入。其中，影响消费需求变化主要的因素是农户可任意支配收入。

农户可任意支配收入 = 农户收入 − 税收 − 生活必需支出 = 农产品销售收入 − 农产品生产成本 − 农产品交易成本 + 其他收入 − 税收 − 生活必需支出；

令： 其他收入 − 税收 − 生活必需支出 = T

则上式简化为：

农户可任意支配收入 = 农产品销售收入 − 农产品生产成本 − 农产品交易成本 + T

从上式可以看出，扩大农村消费的一个重要途径，是要提高农产品销售收入，降低农产品生产成本和农产品交易成本。农产品生产成本包括农业内部成本和农业外部成本。其中，农业内部成本包括土地、农业劳动力、有机肥、种子等，农业外部的成本包括化肥、农药、农膜等。根据2008年农业部关于农产品价格形成及利润分配调查报告发现，农业外部成本占相当大的比重（见表6-5）。

表6-5　　　　　　　　农产品产销成本构成情况　　　　　　　单位：%

	粮食	生猪	肉鸡	蔬菜
农业内部成本	31.0	42.7	21.4	20.4
农业外部成本	69.0	57.3	78.6	79.6

资料来源：农业部《农产品价格形成及利润分配调查报告》（2008.3）。

扩大农村消费的另一个重要途径，是为农户提供最大的顾客让渡价值。顾客让渡价值是指顾客购买总价值和顾客购买总成本之间的差额部分。所谓顾客购买总价值是指顾客购买某产品或服务所获得的一组利益，包括产品价值、服务价值、人员价值、形象价值；顾客购买总成本是指顾客为购买某产品或服务所付出的全部代价，包括货币成本、时间成本、体力成本和精力成本。因此，顾客在做购买决策时，往往从价值与成本两个方面进行比较，从中选择那些期望价值最高、购买成本最低，即顾客让渡价值最大的产品作为优先选购的对象[①]。

综合以上两个途径，从提高农户农业收入和为农户提供最大顾客让渡价值出发，可以明晰商贸流通企业和农户利益重构的路径选择（见图6-2）。

[①] 吴健安：《市场营销学》，高等教育出版社2004年版。

```
       工业品下乡        扩大消费        农产品进城
     顾客让渡价值最大  ←————————→    提高农户农业收入
```

┌─────────┐   ┌─────────┐   ┌─────────┐   ┌─────────┐   ┌─────────┐
│农户购买 │   │农户购买 │   │农产品   │   │农产品   │   │农产品   │
│总价值(产 │ — │总成本(货 │   │销售收入 │ — │生产成本 │ — │交易成本 │
│品、服务、│   │币、时间、│   │   │   │(农资成   │   │(寻找买   │
│人员、形 │   │精力)   │   │   │   │本等)   │   │主等)   │
│象)   │   │   │   │   │   │   │   │   │
└─────────┘   └─────────┘   └─────────┘   └─────────┘   └─────────┘
                              利益
                              重构

改善消费环境；实用价廉；   建立农村流通合作组织，提高价格谈判能
增加销售网点；完善售后服务   力；农超(商)对接；流通环节利润返还

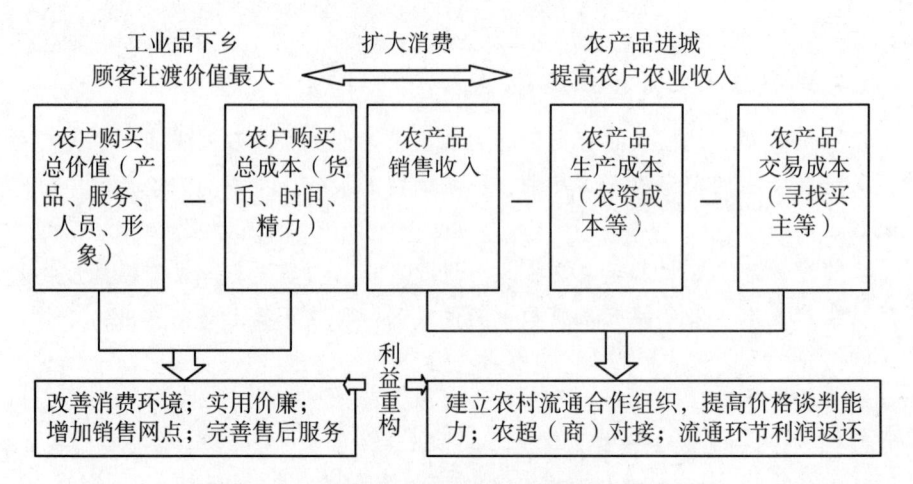

图6-2　基于利益重构的农村消费扩大模型

基于提高农户农业收入的利益重构路径主要包括：借鉴日本基层农协统一采购农业生产资料、集中销售农副产品的经验，建立并充分发挥农村流通合作组织的作用，提高农民在买入（农资）与卖出（农产品）中的价格谈判能力；基于农业的弱质性以及农业生产者规模小、生产环节投入大而获利较少的现实，应加强农业基础设施建设，完善农业生产投入和补贴机制，如按农户销售量给予一定的政府补贴；充分发挥两道合一后的双向流通企业（连锁组织）的作用，建立农户与流通企业的长期联系，降低农户在买入与卖出中的交易成本；减少工业品、农产品流通中间环节，如构建"农超对接"、"农商对接"模式；建立帮扶、反哺机制，让农户参与流通环节利润分配。

基于顾客让渡价值最大的利益重构路径主要包括：加大政府投入，引导城市商贸设施向农村延伸，改善农村消费的外部环境；鼓励大型商贸流通企业在农村开设连锁经营网点，提供良好的购物环境，丰富产品品类，提高货品质量，确保产品实用价廉；积极发展并依靠第三方物流配送体系，降低配送成本；根据农村市场容量，结合农村居民居住集聚情况，适当增加销售网点；完善售后服务，降低农民购买总成本中的时间、精力成本乃至使用成本。

第四节　城乡双向流通的商贸流通体系建设的条件

在统筹城乡双向流通的商贸流通体系建设中，需要从以下几个方面为城乡双向商贸流通体系建设创造条件：城乡双向流通战略规划的完善、农村商业流通网

络的健全、农村流通主体的培育、农村现代流通方式的建立、农村生产生活设施的完善、城乡教育差距的缩小、城乡二元经济结构的融合、城镇化建设的有效性。

一、城乡商贸双向流通战略规划的完善

经济发展的关键是寻找一种经济机制，使资源能被运用到最有效的产业中去。流通领域对资源配置的贡献主要表现在两个方面：一是流通领域通过流通机构来获取和传递信息系统的知识和信息；二是建立合理的城乡物流运作体系。在城乡规划系统范围内，从整体和长远利益出发，正确配置物流要素，使之布局合理，为城乡经济的发展提供最优的物流支撑环境，从根本上解决困扰中国经济社会发展的农村问题，提高农民的收入，打破城乡二元经济结构，促进中国城乡经济的和谐发展。城乡商贸统筹作为破解中国城乡二元经济结构的重要举措，对实现城乡统筹发展有着举足轻重的作用。而在城乡商贸统筹中，商贸流通的重点应该向二元经济结构中滞后的一元农村偏移，即农村的商贸流通业。

二、农村商业流通网络的健全

统筹城乡商贸流通业必须要健全农村商业流通网络，提高市场流通效率。一是农村日用品和农资销售网络。以连锁企业为依托、以配送中心为龙头、以连锁经营超市为骨干，建立日用品、农资连锁超市和村级便民放心商店等方式完善农村日用品和农资销售网络。二是农产品购销网络。建立畅通的农产品流通渠道，引导流通企业建立原辅材料采购基地、贴牌销售等方式，把农产品带入国内外销售网络和市场。三是建立农用工业品经销网络。大力推进以连锁经营、代理配送制为主要形式的现代营销方式，建立农用工业品经销网络，建立以县（市）为依托，以乡镇和村为扩散点，多层次多形式的一体化的农用工业品销售网络。四是农民生活服务网络。通过重点选择、择优培育等方式，建立家电维修、餐饮服务企业农民生活服务网络。五是农村商务信息服务网络。整合农村科技资源，加快农村商务信息服务体系建设，实现农村商务信息服务网络覆盖全市所有乡镇。

三、农村流通主体的培育

在统筹城乡商贸流通业的发展中需要积极培育农村流通主体。一是大力培育和发展农村流通合作组织，支持农民跨区域成立农产品产销合作组织，积极培育

和重点扶持专业性的农资经营企业，鼓励和帮助他们采取连锁经营的形式扩大经营网络。二是加快培育农村经纪人、农产品运销专业户和农村各类流通中介组织。加强培训和业务指导，支持其与农产品批发市场、农产品流通企业建立合作关系。三是积极培育和引导一批有著名品牌和自主知识产权、主业突出、核心竞争力强、具有国际竞争力的大型流通企业以直接投资或特许加盟的方式将现代流通方式由城市延伸到农村。四是支持中小型农村流通企业发展，在市场准入、信用担保、金融服务、人才培训、技术改造等方面给予扶持。同时鼓励和帮助专业农资经营企业在农资流通领域积极采用连锁经营等现代商业形式建立营销网络、扩大经营规模。五是积极发展农村流通合作制，把分散的生产与社会化的大市场连接起来，在市场化进程中最大限度地满足农民的利益要求。

四、农村现代流通方式的建立

在统筹城乡商贸流通业的发展过程中，我们要以商贸流通业的现代化、产业化和国际化为目标，加快农村流通业态的现代化：一要大力发展农村连锁经营、物流配送、电子商务等现代流通业态模式，推动交易方式、服务功能、管理制度、经营技术的创新，全面推进农产品、农业生产资料和农村生活消费品流通网络建设；二要鼓励农产品批发市场创新流通方式，推进入市农产品质量等级化、包装标准化和经营规范化，支持农产品批发市场培育品牌农产品；三要积极引导、鼓励农产品批发市场和流通企业与农产品生产基地建立长期产销联盟，清除城乡流通壁垒，降低物流运输费用，促进农产品跨地区流通，形成畅通、便捷、低成本的城乡农产品物流网络；四要建立以集中采购、统一配送为核心的农资流通体系，鼓励各类投资主体依法进入农业生产资料流通，建立以农业生产资料配送中心为枢纽、以农资超市和便民店为终端的新型供应体制；五要加强农村日用品连锁配送经营网络建设，积极发展农村日用品超市，优化农民购物环境，完善农村大件和耐用消费品的销售与维修服务体系。

五、农村生产生活基础设施的完善

农村较低的基础设施条件，使得城乡的生活环境产生较大反差，既不利于城市中工业消费品的销售，也不利于城市的要素向农村流动。农村地区水、电、路等基础设施普遍不能满足现代生活水平的要求，这些都直接影响耐用消费品在农村地区的消费与市场交易活动。随着农村市场化的程度提高，原先的消费环境不能适应农村发展的要求。现代生活对于环境和基础设施的要求会越来越高，消费环境对消费市场的制约作用日渐突出。农村基础设施建设滞后，尤其是中西部农村，有些地方供水、供电、道路、电视差转台等问题仍未能解决，相当程度上削弱了农民对农用车和家用电器等商品的购买欲望。因此，加强农村基础设施建设，将极大地改善农村的生产生活条件，加速城乡双向商贸流动局面的形成。

六、城乡教育差距的缩小

城乡基础设施的差距，成为城乡双向流动的一个约束条件，但是它在政府和企业的共同努力下，短期内可以改变。城乡教育差距的扩大，才是城乡双向流动的长期约束条件。社会经济分化带来的直接后果就是居民对教育投入的差异，教育差距的扩大加剧农村居民的收入差距，收入差距又会进一步拉大教育的地区差距，农村低收入家庭有陷入贫困陷阱的危险[1]。随着大学生就业问题的凸显，农村家庭对于教育投资的期望下降，对于教育的投资随之下降。这种人力资本投资的差距，将造成城乡劳动力市场的分割不能得到根本解决，农民收入中工资性收入的增加就非常有限。另一方面，对人力资本投资的轻视，也不利于农业产业化的进行，不利于对传统农业的改造，不利于农村各类人才的产生。城乡教育差距的解决程度，决定着城乡双向商贸流通体系的建设水平，决定着城乡统筹发展目标的实现。

七、城乡二元经济结构的融合

中国的经济发展是以城市化为导向、城乡分割、地区分割的形式发展起来的。随着经济发展水平的提高，中国经济的持续增长越来越依赖于规模经济效应的发挥，不过地方政府在利用来自国际贸易的规模经济效应，放弃了国内市场的规模经济效应[2]。中国的商贸流通体系建设也具有城乡、地区分割市场的特征[3][4][5]。这一状态形成一方面在于城乡收入差距；另一方面在于中国公共基础实

---

[1] 张锦华：《教育不平等、收入非平衡与贫困陷进——对农村教育与农民收入的考察》，载于《经济经纬》2007年第6期，第107~110页。

[2] 陆铭、陈钊：《分割市场的经济增长——为什么经济开放可能加剧地方保护》，载于《经济研究》2009年第3期，第42~52页。

[3] 戴红梅、贾后明：《城乡市场分割的形成和统筹建设的措施分析》，载于《农业现代化研究》2004年第7期，第262~265页。

[4] 洪银兴、高春亮：《城乡市场的分割和统一》，载于《经济学家》2006年第6期，第42~49页。

[5] 唐红涛：《中国城乡商品市场失衡的制度诱因分析》，载于《吉首大学学报（社会科学版）》2008年第5期，第5页。

施投入主要集中于城市,特别是大城市。结果,中国商贸流通成本农村明显高于城市①,乡村地区过高的商贸流通成本使商贸流通主体获得的规模报酬优势明显不足,商贸流通主体投资选择也倾向于城市。在城乡分割之外,商贸流通体系也存在行业垄断、部门分割和地区封锁的现象,部分地区、行业商贸流通企业进入的政策壁垒较高,造成了商贸流通主体的跨地区、跨行业经营,规模化经营优势得不到发挥。

八、城镇化建设的推进

城镇化的发展是实现二元经济转型、城乡统筹发展的重要载体。城镇化的形成有利于生产要素、经济活动的集聚。温铁军和温厉认为率先在县市以下推进城乡一体化,以优惠政策促进农村人口向包括城镇在内的中心城镇集聚,以低成本城镇化,促进农业发展和经济的现代化进程②。商贸流通的空间布局只有在相对聚集的区域才能发挥规模效应,城镇化发展滞后将限制商贸流通体系在乡村的布局。农村市场需求分散、批量小、运输成本高,大型商贸流通主体往往不愿在乡村设立网点,乡村商贸流通主体往往以个体的夫妻店、便利店为主,规模小、集中度低。

统筹城乡商贸流通体系建设,有赖于城镇化提供相应的空间集聚支持。城镇化的发展,可以有效降低运输成本,为商贸流通的发展提供聚集效应。空间经济学研究表明运输成本是空间集聚的重要变量,空间集聚是企业、消费者等经济主体最优决策的均衡结果,该理论表明城镇化发展可以提供较低的运输成本与规模经济优势,激发商贸流通主体将商贸流通体系辐射至乡村地区的积极性。农产品分散流通的格局使农产品的标准化、品牌化建设落后,农产品的质量控制存在困难。虽然部分地区实施合作社形式为农产品流通提供支持,但是该模式因其交易成本、信息成本较高,难以发挥主导作用。

此外,城镇发展滞后,不利于区域物流体系层次结构的建立。城镇是现代物流体系的重要节点,城镇可以成为农村的物流中心点、物流活动信息交流中心,进而促进物流体系城乡一体化发展。如果城镇化建设不足,将使物流体系缺乏支撑点。

---

① 柳思维:《努力实现城乡消费品市场协调发展的思考》,载于《财贸经济》2004 年第 4 期,第 64~68 页。

② 温铁军、温厉:《中国的"城镇化"与发展中国家城市化的教训》,载于《中国软科学》2007 年第 7 期,第 23~29 页。

第七章

我国城乡商贸流通体系统筹的模式选择及其路径

第一节 我国城乡商贸流通体系统筹的模式选择

统筹城乡商贸流通业的发展必须采取合适的发展模式,目前理论界有人提出了"城乡市场网络化发展模式、小城镇商业发展模式、供应链网络连接模式、产业联动模式、龙头企业带动模式"。[①] 但是现有模式存在两个缺陷:一是现有模式没有体现出经济发展水平的差异性,中国区域经济发展差异比较大,不可能建立统一的城乡商贸流通业的统筹模式;二是现有模式没有针对城乡二元分割市场的事实,没有充分体现城乡统筹。[②] 我们把两个方面结合起来,主张建立功能分类的城乡双向流通的城乡商贸流通的统筹模式。

实现城乡商贸流通业的统筹发展,就必须加强城市商贸流通与农村商贸流通的供应链联系,即围绕核心企业,通过对信息流、物流、资金流的控制,从采购原材料开始,制成中间产品以及最终产品,最后由销售网络把产品送到消费者手

---

① 梁云:《城乡商贸统筹发展模式及实践》,载于《商业经济》2009年第8期,第205~208页。
② 任保平:《统筹城乡商贸流通:态势、机制与模式选择》,载于《社会科学辑刊》2010年第4期,第140~143页。

中的将供应商、制造商、分销商、零售商直到最终用户连成一个整体的功能网链结构。它不仅是一条连接供应商到用户的物流链、信息链、资金链,而且是一条增值链,物料在供应链上因加工、包装、运输等过程而增加其价值,给相关企业带来收益。

过去城乡商贸流通体系建设是在城乡分割状态下城乡各自发展的流通体系,忽视城乡流通在供应链上的联系,造成了城乡市场的分割,物质流、价值流、信息流等在城乡之间是单向流动的。在这种情况下,城乡商贸流通企业各自的规模无法扩大,也就无法发挥规模经济的优势、降低流通成本、提高流通效率。新模式要充分体现城乡统筹的思路,使城乡商贸流通在供应链上相互连接,并在城乡之间实现双向流动,从而可以充分发挥规模经济的优势。我们提出的功能分类的城乡双向流通的城乡商贸流通模式就体现了这一要求,区域之间经济发展水平的差异与城乡市场的二元分割,主要体现在区域之间城市化与工业化是否同步发展的问题上,根据区域之间在城市化、工业化之间的发展差异,形成相应的统筹模式,具体表现在:

一、工业化和城市化发达的地区应建立"中心城市——规模城市——乡村"的城乡市场网络化商贸统筹模式

这些地区由于工业化发达、产业体系健全、产业内在联系密切,城市化水平高,城乡市场网络完善。适宜于建立"中心城市——规模城市——乡村"的城乡市场网络化商贸统筹模式,在这一模式中城乡市场之间构成一个有序化的关联系统及其运行过程,通过这个过程获得一种特有的网络组织功能效应,以形成一定地域的城乡市场之间网络设施完备、要素流转通畅、组织功能完善,城、镇、乡层次结构完善的市场网络系统。这一模式通过完善的城乡市场网络体系的衔接,加强了城乡间商贸的联系程度,通过连锁化、网络化、信息化提高了城市市场和农村市场的关联。

二、在工业化发达而城市化相对落后的地区,应该采取产业带动模式

这类地区由于工业化水平高,产业基础好,但城市化发展滞后,适合采用产业带动模式。产业带动型模式主要是基于城乡产业间客观存在差异,加强商贸流通业与关联产业的互动,以产业间和产业内不同行业间的有效合作和联动,充分

发挥城乡产业比较优势，并按照利益均衡原则建立城乡产业之间在供应链上的紧密联系，促进城乡产业协同发展。可以通过延伸城乡的贸工农产业联动发展、商旅文一体化发展、专业市场、工业园区与物流联动发展等，实现城乡产业互利共赢。

三、在城市化发达而工业化相对落后的地区，应该采取小城镇带动模式

这类地区由于近几年国家城市化投资的大幅度增加，促进了城市化水平的全面提高，但是工业化相对滞后，这类地区适合采用小城镇带动模式，以数量众多、分布合理的小城镇商业为节点，形成完整、紧密的城镇商业体系，利用城乡之间在商业供应链上的紧密联系，将城市与农村两个相对独立的经济体有机衔接起来，实现城乡资源的双向流动，形成以大城市为中心、以中小城镇为节点的资源要素双向流动的网络体系。

四、在工业化与城市化都不发达的地区，应该采取供应链空间连接模式

供应链网络系统将分布于城乡间的供应商、制造商、分销商、零售商直到最终用户连成一个整体的功能网络，供应链网络连接模式强调通过现代流通中的供应链、服务链和价值链，构筑城乡间商流、物流及市场的双向流通系统，形成纵横交织、共生共荣、紧密联系的网络化城乡商贸流通体系。城市与农村经济活动分布于供应链网络系统的不同环节中，依靠供应链连接纽带，将城乡间产供销业务活动连为一体。

第二节 我国城乡双向流通的商贸流通体系的运行模式选择

由于城乡市场的二元分割，城市商贸流通体系与农村商贸流通体系分离发展，在城市和农村之间形成了一个相互分离的农村和城市均衡市场，城乡统一的大市场难以形成。城乡商贸统筹发展的目标取向不是消除城乡市场差异，而是加大城乡商贸资源的统筹配置，实现城乡商贸的相互融合与双向互动。城乡

商贸流通一体化不是城乡商贸流通一样化，不是农村商贸流通城市化，更不是城市商贸流通农村化。而是从战略上探讨城乡商贸流通一体化的内容体系。因此，在市场分割背景下，要实现城乡商贸流通的统筹，就必须建立城乡商贸流通一体化的运行模式。而商流、物流、资金流、信息流是流通过程中的四大组成部分。

一、城乡之间商流的一体化

商流是基于交换主体在经济利益上的原因所形成的经济运动过程，是按一定方式在等价交换基础上完成交换客体在所有权上的转移。由于城乡二元经济结构，城乡之间形成了两个均衡市场，形成了城乡之间商流的分割，要实现统筹城乡商贸流通，就必须实现城乡之间商流的一体化，在城乡之间做到资源共享，信息共享，彼此互动，共同发展，努力构筑供应链，服务链和价值链一体化的城乡商流系统。由于城市与农村经济活动分布于供应链和产业链的不同环节，因此，以流通中的供应链及产业链为连接纽带，促进城乡之间的商流一体化。

1. 以城乡供应链一体化促进城乡商流一体化。供应链网络系统将分布于城乡间的供应商、制造商、分销商、零售商直到最终用户连成一个整体的功能网络，供应链网络连接方案强调通过现代流通中的供应链、服务链和价值链，构筑城乡间商流、物流及市场的双向流通系统，形成纵横交织、共生共荣、紧密联系的网络化城乡商贸流通体系。城市与农村经济活动分布于供应链网络系统的不同环节中，依靠供应链连接纽带，将城乡间产供销、产加销业务活动连为一体。

2. 以城乡产业链促进城乡商流一体化。基于城乡产业间客观存在差异，加强商贸流通业与关联产业的互动，以产业间和产业内不同行业间的有效合作和联动，充分发挥城乡产业的比较优势，促进城乡之间的产业协同发展。如通过延伸城乡的贸工农产业联动发展、商旅文化一体化发展、专业市场发展、工（农）业园区与物流联动发展等，实现城乡产业互利共赢。

二、城乡之间物流的一体化

物流是供应链活动的一部分，是为了满足客户需要而对商品、服务以及相关信息从产地到消费地的高效、低成本流动和储存进行的规划、实施与控制的过程。城乡物流对接不上，农村物流是分散组织的，城市物流是集中组织的。城乡之间物流的各自发展，导致流通效率低下，是导致城乡之间生产要素、产品无法实现顺利流动的重要原因。① 因此，只有实现城乡物流一体化，统筹安排城乡物流资源，才能高效率、低消耗的保证城乡之间产品的双向流动。具体内容包括：

（1）城乡物流基础设施建设的一体化。在城乡物流总体战略规划指导下，基础设施建设的通行标准化，满足车载工具、装卸搬运工具、物品的空间需要，以便将来在运输、仓储、装卸搬运时畅通直达、无缝衔接，以便保证物流的高效率。促进农村信息化的形成和网络拓展，实现城乡之间物流信息化建设的一体化。

（2）城乡物流环节的一体化。城乡对立、城乡分隔、城乡二元结构表现在物流上就是城市物流与农村物流的对立和分隔，"城乡物流一体化就是要破解城市物流与农村物流二元物流之间的分隔、分离，把各个物流孤岛联系起来，求取全域物流系统整体效益最大化"。② 培养联盟或供应链核心企业，通过纵向约束手段，密切各环节主体之间的协作，统筹安排好"工业品下乡与农产品进城"的双向物流，实现城乡物流的无缝链接。③

（3）城乡物流运输资源一体化。要统一规划干线、城市道路、乡镇公路等的网络布局，尽快形成有效联结城市与农村的现代综合交通体系，实现城乡空间形态上的一体化。统一规划干线、城市道路、乡镇公路等的网络布局，形成有效联结城市与农村的现代综合交通体系，实现城乡空间形态上的一体化。城乡交通运输一体化的内容主要包括现有交通运输资源的优化整合、新交通运输资源的有机增加、新型运输方式的运用和推广等的统筹安排、统筹管理。

（4）城乡仓储、库存一体化。城乡仓储一体化就是要把一个个的仓储孤岛构建成一个科学的能够提高整个物流体系效率和效益的仓储体系。城乡仓储一体化决策追求城乡整个仓储系统和城乡整个物流系统的效率、效益的最大化。价值损失风险，通过城乡全域库存的 ABC 分类管理、集中管理、一体化管理，城乡共享库存，可以大大降低库存量，取得库存协同效益，从战略上降低整个城乡的库存成本。

三、城乡之间资金流的一体化

资金流是指在供应链成员间随着业务活动而发生的资金往来，也是供应链活

---

① 任保平：《市场分割背景下城乡商贸流通一体化运行模式及其实现路径》，载于《福建论坛》2011 年第 3 期，第 18~24 页。
② 王忠伟：《城乡物流一体化的内容体系的战略探讨》，载于《中国商贸》2009 年第 10 期，第 109~110 页。
③ 刘宝：《协调城乡物流发展，构建城乡一体化物流》，载于《经济研究参考》2008 年第 42 期，第 36~37 页。

动中的一部分。城乡之间资金流的一体化实质是指城乡商贸流通业的产业价值链一体化。产业价值链是厂商内部和厂商之间为生产最终交易的产品或服务所经历的增加价值的活动过程，它涵盖了商品或服务在创造过程中所经历的从原材料到最终消费品的所有阶段。由于城市工业品的分工程度非常高，因此城乡之间资金流的一体化主要在于农业产业价值链的前后向延伸。

（1）农业产业价值链前向延伸。农业产业价值链前向延伸是指某产业价值链缓解的产出促进了其他企业进入该产业的下游环节，从而使产业价值链得到延长。通过组建农工商联合企业，实行农工贸一体化经营，直接开展农产品营销，将生产者和中间商的功能融合为一体。

（2）农业产业价值链后向延伸。农业产业价值链后向延伸是指某产业价值链环节的投入促进其他企业进入该企业的上游环节，延长产业价值链，从而加强各产业在价值链上的紧密联系。

四、城乡之间信息流的一体化

信息流是指信息的传播与流动，信息流是物流过程的流动影像，信息流分为采集、传递和加工处理三个过程。

（1）建立覆盖城乡的物流信息网络系统。促进城乡物流信息良性互动，实现城乡物流信息的一体化。当前应着力整合现有农村与城市物流信息资源，改变重复建设、小而散的局面，并加强通信网络软硬件建设，提高网络信息质量，建立全国统一的、城乡一体化的物流信息平台。

（2）加强城乡物流信息系统的管理。通过城市农资和工业品生产企业、农产品优势产区、城乡物流配送中心与城乡零售终端等联网，运用先进的物流信息管理系统，对城乡一体化物流各环节进行实时跟踪、有效控制与全程管理。

（3）加强市场信息的交流与合作。加快建立城乡互动的信息网络，加强城乡之间项目信息、技术信息、人才信息、市场信息的交流与合作，切实改善城乡之间信息交流与互动的基础条件。加快发展和充分利用网络、报纸、广播、电视等各种媒体，准确及时地向农村发布相关的就业、科技、教育、医疗等信息。

（4）推进城乡市场信息服务体系建设。提高构建面向城乡商贸统筹发展的农业信息网和农商专网，促进农业信息商务化、数字化和网络化，推进城乡市场信息服务体系建设，把国家的政策、法规和社会经济信息传递给广大农民，将收集到的农民的消费需求、农副产品生产信息向社会发布，为农民提供技术、市场信息服务。

（5）加强城乡市场信息化建设。商贸流通方式的现代化要求城乡商贸流通在人员与信息技术方面的一体化建设。改善农村商贸流通方式落后的局面，通过统筹安排城乡信息化资源，实现城乡人员与信息技术共享，只有这样才能缩小城乡之间在商贸流通上的信息化差距，有利于城乡资源的双向互动。

第三节 我国城乡双向流通的商贸流通体系建设的内容

统筹城乡商贸流通体系建设的目的在于实现城乡商贸的双向流通，具体内容包括城乡统筹视角下的市场体系、物流体系、电子商务体系、连锁经营网络体系、信用体系、服务体系、管理体系，这些体系之间相互联系，缺一不可。

一、城乡统筹视角下城乡双向流动的市场体系构建

城乡统筹发展的战略是中共十六大提出的关于全面建设小康社会的重要内容之一。在城乡统筹发展的战略下，城市与农村是相互依赖、相互补充的，农村的发展离不开城市的带动，城市的发展也离不开农村的支持。因此，必须统筹城乡经济社会发展，充分发挥城市对农村的带动作用和农村对城市的促进作用，才能实现城乡经济社会一体化发展。城乡统筹发展需要通过体制改革和政策调整削弱并逐步清除城乡之间的樊篱，缩小城乡差距，实现城乡二元经济结构的顺利转化。

城乡统筹发展的战略对构建城乡商贸双向流通市场体系的建设具有重要的启发和指导意义。随着我国经济的转型，各类城乡市场已经逐渐发展起来，但城乡市场体系的发育仍然较为不平衡，以消费品和生产资料为代表的商品流通市场虽然取得了初步的发展，但要素市场发育较为落后。我国目前城乡二元化市场结构的突出表现就是城乡要素市场的分割。由于户籍制度等制度性原因，劳动力在城乡之间的流动受到严格的限制，劳动力市场的自由度受到很大的限制。土地要素在城乡间的改革也不对等，城市居民可以通过房地产市场拥有房产交易的产权，而农村居民却没有拥有土地的流转及所有权，土地要素市场发展的非均衡加剧了城乡收入差距。在金融资信贷市场上，城市居民拥有更为丰富和灵活的信贷资源，而农村居民则拥有较少的金融资本来源，不能平等地享有融通资金的能力。城市作为新技术、新发明的生产地区，其信息技术信息、产品产业化的规模及能力远远高于农村市场。建立统筹的城乡双向流通市场体系的关键是在商品市场初步实现一体化的基础上，培育和完善城乡一体化的要素市场。使产品和要素在城

乡间实现自由流动，农民能够平等地参与市场竞争，各种要素能够通过统一的市场体系进入农村。建立统筹的城乡现代市场体系具体包括以下几方面的内容：

（1）进一步发展和完善统一的城乡商品市场。现代市场体系要求商品市场和生产要素市场相互作用而形成统一的市场整体。发展和完善城乡商品市场，一是要继续培育市场化的价格形成机制，形成城乡商品价格调节机制，推动农村商品市场化改革的进程；二是要全面转变农村落后的经营机制，以先进的经营机制渗透到农村商品贸易活动中，在竞争中逐渐提高农村市场的现代化水平。

（2）培育和加强城乡要素市场的一体化建设。发展农村要素市场是培育和完善城乡现代市场体系的核心内容。第一，培育和完善统一的劳动力市场。随着农业劳动生产率的提高，农村出现了大量剩余劳动力，传统户籍制度的存在限制了劳动力从农村向城市的转移，造成城市和农村劳动力市场严重分割的状态。培育统一的劳动力市场要求鼓励和引导农村剩余劳动力向非农业转移并且在地区之间合理流动，在目前仍未取消户籍制约束的背景下，依靠发展多种就业形式、发展职业介绍所、实施再就业工程以及完善社会保障制度来推动城乡劳动力的合理配置，这有利于打破城乡劳动力市场割裂的束缚，更好地促进城乡劳动力市场一体化的建设。

第二，培育和发展农村资本市场和货币市场。资本市场一般指中长期的资金借贷渠道，具有较高的风险；货币市场则主要包括同业拆借、短期票据贴现和短期资金借贷等活动。随着农村商品贸易的发展要求有与之规模相适应的资金信贷支持，因此要大力发展农村金融市场和货币市场的建设。通过农村信用社改革，使其成长为农村金融市场的主力军，推进农业发展银行的内部改革，增强其对农村开发和基础设施建设进行中长期资金信贷的能力；鼓励城镇国有银行开发农村金融业务，如建立农村资金互助社来发展农村小额信贷业务等活动，着实加强农村与城市金融市场的对接。

第三，建立和完善城乡统一的土地市场。我国的农用土地所有权归国家所有，农村土地流转的程序首先是由国家征用农用土地，然后在土地一级市场上转卖经营权，最后为土地使用权在土地二级市场上流通。这一过程中土地溢价更多地来流向流通市场，农民因而遭受了不公平的利益损失。因此，应该加强农村土地流转制度的创新，允许土地使用权的合法流转并允许农民因此享有相应的收益权，逐步形成有产权保护的农村土地市场，提高城乡土地市场的一体化水平。

第四，培育和完善农村技术和信息市场。信息和技术作为生产要素的一种也尽可作为商品进入市场。目前，我国农村技术创新的能力较弱，远未形成技术信息规模经济的效应，但是随着城乡经济一体化的发展和农村现代化水平的提高，未来我国农村开发新产品的能力也将增强，因此需要建立有利于科技信息向生产应用转移的技术市场体系，引入保护知识产权的制度保障，构建未来城乡一体化的技术信息市场。

二、城乡统筹视角下城乡双向流动的物流体系构建

双向物流作为城乡商贸流通体系一体化建设的重要内容，是一项投资大且涉及多部门、多区域、多环节、相互配套的系统工程，在很大程度上决定了城乡商贸经济一体化发展的质量、数量和效益。要以国家主干物流网为基础，以现代物流技术为手段，以降低农产品综合成本，全面提高农业综合竞争力为前提，结合农村和农业特点，通过市场化原则，优化重组现有物流资源，建设新型现代化农村物流体系，实现农村物流与城市物流的有机结合，加快形成城乡良性互动的物流大格局。从我国城乡物流的基本特点出发，城乡双向物流体系建设的对策有：

（1）提高农村物流的现代化水平。政府应作为主要的投资主体，以国家主干物流网为基础，加大投资建设和提高农产品物流基础设施的现代化水平，整合城乡物流资源，打破行业构架运输系统的部门封锁，鼓励农村、城市运输系统和通信信息系统对接。打破分割封锁，优先整合和利用现有物流资源，充分发掘现有物流基础设施潜力。健全新型农业生产资料流通服务体系。建设现代化的农产品质检体系，加强食品安全法规和标准体系建设，强化监管，保障农产品现代物流安全。打破部门间和地区间的分割和封锁，促进物流服务的社会化和资源利用的市场化，提高物流设施的利用率。提高农产品物流中心的现代化程度，将农产品流通加工、储藏、运输、配送等各种物流功能有效组织，运用现代化的物流技术，如分级包装、冷冻储藏、冷藏运输等，促进农产品物流过程中的保值增值。树立大物流观念，加大对农产品批发市场物流配送设施的投入，培育农村现代商业物流配送体系，提高农村商业网点配送率。不断加大农产品流通信息化程度，以互联网为依托，专业化物流信息网络为支撑，构筑农村物流与市场信息相结合的信息平台，建立发达的电子交易平台，努力实现物流、商流、信息流"三流"融合，推进农村物流现代化。

（2）加强农产品物流基地建设。推进区域性农产品物流中心的建设，高度重视物流园区规划和建设，发挥城市物流节点作用。结合农业产业园区建设，统筹农产品产业园区和现代农产品物流中心建设，继续推进"万村千乡"等农村市场工程，实现农产品市场体系建设和现代农产品物流建设的紧密结合，统筹规划促进农产品物流发展。在此基础上，推进城乡物流基础设施的一体化，推进城乡物流信息平台的一体化，做好与城乡大物流体系相关的专业化、规范化、标准化建设，使之成为区域物流活动或物流组织管理的枢纽。推进区域物流网的建

设,形成以批发配送、仓储中转、水运直达运输、公路快速运输、航空高速运输、铁路大宗运输和信息即时服务为主体的物流体系,构建满足区域内生产、生活需要的农产品区域快捷配送网络,支撑不断扩大的电子商务发展。

(3) 以物流企业的市场整合带动双向物流体系建设。以现代流通组织为代表的现代服务业对打破市场分割具有重要的作用。由于农产品物流首先要求保持物流的持续有效,因此特别强调消费需求信息在整个物流过程中的重要性,从而决定了距离消费者最近的主体(龙头商贸企业)在物流体系中的模式形成具有强势地位。① 由于目前农村物流企业专业化、现代化水平过低,农村经济发展的现状还不足以内生出具有辐射城市市场能力的流通主体,生产资料、消费品从城市向农村流通与农产品从农村向城市流通过程中,需要对物流设施、店铺网络、人力等流通要素的共享,需要规范城市流通企业面向农村市场的经营行为,推进建立零售企业主导的城乡互动的双向流通系统的互动机制②③,推进企业物流链的合作,即上下游企业之间按原料、投入品生产、销售的生产链在更大范围内分工基础上的合作,打破分布在城市和乡村的同一个物流链上不同环节的企业人为分割。因此,鼓励城市企业与农村当地资源联合,利用前者的品牌、管理、信息和资源优势,采用经销制、代理制等合作方式,或者采取参股、联营、合建等形式成立新型物流运营组织,开发农村物流市场。通过提升仓储、物流企业的管理机械化、自动化和信息化水平,大力提高商品流通效率,培育大型仓储、物流企业,发展专业化、社会化的仓储和第三方物流,不断缩短物流的时间和路径,节约物流成本。

(4) 发挥农民专业合作经济组织在城乡物流体系建设中的支撑功能。在鼓励一批专门从事农产品贩销的专业户发展的同时,大力发展农业产业协会和农民合作组织,使之在农产品物流过程中扮演重要角色。通过农民合作社集体采集收购、集中储藏、包装、集中运输配送,有效提高农产品流通初始阶段物流的组织化程度,提高物流整体效率,实现物流规模效益,也有利于农产品物流过程中技术和设施的改善。鼓励建立农产品物流行业协会,通过合作网络利益共享的分配机制,使农民通过专业合作经济组织,能够从物流组织化、规模化运作中获取收益。

(5) 建立和完善适应城乡双向物流发展的政府管理体制。发展农村物流服

---

① 洪银兴、郑江淮:《反哺农业的产业组织与市场组织》,载于《管理世界》2009年第5期,第67~79页。

② 汪旭晖:《农产品流通体系现状与优化路径选择》,载于《改革》2008年第2期,第83~88页。

③ 夏春玉、杨宜苗:《开拓农村零售市场研究——以辽宁为例》,载于《中国流通业与新农村建设理论研讨会论文集》2006年,第68~81页。

务体系,建立适应城乡双向物流发展的政府管理体制,实现城乡物流管理一体化,创造适应后改革时代服务融合的政府管理方式与政策环境。按照双向物流体系的整体思路,制定农产品物流的发展总体规划和配套政策;建立农产品物流人才教育培训体系;改变物流标准出多门、规划出多门、互相掣肘的体制性状况,着力解决与物流相关的铁道、公路、航空、水运、海运、仓储、包装、统计、监管等几十个主管部门的体制性协调衔接,降低物流体制性成本。同时,统筹城市与农村物流协调发展,做好地区之间、行业之间、部门之间城乡基础设施建设与发展的协调和衔接,整合商贸流通服务业的国有经济资源,促使现有的各自为政的供销社系统、邮政系统建立农村采购和农村销售一体化的流通体系,降低多头储运配送造成的"跑空率",降低交易成本和物流成本,努力解决工农产品价格"剪刀差"问题,通过打破部门间和地区间的分割和封锁,创造公平的竞争环境,促进物流服务的社会化和资源利用的市场化。

三、城乡统筹视角下城乡双向流动的电子商务网络体系构建

要构建城乡双向流动的电子商务体系,需要确立和实施一系列相关措施,保证电子商务在农村地区能够得以顺利发展,从而实现城乡市场的对接:

(1)加快信息化建设进程,推广电子商务的优越性。强化交易主体的电子商务意识,有条件的农村地区可以培养专门的电子商务人才。同时,进一步加强和改善落后农村地区的电信设施升级和电网改造,加大网络的普及程度,开发适合农产品和农资产品流通的电子商务平台,引导和加强 B2B 模式在电子商务交易在商贸流通中的应用,为构建城乡统筹下城乡双向流动的电子商务体系提供一个良好的环境。

(2)加快农村金融体系的建设,实现金融电子化。金融电子化是资金流与信息流、商流实现同步和统一的关键环节。各金融机构应当以用户为中心,在农村地区的网点开展金融网络服务,从而建立全国性的金融网络。通过各银行之间的互联互通实现金融网络互通,为电子商务提供安全、快速、高效支付手段,各金融机构也应积极开展各项新业务,建立起功能完善、安全快捷的适合农村地区的信用卡系统,通过信用卡等业务的普及,解决网上支付的困难,降低电子商务中资金流对于信息流的束缚。

(3)完善电子商务下的物流配送体系。物流是电子商务的重要组成部分,是信息流与资金流的基础与载体,是商流的后续。完善电子商务下的物流配送体系,就是要改变传统物流分散的状态,从整个社会的角度对物流实行系统的组织

和管理。通过电子化和集成化物流管理把供应链上各个环节联系起来,建立商品条码和数据库,实现运输网络合理化、销售网络系统化和物流中心的电子化,并通过网上信息传递实现对物流配送系统的控制。在鼓励连锁企业运用其物流配送系统实现城乡之间商品双向流动的同时,积极发展第三方物流在连接城乡市场中的作用。通过物流配送体系的完善,降低物流对于信息流的束缚。

四、城乡统筹视角下城乡双向流动的连锁经营网络体系的构建

(1) 针对不同地区建立不同的连锁经营形态。在经济发达地区,由于其信息和基础设施条件相对完善,应该积极推行大生产,加大流通形式,由生产加工主体或农民协会整合分散农户的农产品,然后配送至各仓储超市、便利店等,同时将工业品带回农村;而对于较为分散和贫穷的农村地区,由于其信息不发达,基础设施不健全,应当利用农业组织保护、分散农户的利益,在农村周围建立便利店,满足农民日常购物需要。①

(2) 积极利用第三方物流。连锁经营的一般配送方式中要有自建物流、供应商直送和第三方物流。自建物流的初始投资非常大,并且存在着规模边界的限制,而供应商直送则会将成本转嫁给供应商,因此,对于地广人稀而又势力薄弱的农村来说,健全的物流体系能够提高流通效率。运用第三方物流进行配送,可以减轻双向负担,第三方物流不仅是为克服市场失灵和组织失灵而进行的被动的制度安排,更是为有效利用组织和市场双向优势的组织创新。第三方物流企业拥有专门的物流管理人才、先进的物流设施、设备,具备高度系统化、集成化和信息化的管理体系,能够对物流资源快速整合,具有规模经济的基本特点。尤其对于城乡双向流通来说,第三方物流企业作业效率更高,从而节约双方的交易费用。

(3) 建立健全科学的管理体制和运行机制。由于农村连锁网点地域分散,门店经营情况参差不齐,信息的收集和传递渠道较长,管理和配送难度较大,这就要求连锁企业必须实现信息化管理。要创造条件发展信息化管理系统,提升管理手段,加强对终端网点的监督管理,统一管理规范,切实保证不售假冒伪劣商品,货真价实,诚信经营。此外虽然第三方物流能够有效地节约连锁成本,但是却对连锁经营的信息化水平提出了很高的要求,需要建立电子数据交换系统

---

① 刚翠翠、任保平:《城乡双向流动的商贸流通连锁经营网络体系的构建》,载于《经济研究导刊》2011年第3期,第185~188页。

(EDI)、自动订货系统（EOS）、销售及库存的统计管理系统等。

五、城乡双向流动商贸流通体系中信用体系的构建

信用体系建设是提升农村流通体系，实现农村流通体系与城市流通体系的对接和融合的重要措施，关系到城乡一体化的进程，通过对现存信用体系问题和相关经济学理论的分析，试从以下五个方面为信用体系建设提供有效途径。

（1）加强诚信意识教育，营造诚信社会氛围。在中国历史上，诚信是中华民族传统文化中历代传承的美德，曾经富甲天下的晋商，经营理念中就讲究诚实信用，他们构成一个信用网络，不讲信用者将受到惩罚和排斥，而讲诚信者则生意兴隆。如今，在国内外商业交流不断增加的情况下，国内企业却因信用问题受到巨大损失，因此，我国亟待加强诚信意识教育，并在社会中形成一种讲诚信的社会氛围。党的十六大在阐述加强思想道德建设时提出"以诚实守信为重点"的重要论断，政府要成为对民众诚信教育和社会氛围营造的主体，并把它作为一项公共物品来提供。

政府工作不可忽视广大的农村地区，我国农村虽然长期处于自然经济和计划经济制度下，市场经济中信用意识不是很强烈，但农村在讲诚信方面有自身的优势，以乡土为纽带建立起来的信用机制，在一定程度上起到积极的作用。然而，随着农村市场经济的发展，农村的信用机制将受到挑战，如何加强交易主体之间的诚信意识，将成为政府工作的重点：一是加强农村地区的基础教育，从整体上提高农民的文化素质；二是强化农村基层政府公务人员的诚信意识，以便政府更好地为市场和企业服务；三是利用媒体、网络宣传诚信知识，在农村营造一种良好的诚信氛围。

（2）加快征信立法，完善惩戒机制。加快立法进度，加强立法质量，争取在《征信管理条例》之后出台一系列信用方面的法律法规，在立法时应涵盖以下问题：

第一，个人隐私、信用权、商业秘密的保护，其中个人数据信息的征集范围、征集程序必须予以考虑；第二，信用信息的整理、更新、保管和使用的具体程序；第三，涉及敏感信息、有争议信息和负面信息的征集和处理方法；第四，对失信行为相关法律责任的认定，应明确责任主体、责任构成与责任方式；第五，征信立法的基本原则，即合法、公开、公正、参与的原则。以上五个方面是征信工作中的重中之重，对于征信制度的建立与完善至关重大，急需制定相应的法律法规对其进行规范。

在加强立法的同时，还要着力构建失信惩戒与守信激励的长效机制，应重点

采取以下四项措施：一是司法部门在审判、执行过程中要进一步贯彻司法公正理念，加大对失信行为的惩戒力度，特别是要克服"执行难"的痼疾，大力提高案件的执结率，增强法律的威慑力；二是建立信用档案公开机制，将企业与承担服务职能的相关政府部门、社会机构的信用档案置于网上，公众可随时查询，同时在媒体上对失信者的行为予以公开曝光，对于守信者予以公开褒奖，奖罚分明、惩恶扬善，以此树立诚实守信的社会风气；三是城市商业银行和农村信用社要积极运用金融手段，对失信者降低贷款授信额度或提高贷款利息，对守信者在享受优惠贷款利率的同时提供优厚的金融服务；四是针对农村信用体系缺失的情况，利用农村固有的"村庄信任"与"乡土感情"，鼓励村民自发建立民间自律组织，惩戒失信者、维护守信者的利益。

（3）加强政府、企业和个人的信用管理。在构建城乡双向流动商贸流通体系的信用体系中，政府的作用非常重要，在整个过程中政府负责信用体系法律法规的制定、信用部门的管理、信用数据的征集、信用信息的披露、信用管理人才的培养、信用环境的营造、对民众信用教育和信用知识的宣传等工作。此外，政府还要加强自身信用建设，这不仅对社会信用环境的净化起到促进作用，而且有助于人民对政府信任感的建立，以及政府对信用体系政策的有效实施，而对于全面调动农民的积极性，促进农村市场经济的发展，一个重视信用建设而又信用良好的政府的作用不容忽视。

企业在加强信用管理方面体现两点：一是加强自身信用管理。中国企业因信用问题而造成的损失达到5 855亿元，相当于中国年财政收入的37%。而在资金信用方面，企业拖欠银行贷款问题十分严重，银行的坏账比例居高不下，造成巨大的金融风险，这些事实造成银行资金逆向流动，银行存在"惜贷"现象，特别是对急需资金的中小企业贷款。[①] 因此，企业自身信用的缺失最终导致企业经济利益的损失，尤其对获得贷款难的城乡中小企业，信用问题将成为他们融资设立的又一道门槛。企业只有按照法律法规和道德标准行事，"勿以恶小而为之，勿以善小而不为"，这样才能在竞争激烈的市场经济中立于不败之地；二是建立合作企业的信用档案，用于调查、搜集合作企业信用方面的信息，谨防其他企业失信行为造成的经济损失。

个人增强信用管理，同样信守两个原则：自身的诚实守信；及时在信用机构建立个人信用信息，并长期予以关注。

总之，政府、企业和个人为实现城乡流通体系的对接和双向流动，都要从内

[①] 侯慧君：《我国金融信用的缺失与监管问题研究》，载于《上海金融》2005年第8期，第36～37页。

外两个方面增强信用管理。事实证明失信者最终将是自身利益受损，只有诚信才是市场交易顺利进行的道德保障。

（4）建设信用中介服务及信息服务体系。信用是企业进入国际市场的通行证，企业到国际市场融资，首先要由著名的评估企业进行信用评估，而我国随着市场经济的发展，会有越来越多的企业注重合作企业的信用记录。当我国需要扭转城乡二元经济结构的局面时，促进农村市场经济的发展显得格外重要，因此，办理信用保险、防范交易风险等业务成为不少企业尤其是农村企业的需求，这也为信用中介机构和信息服务机构提供了新的契机。如在美国，信用服务公司都是独立的私人企业，不受政府控制，独立于证券交易所和证券公司，并且不与被评级企业有任何私下交易。因此，独立性、中立性和公正性是这些公司的立身之本，也是创造客户价值的源泉。在我国，信用服务公司要借鉴发达国家先进的经验进行筹建，并将工作重点放在农村，发展农村信用服务体系将有利于城乡双向流动的商贸流通体系的发展，而目前在农村提供信用服务的只有农村信用合作社，随着农村市场经济的发展信用社并不能满足市场需求，因此在农村还需要分三个层面构建完善的信用中介和信息服务体系：

第一，构筑完善的农村信用评估机制。在我国，信用评级机制是为信用贷款提供可行性依据，而农村主要是信用社在做这方面的工作，但信用社这方面的工作还存在很多缺失，尤其是农户信用评级和中小企业信用评级方面还要进一步改进。此外，还要建立独立的信用评级机构。资本市场上的信用评估机构、商业市场上的信用评估机构、农户信用评估机构，这样的机构更加专业、公平和客观，而这三种性质的机构，即使在我国城市中都很缺乏，更不要说在农村地区，因此在农村发展信用评估机制就显得更加任重道远。

第二，信用担保机制。针对农村不同地区的发展水平，构建不同性质的信用担保机构，在经济较发达的地区成立商业性专业担保公司，或以行业协会的形式成立农村企业的担保协会等，而在经济落后地区可由政府出面，建立政策性担保机构，筹集担保基金，为贫困农户和企业的生存和生产获得资金。

第三，农户和中小企业的征信机制。根据我国农村的实际情况，该领域主要由政府和农村金融机构组织，依照相关的法规和政策，搜集、整理银行、税务、保险、公安等部门的信用数据，建立农户和企业的信用信息中心，最后形成统筹全国的信用信息记录、采集、披露、评价和监督机制。

（5）深化城乡金融机构的产权改革。通过新制度经济学的分析，产生信用危机是产权约束缺乏导致的，而产权实质上是一套约束和激励机制，是各类信用主体的信用行为延伸。清晰的产权界定会带来资源的有效配置。城市的商业银行，产权改革正在进行中，四大国有银行除农业银行外都进行了股份制改革。对于农村主要的金融机构农村信用社，只有产权明晰，才能建立完善和规范的法人治理机构，才能实现自主经营、自负盈亏。农村信用社改革可以参考城市商业银行的改革方案，采用股份制或股份合作制等形式对产权结构进行改革，信用社的改革会遇到比商业银行更多的困难，这就需要政府资金、政策等方面给予更多的倾斜。只有产权明晰的农村信用社才能为城乡商贸体系服务，为城乡一体化服务，为"三农"的发展服务。

六、城乡统筹视角下城乡双向流动的商贸服务体系的构建

（1）加快推进流通现代化建设。一是加快推进连锁经营发展。鼓励本地和外来企业发展连锁经营，可采取直营、特许和加盟连锁等形式，推进城市社区和农村连锁经营网络的发展。积极实施"千镇连锁超市"工程，合理布局农村流通网络。重点培育有较强竞争力的连锁经营龙头企业，实现城市工业品下乡、农村农副产品进城的双向渠道。二是加快发展现代物流配送。加快建立区域物流中心，鼓励企业发展现代物流配送，支持商贸企业建立商品供销基地和配送中心。整合农村供销社资源，提高社会物流效率，降低社会物流成本，大力发展第三方物流。三是加快进电子商务应用。以信息化建设为契机，以产业为依托，建立集信息公布、价格指导、网上交易、资源统一配置和其他辅助功能为一体的行业门户网站。专业批发市场建立健全电子商务交易网络平台，促进有形市场和无形市场的结合。

（2）加快构建农产品现代流通方式。以推进城乡市场双向开拓为重点，鼓励城市的农产品加工龙头企业到农村建立各具特色的生产基地，支持农村龙头企业以农业产业化为基础，通过与城市生产加工企业直接衔接，或者成为城市连锁超市的食品、副食品加工基地，甚至可以在城镇直接开店的方式，建立产供销一体化的农产品或加工产品的直销市场体系，实行工厂化生产、标准化包装、品牌化经营，最大限度地提高农产品的附加值。

（3）积极探索新的农村金融组织形式和金融产品。政府应以符合农村实际需要为前提，积极探索新的农村金融组织形式和金融产品，建立以农信社为主，多种金融形式并存的多元化的农村金融体制。要继续强化政策金融与商业金融的支农作用，借鉴美国信用社享受免去联邦收入所得税的待遇、法国通过贴息贷款扶植农业等方式，通过财政采取适当的税收补贴、收入补偿、贷款利息补贴等多种形式，不定期实现对农业的扶持，为早日解决"三农"问题创造条件。在我国东南沿海经济发达地区可以考虑采用农产品物流园区运作模式，在此基础上选

择结算业务产品、保理型融资产品等高级别的农产品物流金融产品。根据中部与东北粮食主产区的具体特点,可以考虑采用第三方农产品物流联盟运作模式,同时选用以结算业务、融通仓融资为核心的融资产品。西部地区则宜考虑建立以契约或合同为基础的物流外包运作模式,选择层次较低的农产品物流金融产品,如仓单质押、反向担保等。①

(4) 建设农产品交易信息平台。一是加快农产品信息网络和价格监测网络建设,构建基于电子商务的农业信息支撑平台,形成电子商务下的农产品流通信息支持体系。二是建立农产品信息发布制度,完善价格监测体系,提高农产品供求、价格监测预警能力,在及时通报国内外农产品市场动态的同时,提供农产品市场分析和预测报告。三是充分发挥信息的引导性作用,使信息尽量做到集中、有效、实用性强,减弱无效信息的负面调节。四是基于网络平台,实施信息查询、在线交易、数据交换、订单处理以及宣传支持功能,减少交易成本,降低物流成本。

(5) 推进人才建设优化人才环境。一是政府要加快制定城乡商贸流通人才队伍建设规划,大力开展城乡商贸流通产业职业技术教育、职业技能培训、技能竞赛特别是对农村经纪人的市场意识、经营意识、市场前瞻性与预测性的培训。二是借鉴国内外发达国家或地区物流金融培养模式,设立专项资金,加快对物流专业人员的培养和培训,逐步熟悉和精通流通业体系及制度建设。三是提高城乡商贸流通产业人员的整体素质,加强商贸领域的企业家、职业经理人、专业技术人员和农村能人队伍的建设和提升,为城乡商贸流通提供人才支持。

七、城乡统筹视角下城乡双向流动的商贸管理体系的构建

鉴于我国当前城乡二元的社会经济发展现状,实现城乡双向流动的商贸体系的重点在于大力发展农村市场,健全农村市场的市场运行机制和监督管理机制,强化对农村流通领域的监督和管理,营造公平竞争、开放有序的商贸流通环境。

(1) 加快农产品现代流通体系建设。一是在农村继续实施"双百市场工程",大力发展农产品物流,推动其向专业化、规模化方向发展。加快鲜活农产品批发市场改造和冷链系统建设,保证农产品质量,降低农产品在流通环节的损

---

① 李碧珍:《农产品物流模式创新研究》,载于《福建师范大学博士学位论文》2009 年,第 243 ~ 246 页。

耗，建立起与国际市场接轨的农产品现代流通体系。① 二是继续推进"万村千乡市场工程"，在农村逐步构建起以连锁经营为主的现代商品流通网络。三是推进农村市场的信息化建设，建立企业经营管理信息平台、信息报送管理平台、为农服务信息平台等信息管理服务平台，提高农村商贸流通的管理水平和效率，降低流通成本。四是加快农村生产资料流通体系建设。充分利用"万村千乡市场工程"等网点资源发展农资连锁经营，鼓励开展区域性重点农资市场和农资品牌店建设，同时要完善农资售后服务体系，建立农资商品赔偿制度，加大农资经营企业的违法成本，防止假冒伪劣农资产品流入农村市场损害农民利益和危害农业生产。

（2）鼓励行业协会等中介组织发展，加强行业自律。行业协会等中介组织是市场经济发展的产物，它介于政府和企业之间，承担着社会管理和服务职能，是政府与企业的桥梁和纽带。鼓励行业协会等中介组织的发展，一方面能够发挥其自组织、自管理的作用，通过制定行业规范，加强行业自律和监督作用，促进诚信经营，营造良好的经营环境和市场秩序。另一方面行业协会等中介组织社会管理职能的发挥可以促使政府行政权力收缩，推进政府职能转变的进程，形成"小政府、大社会"的管理体系。此外，行业协会等中介组织的发展，还能够提高农民的组织化程度，增强其谈判能力和市场竞争能力。为此，应改变政府主导中介市场的格局，引入民间资本，使中介组织能够真正履行其社会服务职能、社会评价与裁判职能、社会调节职能以及社会协调和代理职能。政府的主要作用在于建立必要的制度体系，包括建立健全相应的法律法规、行政规章以及制度实施机制，明确中介组织的行为规范，并对中介组织的运行进行监管，杜绝其行为的机会主义倾向。

（3）加强农村市场监管力量，净化农村市场秩序。一是建立健全农村市场运行管理制度和监督机制，包括市场交易规则、运行规则、城乡商贸市场规划和审批、收费项目、收费标准、收费形式等，规范市场准入和政府监管部门的检查和执法行为。二是强化执法队伍建设，加强行政执法工作。通过各种形式的教育培训，提高农村执法人员的个人素质、监管能力和执法水平，开展商务综合行政执法试点，整合、充实、加强市场执法监管力量，提高执法监管能力，规范执法行为，切实维护农村市场秩序。三是建立质量监测体系和快速反应机制。具体包括确定产品和服务的质量标准及服务规范，对产品质量和服务质量进行有效监督，建立"农商对接"机制，实现农产品从"农田到餐桌"的全程质量监控。

---

① 林建华：《城乡双向流动的商贸管理体系建设研究》，载于《经济纵横》2011年第3期，第23~27页。

四是依托"12312"举报投诉服务系统，建设覆盖城乡的举报投诉服务网络，健全快速反应和应急处理机制，形成流通领域市场信息系统和监管公共服务平台，为搞好农村市场监管提供工作支撑。

（4）加快农村基础设施建设，改善农村消费环境。农村电力设施、自来水系统、道路、通信等基础设施缺乏和落后的状况，不仅阻碍了城乡市场的物资融通，而且限制了冰箱、洗衣机等家电产品在农村的普及。据中国电子商会消费电子产品调查办公室分析，我国目前有2亿多户农村家庭，农村家电产品普及率每提高1个百分点，就可为每种家电增加200多万台的需求量。因此，加快农村基础设施建设，对于改善农村消费环境，提升农村消费的层次，拓展国内市场以及扩大内需均具有重要意义。

第四节 我国城乡双向流通的商贸流通体系建设的路径

一、以城镇化建设为统筹城乡商贸流通体系创造条件

统筹城乡商贸流通体系建设的成功与否，很重要的一点在于商贸流通主体能否从规模化、专业化的商贸流通体系中获得经济利益，调动商贸流通主体的积极性。[1] 城镇化的发展，可以使各种生产要素、经济活动向城镇集聚，有效降低商贸流通体系的交易成本，为商贸流通主体配置资源、建设合理的物流体系层次结构提供支持。加强中心城市与周围小城镇以及农村之间的联结，可以形成一种效率较高的流通网络，从而节约交易成本，提高交易效率，发挥城市对周围城镇和农村地区经济的带动作用。[2] 我们看到，凡是城镇化发展比较先进的地区，如长三角，城乡一体化的商贸流通体系就比较完备。然而，在经济发展过程中，中国将资源过度向大中城市集中，对城镇化建设有所忽视。结果，城镇缺乏从大中城市辐射力中获得收益的资源和能力，使城乡一体化的商贸流通体系缺乏载体。我们应通过大力推进城镇化建设，发挥城镇"上引城市、下联乡村"的功能，为城乡一体化的商贸流通体系建设创造条件。

---

[1] 汤向俊、任保平：《统筹城乡商贸流通体系的约束条件及其路径选择》，载于《商业时代》2011年第3期，第12~13页。

[2] 刘宁、杨以文：《商品流通与产业升级的关系研究：理论与实证》，载于《南京财经大学学报》2007年第5期，第17~22页。

二、鼓励商贸流通主体的兼并、重组，发挥规模经济效益

目前，中国的商贸流通体系"条块"分割比较严重，行业集中度低。在此背景下，应制定优惠的财税政策，鼓励优势商贸流通主体的兼并活动，改变分散经营的现状。[①] 在兼并、重组过程中，应改变以国有经济为主导的兼并格局，反而应鼓励非公所有制经济成分参与、主导兼并活动。改革开放以来的实践表明，凡是允许、鼓励各种经济成分充分竞争的行业，竞争力和效益都将明显提高，相信商贸流通业也不例外。我们一方面应鼓励大企业跨区域兼并的行为，建立统一的采购、物流体系；另一方面也应注重以县为主的区域内商贸流通主体的兼并行为。目前，许多县乡两级因消费能力、商贸流通成本因素，大型商贸流通主体往往不愿涉足，可以通过鼓励县范围内的商贸流通龙头企业进行兼并，组建较强的商贸流通企业，发挥规模经济效益。

三、大力发展连锁经营，构建与城乡商贸流通相匹配的物流体系

在现代商贸流通业的发展中，连锁经营的优势越发明显。在县、乡地区，除了发展超市、百货店之外，也应根据当地实际情况发展便利店、折扣店和专卖店等多业态的连锁形式，实现城乡商贸流通的多样化竞争局面。除了鼓励商贸流通主体在县、乡地区设立直营店之外，也应鼓励加盟经营方式，对于现有的从事商贸流通的个体店、夫妻店，应给予优先加盟。只有这样才能一方面发挥连锁经营的专业化、规模化经营优势，另一方面解决农村地区的就业问题，保障社会稳定。对于超市、百货店等连锁业态，应充分发挥其流通渠道优势，鼓励其从当地采购农产品，实现"一网多用"，解决农产品的流通问题。

目前，在县、乡地区，农业生产资料、消费品和农产品的物流主要以生产者自行解决和个体户分散经营，专业的第三方物流体系明显不足。可以通过合理设置区域性的物流层次结构，建立区域的物流中心点和节点，鼓励采用先进的物流配送技术，增强对周边地区的辐射范围，对县、乡的物流形成支撑作用，降低乡村地区的流通成本。为促使区域物流市场整体运行绩效达到理想状态，应在区域经济一体化的框架下，以市场一体化进程为基础，健全区域物流合作的市场体

[①] 章迪平、孙敬水：《中国商品流通业市场结构与绩效实证研究》，载于《价格月刊》2009 年第 4 期，第 3～5 页。

系，构建功能完善的区域物流体系，加快区域基础设施、信息平台与标准体系的建设步伐。①

四、完善统筹城乡商贸流通的制度支持体系

城乡商贸流通面临地区、行业垄断的问题，有必要清理相关法规、政策，为商贸流通主体规模化和专业化经营，跨地区、跨行业经营创造有利条件。此外，中小型商贸流通企业因其自身规模有限，缺乏市场竞争力，金融机构出于风险考虑，不愿向中小型流通企业融资，制约了商贸流通企业的发展壮大。② 应拓宽商贸流通企业的融资渠道，对于有成长潜力的商贸流通企业不分所有制都应给予信贷支持，对商贸流通企业经营的产品也应给予赊销的信贷支持。

在中国，农产品的生产仍以家庭经营为主，产品难以标准化，形成品牌优势。在当前阶段，可以通过鼓励在市场竞争中脱颖而出的农产品生产、加工和流通企业向上、下游拓展业务，支持其对农产品品牌建设和质量安全体系的投入，为农产品流通向规模化发展创造条件。③ 不过从长远来看，有必要改革土地制度，使农产品的基本生产要素（土地）适度集中，实行规模化、专业化和集约化经营，用现代生产方式改造传统农业，为农产品流通向规模化、品牌化、标准化发展创造条件。

---

① 郝玉龙、穆岩：《以市场一体化为平台加快区域物流发展》，载于《中国流通经济》2007年第8期，第18～20页。

② 高燕翔：《中小商业企业面临的困境及发展对策》，载于《经济问题》2007年第2期，第66～67页。

③ 黄祖辉等：《发达国家现代农产品流通体系变化及启示》，载于《福建论坛·经济社会版》2003年第4期，第32～36页。

第八章

城乡统筹视角下城乡双向流通的市场体系建设研究

第一节 我国现有城乡市场体系的状态描述及其评价

一、我国现有城乡市场体系的状态描述

我国现有城乡市场体系基本体现为城乡市场分割状态,其中包括城乡商品市场分割和城乡要素市场分割两个层面。

(一) 城乡商品市场分割的现状

表 8-1 为中国近 20 年来城乡商品市场的分割状况,从表中数据可以得知:(1) 农村的商品市场数目要多于城市商品市场的数目,但是城市商品市场数目的增长速度要大大超过农村,1997~2005 年城市商品市场数目以年均 4.46% 的增幅上升。虽然在 2004 年由于市场整合力度加大下降了近 6 个百分点,在 2005 年又以 1.97% 的速度回升。而农村市场数目却以年均 1.75% 的速度下降,尤其是在 2004 年下降速度达到了 14.6%,虽然在 2005 年商务部"万村千乡"工程带动下,下降速度遏制为 5.5%,但近些年农村商品市场萎缩,数目不断下降却

是不争的事实。(2) 虽然城市的商品市场数目增长速度较快，但目前总量仍仅为农村商品市场数目的一半多，不过城市商品市场交易总额却高于农村商品市交易额，从 1989 年的市场交易额仅为农村市场交易额的一半到 2003 年的多出近 4 000 亿元，这充分反映了城市市场的规模、质量都要远优于农村市场。(3) 农村商品市场交易额的增长率明显低于城市交易额的增长率，城市商品市场年平均交易额增长率为 26.15%，而农村市场年平均交易额增长率仅为 17.83%，反映了城市市场的发展速度快于农村市场，这也与我国城乡二元经济的格局相适应。

表 8–1　1990～2011 年我国城乡二元商品市场总量对比

年份	城市商品市场数（个）	农村商品市场数（个）	城市商品市场交易额（亿元）	农村商品市场交易额（亿元）	城市市场交易额增长率（%）	农村市场交易额增长率（%）	城市市场增长率（%）	农村市场增长率（%）
1990	13 106	59 473	837.8	1 330.4	28.8	15.98	5.99	2.20
1991	13 891	60 784	1 079.2	1 543.0	46.7	26.18	4.46	6.41
1992	14 510	64 678	1 583.0	1 947.0	61.9	42.81	13.37	2.90
1993	16 450	66 551	2 562.4	2 780.6	78.3	58.69	8.78	0.03
1994	17 894	66 569	4 569.1	4 412.4	35.2	22.69	11.17	-5.36
1995	19 892	63 000	6 176.4	5 413.7	27.6	25.84	4.73	2.47
1996	20 832	64 559	7 882.5	6 812.4	20.1	16.78	7.30	0.30
1997	22 352	64 753	9 468.8	7 955.7	16.6	10.52	7.94	0.46
1998	24 127	65 050	11 042.8	8 792.7	11.6	6.70	3.55	-2.24
1999	24 983	63 593	12 325.7	9 382.1	12.0	11.69	5.65	-1.85
2000	26 395	62 416	13 800.4	10 479.2	4.2	1.44	4.46	-4.26
2001	27 663	59 755	14 379.7	10 629.6	5.3	1.94	-4.10	-6.34
2002	26 529	55 969	15 140.1	10 835.6	2.0	1.98	1.80	-3.50
2003	27 006	54 011	15 447.5	11 050.0	5.5	10.59	-5.93	-14.5
2004	25 404	46 148	16 303.6	12 219.7	6.2	5.79	1.97	-5.49
2005	25 905	43 615	17 311.8	12 927.6	5.8	5.40	0.00	-4.15
2006	25 905	41 805	18 320.0	13 625.5	5.5	5.27	-6.77	-9.67
2007	24 150	37 763	19 328.2	14 343.4	5.2	4.93	3.29	-3.11
2008	24 945	36 590	20 336.3	15 051.2	28.8	15.98	5.99	2.20

续表

	生产资料综合市场		工业消费品综合市场		农产品综合市场		其他综合市场	
	市场数量（个）	成交额（亿元）	市场数量（个）	成交额（亿元）	市场数量（个）	成交额（亿元）	市场数量（个）	成交额（亿元）
2009	53	1 173.2	286	3 653.8	657	4 582.4	284	2 331.7
2010	62	1 755.3	310	4 843.1	691	5 477.8	278	2 718.0
2011	57	1 367.3	314	5 439.7	702	6 325.1	295	2 970.7

资料来源：1989~2012 年《中国统计年鉴》，由于自 2010 年起统计年鉴不再设置"国内贸易"章节，也不再统计"城市市场"与"农村市场"发展情况，因此 2009~2011 年数据采用新的统计口径反映。

总而言之，在市场交易总量指标方面，城市商品市场发展显著优于农村市场，并且由于我国对外开放的不断深入，外资在城市商品市场的全面进入更加大了城乡二元市场分割的力度。虽然这只能初步概括出城乡二元商品市场发展的现状，但是这种初步的分析也可以看出我国城乡商品市场的二元格局非常明显，城市商品在市场总量方面远优于农村商品市场。

（二）城乡要素市场分割的现状

在中国，城乡要素市场的分割主要体现在三个方面，一是土地市场上的二元分割，二是劳动力市场上的二元分割，三是金融市场上的二元分割。

1. 城乡土地市场分割

土地市场上的二元分割主要体现在城乡间的不对等的土地市场产权改革，城市居民可以通过房地产市场拥有房产交易的产权，而农村居民却没有拥有土地的流转及所有权，土地要素市场发展的非均衡加剧了本来就激烈的城乡收入差距。按照《土地管理法》的规定："集体所有的土地依照法律属于村民集体所有，由村农业生产合作社等农业集体经济组织或村民委员会经营管理。"农村土地规定为集体所有，但哪一级集体并没有明确的界定，农村土地的产权界定不清晰。农村土地制度的不完善导致农民的土地权利仍缺乏有效保障。从农村土地承包关系看，侵犯农民合法土地收益的现象经常发生，农民缺乏充分行使自己土地权利的能力；从土地征用过程来看，城镇化进程中巨额的土地增值收益也往往将农民排除在外。

在制度上我国农村土地归集体所有。集体所有的土地转给其他主体使用，必须先由国家及相关的有权部门征用，然后政府部门通过拍卖和批租途径进入市场。我国实行的土地用途管制制度和农地转用行政审批制度从总体上确立了市场和行政两种手段配置农村土地资源的总体框架，从而形成了两个分割的土地市场：一是低价运行的农村集体土地使用权流转市场，一是高价运行的城市国有土地使用权流转市场。在土地征用过程中，形成了巨大的价格寻租空间。地方政府有可能利用模糊的产权，运用行政力量强行低价征地，然后高价卖出。而农民的收益得不到保障。

2. 城乡劳动力市场分割

劳动力市场分割首先体现为行业分割。改革开放以来，我国对多数的行业引进了市场竞争机制，但是对一些行业，如金融业、邮电业、水利运输业、电力制造业、银行业等行业依旧施行禁止或严格限制进入的垄断政策。由于竞争性行业和垄断行业的劳动用工政策、工资福利制度不同，行业之间收入水平差距逐渐被拉大。近年来，行业分割引起了学者们的广泛关注，进入城市劳动力市场就业的农村劳动者，进入哪一个行业工作，这已经不再仅仅取决于农村劳动者的人力资本水平，而是更多受到他们所拥有的信息资源、人脉关系网络的限制。

表 8-2 结果显示，农村移民更可能在一些低端行业就业，我们称为次要行业。而城镇居民更可能在一些垄断性的行业就业，我们把这样的行业称为主要行业。即使在相同的教育水平上，农村移民和城镇居民在行业分布上的差异依然存在。因此，我们可以认为，农村移民在劳动力市场中并没有和城镇居民拥有相同的就业机会，即城乡劳动力市场存在着行业分割。

表 8-2 不同行业间城乡就业文化水平差异

行业	小学文化水平			初中文化水平		
	农村移民（%）	城镇居民（%）	城镇/农村	农村移民（%）	城镇居民（%）	城镇/农村
农林牧渔业	40.63	2.71	0.07	14.19	1.05	0.07
采矿业	0.56	0.60	1.08	0.43	0.17	0.41
制造业	30.42	21.69	0.71	43.28	28.98	0.67
电力燃气及水的生产和供应业	0.32	1.20	3.77	0.67	2.15	3.22
建筑业	7.09	5.42	0.76	9.14	3.66	0.40
交通运输仓储和邮政业	2.39	5.72	2.39	10.19	10.10	0.99
批发零售业	6.92	26.81	3.87	11.10	25.09	2.26

续表

行业	小学文化水平			初中文化水平		
	农村移民（%）	城镇居民（%）	城镇/农村	农村移民（%）	城镇居民（%）	城镇/农村
住宿餐饮业	1.53	7.83	5.12	2.62	5.63	2.15
居民服务和其他服务业	7.56	17.77	2.35	10.19	10.10	0.99
其他行业	2.51	10.24	4.07	3.87	12.31	3.81

资料来源：全国第二次农业普查数据和城镇住户数据。

除行业分割外，劳动力市场分割还体现为职业分割。大量学者对我国劳动力市场分割的研究中都得出，户籍制度的分割加剧了职业分割程度。研究和数据显示，农村移民进入城市劳动力市场后，和城镇居民相比，农村移民即使在相同的个人生产率和相同的个人特征的情况下，倾向于从事职业地位比较低的商业服务人员、生产、运输设备操作人员及有关人员等蓝领职业，而较难获得国家机关、党群组织、企业、事业单位负责人、专业技术人员、办事人员和有关人员等白领职业。

表8-3　　　　　不同职业城乡就业文化水平差异

职业	初中文化水平			高中及大专文化水平		
	城市居民（%）	农村移民（%）	城镇/农村	城市居民（%）	农村移民（%）	城镇/农村
单位或部门负责人	6.46	5.96	1.08	15.15	13.29	1.14
专业技术人员	1.55	0	—	2.52	3.8	0.66
办事人员和有关人员	19.10	15.74	1.21	31.78	27.22	1.17
商业、服务人员	18.02	26.38	0.68	13.39	15.19	0.88
农、林、牧、渔、水利生产人员	20.98	17.45	1.20	16.30	19.62	0.83
生产、运输、设备操作人员及有关人员	0.47	0.85	0.55	0.22	1.27	0.17

资料来源：全国第二次农业普查数据和城镇住户数据。

由以上数据表明,城镇居民在单位或部门负责人、专业技术人员、办事人员和有关人员的分布百分比要高于农村移民。反过来,农村移民在商业服务人员、生产、运输、设备操作人员及有关人员上的分布百分比要高于城镇居民。即在一些职业的获得,尤其是在白领职业的获得上,存在着对农村移民的歧视和排斥。

3. 城乡金融市场分割

城乡金融市场分割的现状主要体现在农村金融供给主体单一性。与城市金融相似,农村金融产品供给主体包括正规金融组织和非正规金融组织两部分,正规金融组织主要是指农村信用社、农业银行、农业发展银行。非正规金融组织主要以金融服务社、基金会、私人钱庄和各种协会等民间金融机构形式存在。表面上看,农村金融体系比较完善,既有政策性金融,又有商业性金融和合作金融。实际上,我国农村金融体系和城市相比很不完善。首先,作为政策性金融组织的农业发展银行"有头无脚",业务单一,并不面向一般的涉农企业和农户贷款,服务农村经济的政策性功能缺陷明显;其次,从历次金融改革和发展的特点来看,"重城市、轻农村"趋势明显,不仅工、中、建等国有商业银行纷纷撤并在农村的经营机构和部分县支行,而且作为农村金融商品供给主体的中国农业银行,20世纪90年代初以来,其基层机构收缩和撤并的力度表现出明显的城市化倾向。据调查,全国农业银行系统设有农业银行营业机构的乡镇仅占乡镇总数的一半,相当一部分农村居民,面对的仍然是存在诸多问题的农村信用社;再其次,农村合作金融流于形式。农村信用社不但经营机制绩效较差,而且农村信用社经营不善,社员参与信用合作的收益不能实现。加之农村信用社改革滞后,农村缺乏与经济发展相适应的合作金融组织。最后,非正规性金融发展受限。非正规金融组织和其他民间金融虽然具备金融深化的一些重要特征,但我国总体上采取限制政策,由于其不具备法律地位、管理不够规范,最终被强制性地淘汰出局。总之,目前我国农村金融组织体系不健全,所谓"合作金融、商业金融和政策性金融"并存的农村金融组织体系并没有真正建立。对于农村居民和农村企业而言,可以享受的金融服务仅仅来自农村信用社的单一性垄断性供给。

另外,农村金融供给还表现出强烈的城市和工商业趋向性特征。这种特征表现为:一是农村储蓄资金向城市转移。农村市场资金通过邮政储蓄、国有商业银行和农村信用社等渠道流向城市。由于我国邮政储蓄只吸收存款而不发放贷款,且转存人民银行利率过高,使邮政储蓄成为农村资金流向城市的主渠道。原本农民是弱势群体,理应获得比其他贷款更优惠的利率,但由于农村信用社历史包袱沉重,央行允许其贷款利率在国家法定利率基础上可以浮动50%~100%,为此农民贷款要多付一倍的利息,使得农民贷款利息负担加重。国有商业银行是农村资金流向城市的另一条渠道。由于国有商业银行县及县以下机构大幅裁减,保留下来的县及县以下机构网点通过资金上存外流。农村资金大量外流,资金需求缺口不断使资金本身就短缺的农村经济发展雪上加霜。二是表现为信贷资金趋向城市和非农产业转移。从全社会信贷资金产业投向看,信贷资金主要投放于工商业、服务业等非农产业。由于商业性金融机构收缩农村网点、农业政策性金融职能弱化、农村金融机构设置不合理、农村信用社历史包袱难以消化等因素造成农村金融业务严重萎缩,信贷投放不足,正常贷款需要难以满足,在金融服务中农民被进一步边缘化,城乡金融市场分割严重。

二、我国城乡市场体系的状态评价

总体来看,我国城乡市场体系的特征体现为城乡市场分割,而城乡市场一体化的障碍在于农村市场体系发展滞后于城市市场体系发展。当前在农村缺少严格意义上的流通主体,城乡收入差距扩大又制约了农村市场规模的扩大,城乡之间统一的市场体系尚未形成。要推进城乡市场一体化,重点在于通过城乡互动解决农村市场体系建设问题。

(一)农村分散的农户并不是严格意义上的市场主体

农村市场主体主要指农户,联产承包责任制使农民获得了自主经营的权利,调动了农民种地积极性,但经营方式的改变并没有改变小农经济的特征。一方面,因为农户经营规模过小,经营手段和经营方式落后,农户承包的土地又十分有限,农业产出的一部分直接被农户消费,并不拿到市场销售,农产品的商品率不高,农户的自给性消费还占有相当的比重;另一方面,分散、各自为政的农户在市场竞争中总是处于劣势地位。由于农民合约化和组织化程度低,分散的农民其知识和信息有限、资本有限,在交易过程缺乏足够的鉴别能力,特别是没有能力预测和规避市场风险。又因农产品储存成本较高,特别是时令农产品不耐贮藏或者贮藏成本较高,农户急于售出,中间商因此压价收购,农民利益往往被销售商挤占。所以,农户虽然是最主要的农村市场主体,但由于规模偏小,交易成本过高,还不是严格意义上的市场主体。

(二)城乡收入差距扩大制约了农村市场规模的扩大

1978年改革开放以来,随着农村经济的发展,中国农村居民收入在不断增长的同时,城乡收入差距也在不断扩大。从整个改革时期来看,尽管城乡收入比在1978~1984年、1994~1996年这两个时段内由于农民收入相对于城镇居民的快速增长有所下降，但总体来看，特别是 1984 年以来，城乡之间一直保持了巨大的差距，并且近年呈现进一步扩大的趋势。2011 年，全年农村居民人均纯收入 6 977 元，城镇居民人均可支配收入 21 809 元，城乡居民收入之比已达 3.13∶1，高于世界上大多数国家的城乡收入差距水平。农村居民家庭居民户的恩格尔系数为 40.4%，城镇家庭居民户的恩格尔系数为 36.3%。与城市居民相比，巨大的收入差异、农村人口较低的收入和较高的恩格尔系数必然使得农民消费能力较低，从而农村市场在商品品种和交易规模等方面与城市市场也存在较大的差距。农民消费主要还集中在粮食等基本生活消费品上，而且农村市场销售的消费品往往质量不高，假冒伪劣商品较多。

（三）城乡之间统一的市场体系尚未形成

目前在我国农村，完善的有形市场体系还没有形成。相比于发展较快的农产品市场，资金、技术、信息、劳动力、土地等要素市场发育严重滞后。以金融市场为例。农业和农村发展需要的资金投入除了加大公共财政投入外，还需要通过银行和各类金融市场获得更多的社会性和商业性资金投入。目前农村初步形成了由农村信用合作社、农业银行、农业发展银行构成的金融体制格局，但银行对农业和农民的信贷受到各种限制，农民也不能平等地进入资本市场融通资金，农村缺乏能正常提供资金的金融市场，金融市场的培育、发展还远远不够。劳动力市场则存在严重的城乡分割现象，城乡劳动力之间没有统一的劳动力市场，农民难以与城市人平等地进入城市劳动力市场寻找就业岗位，至多是进入所谓的"农民工"市场，劳动力之间的待遇也是完全不平等的。

第二节 现有城乡市场体系不对接对城乡双向流通市场体系建设的制约

现有城乡市场体系存在着城乡商品市场、要素市场和金融市场的分割，这对建设城乡双向流通市场体系造成了比较明显的制约：

（1）城乡商品市场不对接，使得流通渠道缺乏，造成了工农业产品价格形成的差异化和城乡消费差异，成为城乡双向流通体系建设的障碍。城乡商品市场的二元分割，一方面使农业产品无法通过有效的流通渠道流入城市市场，供给与需求难以对接；另一方面导致城乡之间进行交易会带来市场化水平高的城市剥削市场化水平低的农村。由于农产品的自身特点，不仅在生产中面临较高的自然风险，甚至在流通过程中的损耗风险也远远高于工业品，而这种风险在市场上往往难以得到规避，市场不能提供锁定农产品价格风险的机制，农民往往成了市场风险的最终承担者。市场机制下，农民需要自己寻找市场，分散经营的农户不仅信息严重不完全，而且对市场行情的认知能力也很差，因此当前农产品流通主要依靠中间商的参与。中间商作为买和卖的中介，相比分散经营的农民具有市场信息的优势，对市场行情的认知能力也强。在中间商进入农产品购销环节后，农户生产的产品除部分自用、部分自销外，大部分通过批发商销往城市，批发商将产品批发给零售商，由零售商将产品销售给城市居民。如果将农产品的生产和流通视为专业化分工，那么从理论上说，农民可以从专业化生产中节省交易成本。然而事实是产量增加并没有导致农户收入增加，农民得不到农产品销售的价格上涨的收益，在很大程度上是由于中间商压低收购价格。在价格形成机制上，农产品与工业品存在的差异造成了城乡购买力不平衡，而流通渠道的缺乏又形成了城乡消费差异，进而成为了城乡双向流通体系建设的障碍。

（2）城乡要素市场不对接，造成了城乡居民在获取收入的能力上存在不平等，进一步加剧了城乡购买力不平衡，成为了城乡双向流通体系建设的障碍。目前城乡二元化市场结构的突出表现就是城乡要素市场的分割。由于户籍制度等制度性原因，劳动力在城乡之间的流动受到严格的限制，劳动力市场的自由度受到很大的限制，进而造成城乡劳动力市场上存在行业和职业上的分割，并出现了农民工与城市工人"同工不同价"的现象，从根本上造成了城乡居民在获取收入能力上的差距。在土地市场上，土地要素在城乡间的改革也不对等，城市居民可以通过房地产市场拥有房产交易的产权，而农村居民却没有拥有土地的流转及所有权，土地要素市场发展的非均衡加剧了本来就激烈的城乡收入差距。在金融资信贷市场上，城市居民拥有更为丰富和灵活的信贷资源，而农村居民则拥有较少的金融资本来源，不能平等地享有融通资金的能力，这进一步限制了农村居民通过发展现代农业扩大生产的可能性，拉大了城乡收入差距。综上所述，在劳动力市场、土地市场和金融市场等要素市场上的城乡差异，造成了城乡居民获取收入能力的不平等，从而进一步加剧了城乡购买力不平衡，成为了城乡双向流通体系建设的障碍。

第三节 城乡市场体系不对接的形成原因分析

造成我国城乡市场体系分割的原因是多方面的，既有历史原因，也有体制上的原因，具体表现在以下方面：

（1）计划经济体制下制度安排是城乡分割的历史原因和制度基础。中国传统农业发展政策是在计划经济体制下适应重工业优先发展战略的需要逐渐形成的。包括农副产品的统购统销制度、人民公社制度以及户籍制度等所谓"三驾马车"制度体系，是20世纪50年代后期最终形成的城乡相对封闭与隔离的状态的制度基础。

20世纪50年代初，国家为了以低价掌握必要的农副产品以保证工业发展和城市需要实行了对主要农副产品的统购统销政策。在这种强制性制度安排下，大部分农副产品的购销和定价都是由国家垄断的。50年代末，在农业合作化的基础上迅速实现了农村人民公社化，农业中劳动、资本和土地被集中起来统一使用，根据国家下达的种植计划生产出的产品及其价值则按照国家征购、集体积累、社员劳动报酬这样的顺序进行分配。1958年全国人民代表大会通过了《中华人民共和国户口登记条例》，确定在全国实行户籍管理体制。在这个制度下，农村人口不能随意改变身份、职业和居住地。由于农业生产要素受到制度约束不能自由转移，从而形成了几乎延续至今、阻碍人口迁移和劳动力流动的制度框架。

在这种制度体系的安排下，农民生产出的农副产品主要出售给国家，国家实行统购统销，由国家的专业收储机构进行调拨。而城市工业生产的工业品只有很少的一部分供应给农村，而且是由专业机构如供销社来执行计划，所以农村长期以来没有真正意义上的市场存在，商业网点也非常稀少。加上长期以来我国农民收入相对较少，由于农村的户籍制度也使农民被束缚在土地上，既没有收入用于消费，也没有人从事商品流通，使农村的市场处于空白状态。

（2）改革开放以后农村的渐进式改革并没有从根本上消除这种分割。1978年开始的以家庭联产承包责任制为核心的农村土地制度改革，启动了中国农村30年来的全面渐进式改革。在农产品流通体制改革的层面，国家对农产品实行合同收购，同时允许在合同以外的部分自由进入市场。合同收购部分由国家定价，合同以外的可以自由定价，随行就市。这时农民开始具有了一定程度的市场主体的地位。从2004年起，粮食流通体制进一步改革，国家在减少直至取消合同收购基础上实现粮食购销市场化和市场主体多元化。这种新的制度安排基本上克服了政府行为对农产品收购市场和销售市场的分割，但农产品的市场分割仍然存在。

20世纪80年代以来，政府逐步解除限制农村劳动力流动的政策约束，采取了一系列措施，适当放宽对迁移的政策限制，也对户籍制度进行了一定程度的改革。但造成城乡分割的制度基础——户籍制度并没有根本性变化。城市的社会保障、医疗保障、基础教育等公共服务仍与户籍相联系，且城市用工制度、工资制度等也因户籍不同而存在较大差异。因此，在现行的城乡分割的体制中，农村剩余劳动力难以与城市人平等地进入城市劳动力市场寻找就业岗位，从而导致了城乡分割的劳动力市场，出现了异于城市工的所谓"农民工"市场。在这里，农民工工资低于城市工，拖欠农民工工资的现象严重。有研究显示，农村迁移劳动力和城市本地劳动力的工资差异中，只有24%能够被个人的特征差异所解释，而剩余的76%是被歧视所解释的部分，歧视解释了农民工和城市工人工资差异的绝大部分。

这一时期，持续偏向城市的财政投入体制得以维持，投资主要向城市、向工业倾斜，城市基础设施完备，而农村水利设施、养老、医疗保障等公共产品供给严重短缺；农村信用合作社、邮政储蓄等金融机构在农村吸收大量农民存款，却把资金投向利润率较高的工业部门，而农业的进一步发展却长期受到资金短缺的约束。因此，资金要素呈现由农村向城市的单向流动。学者们曾经对整个计划经济时期以各种形式实现的农村资源向城市的无偿转移进行估算，归纳起来大约在6 000亿~8 000亿元。改革开放以后，农业和农村资源仍然持续向非农产业和城市流动，在1980~2000年期间，以2000年不变价格计，通过各种渠道从农业吸取了1.29万亿元的剩余用于工业发展。如果从城乡关系看，同期有大约2.3万亿元资金从农村流入城市部门。

（3）小农经济的脆弱性特征强化了市场体系的分割。小农经济的脆弱性特征体现在几方面：一是由于农业自然风险强，使得在市场交易中农产品处于弱势地位。农业生产的主要特征是以动、植物为基本劳动对象，以土地为基本生产资料，主要通过露天作业的方式获得各种农产品及经济收益，是自然再生产和经济再生产相结合的产物。上述特征决定了农业生产受气候等自然因素的影响特别明显，各种灾害对农业生产的影响极大。可能出现的自然灾害的风险难以在市场上规避，农民常常是自然风险的最后承担者，市场交易中农产品处于弱势地位。二是由于小农户抵御市场风险能力弱，使得农户在市场交易中处于弱势地位。由于农户收入水平比较低，资本有限，缺乏抵御市场风险的能力，且分散经营的农户，其知识和信息有限，又因农产品储存成本较高，特别是时令农产品不耐贮藏或者贮藏成本较高，因而农户在交易活动中处于相对弱势地位，不能以平等的市场主体参与产品交换。三是由于存在信息不对称，分散农户缺乏讨价还价能力，中间商损害农户利益的机会主义行为普遍存在。在农村市场上，中间商作为买和卖的中介，农户生产的产品除部分自用、部分自销外，大部分通过批发商销往城市，批发商将产品批发给零售商，由零售商将产品销售给城市居民。在交易过程中，分散的农户交易规模小，信息搜寻成本相对较高，而中间商具有市场信息的优势，对市场行情的认知能力也强，而且分散的农民之间往往竞争过度。因此，在很多场合，中间商常采取欺骗、勒索、隐瞒信息等机会主义行为，压低农产品收购价，并获取收购价格和零售价格之间的巨大利差，农户因此无法得到应有的收入。

第四节 城乡统筹视角下城乡双向流通的市场体系建设的目标和思路

一、城乡统筹视角下城乡双向流通市场体系建设的目标

在统筹城乡视角下，城乡双向流通市场体系建设的目标是：建立健全城乡市场一体化的商品市场体系、要素市场体系，并重点完善农村市场体系。

（1）建立健全城乡一体化商品市场体系。统筹城乡交通、通信等区域性基础设施规划和建设，加快城乡交通网络建设。高起点建设信息化平台，加强农村信息基础设施建设，建成城乡普遍覆盖的信息网络，加快推进农村商务信息服务站试点，延伸公共信息服务到基层。促进市政基础设施向农村地区延伸，实现城乡同建共享。统筹城乡商贸流通基础设施建设，将城市商业中心与周围乡镇商业作为一个整体，统一规划，在商场、市场及物流园区建设上，统筹布局，推进城乡商品市场一体化进程。鼓励各类投资主体进入农业生产资料流通领域。建立和完善农业生产资料服务体系。鼓励农资流通企业将农资销售与服务紧密结合起来，开展配送、加工、采购服务和技术服务及农机具租赁等多样化服务，促进农业生产。

（2）建立健全城乡一体化要素市场体系。打通城乡生产要素合理流动的市场渠道，促进农村的劳动力、土地等生产要素和城市的人才、资本和技术等生产要素双向流动和有效组合，提高资源要素的市场化程度，为商品市场的发展创造必要的体制条件。一方面应加强农村土地流转制度的创新，允许土地使用权的合法流转并允许农民因此享有相应的收益权，逐步形成有产权保护的农村土地市场，提高城乡土地市场的一体化水平。积极发展农资连锁经营，建立以集中采购、统一配送为核心的新型营销体系。另一方面应建立健全城乡一体化金融市场体系。要大力发展农村金融市场和货币市场的建设。通过农村信用社改革，使其成长为农村金融的主力军，推进农业发展银行的内部改革，增强其对农村开发和

基础设施建设进行中长期资金信贷的能力，鼓励城镇国有银行开发农村金融业务，如建立农村资金互助社来发展农村小额信贷业务等活动，着实加强农村与城市金融市场的对接。

（3）重点完善农村市场体系。在商品市场体系建设中，关键是要完善农村市场体系，逐步形成以乡村零售网点为基础，以大中型批发市场和连锁配送中心为骨干，以各类农村流通合作经济组织和大中型农村流通企业为主体，农产品、消费品和农业生产资料市场均衡发展，城乡市场相互融合、内外贸易紧密联系，法制健全、布局合理、服务规范、组织化程度较高的农村市场体系。

二、城乡统筹视角下城乡双向流通市场体系建设的思路

在统筹城乡视角下，城乡双向流通市场体系建设的思路是：以统筹城乡发展为基本战略，以流通现代化为主要依托，以社会主义新农村建设为重要载体，建立城乡商品市场体系和要素市场体系，实现由新农村建设向城乡一体化的转型。

（1）以统筹城乡发展为基本战略。城乡统筹发展的战略对构建城乡商贸双向流通市场体系的建设具有重要的启发和指导意义。在城乡统筹发展战略下，城市与农村是相互依赖、相互补充的，农村的发展离不开城市的带动，城市的发展也离不开农村的支持。因此，必须统筹城乡经济社会发展，充分发挥城市对农村的带动作用和农村对城市的促进作用，才能实现城乡经济社会一体化发展。城乡统筹发展需要通过体制改革和政策调整削弱并逐步清除城乡之间的樊篱，缩小城乡差距，实现城乡二元经济结构的顺利转化。

随着我国经济的转型，各类城乡市场已经逐渐发展起来，但城乡市场体系的发育仍然较为不平衡，以消费品和生产资料为代表的商品流通市场虽然取得了初步的发展，但要素市场发育较为落后。我国目前城乡二元化市场结构的突出表现就是城乡要素市场的分割。由于户籍制度等制度性原因，劳动力在城乡之间的流动受到严格的限制，劳动力市场的自由度受到很大的限制。土地要素在城乡间的改革也不对等，城市居民可以通过房地产市场拥有房产交易的产权，而农村居民却没有拥有土地的流转及所有权，土地要素市场发展的非均衡加剧了本来就悬殊的城乡收入差距。在金融资信贷市场上，城市居民拥有更为丰富和灵活的信贷资源，而农村居民则拥有较少的金融资本来源，不能平等地享有融通资金的权利。城市作为新技术、新发明的生产地区，其信息技术、信息产品产业化的规模及能力远远高于农村市场。建立统筹的城乡双向流通市场体系的关键是在商品市场初步实现一体化的基础上，培育和完善城乡一体化的要素市场。使产品和要素在城乡间实现自由流动，农民能够平等地参与市场竞争，各种要素能够通过统一的市

场体系进入农村。

(2)以流通现代化为主要依托。城乡双向商贸流通市场体系建设的主要依托是现代化的流通方式。随着农村收入水平的提高和消费品的日益丰富，农村居民的消费需求层次和消费规模也在逐渐提高和增大，这在客观上要求在农村市场上必须具有与消费需求变化相适应的流通方式出现。目前我国农村市场的流通方式主要以传统的杂货店为主，通过"农改超"和"万寸千乡市场工程"等政策措施的示范和推广，连锁经营等流通方式开始进入我国农村市场，但其发展仍然较为滞后，尤其在广大西部地区更为不足，阻碍了城乡商贸流通市场的一体化建设进程。发展现代流通方式特别要大力开展连锁经营、物流配送和电子商务等现代化流通方式的建设和推广。现阶段，我国必须通过大力发展现代流通方式，来促进城乡经济的互动发展，依托现代流通方式的建设突破城乡二元市场分割的局面，从而提高国民经济的整体素质。

以现代化的流通方式为城乡双向流通体系的主要依托有两方面内容。一是通过农村信息化建设为农村提供一个快捷、全面的信息传递渠道，从而有利于推动城乡一体化，通过农村基础网络设施建设加强信息在农村地区的组合以及促进信息城乡流动的自由化，可以采取农村信息化示范基地的建设来推广网络化的农村信息服务体系，通过示范引导、典型带动发展农村信息化，打破地区保护主义的限制，为发展现代化电子商务、物流配送等现代流通方式创造良好的物质环境。二是加强发挥现代流通方式的辐射功能。在乡镇地区大力发展现代流通方式有利于增强农村商贸中心的集聚和辐射能力。城乡一体化的目标要求农村在初步发展农村工业化的基础上着力集中发展现代流通，建立以第三产业为主的产业结构，充分利用乡镇这一城乡商贸流通的"交汇点"，发展城乡双向流通的"桥梁"作用，发挥经济集聚和辐射的功能，构建城乡间商品、要素流通的服务平台，将现代化的商业设施和流通方式向广大农村地区延伸，提高和扩大城乡商贸流通的效率和范围。

(3)以社会主义新农村建设为重要载体。农业消费品网络建设是城乡市场一体化建设的重要组成部分，对改善农村消费环境、经营方式，拉动农村消费需求以及建设社会主义新农村具有重要的意义。随着"万村千乡市场工程"向广大农村地区全面推进，逐步带动了农村连锁经营等现代流通方式的发展，通过改造和建立标准化"农家店"，逐渐形成了农村地区的零售网络终端。现代流通方式在农村中的应用一方面降低了农村批发、零售业的成本，提高了交易效率，另一方面又为农村创造了新的就业机会，取得了显著的社会效益和经济效益。以现代流通方式为依托构建的城乡双向流通的市场体系促进了社会主义新农村的建设。同时，社会主义新农村也成长为城乡商贸流通市场一体化进程发展的新载体，为城乡市场一体化建设提供了良好的契机。

加强城乡一体化市场体系建设其重点是要建立健全适应现代农业发展要求的大市场和大流通。"十一五"规划中提出建设社会主义新农村，建立城乡一体化流通网络是由目前分散经营向规模经营联合发展的一种尝试。这一要求表明城乡双向流通市场体系建立的重点在于农村地区，而发展商贸流通的关键是市场，以实现城乡商品互相流通的市场体系为建设目标。如果农村市场经营、消费较为落后，城乡产品就不能实现互动。因此在我国目前"建设社会主义新农村"的发展契机下，以新农村建设作为发展城乡商贸流通市场体系的新载体，能够鼓励城市大型流通企业向农村延伸，满足和提高农村居民日益增长的物质需求，让农民分享到经济现代化的成果，实现新农村建设向城乡一体化发展的目标。

第五节　城乡统筹视角下城乡双向流通的市场体系建设的措施

从我国城乡市场分割的表现出发，针对形成城乡市场分割的原因，城乡统筹视角下城乡双向流动的市场体系建设应该采用如下措施：

（1）加快包括户籍制度在内的各项制度改革步伐，建设统筹城乡的经济社会管理体制。现行户籍制度已难以适应统筹城乡发展的需要，成为城乡市场一体化发展的严重障碍。不配套进行户籍制度改革，城乡统筹目标也不可能实现。因此，应加快户籍制度改革的步伐。通过户籍制度改革推进农村劳动力转移，缩小城乡收入差距，进一步改善城乡关系。

要进一步推动公共服务向农村覆盖，社会事业向农村延伸，加快建立城乡统一的基本公共服务制度。按照基本公共服务均等化的要求，要更加自觉、更大幅度地调整国民收入分配格局和国家财政支出结构，促进公共财政资源在城乡之间均衡配置，全面提高财政对农村基础设施和基本公共服务的保障水平。为农民提供能够与城市相匹配的社会服务，如教育、医疗等，改善农民的物质和文化生活，在农村建立起基本社会保障体系，实现城乡之间劳动力市场一体化和公共服务均等化，建立统筹城乡的经济社会管理体制。目前，要尽快制定和完善有关法律法规，明确界定财政总支出中"三农"支出的内涵，强化法律约束，建立财政资金"三农"投入稳定增长机制。建立中央与地方财权和事权相匹配的财政支农体制。积极利用财政贴息、补助等手段，引导社会资金投向农村。

（2）深化土地制度改革，健全保障农民土地权益的长效机制。完善土地权利配置制度，强化农村土地承包经营权的物权性质，根据我国农村土地产权状况，应在明确农村集体土地所有权主体的前提下，强化和细化土地使用权。依法保障农户享有对承包土地的占有、使用、收益等权利，赋予农民相应的土地处置权。完善征地补偿机制，提高土地征用的补偿额度，在承认农民土地基本权利的基础上，增加征地补偿的内容，提高补偿标准，除了补偿土地原有用途的价值、土地附着物及青苗损失外，还应补偿农民的土地所有权损失，承包期限内土地潜在收益损失，相邻土地损失以及因失去土地而导致的各项间接成本（如就业压力、社会风险和精神损失等）。完善土地权利配置制度，如通过设立土地发展权，新增建设用地的发展权由国家和失地农民分享，国家利用土地发展权获得的价值支持城乡建设用地调整和支援农业。通过赋予农民分享土地的发展权，使农民的发展得到有效保障，也可以有效遏制征地权的滥用。

完善土地征用制度，规范土地收益分配行为和加快农村社会保障体系建设。严格界定公益性和经营性建设用地，逐步缩小征地范围。改善失地农民的权利地位，保障征地补偿真正属于农民。将农村集体土地纳入统一的土地市场，以出让、出租、转让、转租、抵押等形式进行流转，建立集体和农民分享农用地转为建设用地后土地增值的机制，使农民获得更多的土地财产性收入。拓宽安置渠道，解决好被征地农民就业、住房和社会保障问题，确保被征地农民基本生活长期有保障。同时，赋予被征地农民应拥有的权利，包括知情权、参与权、异议权、上诉权等方面。确保农户维护自身合法权益，保障农民土地权益。

（3）培育市场主体，提高市场主体的组织化程度。在统一城乡市场中，培育农村市场主体是关键。首先，要采取多种途径，大力增加农民收入。城乡市场要想真正实现融合，只有使城乡人民的收入水平基本一致，才能消除城乡市场之间存在的差距。城乡收入差距必然影响城乡市场的消费结构，影响市场的统一发展。因此，只有把农民收入这个根本问题解决了，才能使城乡市场有一个统一的相似的主体。其次，要提高农民参与市场活动的组织化程度。一是大力扶持农民合作经济组织的发展。农户合作经济组织指农民在自愿基础上，按照既定组织程序建立的有自主自由权利的生产经营服务组织。农民合作经济组织是连接市场、龙头企业和农民的桥梁，它可以克服分散农户信息有限、抵御风险能力较低的缺点，提高其在市场交易中的谈判能力，因而是提高农民进入市场的组织化程度及保护农民自身利益的有效形式。因此，要大力推进农村专业经济合作社的发展，落实好《农民专业经济合作社法》，从财政投入、税收优惠、金融支持等方面加大对其扶持力度，提高其为农服务的能力和水平，使之成为引领农民参与国内外市场竞争的现代农业组织。通过提高农户组织化程度，实现农产品运销规模化、系列化和集约化，提高流通效率。二是通过农民组织制度的创新，健全农业统一经营服务体系。大力培育、发展农民经纪人队伍及其他中介服务组织,为农民提供信息,促进产销衔接。鼓励农民和农村集体经济组织发展与工商企业、外贸企业、供销社的经济联合,大力培育代理商、中间批发商等商人组织,方便农民出售农产品,变分散的小批量上市为集中的大批量交易。三是加大国有商业和供销合作社的体制改革力度,提高参与农产品市场竞争的活力与能力,注重培育和发展"公司+农户"形式,引导龙头企业与农户建立起更加公平合理的利益联结机制,逐步形成规模大、组织化程度高的农产品流通模式。

(4) 加强农产品市场体系建设和要素市场建设。首先,加强以产地批发市场为重点的农产品市场体系建设。我国农产品批发市场蓬勃兴起与发展,成为农产品流通的中心环节,在加强农产品批发市场建设的同时,大力改造、提升城乡集贸市场,因地制宜地建设一批大中小型超市,逐步规范零售贸易,方便居民生活。其次,构建城乡生产要素自由流动机制,建立健全城乡统一的要素市场。一是构建城乡劳动力流动机制。发挥市场对劳动力资源的功能和作用,消除农村劳动力向城市转移的政策性障碍,重点是加快户籍改革,让农村劳动力平等参与就业竞争。二是构建城乡土地资源交易机制。积极探索农村集产社区股份制改造和承包地、宅基地有偿流转的办法,促成土地资源优化配置。三是构建城乡资金流动机制。应加大农村信用社等金融机构改革力度,为农村发展提供资金支持。同时,还要通过政策支农和财政补贴,促进城市资金流向农村。四是构建城乡信息流动机制。应加快建立城乡互动的信息网络,加强城乡之间技术信息、人才信息、市场信息的交流与合作,切实改善城乡之间信息交流与互动的基础条件。

(5) 完善市场服务功能,提高市场管理水平。加强以市场信息网络为重点的配套设施和软件建设,包括通信、信息网络、电脑结算系统、农产品质量安全检验检测系统等,进一步健全市场内部管理制度,整顿市场秩序,逐步试验推广产品分级分类、规格化包装和拍卖制度,推进市场、管理现代化。信息网的有效运行,不仅能够为广大生产者、营销者、消费者、有关研究部门和各级政府提供信息服务,同时强化了农产品流通各环节之间、各地区之间的沟通与交流,对于促进全国统一的农产品批发市场网络的形成与发展,完善市场体系,建立大市场、大流通格局,都具有特殊的凝聚和黏合作用。因此,国家要支持网络的基础设施建设,包括网络中心的软硬件建设、信息通道建设、批发市场的信息接收与发布设备等。同时,各批发市场要加强自身的信息系统建设,健全信息收集、分析、交换、发布制度,使信息采集、传输和发布工作经常化、规范化。

第九章

城乡统筹视角下城乡双向流通的商贸组织体系建设研究

城乡双向流通的商贸组织体系建设是城乡统筹的重要内容之一。它的建设需要以城市现有商贸流通组织体系为依托，加快农村商贸流通组织主体的培育，实现城市商贸流通组织体系与农村商贸流通组织体系的对接，建成统一的城乡双向流通的商贸组织体系。因此，城乡双向流通的商贸组织体系建设的重点在农村商贸组织体系的培育与发展，难点在城市与农村商贸流通组织体系的对接，处理好这两个方面的问题是实现双向流通的关键所在。

第一节 我国现有城乡商贸组织体系的状态描述及其评价

在城乡商贸流通体系中，商品流通主要包括农业生产资料、消费品和农产品等方面。从城乡统筹的角度看，农业生产资料、消费品的流通主要面临的是如何以质优价廉的形式供给农村消费者的问题，农产品主要面临的是如何能够以优质优价形式销售的问题。我国现有城乡商贸组织体系是分割的二元结构，由农村商贸组织体系和城市商贸组织体系构成，虽然存在农产品向城市流通和工业制成品，包括农业生产资料向农村地区的流通，但其商贸组织是割裂的，在城乡双向流通中的组织功能尚薄弱。

一、农村商贸流通组织体系的现状

我国农村商贸流通组织的发展还比较滞后,很多地区的农业商贸流通还处于无组织的个体经营状况。这里仅对目前比较有影响力的一些农村商贸组织进行介绍,对于许多新兴的流通组织形式暂未加以考虑。

(一)农业合作社

农业合作社已经有上百年的历史,在世界范围内已成为非常成熟的农村商贸流通组织,像日本的农协,美国、德国、以色列的农合社等,都是经受了历史考验,发展成比较成熟的农产品流通主体(宋书彬,2005)。近年来,在国家政策大力支持下我国农民专业合作组织数量呈现快速上升态势。根据国家工商总局的统计,截至2012年年底全国依法新登记并领取法人营业执照的农民专业合作社有68.9万家,出资总额共计1.1万亿元。

我国专业合作社发展经营规模普遍偏小,能直接从事加工、销售的还是少数。目前我国农业合作社普遍存在的主要困难包括融资困难、社员文化素质较低、成员年龄结构偏大等问题。而这些问题与农村金融、农业剩余劳动力转移等问题密不可分,又是商贸流通的管理部门所无法解决的体制性问题,造成了我国农业合作组织在农村商贸流通中的地位仍偏低,所占规模仍较小。

(二)农业产业化企业

以龙头企业为主的产业化经营组织快速发展,已经成为农业生产和农产品市场供应的重要主体,对保障国家粮食安全和重要农产品有效供给发挥了重要支持和促进作用。2011年,各类产业化经营组织超过28万个,辐射带动全国40%的农户从事农业生产经营,龙头企业11万多家,销售收入突破6万亿元,所提供的农产品及加工制品占农产品市场供应量的1/3,占主要城市"菜篮子"产品供给的2/3以上。农产品加工业的专业乡、专业村,在一定区域内已形成了特色的经济格局。如浙江、山东、辽宁、福建、江苏等省的水产品加工;山东、陕西省的果品储藏与加工;河北、山东、河南省的优质专用小麦加工;山东、河南、四川、辽宁、吉林等省的肉类加工。农业产业化企业在农产品销售中的带动作用显著,可以实现就地生产,就地加工,实现农产品生产和流通的无缝衔接。

(三) 新型农村供销社

农村供销社体系的分布之广是其他农产品流通主体所不能比拟的，但由于历史负担太重，经营机制不合理，造成了农村供销社的长期亏损和萎缩。1998 年国务院明确了深化供销社改革的目标，纠正了供销社改革"跳出农村，到城市安营扎寨"等错误认识，确立坚守农村阵地，立足流通领域，把服务"三农"，引导农民进入市场作为供销社的主要任务。供销合作社系统已形成一个拥有省（区、市）供销合作社 31 个，省辖市（地、盟、州）供销合作社 44 个，县（区、市、旗）供销合作社 2 377 个，基层社 21 106 个；社有企业 49 350 个，事业单位 529 个的庞大的经济合作组织。据全国供销合作总社提供的数据显示，2012 年，供销合作社全系统汇总收入达 13 581.1 亿元，实现利润 261.4 亿元，同比增盈 45.9 亿元，增长 21.3%。其中，县以上企业实现利润 237.7 亿元，同比增加 38.6 亿元，增长 19.4%；基层社实现利润 23.7 亿元，同比增加 7.3 亿元，增长 44.2%。

(四) 农村连锁超市

我国农业生产资料和农村日用品的流通主体主要是农家店和乡村定期集市，流通主体的无序化和临时性造成了农业生产资料流通和农村日用品流通的低水平。农村假农资、假冒伪劣商品现象比较严重。针对这一状况，2004 年 6 月，商务部等八个部门联合发布《关于进一步做好农村商品流通工作的意见》指出，要加快农村消费品市场建设，大力培育农村新型流通方式，积极引导和扩大农民消费。以县城和中心城镇为重点，积极发展连锁超市、便利店等新型流通业态。通过示范引导、自愿进入的方式，逐步以连锁经营、统一配送等经营方式改造农村传统的集贸市场，鼓励有实力零售企业运用特许经营、销售代理等方式，改造"夫妻店"、"代销店"。据商务部发布的数据，截至 2010 年年底，我国农村已建成 52 万家连锁农家店、2 667 个配送中心，覆盖 80% 的乡镇和 65% 的行政村。

二、城市商贸流通组织体系的现状

城市商贸流通组织经过了 60 多年的不间断发展，历经几次重大改革和创新，已经形成了以连锁经营为主体，以流通组织多元化和专业化为特征的现代流通组织体系。主要特征有以下几个方面：

第一，连锁业态已经成为城市商贸流通的主要载体。2011 年中国连锁百强企业的销售额已占全国社会消费品零售总额的 9.1%，加上大量中小连锁企业的存在，中国连锁化程度已超过 40%。排在零售业连锁百强前 20 位的企业，其销售额占百强企业销售额的比重更是从 2000 年的 55% 上升至 2011 年的 60%，零售百强企业的门店数目前也已达到数百上千家，数量最多的百联集团门店数已达 5 604 家。

第二，外资流通企业大举进入中国市场。除了国内企业，外资流通企业也大量进入中国。2009 年外资连锁企业 141 家，门店 14 217 个，占连锁企业总数的 8.04%；销售额 2 480.63 亿元，占连锁企业销售总额的 9.05%。

第三，电子商务发展迅猛，网络购物飞速增长。中国互联网信息中心发布的数据显示，截至 2012 年 6 月底，中国网民数量达到 5.38 亿人，这为网络购物的兴起提供了良好的基础。艾瑞咨询公司对中国网上购物状况的监测与预测数据显示，2011 年中国网购市场成交额达到了 7 849.3 亿元，比 2010 年增长了 66%，远远超过同期中国社会消费品零售总额实际增长率 11.6%。2010 年中国网购人群数量突破了 1 亿人，2012 年已经达到 2.4 亿人。网络购物的接受人群飞速增长。

三、对我国现有城乡商贸流通组织体系的评价

（一）城乡商贸流通组织发展不平衡

无论是从流通规模、还是从流通组织的现代化程度等方面来看，我国城乡商贸流通组织发展差距很大。城市商贸流通组织已经和国际接轨，甚至在购物广场和超市营业面积的规模上已经领先于世界。网络购物发展很快，已经形成了对传统销售方式的挑战。一些企业已经开始建立自己的网络直营店和独立网站。而在农村地区，流通组织体系的规模和水平都与城市有很大差距，业态形式也比较单一，网络销售受制于信息化水平和配送网络，还基本上处于空白阶段，仅有江浙少数富裕农村有所涉及。

（二）农村商贸流通体系内部协调性差，没有形成优势互补的功能格局

农业合作组织、农村供销社和农村连锁超市都在将目光放在全能型的流通组织建立方面，没有突出各自的特色。如农业合作组织主要在农资采购上应发挥大的作用，而农村供销社应利用其规模大、网点多的特点，加大在农村物流上的作

用。农村连锁超市应强化自己在农村消费品供应上的优势,通过继续扩大规模、降低成本的方式提高收益。

(三)城乡商贸流通组织之间的交流较少,没有形成双向流通的统一体系

城市商贸流通组织和农村商贸流通组织各自为战,除了在农产品配送方面有所交叉外,在连锁超市和专营商店方面形成了两个独立的体系。农村连锁超市主要是规模较小的地方连锁超市,并且这些超市基本上发源于农村地区,扩张的范围也多限于农村地区。而城市里的主要连锁超市又不愿意将业务扩展到农村地区,或者出于成本的考虑,并不关注农村市场的发展。

第二节 城乡商贸组织体系不对接的形成原因分析

一、城乡市场分割的约束

长期二元经济格局造成农村经济文化落后、基础建设薄弱,由此面临物流高成本和低效率问题。在农产品物流、农村生产资料物流、工业用品物流体系建设中,政府职能先于市场职能,国有制与非国有商贸经济的不同行为规则导致双向物流体系建设的进度迟缓。政府管理机构纵向化、立体化和双向物流横向化、扁平化的矛盾冲突说明,作为讲求系统协同的物流要进一步发展,则急需改进从计划经济体制演化而来的政出多门的管理体制,职能权限交叉、重复、遗漏,造成城乡市场分割、封闭、垄断和无序(宋则,2008)。因此,建立一个网络结构合理、功能齐全、交易灵活、高效统一的市场体系,同时发展连锁经营、物流配送和电子商务等现代流通方式,以及搞活生产资料和生活资料的大流通,是保证城乡物流畅通的基础。

二、城镇化发展滞后的约束

第一,城镇的发展是实现二元经济转型、城乡统筹发展的重要载体。城镇化的形成有利于生产要素、经济活动的集聚,发挥规模报酬效应。商贸流通的空间

布局只有在相对聚集的区域才能发挥规模效应,城镇化发展滞后将限制商贸流通组织体系在乡村的布局。农村市场需求分散、批量小、运输成本高,大型商贸流通主体往往不愿在乡村设立网点,乡村商贸流通主体往往以个体的夫妻店、便利店为主,规模小、集中度低。

第二,统筹城乡商贸流通组织体系建设,有赖于城镇化提供相应的空间集聚支持。城镇化的发展,可以有效降低运输成本,为商贸流通的发展提供聚集效应。空间经济学研究表明运输成本是空间集聚的重要因素,空间集聚是企业、消费者等经济主体最优决策的均衡结果,该理论表明城镇化发展可以提供较低的运输成本与规模经济优势,激发商贸流通主体将商贸流通体系辐射至乡村地区的积极性。农产品分散流通的格局使农产品的标准化、品牌化建设落后,农产品的质量控制存在困难。虽然部分地区通过建立合作社为农产品流通提供支持,但是该模式因其交易成本、信息成本较高,难以发挥主导作用。

第三,城镇发展滞后,不利于区域物流体系层次结构的建立。城镇是现代物流体系的重要节点,城镇可以成为农村的物流中心点、物流活动信息交流中心,进而促进物流体系城乡一体化发展。如果城镇化建设不足,将使物流体系缺乏支撑点。

三、现代物流体系、连锁经营建设不足的约束

在商贸流通组织体系中,物流体系是重要组成部分,物流体系的完善对于商贸流通主体成本控制和服务水平的提高具有重要意义。专业、高效的第三方物流体系建设,可以明显提高决策效率和物流配送的专业化水平(唐红涛、唐红帆,2008),保障物流配送质量,提高商品周转率,降低物流配送成本。目前,县、乡两级物流体系散乱,以个体经营为主,规模小、组织化程度低、专业化程度低,物流成本居高不下,制约了统筹城乡商贸流通体系建设。

连锁经营是现代流通业发展的最主要组织形式和经营方式,因其进行集中采购、统一配送,实施规范化、专业化的管理方式,有利于发挥规模经济优势、降低交易成本、提高商贸流通主体的经济效益。然而,中国在县及县以下商贸流通体系中仍然各自为战,连锁网络由城市向乡村的延伸明显滞后,远不能满足乡村消费者的需求。近年来,在商务部"千镇连锁,万村便利店"的政策推动下,乡村商贸流通虽有所起色,但因处于起步阶段,发展空间仍然很大。连锁经营发展缓慢,制约了城乡一体化的商贸流通体系建设。

第三节 城乡统筹视角下城乡双向流通的商贸组织体系建设的目标、思路和措施

一、城乡双向流通的商贸组织体系建设的目标和思路

城乡双向流通的商贸组织体系建设的目标是：以特大城市商业为主导，以中小城市为主体，以农村市场为基础，构建农产品、日用工业品和农业生产资料三条渠道以及连锁经营、网上交易、厂家直销、全国性市场配送网络体系，构建城乡互动、双向流通的高效、快捷、畅通的商贸流通体系（黄国雄等，2009）。

城乡双向流通的商贸流通体系建设的主要思路：一是积极发展农村供销社主渠道作用，要继续深化供销社体制改革，彻底转变观念、转变机制，使供销社从单纯的购销组织向农村经济的合作组织转变。二是积极培育市场中介组织。建立多种多样的中介组织，提高竞争效益，为农民提供市场信息、技术指导、产品收购、加工、运输等多种服务，在供给与需求之间牵线搭桥。三是壮大新型经济组织，特别是要培育和发展具有综合性服务功能的流通组织。探索和推广"超市+基地"、"超市+农村流通合作经济组织"、"超市+批发市场"、"超市+社会化物流中心"等专业合作组织的成长。四是积极引导农民进入市场，鼓励农民从事商品流通，为农民进入市场创造良好环境。同时要发展运销大户，培育和壮大农村经纪人队伍。

二、城乡双向流通的商贸组织体系建设的措施

（一）以城镇化建设为统筹城乡商贸流通组织体系创造条件

评价统筹城乡商贸流通组织体系建设的成功与否，很重要的一点在于商贸流通主体能否从规模化、专业化的商贸流通体系中获得经济利益，调动商贸流通主体的积极性。城镇化的发展，可以使各种生产要素、经济活动向城镇集聚，有效降低商贸流通体系的交易成本，为商贸流通主体配置资源、建设合理的物流体系层次结构提供支持。加强中心城市与周围小城镇以及农村之间的联结，可以

形成一种效率较高的流通网络,从而节约交易成本,提高交易效率,发挥城市对周围城镇和农村地区经济的带动作用(刘宁、杨以文,2007)。我们看到,凡是城镇化发展比较先进的地区,如长三角,城乡一体化的商贸流通体系就比较完备。然而,在经济发展过程中,中国过于将资源向大、中城市集中,对城镇化建设有所忽视。结果,城镇缺乏从大中城市辐射力中获得收益的资源和能力,使城乡一体化的商贸流通体系缺乏载体。我们应通过大力推进城镇化建设,发挥城镇"上引城市、下联乡村"的功能,为城乡一体化的商贸流通体系建设创造条件。

(二)鼓励商贸流通主体的兼并、重组,发挥规模经济效益

目前,中国的商贸流通组织体系"条块"分割比较严重,行业集中度低。在此背景下,应制定优惠的财税政策,鼓励优势商贸流通主体的兼并活动,改变分散经营的现状(章迪平、孙敬水,2007)。在兼并、重组过程中,应改变以国有经济为主导的兼并格局,鼓励非公所有制经济成分参与、主导兼并活动。改革开放以来的实践表明,凡是允许、鼓励各种经济成分充分竞争的行业,竞争力和效益都将明显提高,商贸流通业也不例外。一方面应鼓励大企业跨区域兼并的行为,建立统一的采购、物流体系;另一方面也应注重以县为主的区域内商贸流通主体的兼并行为。目前,许多县乡两级因消费能力低、商贸流通成本高等因素,大型商贸流通主体往往不愿涉足,对此,可以通过鼓励县域范围内的商贸流通龙头企业进行兼并,组建较强的商贸流通企业,发挥规模经济效益。

(三)大力发展连锁经营,构建与城乡商贸流通相匹配的物流体系

在现代商贸流通业的发展中,连锁经营的优势越发明显。在县、乡地区,除了发展超市、百货店之外,也应根据当地实际情况发展便利店、折扣店和专卖店等多业态的连锁形式,实现城乡商贸流通的多样化竞争局面。除了鼓励商贸流通主体在县、乡地区设立直营店之外,也应鼓励加盟经营方式,对于现有的从事商贸流通的个体店、"夫妻店",应给予优先加盟。这样才能一方面发挥连锁经营的专业化、规模化经营优势,另一方面解决农村地区的就业问题,保障社会稳定。对于超市、百货店等连锁业态,应充分发挥其流通渠道优势,鼓励其从当地采购农产品,实现"一网多用",解决农产品的流通问题。

目前,在县、乡地区,农业生产资料、消费品和农产品的物流主要由生产者自行解决或由个体户分散经营,专业的第三方物流体系明显不足。可以通过合理设制区域性的物流层次结构,建立区域的物流中心点和节点,鼓励采用先进的物

流配送技术，增强对周边地区的辐射范围，对县、乡的物流形成支撑作用，降低乡村地区的流通成本。为促使区域物流市场整体运行绩效达到理想状态，应在区域经济一体化的框架下，以市场一体化进程为基础，健全区域物流合作的市场体系，构建功能完善的区域物流体系，加快区域基础设施、信息化平台与标准体系的建设步伐（郝玉龙、穆岩，2007）。

（四）完善统筹城乡商贸流通的制度支持体系

城乡商贸流通面临地区、行业垄断的问题，有必要清理相关法规、政策，为商贸流通主体规模化和专业化经营，跨地区、跨行业经营创造有利条件。此外，中小型商贸流通企业因其自身规模有限，缺乏市场竞争力，金融机构出于风险考虑，不愿向中小型流通企业融资（高燕翔，2007），制约了商贸流通企业的发展壮大。应拓宽商贸流通企业的融资渠道，对于有成长潜力的商贸流通企业不分所有制都应给予信贷支持，对商贸流通企业经营的产品也应给予赊销的信贷支持。

在中国，农产品的生产仍以家庭为基本单位，产品难以标准化、形成品牌优势。在当前阶段，可以通过鼓励在市场竞争中脱颖而出的农产品生产、加工和流通企业向上、下游拓展业务（黄祖辉，2003），支持其对农产品品牌建设和质量安全体系的投入，为农产品流通向规模化发展创造条件。不过从长远来看，有必要改革土地制度，使农产品的基本生产要素（土地）适度集中，实行规模化、专业化和集约化经营，用现代生产方式改造传统农业，为农产品流通向规模化、品牌化、标准化发展创造条件。

第四节　城乡双向流通的商贸组织体系建设中行业协会组织的培育

一、加快行业协会的立法工作，保障行业协会的权利权益

目前，中国还没有专门的行业协会法规。政府对行业协会的管理主要依据1998年国务院颁布的《社会团体登记管理条例》，原国家经济贸易委员会颁发的《关于选择若干城市进行行业协会试点的方案》（1997）、《关于加快培育和发展工商领域行业协会的若干意见（试行）》（1999）、《关于加强行业协会规范管理和培育发展工作的通知》（2003）等；同时，一些地方政府也颁发了有关行业协

会的管理条例，如《温州市行业协会管理办法》、《上海市促进行业协会发展规定》等；但这些文件的权威性不高，针对性不强，不能适应当前行业协会发展的要求。《社会团体登记管理条例》主要目的是加强对政治团体的管理，具有一定的意识形态色彩，未能考虑和反映行业协会的特殊性。行业协会组织是经济性质的组织，具有很强的自律。由于目前在管理上将行业协会与一般社团混同管理，也就无法就行业协会的性质、职能定位、日常监管等问题作出实质性的规定（潘劲，2007）。因此，需要加快行业协会的立法工作，形成专门的针对行业协会管理的法律法规，使行业协会的发展得到法律保障。

二、改革行业协会的管理体制，消除双重管理的不合理制度

目前，政府对社团实行的是双重管理体制。所谓"双重管理"，是指社团要接受两个单位的管理：一个是登记管理机关，另一个是业务主管单位。社团在登记前应经其业务主管单位审查同意，在其存续期间也要接受这两个单位的监督管理。《社会团体登记管理条例》规定，民政部门是唯一的社团登记管理机关，国务院有关部门和县级以上地方各级政府有关部门及政府授权的组织是社团的业务主管单位。从运作结果来看，双重管理体制存在许多弊端。首先，双重管理体制赋予政府部门尤其是业务主管部门过多的权力。在双重管理体制下，行业协会从组建到运作都要在业务主管部门的监管之下，从而使协会成为业务主管部门的附属物。主管部门可以决定协会领导人的任免，可以介入协会的业务，也可以将其退休或分流人员安排到协会，这就使协会难以独立成长，难以形成良好的发展机制。其次，双重管理体制不利于开展行业管理，由于是依托部门办协会，许多协会的会员为原系统内的国有企业或集体企业，会员数量很少，致使行业覆盖面狭窄。

三、鼓励行业协会等中介组织发展，加强行业自律

行业协会等中介组织是市场经济发展的产物，它介于政府和企业之间，承担着社会管理和服务职能，是政府与企业的桥梁和纽带。鼓励行业协会等中介组织的发展，首先能够发挥其自组织、自管理的作用，通过制定行业规范，加强行业自律和监管作用，促进诚信经营，营造良好的经营环境和市场秩序。其次行业协会等中介组织社会管理职能的发挥可以促使政府行政权力收缩，推进政府职能转变的进程，形成"小政府、大社会"的管理体系。此外，行业协会等中介组织

的发展,还能够提高农民的组织化程度,增强其谈判能力和市场竞争能力。为此,应改变政府主导中介市场的格局,引入民间资本,使中介组织能够真正履行其社会服务职能、社会评价与裁判职能、社会调节职能以及社会协调和代理职能。政府的主要作用在于建立必要的制度体系,包括建立健全相应的法律法规、行政规章以及制度实施机制,明确中介组织的行为规范,并对中介组织的运行进行监管,防止其机会主义行为。

第五节 城乡统筹视角下城乡双向流通的商贸组织体系建设中流通主体的培育

对于农村商贸流通主体培育的不同认识可以归结为一元化和二元化两类观点,第一类观点认为农村商贸流通主体是一元化的,发展壮大某种组织形式,将农产品流通、农资销售与日用品消费全部纳入这种组织形式中。第二类观点主张在农产品流通、农资流通和日用品流通中分别采取一种组织形式。每一种组织形式都有其优点,用一种组织形式统摄农村商贸流通,会损害农村商贸流通的效率,如农业合作社中的日用消费品流通职能,会限制农户对日用消费品的选择自由。单个流通组织过于强大,会扭转市场交易双方的力量,虽然农户的利益需要保护,但不应作为卖方垄断存在的合理理由。但它们在认识上都有不足。这种观点忽视了任何一个流通领域中的主体,都有可能因为缺乏竞争压力而陷入低效率之中。因此,在每一个流通领域,发展以某种组织为核心的多元化流通主体,是未来农村商贸流通主体的必由之路,也只有这种发展模式才能够实现农村商贸流通的大循环,有助于城乡统筹目标的实现。

一、以大型农资企业为核心的多元化农资流通主体

大型农资企业凭借着自己对农资市场的深层接触和自身实力,可以作为农资流通主体的主导力量,通过建立农资连锁经营店,减少流通环节,维护品牌信誉,降低农资价格,强势冲击传统销售渠道。供销社与传统农家店,可以以加盟代理的方式,与一个或多个大型农资企业进行合作,就地转化为品牌产品的代理商,成为农资流通主体的辅助力量,不同农资企业连锁店之间也应以合作共赢的目标,彼此代理对方农资产品,快速建立农资销售网络。据不完全统计,近年来

我国农资连锁企业数量已增加至 4 000 多家，门店达数万个，从中国农资集团到中化化肥，再到区域性的江苏苏农、四川邦力达、浙江惠多利，以及由生产企业发起的南京红太阳、河北德地得等都是农资连锁的先驱。虽然农资连锁发展势头很猛，但目前整个农资连锁经营企业在农资销售市场上所占份额只有大约 20%。这种发展现状进一步要求必须整合供销社与传统农家店的力量，形成以大型农资企业为核心的多元化农资流通主体。

以大型农资企业连锁方式作为农用物资流通主体的核心力量，其实质是用现代化企业和物流方式改造传统的农用物资流通方式，是将城市流通业的先进方式运用于农资流通的传统领域，是统筹城乡发展目标下农资流通主体培育的有效方式。

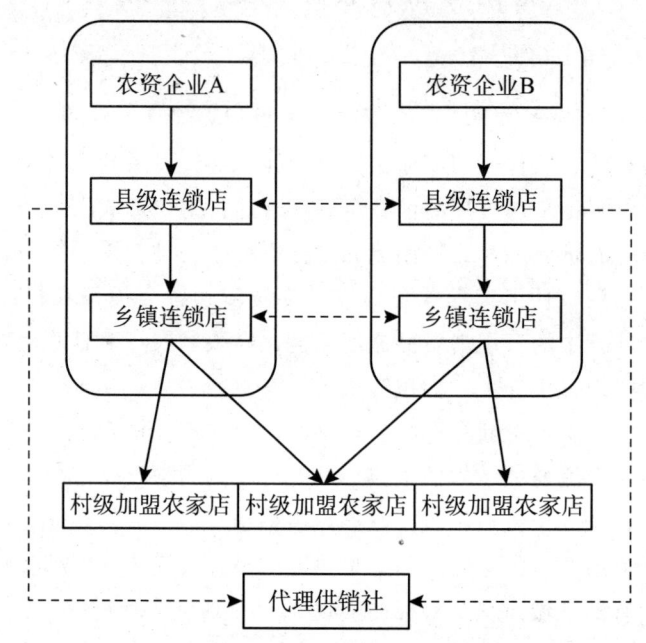

图 9-1 以大型农资企业为核心的多元化农资流通主体示意

二、以连锁超市为核心的多元化农村日用品流通主体

我国县、乡、村一级的农村商业多数处于单店和个体经营的状态，竞争能力和服务能力都比较弱，依靠农村商业自身力量很难发展成为具有较大规模的连锁企业。城市大型流通企业通过连锁方式与城乡结合或向农村延伸是未来农村流通业发展的一大趋势。如上海联华、华联，先在县城吸收当地经营者加盟，实现低成本快速扩张；江苏的苏果超市是从城市向农村延伸，取得了成功经验。经过改

制的农村供销社也可以通过连锁经营的方式,从事农村日用品的销售,通过网络化和规模化降低经营成本,通过先进的连锁经营管理方式提高服务质量和服务水平。乡镇一级的连锁超市可以直接给农家店供货,建立起连锁超市的农家店加盟网络。在农村定期集市上,可以以连锁超市的流动供货点方式开展经营活动,引导农村定期集市向高水平发展,消除假冒伪劣商品的生存空间。总之,以连锁超市为核心的多元化农村日用品流通主体,就是要以连锁经营方式整合现有的农村商业组织,共同提升农村日用品流通的水平,加快农村日用品流通速度,同时规范市场秩序,遏制假冒伪劣商品的泛滥。

将城市中经营较好的超市引入农村地区,成为农村商品流通主体的核心力量,在竞争中促使供销社、乡村集市和农家店等朝着优质服务、积累声誉的方向发展,逐渐净化农村消费品市场环境,实现城乡统筹背景下农村消费品市场与城市消费品市场的接轨。

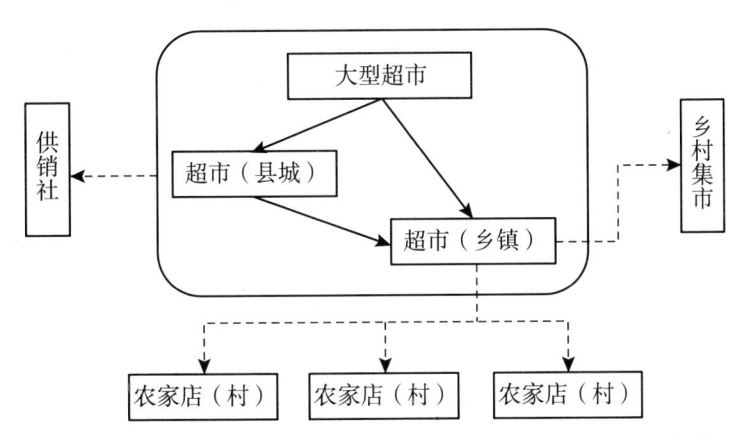

图 9-2 以连锁超市为核心的多元化农村日用品流通主体

三、以农业合作社为主导的多元化农产品流通主体

发达国家的经验表明,多种形式的农业合作社是保障农民利益、提高农产品流通速度和农业收益的有效组织形式。农业合作社作为农产品流通主体,需要建立高水平的合作组织。与国外几十年甚至上百年的农业合作社发展历程相比,我国的农业合作社还处于刚刚起步阶段,短时间内成长起来的困难较大,但是农产品流通主体的缺失又要求必须建立新的农产品流通主体。根据我国的实际情况,建立以农业合作社为主导的多元化农产品流通主体更为可行。农业合作社主要发挥指导生产和组织销售的职能,通过合作社出面与流通企业进行谈判,增强自身的谈判力量,为农户争取到更多的利益。另外,农业合作社要利用当前我国农产

品流通个体多元化的特点，在与贩销大户、大型销售企业、农产品加工企业和供销社的博弈中，争取有利地位。与此同时，农业合作社可以尝试建立自己的销售渠道，以直销方式进入农产品市场，同时，提升合作社的组织化水平，向更高级的农业合作社发展。

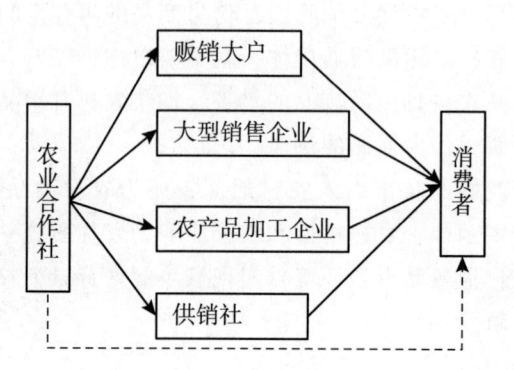

图 9 – 3　以农业合作社为主导的多元化农产品流通主体

农业合作社能够将分散的农户组织起来，提升农户的谈判能力，是提高农民收入的必由之路。农业合作社的发展水平决定了农户的收入水平，从而决定了城乡在消费能力、意愿和生活方式上的异同。农业合作社将农民组织起来，也有助于改变农民的弱势地位，是城乡统筹目标最终能否实现的决定性因素。

四、以大型物流企业为主导的现代城乡物流主体

城乡双向商贸流通主体的培育重点在解决农村商贸流通主体的缺失问题。在大力培育和发展农村商贸流通主体的同时，需要加强城乡商贸流通的统一和协调问题，形成城乡双向的商贸流通格局。为了实现这一目标，需要现代物流业，发展大型物流企业，通过专业化和规模化的物流企业，建立起全国性或区域性的配送网络，实现配送的层次多元化能实现从城市到乡村的全面覆盖，并且这一物流网络与农村商贸流通主体之间形成良性互动和合作关系，将农产品高效地运往城市和其他乡村，实现农业生产资料和工业消费品乡村级别的配送。总之，现代物流企业作为流通主体的重要组成部分，连接起城市商贸流通主体、农村日用品流通主体、农产品流通主体和农业物资流通主体，是城乡双向商贸流通主体的骨架，它的培育直接决定了其他流通主体的流通效率。

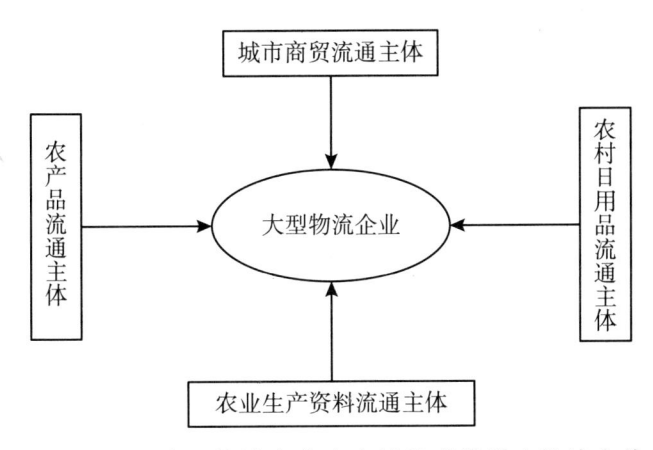

图 9-4 以大型物流企业为主导的现代城乡物流主体

第十章

城乡统筹视角下城乡双向流通的物流体系建设研究

城乡双向物流体系，是指与农产品销售物流、农村生产资料物流与消费品供应物流等相关的各个要素相互作用、相互联系而构成的一个有机整体，主要包括两个方面，一是指农产品从农民或农产品经营者手中流向城市市场终端消费者手中的物流链，与农产品的易腐性、廉价性、品质差异性、运输实物损耗性具有密切联系。二是指农村工业品和消费品经过批发市场或物流配送中心，流入农村消费者手中的物流链，主要涉及价格差异、商品质量、售后服务等问题。从物流主体考虑，城乡一体化的双向物流体系包括城市与农村的各类市场主体，特别是农户、农民合作经济组织、非公有制物流功能服务提供商、各种类型的零售终端，使之能够平等地进入市场，使用物流设施公平竞争。从现代大物流角度看，城乡双向物流涉及信息收集处理、农产品生产、加工、存储、包装、运输、配送、废弃物处理等综合服务或流程。通过优化流通过程，激发不同市场主体最大程度发挥自身优势，从而带动各个流通环节形成一个有机整体，构建城乡一体化物流体系的关键环节。

第一节 我国现有城乡物流体系的状态描述及其评价

一、我国现有城乡物流体系的状态描述

(一) 城乡商品市场物流规模的比较

表10-1是我国从1990年到2008年城乡商品市场物流规模的对比,从中可以看出以下几点:(1)农村的商品市场数目要多于城市商品市场的数目,但是城市商品市场数目的增长速度要大大超过农村,在1997~2011年城市商品市场数目以年均4.46%的增幅上升。虽然在2004年由于市场整合力度加大下降了近6个百分点,在2005年又以1.97%的速度回升。而农村市场数目却以年均1.75%的速度下降,尤其是在2004年下降速度达到了14.6%,虽然在2005年商务部"万村千乡"工程带动下,下降速度遏制为5.5%,但近些年农村商品市场萎缩,数目不断下降却是不争的事实。(2)虽然城市的商品市场数目增长速度较快,但目前总量仍仅为农村商品市场数目的一半多,不过城市商品市场交易总额却高于农村商品市场交易额,从1989年的市场交易额仅为农村市场交易额的一半到2003年的多出近4 000亿元,这充分反映了城市市场的规模、质量都要远优于农村市场。(3)农村商品市场交易额的增长率明显低于城市交易额的增长率,城市商品市场年平均交易额增长率为26.15%,而农村市场年平均交易额增长率仅为17.83%,反映了城市市场的发展速度快于农村市场,这也与我国城乡二元经济的格局相适应。

表10-1　我国1990~2008年间城乡商品市场物流规模

年份	城市商品市场数(个)	农村商品市场数(个)	城市商品市场交易额(亿元)	农村商品市场交易额(亿元)	城市市场交易额增长率(%)	农村市场交易额增长率(%)
1990	13 106	59 473	837.8	1 330.4	28.8	15.98
1991	13 891	60 784	1 079.2	1 543.0	46.7	26.18
1992	14 510	64 678	1 583.0	1 947.0	61.9	42.81

续表

年份	城市商品市场数（个）	农村商品市场数（个）	城市商品市场交易额（亿元）	农村商品市场交易额（亿元）	城市市场交易额增长率（%）	农村市场交易额增长率（%）
1993	16 450	66 551	2 562.4	2 780.6	78.3	58.69
1994	17 894	66 569	4 569.1	4 412.4	35.2	22.69
1995	19 892	63 000	6 176.4	5 413.7	27.6	25.84
1996	20 832	64 559	7 882.5	6 812.4	20.1	16.78
1997	22 352	64 753	9 468.8	7 955.7	16.6	10.52
1998	24 127	65 050	11 042.8	8 792.7	11.6	6.70
1999	24 983	63 593	12 325.7	9 382.1	12.0	11.69
2000	26 395	62 416	13 800.4	10 479.2	4.2	1.44
2001	27 663	59 755	14 379.7	10 629.6	5.3	1.94
2002	26 529	55 969	15 140.1	10 835.6	2.0	1.98
2003	27 006	54 011	15 447.5	11 050.0	5.5	10.59
2004	25 404	46 148	16 303.6	12 219.7	6.2	5.79
2005	25 905	43 615	17 311.8	12 927.6	5.8	5.40
2006	25 905	41 805	18 320.0	13 625.5	5.5	5.27
2007	24 150	37 763	19 328.2	14 343.4	5.2	4.93
2008	24 945	36 590	20 336.3	15 051.2	28.8	15.98
2009	25 482	35 449	24 667.57	17 715.26	21.3	17.7
2010	26 009	34 928	28 737.72	21 116.3	16.5	19.2
2011	26 977	34 227	33 168.04	24 464.4	16.9	15.6

资料来源：1990~2012年《中国统计年鉴》。

总而言之，在市场交易总量指标方面，城市商品市场发展显著优于农村市场，并且由于我国对外开放的不断深入，外资在城市商品市场的全面进入更加大了城乡二元市场分割的力度。虽然这只能初步概括出城乡二元商品市场发展的现状，但是这种初步的分析也可以看出我国城乡商品市场的二元格局非常明显，城市商品在市场总量方面远优于农村商品市场。

（二）城乡产品市场流通效率的比较

我们可以采用城市和农村市场平均交易额来比较城乡商品市场的流通效率，

由于数据的不完整，我们只能分析 1989~2003 年的数据，详见图 10-1。

(百万元)

```
图表：城乡市场平均交易额比较（1989-2003年）
- 城市市场平均交易额（上升曲线）
- 农村市场平均交易额（下方曲线）
```

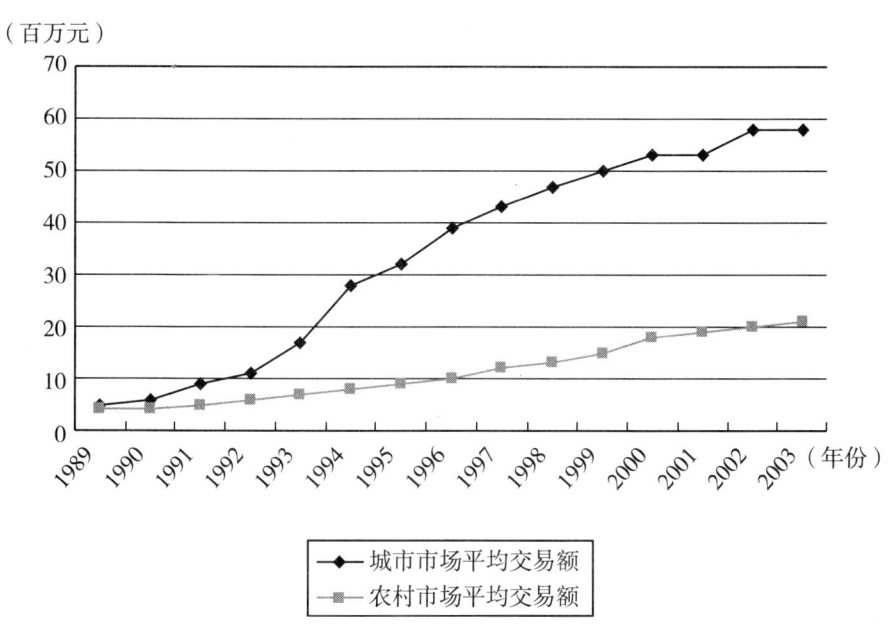

图 10-1　城乡市场平均交易额比较

资料来源：1990~2004 年《中国统计年鉴》。

图 10-1 表明，在 1989 年城市商品市场平均交易额为 551 万元，而农村商品市场平均交易额为 211 万元，而在 2003 年，城市商品市场平均交易额上升为 5 720 万元，而农村商品市场平均交易额也有所上升，达到 2 045 万元。从图中还可以看出，1993 年以前，城乡商品市场在物流效率方面差距并不大，而之后开始呈现出逐步扩大的趋势，这一方面与城市商品市场的集约度不断提高有关联，另一方面也反映了农村商品市场仍处于相对落后的状态。

（三）城乡物流体系分割度的度量

根据地区间的相对价格信息来反映市场整合程度，其思想来源于萨缪尔森（Samuelson，1954）提出的"冰川成本"模型，该模型认为，即使考虑到两地商品交通成本的状况，两地商品价格仍然不同，其差异程度反映了两地的贸易壁垒。在本书中，我们考虑的不是地区间的贸易壁垒，但仍可以借鉴其思路，比较分析城乡商品价格差异[①]，只要城市商品价格和农村商品价格不同，就可以认为

---

① 戴红梅、贾后明：《城乡市场分割的形成和统筹建设的措施分析》，载于《农业现代化研究》2004 年第 7 期，第 18~21 页。

城乡商品市场存在着市场分割，此时价格差异衡量的不再是地区的贸易壁垒，而是城乡市场间分割的程度。① 从 1994～2005 年城乡商品零售价格指数（其中 1993 年为基年）可以大致看出城乡市场在这一期间分割的基本态势，详见图 10-2。

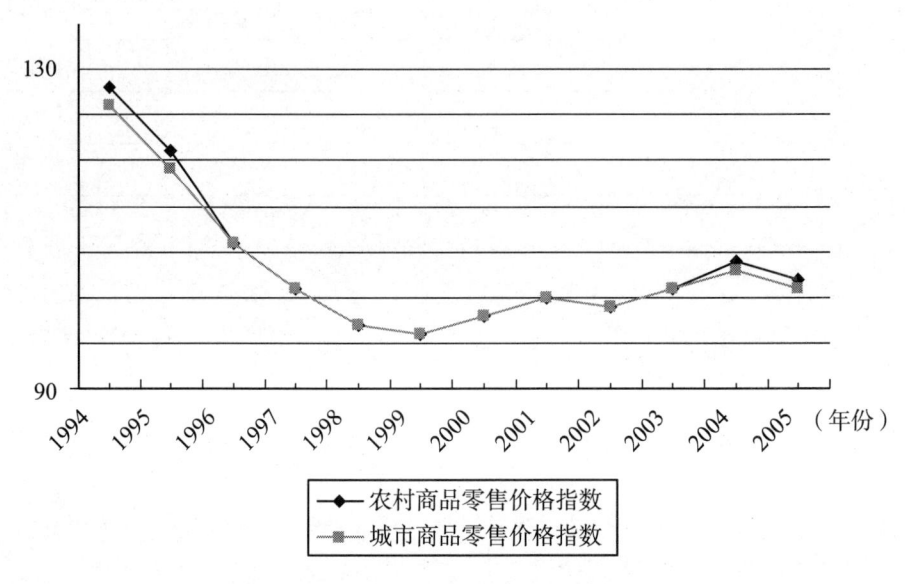

图 10-2　城乡商品零售价格指数比较

图 10-2 表明：（1）无论是城市还是农村，商品零售价格指数在 1994～1999 年都呈现出快速下降的态势，在 1999～2004 年有所回升后在年又重新下降，如果我们不考虑这期间通货膨胀率②对商品零售价格指数的影响，还是可以大致认为城市商品市场和农村商品市场在十几年内都得到了很大的发展；（2）虽然在 1997 年和 2000 年城市商品零售价格指数要高于和等于农村商品零售价格指数，但从整体上看，城市商品零售价格指数总是低于农村的，在 1994～1996 年差距比较大，而这种差距在短暂的缩小后又在 2001 年开始逐步拉开差距，在 2004 年达到顶峰，相差 2.1 个百分点，这反映了城乡市场分割在这一时间段呈现出扩大的趋势。而这一阶段恰恰是各城市逐步完成其城市商业网点规划的时间段，因此城乡市场效率产生了较大的差别。到了 2005 年差距有所降低，这应当是商务部从 2005 年开始在农村实施的"万村千乡"市场工程发挥效力的结果。

---

① 王碧峰：《城乡一体化问题讨论综述》，载于《经济理论与经济管理》2004 年第 1 期，第 35～37 页。
② 李玉红：《农村市场化对乡镇企业产出增长的贡献——基于面板数据的实证研究》，载于《中国农村观察》2006 年第 3 期，第 8～11 页。

二、我国现有城乡物流体系的评价

(一) 农产品流通中农户主体地位缺失

我国农产品流通仍然以传统流通模式为主,在这种模式下,中间环节较多,农户的组织化程度低,无法与其他流通主体,如批发商、收购商进行平等的谈判。我国农村的小户经营格局在面对市场风险、收集市场信息及进行市场价格谈判时都处于劣势地位,农产品收购市场基本上属于买方市场,中间商作为买方,农户作为卖方,中间商居垄断地位,分散的农民之间竞争过度,这种市场结构明显不利于农户。在农产品销售的份额中,农户直接进入城市销售的比例越来越低,农产品收购市场的主要参与者成了分散的农户和批发商,代表农民整体利益的中介组织(如合作社、协会等)很少,专业化程度低。由于农民的组织化程度低,谈判能力弱,造成了批发商对农户利润的挤压。

(二) 农产品流通成本居高不下

我国农产品流通成本偏高严重制约了农业产业化的进程。我国农产品流通成本高的原因主要有两点:一是流通环节损耗大。我国水果蔬菜等农产品在采摘、运输、储存等环节上的损失率达25%~30%,而发达国家果蔬损失率一直都控制在5%的水平,美国在果蔬等农产品流通环节上的损耗率仅为1%~2%。[①] 二是流通环节的费用高,我国对农产品的流通给予减免过路费的优惠政策,但目前绿色通道只对蔬菜、水果、水产、鲜肉蛋奶、活畜等鲜活农产品开放,而粮食、冷藏、冷冻肉类等农产品没有被纳入其中。同时,国家级"绿色通道"只有"五纵二横"4.5万公里,仅占收费公路总里程的20%。即使加上各个省市自行划定的地区性"绿色通道"政策的道路9.6万公里,也只占收费公路总里程的66%,1/3的道路仍需要全额缴费。据统计,目前国内生鲜农产品物流费用占到成本的70%左右,远高于国际平均50%的标准,流通中的高成本进一步强化了农产品收购中的压价行为,造成城市农产品价格上涨与农户增产不增收现象并存,城市居民与农户的福利都遭受了损失。

---

① 任博华:《中国农产品流通体系的现状及优化建议》,载于《北方经贸》2008年第10期,第22~23页。

(三) 农产品流通的基础设施差、交易方式落后

农产品流通的基础设施主要包括公路、冷藏设施和批发市场，其中，我国公路建设已经基本满足农产品流通的需要，但批发市场和冷藏设施是农产品流通基础设施的重要方面，它们的建设水平和规模已不能适应农产品流通的需要。目前，我国的批发市场还处于集贸市场的阶段，绝大多数农产品批发市场经营服务设施简陋、基础服务差、标准化程度低，大多数农产品批发市场仍是露天市场，市场配套设施不完备，仓储、制冷等基本配套设施严重不足，它们同现代物流的衔接存在缺口，没有形成产业链，与上游生产环节和下游销售环节一体化程度不高。据资料显示，目前美国、日本等发达国家肉禽蛋、乳制品的冷链物流比例已达100%，蔬菜、水果的冷链物流比例也达95%以上；而我国冷链物流总体发展滞后，我国肉类和水产品冷链物流比例分别为15%、20%，蔬菜和水果还没有真正意义上的冷链物流，由此造成了巨大损失。① 在交易方式方面，农产品的交易仍以现货交易为主，期货交易量较小；农产品流通的信息化建设还处于初级阶段，仅有9.23%的农产品市场全部或部分采用了电子交易方式。

(四) 城乡消费品市场分割

我国农村消费品市场的主要问题是农民消费能力不足，农村市场购销便利性差及假冒伪劣商品充斥市场。在消费能力方面，虽然"十一五"期间，在中央一系列惠农政策的作用下，农民收入状况明显改善，到2011年，按2005年价格计算的农民人均纯收入达4 652元，年均增长5%以上，但与城市的收入水平相比仍有较大差距。此外，由于农村社会保障制度还不健全，农业的收入风险较大，在同样的收入水平下，农村居民的消费倾向要小于城市，在购销便利性方面，中国消费者协会的调查显示，31%的农民认为购买生活资料不方便，农村居民人均固定商业面积不足0.1平方米，仅为北京、上海等大城市的1/10。根据商务部和中国农业大学20个省500个村的1万户农户的问卷调查显示，80%的村没有连锁超市等新型业态，97%的农户盼望城市超市向乡村延伸。在产品品质方面，据商务部的调查显示，全国70%以上的假冒伪劣产品的生产和消费发生在农村，高达74.8%的农民曾买到过假冒伪劣商品。城乡之间形成了两个不同的工业消费品市场，城市中生产的优质工业消费品不能畅通地流入农村消费品市场。

---

① 杨剑英：《生鲜农产品流通现状与对策探讨——以江苏省为例》，载于《农业经济》2009年第5期，第7~9页。

第二节　城乡统筹视角下城乡双向流通的物流模式的选择

城乡双向物流的发展是一个系统工程，需要各方参与、协调运作。农产品要在市场机制的作用和政府的统筹下，由农产品的供给方、中介组织、加工经销企业、消费者形成一个走出农村的农工商相结合体系，这个体系的完善与否决定了双向流通的顺畅程度，因此双向物流模式的形态在很大程度上也取决于农产品的流通模式。当农业生产组织的核心能力及谈判地位较强时，表现为生产组织推动型，如农业合作组织推动；当中介组织地位较强时，表现为中介组织带动型；当加工企业较强时，表现为龙头企业带动型；当批发市场较强时，表现为批发市场带动型。我国农产品现代物流不但要建立一个中间组织（批发市场、加工企业、中介组织、经销组织）带动的快速发展模式，同时还要注重农业生产领域的组织建设，建立一个集生产、流通、消费三位一体的和谐发展模式。

一、以批发市场为中心的双向物流模式

批发市场按性质分，有综合性的农贸市场和专业性的批发市场；按作用分，有产区市场和销区市场。商品最初是由交换者直接进行交换，商品的多种交易和商品的多头交易逐渐推动了市场的形成。农产品的销区市场是最为典型的多种交易和多头交易市场，以销区市场进行交易并引导工农产品物流是较为合理的；但是对于产区的市场并不尽然。产区如果是由少数的生产组织进行专业化、规模化生产，那么产区就不存在农产品的汇聚问题，规模化组织生产出来的产品不经过汇聚就可直接进入主渠道物流，减少了产区市场这个中间交易环节和物流转换环节，物流效率和物流成本将大大降低。美国、澳大利亚等农场制规模化、专业化生产的国家大多如此。而采取分散、小规模、多样化生产模式的国家或地区，存在众多的生产者、提供众多的商品品种，形成产区多种交易和多头交易的产区市场，如我国的农产品批发市场中产地批发市场2 578个，销地批发市场1 954个，由于种植分散，产地批发市场超过了销地批发市场。

由于我国农村主要以家庭组织为主体，进行自主生产的生产模式，而城市消费端也是零散的居民户消费，因此形成了典型的汇聚物流到产地市场，产地市场

经主渠道物流到销地市场，销地市场再经过分销物流到消费者的"散—聚—散"三段式物流模式，也可以称为"双市场模式"。这种物流模式的物流环节多，每一次物流的转换都伴随着运输工具的转换、包装的转换、物流组织的转换、产品的装卸、存储等，如果这种转换没有物流技术标准的对接，转换效率和转换成本更高；但这种模式可以通过非规模化的组织方式（公共市场平台）实现规模化的集散与物流，通过非组织的方式，在一定程度上解决生产分散、细化带来的规模不经济问题。

相比之下，采用规模化、专业化生产组织方式（如农业合作组织）可以替代产地批发市场的部分职能，而直接进入销地批发市场、加工企业等下一个环节。地方政府也可以在乡镇或者村落中人口密集的地域建立覆盖周边的地域性商贸物流中心，广泛汇集城乡产品。这样的农产品物流模式往往减少了汇聚物流和产区市场交易这样一次转换，产品可以从生产领域直接通过主渠道物流进入销地市场，交易环节和物流转换的减少使得交易成本和物流成本都大大降低，物流效率也大大提高。这种物流模式我们称其为"产销"二段式物流模式，或"中心市场"模式。它的典型代表包括日本、韩国和我国台湾地区，把分散的农户通过中介组织进入中心批发市场的"海岛模式"，以及以美国、加拿大为典型代表的，由农场主直接进入中心批发市场的"大陆模式"。

采用"双市场"三段式物流模式或"中心市场"二段式物流模式的主要区别是后向生产领域的组织程度。生产领域的组织程度越高，采用"中心市场"二段式物流模式的优势越明显，而且其优势不但体现在物流领域，还体现在生产领域以及包括生产在内的整个城乡互动系统的协调发展，即供应链间的组织地位均等，系统处在一个平衡发展状态，农业系统的整体社会效益和经济效益最优。因此，我国应逐步提高农业生产领域的组织程度，由"双市场"三段式物流模式逐步向"中心市场"二段式物流模式方向发展。

二、以中介组织为中心的农产品物流模式

（一）农产品生产领域的中介组织

基于农产品批发市场模式的中介作用，纯粹从物流成本和效率的角度出发，"中心市场"二段式物流模式优于"双市场"三段式物流的发展模式，但由于分散自主的生产方式与"中心市场"二段式物流模式对接存在困难，会造成产品质量不稳定、交易费用巨大。因此，生产环节的交易与物流必须达到一定规模，

才适合"中心市场"二段式物流发展模式。为此,可以通过农业合作组织来整合分散的农业生产者,使其具备规模化组织的特点,从而具备了实现"中心市场"二段式物流发展模式的条件。

成立农业合作组织的主要目的是提高农业生产的组织化程度,培育农民以更高的组织形式和主体进入市场,克服小生产与大市场、大物流之间的矛盾。农业合作组织的意义虽远不止在发展农产品现代物流上,但农业合作组织对发展顺畅的现代城乡双向物流的重要意义却是显而易见的。国际经验也可以佐证这一点,以荷兰、法国为代表的欧盟各国农业相当发达,除先进的农业生产技术、科学的运作和高度的产业化体系外,有效合理的农产品流通组织也是促进其农业发展的重要因素。这些国家农业合作组织十分发达,各国通过农业合作社、农业工会、农业公司以及农产品专门协会等组织结构,为广大农户提供了与产前、产中、产后相联系配套的仓储、运输和销售等多方面的服务和经济合作,形成了具有一定资本实力、具有相当经营能力和经营规模的市场竞争主体,实现了农产品物流的一体化和规模效应。

(二) 双向流通中的中介组织

农业生产合作组织是通过提高生产环节集中度形成了对物流模式的改进,那么从生产物流到消费的流通过程中,也可以采用组织的形式对物流模式进行改进,即用中介组织来代替市场的中介功能,实现信息流、商流、物流的一体化,加速优质农产品向城市流动的速度,提高化肥、农药和农具等农业生产资料质量,降低价格。

(三) 企业一体化发展模式

我国没有进入市场经济以前,城乡之间的物资对流都是通过基层公有制企业实现的,如国有粮食仓储、加工企业和供销社都肩负着这种统购包销的功能。进入市场经济以后,这种将原有模式微观化的物流形式(组织)有很多成功案例,大部分农产品加工企业基本上属于这种模式,如康师傅、伊利、蒙牛等。国外有很多大型连锁超市也是采用这种模式,他们把分散的生产集中起来进行产品加工,然后利用组织分销渠道直接将产品运送到终端市场进行销售,通过契约的方式进行后向资源整合,将生产组织也纳入一体化的范畴里来,如图 10-3 所示。需要注意的是,中介组织模式只是从农产品物流的生产和流通环节进行优化,并不是农产品物流供应链的整体优化。

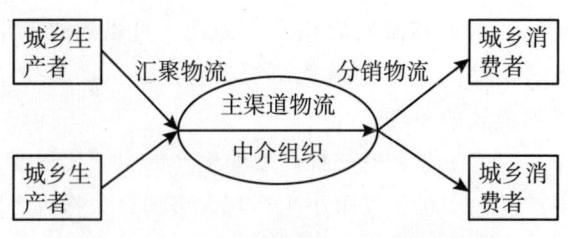

```
          汇聚物流            分销物流
城乡生产者 ──→   主渠道物流   ──→ 城乡消费者
                 中介组织
城乡生产者 ──→              ──→ 城乡消费者
```

图 10-3　农产品流通中介组织模式

三、以工农产品物流园区为中心的双向物流模式

物流园区是各地在地方政府扶持下逐渐兴起的商贸物流交汇场所，近些年来在规模和数量上都有了很大发展，物流园区对于加速区域产品流通、实现流通股规模经济发挥了很大的积极作用，但是目前在全国范围内还鲜有农产品物流园区。农产品物流园区发展模式是基于农产品物流活动集约化、一体化的思想而提出的。由于物流不但包括信息流、商流、资金流和物流四个基本环节，还包括物流加工、包装、仓储、运输、分销等诸多物流活动，更包括改善和提高物流水平的物流技术和物流管理。因此，拓展农产品批发市场的集散功能、农产品中介组织的集约功能，建立农产品物流园区，实现农产品物流集约化、一体化、规模化是实现农产品现代物流发展的有效途径之一。

农产品物流园区是指在农产品物流衔接地形成的具有综合物流功能的结点和空间集聚体。农产品物流园区是拥有多种物流服务和物流设施的不同类型的农产品物流企业在空间上相对集中而形成的场所，农产品物流园区的企业按照专业化的原则组织农产品物流活动，依靠整体优势和互补优势，形成一定的综合效应和规模效应，进而促进农产品物流一体化、集约化的发展。不但在物流流程上实现农产品物流的一体化、在综合管理上实现管理集约化、在产业集群上实现规模

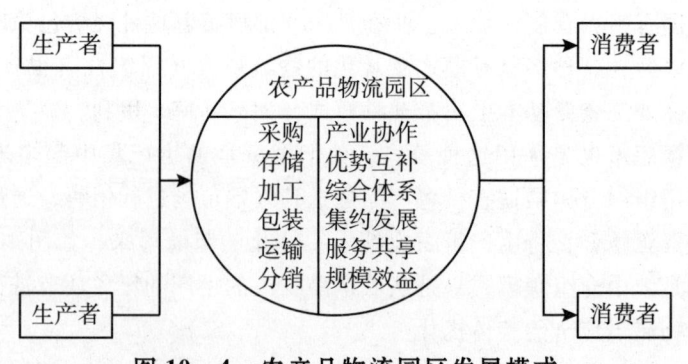

```
生产者 ──→  农产品物流园区           ──→ 消费者
            采购 │ 产业协作
            存储 │ 优势互补
            加工 │ 综合体系
            包装 │ 集约发展
            运输 │ 服务共享
            分销 │ 规模效益
生产者 ──→                          ──→ 消费者
```

图 10-4　农产品物流园区发展模式

化,而且在存储、运输、装卸、加工、信管、中介等领域进行有机结合和集成,从而在园区内形成了一个社会化的高效农产品物流体系。

第三节 城乡统筹视角下城乡双向流通的物流体系的设计

一、双向流通物流体系的设计原则及现实意义

城乡商贸流通的难题在于城市流通网络和农村流通网络的自成一体、彼此分割所造成的流通设施浪费和流通成本高昂。因此,改进城乡产品流通过程的关键内涵在于通过对人员、车辆、场地设施的共享实现双向流通,具体来说,包括以下几个要点。

"双向流通物流体系"的第一个设计原则是应当实现物流配送上的"双向"流动,主要解决物流成本问题。这里的"双向"是指零售连锁企业,在往农村连锁网点配送工业品之后的返程中把农村生产的农副产品运回城市,配送到城市的连锁店。运输车辆往返过程中,两头不放空。目前农村零售企业的工业品物流配送一般为单程。农副产品进城的配送渠道一般要经过农贸市场、农副产品批发市场等多道环节,不仅质量无法保证,而且在运输、储存等环节损耗率也居高不下。水果蔬菜等农副产品在物流环节的损失率达到25%~30%。工业品的单程配送和农副产品配送的多环节、高损失率,直接导致物流成本高企。如果能够通过横跨城乡市场的连锁零售企业进行"双向流通",无疑节约了物流成本。降低的物流成本,可以使企业和农民两方得利:一方面,企业通过提高收购价格让利农民,直接提高了农民收益;另一方面,零售企业也增加了利润,间接提升了企业的竞争能力,壮大了企业实力。

第二个原则是应当实现品牌共享上的"双向"渗透,主要解决生产与销售的稳定问题。零售连锁企业的零售网点一般设在城市的社区或农村的中心集镇,消费者对某项工业品或农副产品的需求,在形成消费偏好后,一般能够保持稳定的消费量。农贸市场或农副产品批发市场尽管具有吞吐量大、辐射能力强的特点,但在市场稳定性方面,不及零售终端连锁企业。连锁零售企业,特别是大型连锁零售企业,具有完善的经营管理和物流配送体系,具有较高的社会知名度和信誉度,更重要的是可以保证商品质量体系的完整、稳定与安全。这就为零售企业选择部分特色产品作为自有品牌商品在自己的系统内销售奠定了基础。

第三个原则是应当实现生产与市场信息的"双向"对接,主要解决市场需求信息与指导农民生产的问题。在现代市场经济条件下,流通是带动生产发展的

动力。区域内农副产品的生产与加工,往往受流通的制约。零售连锁企业为终端销售商,利用自身的物流通路直接介入农副产品的流通,一方面可以根据市场行情和消费者的需求指导农民生产适销对路的农副产品,通过与农民签订品种、数量、价格的契约,发展订单农业,从而解决地方政府多少年来一直想解决而无法解决的农民盲目生产问题;另一方面也可以培训或引导农民按照一定的质量标准进行生产和加工,提升农副产品的品质,解决农副产品的质量难以稳定的问题。

二、双向流通物流体系的建立

构建双向流通体系是一个系统工程,既包括农产品进城的流通体系,又包括工业品下乡的流通体系;既包括生产资料的流通体系,又包括生活资料的流通体系;既包括商品的流通体系,又包括可再生资源的回收体系。构建双向流通体系涉及农产品与工业品流通的方方面面,必须合理设计系统推进,在实现农产品、工业品高效流通的同时,推进城乡流通的一体化进程,促进资源在城乡之间的有序流动和优化配置。

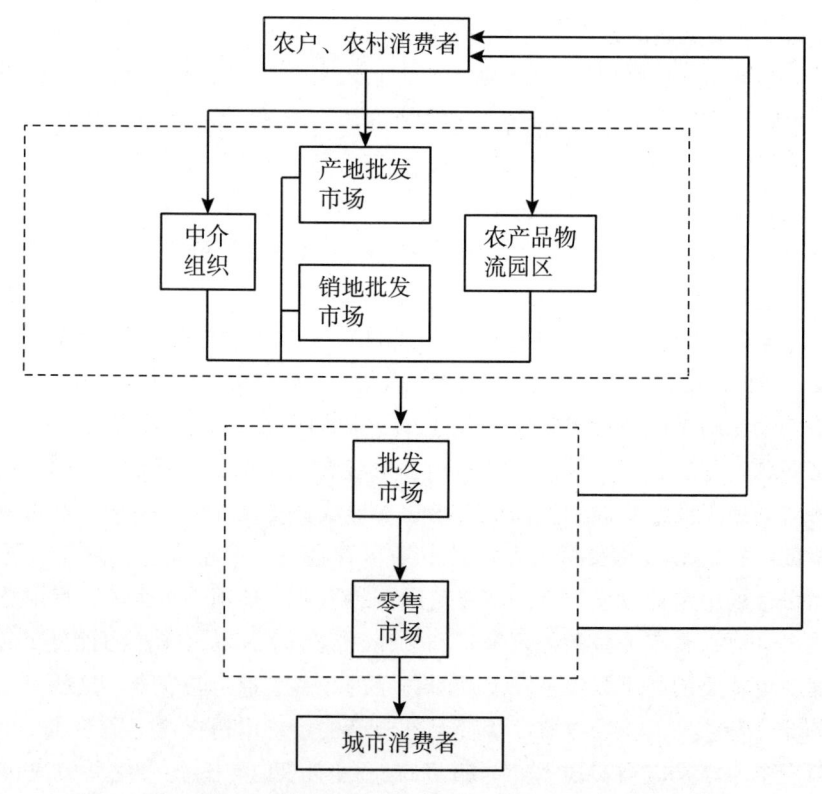

图 10-5 基于多层次双向物流模式的双向物流体系示意图

（一）构建以批发市场和农家店为载体的城乡双向流通体系

农村需要城市的工业品，城市也需要农村的农产品，从流通的角度而言，必须综合规划，构建城乡之间高效的流通体系。由于农村居民居住较分散，单个家庭消费规模较小，构建城乡双向流通体系，必须充分发挥大型批发市场的核心示范辐射作用。无论是农产品进城还是工业品下乡，除个别厂家和合作社采取直营或直销的模式外，流通渠道主要是先将农产品和工业品以批发市场为中介进行集聚，然后再通过配送中心或连锁企业配送到每家农家店，最后零售给农户。为了完善农村流通体系，政府应当扶持建立大量的农家店和批发市场，作为工业品的零售终端和农产品的收购点。批发市场作为农产品和工业品的集散地，构建以批发市场和农家店为载体的流通体系，可以有效地解决农产品的卖难问题和工业品的销售问题。一方面，农家店利用到城镇批发市场进货的机会可以掌握城市居民的农产品需求信息，然后有针对性地将城镇居民所需的农产品运送到城镇批发市场；另一方面，农家店贴近农民日常生活和生产，掌握农户对工业品的需求信息，将农产品运送到城市批发市场后，可以有针对性地采购农民所需的工业品运回农村销售。这样既能提高运输车的利用率，降低运输成本，还能满足农户销售农产品和购买工业品的需求。

（二）构建以大型农产品批发市场为主，农超对接为辅的农产品进城体系

随着市场化进程的推进和专业分工的深化，城市的农产品供应已经由过去以郊区供应为主转变为全国供应，由于农产品流通规模较大、流通半径较长，在小规模生产和小规模消费的共同制约下，农产品进城必须以大型批发市场为主渠道，充分发挥大型农产品批发市场的辐射带动作用，挖掘农产品价格信息，实现农产品在全国范围内的最优配置。随着农业产业结构的调整和农产品生产规模化进程的推进，在大力发展销地批发市场的同时，必须大力推进产地批发市场建设，以实现产销地批发市场的有效对接。对于大部分易储藏农产品，大规模的长途贩运有必要以批发市场作为销售的中转站，但对于少量的鲜活农产品，在合作社和超市的共同推动下，可以实行农超对接的方式，减少流通时间，降低流通损耗，保障鲜活农产品的色泽和口感。从提高农产品进城效率的角度而言，发挥主渠道作用的应该是大型农产品批发市场，农超对接只能发挥补充性的作用。

随着城镇居民消费结构的升级，无论是通过批发市场中转，还是通过农超对接直购直销，都有必要完善鲜活农产品的冷链运输系统，降低损耗，提高质量（见图10-6）。

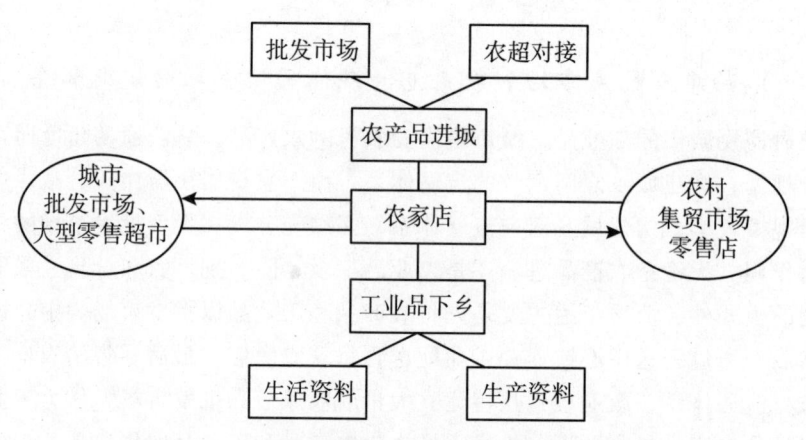

图 10-6 批发市场、农家店与农超对接关系

（三）构建以农家店、集贸市场、超市为主的农村终端零售网络

农产品除一部分通过批发市场或农家店进城销售外，还有一部分是在农村内部流通的，主要流通渠道便是集贸市场。对于日用工业品和生产资料，除"农家店"直接销售给农户外，还有一部分是通过超市销售的。总体上看，农村终端零售网络主要是由农家店、集贸市场、超市构成的。目前农家店主要发挥了"工业品下乡"的功能，"农产品进城"的功能尚未充分发挥。集贸市场则是农户购买部分日用工业品和蔬菜、水果、副食品的主要场所，交易方式较简单，交易环境相对落后，交易规模也不大，但对满足农户的日常生活需求具有极其重要的作用。超市作为现代流通主体，购物环境优雅，食品质量有保障，但成本相对较高，在经济较发达的农村地区较多；对于较落后的农村地区，消费者更关注的是价格而不是购物环境，超市不如集贸市场有优势。

随着农村经济发展，完善农村终端零售网络，一要继续推进"万村千乡市场工程"，提高农家店的覆盖面，充分发挥农家店的双向流通作用；二要加大农村集贸市场的升级改造力度，在政府扶持下，改善集贸市场的经营环境，打击假冒伪劣产品；三要在经济发达的农村地区，鼓励超市的发展。总体上看，农家店、集贸市场、超市在满足农民生活需求方面，各有比较优势，共同组成农村终端零售网络。在有条件的发达农村地区，可以推进"电子商务"的发展。

（四）构建以"回收拆解企业"、"二手市场"和"以旧换新"为主的农村再生资源回收体系

随着农民生活水平的提高，农村生活垃圾和工业品废弃物的数量不断增加，在环境资源压力不断加大的情况下，为了实现农村的科学发展和可持续发展，必

须构建农村再生资源回收体系。目前,为了刺激消费、改善民生、保护环境,一些地方政府以财政补贴的形式开展了家电和汽车"以旧换新"政策,随着农村家电存量的增加,可以在有条件的农村地区实施家电"以旧换新"政策,减少资源浪费。对于可以流通循环使用的耐用消费品,包括农机、家电等,可以在政府扶持下鼓励发展"二手市场",提高农机、家电等耐用品的流通次数,满足低收入居民的生产生活需求。对于无法使用的、有回收价值的耐用消费品,通过"回收拆解企业"进行集中处理,有价值的部分通过拆解回收再利用,提高资源的利用率,无价值的废弃物通过焚烧、掩埋的方式进行处理,减少对环境的污染。目前,我国的农村再生资源回收体系还不健全,有必要在合理规划、政府扶持的基础上,实施"以旧换新"的政策,推进农村农机、家电等耐用品的"二手市场"建设,扶持"回收拆借企业"的发展,最终实现耐用消费品的循环利用和资源的有效回收。

第四节 城乡统筹视角下建设城乡双向流通物流体系的措施

在城乡双向商贸流通体系的建设过程中,市场与政府都要发挥各自的力量,但由于不同领域的特点不同,市场与政府力量的发挥方式并不一样。因此,应根据城乡双向商贸流通体系中产品流通的特点,在以下方面正确配置市场与政府力量。

一、在农产品流通体系优化方面

随着农业生产的发展、农产品商品率的不断提高及城市生产和居民对农产品需求的日益扩大,农产品生产相对分散与农产品消费相对集中的矛盾日益突出。这个矛盾不仅决定了农产品的流通必然是一个从分散到集中,再从集中到分散的多中转环节的过程,而且决定了随着农产品流通量的迅速增加,农产品流通体系需要进行优化,以适应生产和消费发展的需要,促进城乡经济的协调发展。农产品流通体系的优化,包括流通主体的培育、流通条件的改善等方面。

(一)流通主体的培育

现阶段,我国农产品流通渠道过长、环节过多。目前,大多数生鲜农产品,如蔬菜、水果类通常采用如下流通渠道模式:生产者——产地批发商(或经纪人)——销地批发市场——农贸市场——消费者,流通渠道明显过长。生鲜农产品的竞争力在于新鲜和价格,流通渠道过长必然会提高农产品的成本,降低新鲜度和增加损耗。要改变现有的流通模式,需要培育新的流通主体,一是培育农业专业协会。农业专业协会是政府鼓励下的农户自发形成的组织,它的形成要与当地的经济发展水平相适应,它的规模与数量要与农业产业化水平相一致。不管是农业加工企业、农业专业协会,还是农产品流通企业的发展,都要依靠市场力量和政府的支持。由于农户在组织建设上的经验不足,所以在市场力量主导的前提下,农业专业组织的成立仍需要政府的大力扶植。二是引导大型农产品物流企业进入流通领域。农产品流通企业专业化从事交易经营活动,其中大量的知识是经验式的默示性知识。因而流通知识积累是企业组织活动的一种有效而稳定的控制系统,是实现组织效率的重要基础。因此,在农产品流通体系的建设中,政府可通过税收和财政补贴的方式,减轻农产品流通企业的负担,提高现有农产品流通企业实力,引导大型物流企业进入农产品流通领域。

(二)农产品流通条件的改善

改善农产品流通条件,政府的作用更为直接。据统计,到 2006 年年底,全国公路里程达 180.98 万公里,全国 99.2% 的乡镇和 90.8% 的行政村都通了公路。这对于农产品流通起到了重大的促进作用。目前,我国农产品批发市场主要是棚厅式建筑,需要占用的土地面积较大,不少市场占地高达 1 000 多亩。由于没有专门的用地政策,市场扩建用地按商业用地或工业用地必须要通过拍卖的方式交易。近年来,随着土地价格的高涨,通过企业自行筹资建设大型农产品批发市场的难度加大,从而造成了国家明令禁止的土地以租代征现象十分普遍。除有形交易场所的建设需要政府的直接投入外,农产品交易信息系统的建设更是刻不容缓,没有高效的农产品交易信息系统,严重影响交易的效率,使我国农产品市场的价格形成机制较为混乱。农业的弱质性和低收益决定了农产品流通渠道费用的降低,必须依靠政府的力量,要将农产品流通渠道的建设看做是公益性的事业。

二、在城乡消费品市场融合方面

我国城乡经济的二元性导致了城乡消费品市场的分割,一方面是现代化的城市消费品市场,另一方面是混乱落后的农村消费品市场。要实现城乡消费品市场的融合,必须依靠城市消费品市场对农村消费品市场的全面整合,把城市中现有的先进销售方式和服务方式引入农村。城乡消费品市场融合的双动力机制,是以市场力量为主导、政府力量为引导的双动力机制。商务部推广的"万村千乡工程"和"家电下乡工程",都是政府引导、企业主导的典型代表。

农村消费品的流通主要是城市工业消费品进入农村市场的问题。我国农村的家用电器保有率与城市的差距非常大。随着农民收入的稳步提高,农村消费品市场的潜在规模越来越大,城市中的消费品生产企业应抓住农村市场的重要机会,在市场的开拓上,既要注意农村销售渠道的建立,又要注意开发有针对农村特点的消费品,调动农民购买的积极性,真正把内需特别是农村消费启动起来。同时,通过政府的补贴政策,如家电下乡、建材下乡等措施,降低工业消费品在农村市场上的销售价格。除家电下乡政策,另一个重要的农村消费品流通建设项目是"万村千乡工程",就是利用连锁化的先进经营模式,在产品的流通中规范农村消费品的品质。但从我国的地区差距看,该政策的效果在贫困地区的作用较大,而在东部富裕的农村,企业已将农村市场作为重要的拓展基地,将先进的业态引入农村,甚至实现了农村连锁超市既作为城市工业消费品的销售者,又作为农产品的争购者的双重角色。因此,农村消费品流通体系的建设,应采取以市场动力为主、政府补助为辅的举措。

三、在农用物资流通创新方面

农用物资在农业生产中起到举足轻重的作用,由于农业生产的季节性,一旦农用物资出现质量问题,发生的损失往往无法弥补。因此,加强农用物资的质量监管成为地方政府的一项重要责任。然而,农资市场的分散性,使流通终端的打假行动不能很好地扼制农用物资的假冒行为。自 2005 年起,农业部开始转变农资打假工作思路,由"以打为主"转变为"疏堵结合",启动了放心农资下乡进村活动,探索放心农资下乡进村的有效途径和模式。

农用物资流通方式的创新主要有三种,一是成立农资专业协会。初级的农资协会主要由普通农户自发成立,通过协会的力量与农资供给企业进行谈判,由于购买量大,农资协会可获得价格优惠。这种方式的最大特点是农民不仅可购买到物美价廉的农资,而且可得到技术服务。二是设立连锁农用物资超市。通过对销售环节的管理,有效地扼制了假冒农用物资的泛滥。农用物资的流通,可采用连锁超市的方式,实现规模化经营,通过大型连锁企业的商誉,保证农业生产物资的质量。三是鼓励企业采取专营专授的方式,直接将产品销售到农村地区,通过减少流通环节防止假冒农用物资的出现。目前,我国农用物资的流通方式创新主要依靠农用物资协会的成立和农用物资连锁超市的建设,在农用物资协会的建设中,市场力量起主导作用,通过专业协会的合理运作,既减少政府质量监督的压力,又给农户带来实际利益。

总之，我国城乡二元经济社会的一个突出特点是城市化水平远远低于工业化水平，要解决这一矛盾，形成城乡统筹发展的良好局面，必须在既有的条件下，根据不同的市场特点，发挥市场和政府的不同作用，处理好市场、政府与社会的关系。在市场和政府力量的推动下，我国城乡产品和要素市场的流通状况已发生了很大改观，但这些成绩与我国的工业化水平还不相适应，今后要充分利用工业发展积累的力量和市场化程度，提升城乡双向商贸物流体系的发展水平和层次，通过改善双向流动的外部条件和内部机制，从根本上缩小城乡物流体系的分割程度，在尽可能短的时间内形成城乡双向流通良性互动的态势，最终达到城乡商贸体系可持续发展的长远目标。

第十一章

城乡统筹视角下城乡双向流通的电子商务网络体系建设研究

商贸流通业作为连接城乡生产与消费的桥梁和纽带，是现代市场经济的命脉和神经。而城乡生产与消费顺利对接在社会主义市场经济越发健全和完善的今天，也更加依赖于城市和农村商贸流通业的均衡、和谐与现代。但是，当前我国商贸流通业城镇发达、农村严重滞后，城乡双向顺畅的流通渠道不健全，通路断裂较多，城乡落差较大，直接影响了工业品下乡、农（副）产品进城、农村劳动力转移和信息及其他要素物资（含再生资源）在城乡之间的有序快捷运动，也导致扩大内需始终没能在"出口拉动"、"投资推动"和"传统商贸引导"都乏力时，发挥引领中国经济增长的应有作用。在社会主义市场经济不断完善及发达的条件下，以有形市场或店铺为特征的"传统商务[①]"已经很难从根本上解决城乡之间及其内部市场中因信息不对称、交易成本高而效率低和地理限制等引起的商品及服务贸易的种种问题，而涉及"三农"问题相关的商品及服务贸易[②]所面临的困难则更为突出。在国家城乡统筹战略背景下，要打通城乡二元分割市场屏障，仅靠"传统商务"已经无法全面彻底地建立城乡双向流动的商贸流通体

---

① 本报告中的传统商务主要指基于实体商品的现实商务模式。往往采取面对面直接交易或纸面单证往来传书的方式来进行，一般以直接或间接的物理接触来完成业务交易。引自杜鹃：《电子商务之内涵简析及其与传统商务的关系》，载于《现代经济信息》2011年第4期，第85页。

② 本报告中涉及"三农"问题相关的商品及服务贸易主要指农副产品销售、日常生产生活消费品购买、生产资料及耐用消费品售后服务、市场信息获取等。

系；因此，在城乡之间，尤其是在农村引入并推广一种新型的市场商务运作模式的电子商务①（该商务模式已经影响到企业内部组织结构和管理模式根本性变革），成为有效弥补城乡商贸通路断裂、构筑城乡商品及服务贸易无缝链接的最重要途径之一。

第一节 我国城乡商贸流通体系中电子商务发展的现状分析

在互联网接入中国以来，电子商务已在我国走过了13个年头，根据中国电子商务研究中心编写的《1997～2009：中国电子商务十二年调查报告》中的观点，在这13年中，我国电子商务总体上经历了萌芽与起步期（1997～1999年）、冰冻与调整期（2000～2002年）、复苏与回暖期（2003～2005年）、崛起与高速发展期（2006～2007年）和转型与升级期（2008年以来）五个阶段。② 经过十几年的发展，电子商务已经不仅仅是企业降低成本、提高效率、开拓市场的工具，它更深刻地影响着经济、生活、社会的方方面面。网络化和全球化营建了一个新的商业世界，信息时代的商业文明正在快速浮现。这种新的商业文明以"开放、分享、透明、责任"为前提，以"网商、网货、网规"为核心支柱，形成一整个电子商务生态，并推动新商业文明的建立。③ 在此过程中，我国的电子商务也从依附于工业品、服务到依附于农业，从服务于工业、第三产业到进入农业，从引领城市生产生活到服务于农村。电子商务逐渐成为构建城乡商贸流通体系的重要载体，与连锁经营、现代物流一起支撑着城乡双向流通的实现（丁旭辉，2009）。

---

① 本报告中的电子商务（Electronic Commerce）是按照世界贸易组织电子商务专题报告中的定义，即通过电信网络进行的生产、营销、销售和流通活动，它不仅指基于Internet上的交易，而且指所有利用电子信息技术来解决问题、降低成本、增加价值和创造商机的商务活动，包括通过网络实现从原材料查询、采购、产品展示、订购到出品、储运以及电子支付等一系列的贸易活动。引自 http：//teaching.bjtu.edu.cn/netcourse/webpage/ec/netcource/htmlcontent/down/body/one/1-1-1.htm。

② 中国电子商务研究中心《1997～2009：中国电子商务十二年调查报告》[R]，B2B.TOOCLE.COM，2009。

③ 中国社会科学院中国循环经济与环境评估预测研究中心、阿里巴巴集团研究中心：《电子商务的环境影响报告》[R]，http：//view.china.alibaba.com/book/pdf/201107/environment.pdf。

一、电子商务服务行业从工业、城市延伸至农业、农村,且服务商数量显著增加

据中国 B2B 研究中心调查显示,我国电子商务行业已从 1997 年为数不多的几家电子商务服务商,发展到如今"遍地开花、百花齐放"的局面,电子商务服务商的数量经历了"几何级数"的增长。调查数据显示,截至 2010 年 8 月,我国规模以上电子商务网站总量已经达 13 233 家。其中,行业 B2B 电子商务网站(又称"行业网站")作为中小企业电子商务应用的主要途径,已成为引领我国 B2B 电子商务朝着专业化发展的"生力军",国内行业 B2B 电子商务网站数量持续高速增长,B2B 电子商务服务企业有 5 017 家,B2C、C2C 与其他非主流模式企业均呈现快速增长的势头,服务企业也达 8 216 家(见表 11-1),2009 年以来,B2C、C2C 类网站呈现出高速增长,乃至井喷之势。

表 11-1　　我国规模以上电子商务服务企业数量统计表　　　单位:家

	2001 年	2004 年	2006 年	2007 年	2008 年	2009 年	2010 年
B2B 服务企业	1 350	2 350	4 735	4 500	5 080	5 320	5 017
B2C、C2C 与其他非主流模式服务企业	1 985	2 125	3 835	4 526	5 460	6 962	8 216

注:表中 B2B 和 B2C、C2C 与其他非主流模式服务企业的数据来源于"中国电子商务研究中心:《1997~2009:中国电子商务十二年调查报告》[R],B2B. TOOCLE. COM,2009"。

目前我国农村电子商务网站已超过 30 000 家,直接涉农网站也超过 6 000 家,但仅占全国网站总数的一成左右,能够通过互联网获取市场和技术信息的农村家庭比率不到 0.8%,全体网民中农民只占 1.6%[1][2],且我国的电子商务网站主要集中在发达地区,中西部地区网站数量相对较少,绝大部分管理与技术人员高度集中于经济发达的京沪和广东、江浙等地区。目前,在电子商务服务企业的行业分布中,排在前十名的行业依次为:纺织服装、数码家电、钢铁机械、化工医药、建筑建材、农林、五金、包装印刷、食品糖酒、礼品饰品这些行业领域。总体而言,以家电数码、服装配饰、家居百货为代表的三类主流商品,渐渐引导了网购的新一轮大发展(见图 11-1)。

---

[1] 此处数据来源:http://info.ceo.hc360.com/2010/04/281037102905.shtml。
[2] http://info.ceo.hc360.com/2011/05/310039157105-4.shtml。

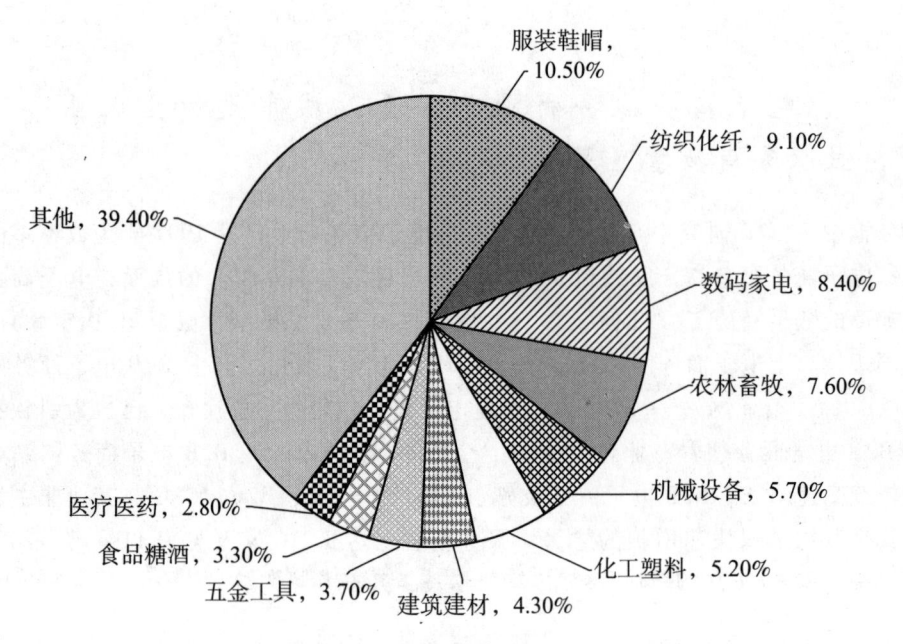

图11-1 2011年中国电子商务企业行业分布

注：本图摘引自《2011年度中国电子商务市场数据检测报告》[R]，B2B.TOOCLE.COM。

二、网购参与率不断上升，电子商务交易规模快速增长

2011年我国电子商务市场交易额已突破6万亿元，在2005年首次突破1万亿元交易额之后的五年时间内，再一次实现了跨越式发展（见表11-2、图11-2）。而2009年时电子商务服务类企业（包括B2B、B2C、C2C、B2M、B2G等）营收累计达到160.8亿元人民币。按阿里巴巴的调查数据，目前中国1 000万中小企业中已有1/4的企业开始尝试并熟练运用电子商务工具。随着中小企业应用电子商务进程的推进和国家对电子商务发展日益重视，电子商务中最为重要的B2B、B2C两块分别为：67.5亿元和84.8亿元，其他各类企业营收规模都有明显的增长。

与此同时，互联网在我国的应用普及为电子商务的快速发展创造了良好的条件，网购人数增长带来消费群体的快速扩大（见表11-2、图11-2）。2011年，我国网民规模继续稳步增长，网民总数达到5.38亿，全年新增网民8 100万，年增幅17.7%。互联网普及率攀升至34.3%，较2010年年底提高33.3%。其中，农村网民规模达到1.46亿人次，占整体网民的27.1%，同比增长16.9%。互联网普及率达39.9%，已超过30%的世界平均普及率。据淘宝网监测数据显示，中国的网购人数在2007年年底就超过5 500万，较2002年增长近7倍，每

天有近 900 万人在淘宝网"逛街",相当于近 600 个沃尔玛、家乐福的平均客流量。

表 11-2　　　　　　　　我国电子商务市场发育状况表

	1997年	1998年	1999年	2000年	2001年	2002年	2003年	2004年	2005年	2006年	2007年	2008年	2009年	2010年	2011年
市场交易额（亿元）	—	—	2	8	93.3	1 809	2 600	4 000	12 992	15 494	21 709	31 427	38 251	45 131	60 000
网民数（万人）	62	118	400	1 690	2 650	5 910	7 950	9 400	11 100	13 700	21 000	29 800	38 400	45 730	53 800

注：表中营业收入数据来源于"中国电子商务研究中心：《1997~2009：中国电子商务十二年调查报告》[R]，B2B.TOOCLE.COM，2009"；上网人数 2002~2010 年数据来源于"第 27 次中国互联网发展状况统计报告，http：//tech.sina.com.cn/z/cnnic27/"、1997~2001 年数据分别来自"中国互联网发展状况统计年度报告"，2011 年数据来自"2011 年中国电子商务统计监测报告"。

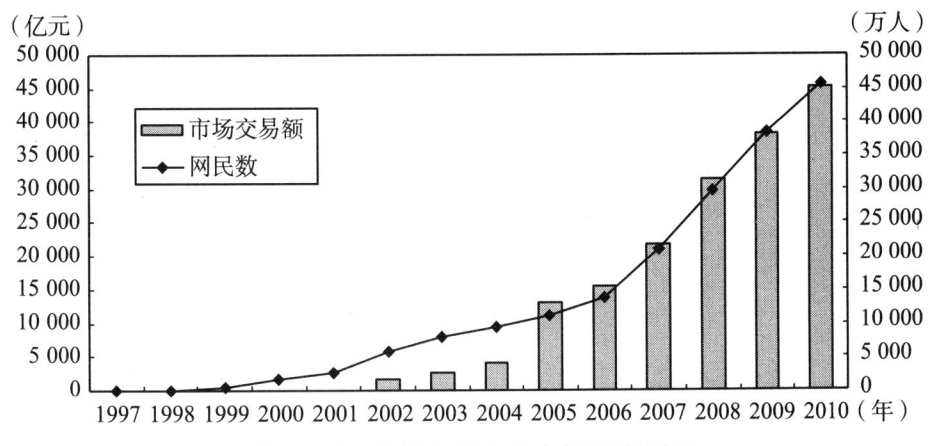

图 11-2　我国电子商务市场发育状况

三、电子商务模式创新日益活跃,多层次、多元化的发展态势呈现

近几年,以产业链为背景的 B2B 交易平台呈现出不同行业特色：B2C 第三方交易平台不断为消费者提供新颖的交易方式；全新的第二代智能交易平台开始推广应用；搜索引擎吸引了网民的注意力,成为电子商务最有潜力的盈利工具之一；网络视频、网络音乐、网络游戏为人们提供了新的虚拟娱乐方式,并且形成

新的产业；基于 Web2.0 的新技术手段，如博客、RSS（Really Simple Syndication）、Wiki（Wikipedia）、播客等，也在中国迅速扩散。模式的创新、产品和服务的创新促使电子商务企业投资规模获得爆发性增长。

在电子商务模式不断创新的同时，多元化、多层次的电子商务发展格局逐渐形成。一是电子商务从大城市和沿海地区向中小城市和内陆城市扩张，呈现出多层次发展的格局（见图 11-3）。2011 年年底我国电子商务企业中，浙江省以 14.8% 的比重排名第一，广东省以 13.1% 的比重排名第二，北京以 11.9% 的比重排名第三。我国电子商务形成这种区域分布的主要原因是这些地方环境承载能力较强、政府扶持力度较大、经济和人口聚集条件较好有关。此外，经济的发达使这些地方网上购物、商户之间的网上交易和在线电子支付，以及各种商务、交易、金融、物流和相关的综合服务活动也较为活跃。二是参与主体呈现多元化态势，除大中型企业以外，中小企业也开始在电子商务领域开拓，还有大量的消费者通过第三方交易平台进行交易。不仅京东商城、世纪电器、新蛋、新七天等家电网购企业得到了迅猛发展，而且传统家电渠道巨头苏宁、国美等先后自建在线网购平台，战略布局电子商务。目前我国仅家电类网上商城超过 1 000 家，2008 年家电网购销售额突破 200 亿元。

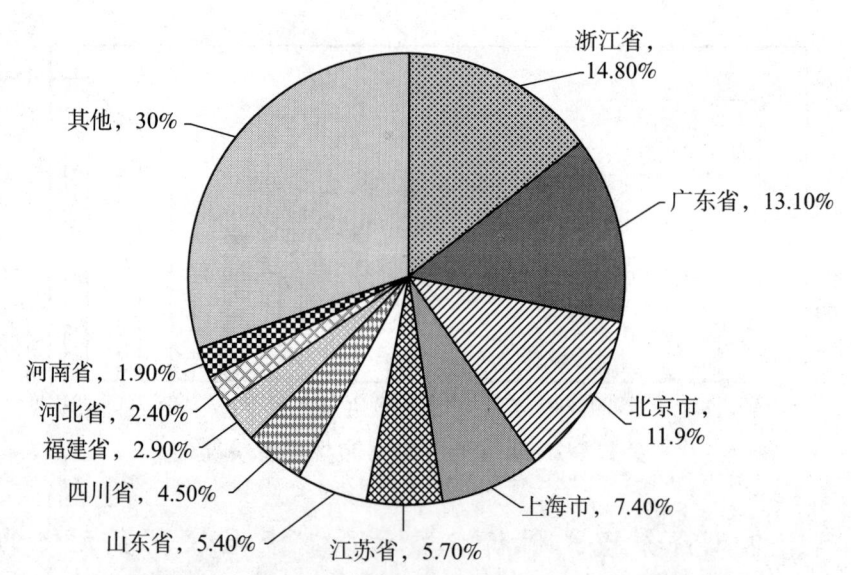

图 11-3　2011 年我国电子商务企业区域分布情况

资料来源：本图摘引自"中国电子商务研究中心：《1997~2009：中国电子商务十二年调查报告》[R]，B2B.TOOCLE.COM，2009"。

第二节 中国城乡双向流通商贸网络体系建设中电子商务发展的可行性分析

经过改革开放 30 余年的发展，我国已具备了依靠电子商务来推动城乡双向流通商贸网络体系建设的基本条件，主要表现在以下五个方面：

一、逐渐完备的邮电网络基础设施为发展电子商务提供强有力的硬件支持

作为借助电信网络及电子信息技术来实现从原材料查询、采购、产品展示、订购到出品、储运以及电子支付等一系列贸易活动的电子商务来说，其实现的广度、深度等均受制于电信及邮政网络基础设施条件。随着我国电信通信能力和邮政通信能力的不断提高，特别是互联网宽带接入端口的快速增加，发展电子商务所依赖的硬件条件也逐渐完善起来，尤其是农村互联网宽带接入端口等基础设施建设加速，为城乡双向流通商贸网络体系建设奠定了坚实的基础。

我国电信通信能力从 1997 年以来在长途电话交换机容量、局用交换机容量、移动电话交换机容量、长途光缆线路长度、互联网宽带接入端口等方面都有了飞速发展（见表 11-3）。到 2011 年年末，长途电话交换机容量达到 1 602.3 万路端，为 1997 年的 3.84 倍；局用交换机容量达到 43 428.4 万门，为 1997 年的 3.85 倍；移动电话交换机容量达到 171 636 万户，为 1997 年的 66.38 倍，平均每个中国人都可拥有一部一点电话交换机；长途光缆线路长度达到 84.2 万公里，为 1997 年的 5.59 倍，每百平方公里的国土面积上 87.7 米的长途光缆线路；而互联网宽带接入端口从 1994 年实现与国际互联网的全功能连接以来，更是获得了飞速发展，达到 23 239.4 万个，为 2003 年的 12.89 倍。电信通信能力的快速发展为电子商务在我国城乡之间的应用推广提供了信息流传递所必须的硬件支持。

表 11-3　　　　　　中国电信主要通信能力情况统计

年份	长途电话交换机容量（路端）	局用交换机容量（万门）	移动电话交换机容量（万户）	长途光缆线路长度（公里）	互联网宽带接入端口（万个）
1997	4 368 305	11 269.18	2 585.7	150 754	—
1998	4 491 595	13 823.66	4 706.7	194 100	—

续表

年份	长途电话交换机容量（路端）	局用交换机容量（万门）	移动电话交换机容量（万户）	长途光缆线路长度（公里）	互联网宽带接入端口（万个）
1999	5 032 026	15 346.13	8 136	239 735	—
2000	5 635 498	17 825.63	13 985.6	286 642	—
2001	7 035 769	25 566.3	21 926.3	399 082	—
2002	7 730 133	28 656.8	27 400.3	487 684	—
2003	10 610 724	35 082.5	33 698.4	594 303	1 802.3
2004	12 629 982	42 346.9	39 684.3	695 271	3 578.1
2005	13 716 307	47 196.1	48 241.7	723 040	4 874.7
2006	14 423 427	50 279.9	61 032	722 439	6 486.4
2007	17 092 213	51 034.6	85 496.1	792 154	8 539.3
2008	16 907 188	50 863.2	114 531.4	797 979	10 890.41
2009	16 849 027	49 265.6	144 084.7	831 011	13 835.66
2010	16 415 312	46 537.3	150 284.9	818 023	18 781.1
2011	16 023 017	43 428.4	171 636.0	842 129	23 239.4

资料来源：表中数据根据《2012 年中国统计年鉴》相关数据整理。

与此同时，发展电子商务所依托的邮政通信能力也得到较快提升，为网络交易从虚拟经济转变为实体经济搭建了便捷的通道，这可从我国邮政业网点及邮递线路发展情况中得到证实（见表 11-4）。我国邮政营业网点从 1997 年以来到 2011 年大致稳定 75 000 处，但在邮政网点变化不大的情况下，邮路总长度却从 1997 年的 2 363 108 公里增加到 2011 年的 5 140 121 公里，12 年间增长 2.17 倍，其中汽车邮路和铁路邮路分别增长 2.31 倍和 1.66 倍；农村投递路线也从 1997 年的 3 402 946 公里增加到 2011 年的 3 632 579 公里，增长 1.07 倍。邮政网点业、邮路及农村投递线路的发展与不断完善为构建城乡双向流动商贸流通体系中发展电子商务提供了城乡产品、物资及要素便捷传输的物流支持系统。

表 11-4　　中国邮政业网点及邮递线路发展情况统计表

年份	营业网点（处）	邮路总长度（公里）	汽车邮路	#铁路邮路	农村投递路线（公里）
1997	79 273	2 363 108	873 688	186 382	3 402 946
1998	102 225	2 853 942	930 622	189 652	3 361 484
1999	66 649	2 979 007	989 122	190 056	3 348 054

续表

年份	营业网点（处）	邮路总长度（公里）	汽车邮路	#铁路邮路	农村投递路线（公里）
2000	58 437	3 073 331	1 070 304	184 925	3 364 498
2001	57 136	3 102 558	1 074 092	180 399	3 492 761
2002	76 358	3 080 989	1 112 806	177 685	3 511 190
2003	63 555	3 270 209	1 137 480	191 351	3 531 832
2004	66 393	3 336 446	1 194 578	195 998	3 530 508
2005	65 917	3 406 226	1 229 802	200 180	3 565 226
2006	62 799	3 369 392	1 230 633	204 733	3 566 982
2007	70 655	3 532 980	1 302 915	211 534	3 637 553
2008	69 146	3 693 464	1 385 102	236 860	3 656 936
2009	65 672	4 027 751	1 450 782	248 876	3 676 051
2010	75 739	4 636 013	1 753 027	269 700	3 690 561
2011	78 667	5 140 121	2 017 483	309 027	3 632 579

资料来源：表中数据根据《2012 年中国统计年鉴》相关数据整理。

另外，从我国邮电通信水平情况看，反映邮电通信水平的各项指标均达到了一个比较高的稳定状态（见表 11 - 5）。

表 11 - 5　　　　　我国邮电通信水平发展情况统计表

指标	2006 年	2007 年	2008 年	2009 年	2010 年	2011 年
邮政通信水平						
平均每一营业网点服务面积（平方公里）	152.9	135.9	138.8	146.2		
平均每一营业网点服务人口（万人）	2.09	1.9	1.9	2.03	1.77	1.71
已通邮的行政村比重（%）	99.4	98.4	98.5	98.8	99.0	98.0
电信通信水平						
移动电话漫游国家和地区（个）	219	231	237	237	237	237
电话普及率（包括移动电话）（部/百人）	63.4	69.45	74.29	79.89	86.41	94.81

续表

指标	2006年	2007年	2008年	2009年	2010年	2011年
移动电话普及率（部/百人）	35.3	41.64	48.53	56.27	64.36	73.55
已通电话（2010~2011年为开通宽带）的行政村比重（%）	98.9	99.5	99.7	99.86	80.11	84.00

资料来源：表中数据根据《2012年中国统计年鉴》相关数据整理。

二、不断增长的互联网用户为发展电子商务提供了直接的目标消费群

近五年来，我国城乡互联网发展均非常迅速（见表11-6、图11-7）。截至2010年6月底，我国城镇网民总数从2005年12月的9 169万人增加到39 200万人，增长了4.28倍；而同期农村网民总数则从1 931万人增加至14 600万人，增长了7.56倍；"十一五"期间我国城乡网民总数差距系数快速缩小，从2005年的4.75下降到2010年的2.68。在城乡网民总量增长的同时，互联网普及率也快速提高，到2012年城镇互联网普及率达到59.1%，比2005年增加了42.8个百分点；农村互联网普及率也从2.6%增加至23.7%，虽同城镇相比的差距还比较大，但"十一五"期间，农村互联网普及率的增速明显快于城镇，结果使得城乡互联网普及率差距系数从2005年的6.50下降到2010年的2.49。而网络购物的使用与网民网络使用年限密切相关，随着网民数量的提升和网民网龄的增加，电子商务的使用率和交易额必然会有更大的提升空间。① 城乡互联网普及率的提高及网民总数的增长，为构建城乡双向流动商贸流通体系的电子商务网络体系提供了潜在的直接目标消费群体。

表11-6　　我国城乡网民数量及互联网普及情况比较

指标	2005年12月	2006年12月	2007年12月	2008年12月	2009年12月	2012年12月
（1）城镇网民总数（万人）	9 169	11 389	15 738	21 340	27 719	39 200
（2）农村网民总数（万人）	1 931	2 311	5 262	8 460	10 681	14 600
城乡网民总数差距系数	4.75	4.93	2.99	2.52	2.60	2.68

① http://info.ceo.hc360.com/2010/05/171138105138.shtml。

续表

指标	2005年12月	2006年12月	2007年12月	2008年12月	2009年12月	2012年12月
（3）城镇互联网普及率（%）	16.9	20.2	27.3	35.2	44.6	59.1
（4）农村互联网普及率（%）	2.6	3.1	7.1	11.7	15.0	23.7
城乡互联网普及率差距系数	6.50	6.52	3.85	3.01	2.97	2.49

资料来源：2005~2009年数据引自"中国互联网络信息中心，《2009年中国农村互联网发展状况调查报告》，2010年4月"；2012年为当年12月底的数据，来自http://tech.163.com/special/cnnic30/。

中国的经济形式经过近十余年的探索和发展，已经成为中国重要的社会网络购物市场，本土化的各种网络购物商务模式已由最初的模仿引进的形式成长为具有中国特色的各种商务形式，主导了中国网购市场，并成为国际网购市场的重要组成部分。截至2012年，中国网络购物市场交易规模突破10 000亿元大关，达到13 040亿元，在社会消费品总零售额的占比达到6.2%。这已经是2010年以来，连续三年我国网络购物市场以每年超过60%的增速快速发展，2012年中国网络购物用户规模已达到1.87亿人，占中国互联网网民比例近1/3，即三个中国网民中就有一个参与网络购物。① 由此可见，网购市场已经和正在改变着中国传统生产组织形态和经营管理模式。②

与此同时，我国电子商务正处在日趋成熟阶段，同美国、韩国电子商务的发展情况相比（见表11-7），仍然具有较大的成长空间，尤其是发展农村电子商务对拉动内需和促进"三农"问题的有效解决有着重要的意义。

表11-7　中国、美国和韩国电子商务市场交易状况比较

	2000年	2001年	2002年	2003年	2004年	2005年	2006年	2007年	2008年	2009年
美国（亿美元）	10 620	10 820	15 100	17 060	20 510	24 000	29 720	33 950	37 040	—
韩国（亿美元）	—	1 071	1 600	2 115	2 827	3 226	3 722	4 649	5 671	6 038
中国（亿元）	8	93.3	1 809	2 600	4 000	12 992	15 494	21 709	31 427	38 251

资料来源：表中数据来源于http://b2b.toocle.com/。

① http://tech.163.com/12/0719/14/86PI6C8J00094MOK.html。
② http://tech.hexun.com/2013-01-26/150615541.html。

三、不断健全的行业法律法规为发展电子商务提供了更加安全的环境

作为从虚拟世界走向实体经济的电子商务,没有完善规范的法律法规作保障,汇集的各类风险及不安全因素随时可能出现,因此,各级政府为促进个人和企业开展电子商务而出台了一系列完善管理体制、规范行业运行的政策及法律法规,为电子商务发展营造了更加安全的环境(见表11-8)。自2004年8月全国人大通过《中华人民共和国电子签名法》以来,国家及相关部委根据我国电子商务发展的实际情况及运行中暴露的问题,陆续出台了若干促进和规范电子商务行业发展的法律法规与政策,各地区各部门也相继制定配套措施,加大对电子商务发展的扶持力度。全社会电子商务应用意识不断增强,形成了良好的社会氛围。从宏观、中观和微观层面为电子商务的快速、健康、有序发展提供了良好的土壤。

表11-8 我国电子商务行业法律法规及政策一览表

名称	主要内容	颁布机构	颁布时间
《中华人民共和国电子签名法》	首次赋予可靠电子签名与手写签名或盖章具有同等的法律效力,并明确了电子认证服务的市场准入制度	十届全国人大常委会第十一次会议	2004年8月28日通过,2005年4月1日起施行
《关于加快电子商务发展的若干意见》	阐明了发展电子商务对我国国民经济和社会发展的重要作用,提出了加快电子商务发展的指导思想和基本原则,还提出了一系列促进电子商务发展的具体措施	国务院办公厅信息化领导小组	2004年年底
《电子认证服务密码管理办法》	主要规定了面向社会公众提供电子认证服务应使用商用密码,明确了电子认证服务提供者申请"国家密码管理机构同意使用密码的证明文件"的条件和程序,同时也对电子认证服务系统的运行和技术改造等做出了相应规定	国家密码管理局	2005年3月31日
《网上交易平台服务自律规范》	主要是调整网络交易平台提供商及网路交易各方的网络交易行为	中国电子商务协会政策法律委员会	2005年4月18日

续表

名称	主要内容	颁布机构	颁布时间
《支付清算组织管理办法》（征求意见稿）	规定了第三方支付企业申请支付牌照的资质、提供的相关材料、申请程序等	中国人民银行	2005年6月
《电子支付指引（第一号）》	规范电子支付业务，规范支付风险，保证资金安全，维护银行及其客户在电子支付活动中的合法权益，促进电子支付业务健康发展	中国人民银行	2005年10月26日
《2006~2020年国家信息化发展战略》	从宏观上明确了电子商务发展的目标和方向	中共中央办公厅、国务院办公厅	2006年5月
《中华人民共和国商务部关于网上交易的指导意见》（征求意见稿）	有效地避免了网上交易面临的交易安全性问题	商务部	2006年6月
《中华人民共和国第十一个五年规划》	将"积极发展电子商务"作为一项重要的任务提出来。强调"建立健全电子商务基础设施、法律环境、信用和安全认证体系，建设安全、便捷的在线支付服务平台"	国务院	2006年
《关于网上交易的指导意见（暂行）》	为了贯彻国务院办公厅《关于加快电子商务发展的若干意见》文件精神，推动网上交易健康发展，逐步规范网上交易行为，帮助和鼓励网上交易各参与方开展网上交易，警惕和防范交易风险	商务部	2007年3月6日

续表

名称	主要内容	颁布机构	颁布时间
首部《电子商务发展"十一五"规划》	为贯彻落实《2006~2020年国家信息化发展战略》和《国务院办公厅关于加快电子商务发展的若干意见》，促进我国电子商务发展的指导性文件	国家发展和改革委员会、国务院信息化工作办公室	2007年6月
《商务部关于促进电子商务规范发展的意见》	促进电子商务规范发展，引导交易参与方规范各类市场行为，是防范市场风险、化解交易矛盾、促进电子商务健康发展	商务部	2007年12月17日
印发《国民经济和社会发展信息化"十一五"规划》	要放宽市场准入，加强政策引导，鼓励社会资金参与信息化建设。营造良好的财税政策环境，鼓励社会资金投向信息资源公益性开发以及公共信息服务平台建设。进一步完善对信息服务领域的各项扶持政策	中共中央办公厅、国务院办公厅	2008年4月
《电子商务模式规范》和《网络购物服务规范》	为规范网上交易行为，促进电子商务持续健康发展	商务部	2008年4月24日
《关于加强银行卡安全管理预防和打击银行卡犯罪的通知》	为牌照发放预热，预示着国家监管部门开始真正着手加强对于第三方支付企业的监管力度	央行、银监会、公安部和国家工商总局	2009年4月
《第三方电子商务交易平台服务规范》	规范第三方电子商务交易平台经营，创造公平诚信的交易环境。确定了第三方电子商务交易平台的运行原则、设立条件与服务规则，调整了第三方电子商务交易平台、站内经营者与消费者之间的关系，明确了网络交易中的禁止行为等	商务部	2011年4月12日

四、不断壮大的电子商务人才为发展城乡电子商务提供了多元的智力支持

作为一个新兴行业，要获得超常规的发展速度，离不开人力资本支持。随着电子商务产业在我国的蓬勃发展，电子商务行业的从业人员数量也飞速的飙升（见表11-9、图11-4）。到2012年年末，我国电子商务服务企业直接从业人员超过205万人，同2007年的37万人相比增加了168万人；而同期电子商务前后向关联企业带动从业人员从2007年的480万人增加至2012年的1 480万人。

表11-9　　　　我国电子商务行业人力资源累计状况表　　　　单位：万人

	2007年	2008年	2009年	2010年	2011年	2012年
电子商务企业从业人员	37	45	100	160	180	205
电子商务前后向关联企业带动从业人员	480	570	800	1 200	1 350	1 480

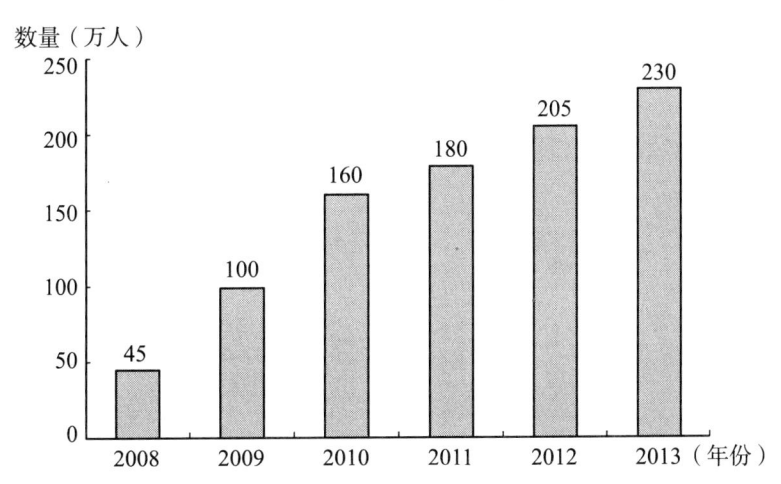

图11-4　我国电子商务企业直接从业人员增长

资料来源：本图摘引自《2011年度中国电子商务市场数据检测报告》[R]，B2B. TOOCLE. COM。

在电子商务行业从业人员快速稳定增加的同时，电子商务行业已经成长为高薪行业，其直接从业人员平均收入水平已经超过传统行业整体平均水平。2009

年企业间电子商务业务（B2B）人员月平均收入水平达 6 800 元，网上零售企业的人员（不含客服及外包物流人员）月平均收入水平则为 6 500 元。①

同时，电子商务不仅带动了包括网络基础服务、仓储物流配送、支付渠道、网络营销、网络广告等延伸行业或互联网其他领域，也由此催生了专职网店卖家、网店装修师、"网模"等一大批新兴职业，截至 2012 年 12 月，我国电子商务企业间接带动的就业人员已超过 1 480 万人（见图 11-5）。

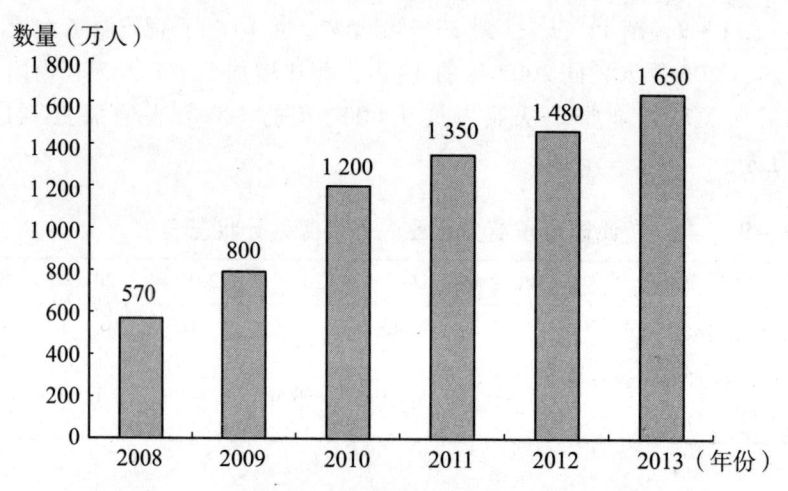

图 11-5 我国电子商务企业带动从业人员增长

资料来源：本图摘引自《2011 年度中国电子商务市场数据检测报告》[R]，B2B. TOOCLE. COM。

五、不断涌现与成熟的涉"农"网站为构建城乡电子商务网络提供了平台

我国是人口大国、农业大国，"三农"问题一直是各级政府最为关切的大事之一。解决农村、农业和农民问题除了依靠传统的生产流通方式外，尚需引入现代的技术及生产流通方式，而电子商务在减少流通环节，降低流通成本；降低生产和交易风险，增加农民收入；促进产业结构调整，提高农产品竞争力；扩大农产品市场，加快农产品流通②等方面有特殊优势，在涉"工"、涉"城"网站日渐完善和繁荣的同时，涉"农"、涉"乡"业网站也得到了较快的发展。

---

① 本处数据来源于艾瑞咨询和阿里巴巴集团旗下的阿里学院联合发布的《中国电子商务从业人员职业发展及薪酬研究报告（2009）》，http：//www.ebrun.com/report/2071.html。

② http：//info.ceo.hc360.com/2010/04/081633100979-2.shtml。

如有中国"电子商务第一村"之称的浙江义乌青岩刘村背靠"全球小商品集散地"义乌，村民开办了近2 000家网络店铺销售围巾、玩具、灯具、创意植物等日用百货，积聚了20多家快递公司和吸引了超过7 000名外地人入住，2009年网上销售额超过8亿元；在中国最大的羊绒纺纱基地河北省邢台市清河县东高庄村400户村民先后开通网店卖羊绒线，注册的品牌已有400多个，年销售额100万元以上的网店达20多家。"全球最佳网商沃土奖"获得者徐州市睢宁县沙集镇从网上卖简易家具起步，到初步形成一个做板材和家具加工、卖电脑、卖小五金件、修电脑等较为完整的产业链，催生了600多名农民网商，约1 000家网店，集聚了180多家家具生产企业、10多家物流快递企业，2010年沙集镇网商销售额已达3亿元。这些农民在农村利用电子商务为城乡工业品生产、流通和销售服务的成功案例表明，工业消费品流通的众多渠道中，电子商务是一种可行的选择。

与此同时，在全国各省市普遍建立了农业信息网、农业科技信息网、种子集团公司、种业信息中心、金龙网、中国农产品促销平台等，涌现了类似"中华十亿农副产品网"、"福州亚峰"、"南京白云亭"、"特色湖南①"、四川"安岳柠檬网"和"温江花木网"②、"山东寿光中国蔬菜市场网"③、"上海农信'菜管家'优质农产品订购平台④"等一些直接服务于"三农"的特色网上市场。网上经营的品种也一改过去以粮食、化肥为主的局面，副食、家禽、农药、土特

---

① 在湖南省农业厅"湖南特色农产品上网工程"的支持下，中农传媒与淘宝网、阿里巴巴合作，打造了"特色湖南"网上平台，实现了农产品产销的无缝对接。短短4个月，该网络的点击率高达587万人次，并且湖南的33个品牌农产品借助该网络平台，实现了4个月网上销售400多万元的良好业绩。引自http://info.ceo.hc360.com/2011/05/310039157105-4.shtml。

② 四川省商务厅依托商务部"信福"工程，积极试点，开拓创新，初步形成了三个农村电子商务发展模式：一是安岳柠檬网模式。安岳充分发挥其占全国柠檬产量70%和原产地标识的特色优势，积极运用新农村商网这个平台，大力开展常态性、季节性网上购销对接，柠檬在国内外市场得到有力拓展。自2008年商网开通以来，已成交5万吨，成交额5.8亿元，2009年实现出口1 200万美元。二是温江花木网模式。温江区依托花木种植占全省花木种植面积1/3、拥有3.2万个花木从业者的产业发展优势，建立了温江花木电子商务中心，并整合花木行业资源打造温江花木网，成为面向花木种植户、经纪人、经销商、协会的现代花木流通平台，初步形成我国西部最大的花木研发、生产和销售中心。花木网服务已延伸至29个省市区，网上会员4万多家，2009年通过花木网促成的各类交易4亿多元。三是远程网·新农村商网融合模式。主要依托中组部农村党员干部现代远程教育网络，开展农村商务信息服务。在龙泉驿区、安岳县、丹棱县、广安区、仪陇县5个县区首批试点地获得成功。该模式有效整合了农村商务信息服务和农村党员干部现代远程教育的网络资源，真正使"党员受教育，农民得实惠"。来自四川三农新闻网，http://www.sc3n.com，2010-12-16。

③ 山东寿光建立的中国蔬菜市场网，利用信息化手段，为蔬菜生产、加工、储运、出口商提供蔬菜中远期交易、网上采购与拍卖、在线交流与洽谈等电子商务服务。

④ 上海农信电子商务公司开发的"菜管家"优质农产品订购平台，供应水果、蔬菜、粮油、肉禽、海鲜等多种特色农产品，顾客只需登录网站，通过平台即可完成订货，足不出户即可得到配送到家的服务。

产、花卉、园林、水产品、茶叶、鲜果等也实现网上经营，为农村经济信息进村入户、农副产品"进城入社"搭建了平台。目前，全国农村电子商务网站已超过 2 000 个，涉"农"网站超过 10 000 个，这些涉农网站发布了大量的蔬菜、瓜果、树苗、畜禽、养殖等农产品供求信息和相关的经济、招商引资信息，为搞活农产品流通、实现农业增效和农民增收发挥了重要作用。这些涉"农"网站的成功实践证明，农村电子商务是连接农村生产经营与市场经济的关键纽带，是解决我国农产品及农村市场体系不健全、农业生产组织化程度低等突出矛盾，实现农村产前、产中、产后无缝对接的关键举措之一。

第三节　城乡统筹视角下我国城乡双向流通的电子商务发展的思路和措施

经过近 14 年的发展，我国电子商务虽迈上了一个新的台阶，但总体发展水平偏低，城乡发展差距大，电子商务公共服务滞后，以及在线支付、现代物流、信用、安全防护和市场监管体系建设等尚不能完全适应电子商务快速发展的需要，在扩大内需、解决"三农"问题以致转变经济增长方式等方面的促进作用尚未充分发挥，为此需要进一步理清协调发展城乡电子商务的思路，加快基础设施建设、加大人才培养力度、健全法律法规、出台扶持政策、做好应用普及推广与宣传等工作任务。

一、总体思路

发展电子商务是加快缩小城乡商贸流通差距的有效快捷方式，低成本畅通城乡商贸流通路径断裂的重要手段，有效破解"三农"问题的重要途径，为此应全面贯彻落实科学发展观，立足于城乡商流、物流、信息流、资金流等快速有效流通，按照政府引导与企业主体相结合、基础先行与营造环境和推广应用相结合、网络经济与实体经济相结合、重点推进与城乡及行业协调发展相结合、提速发展与规范管理相结合的发展思路，紧紧围绕转变经济增长方式，优化城乡产业结构，整体提升国民经济运行效率和质量的中心任务，完善城乡发展环境，创新发展模式，提高应用水平，培育服务产业，走出一条城乡双向流通的电子商务发展道路。

二、对策措施

第一,加快基础设施布局与建设,完善城乡电子商务良性互动的基础平台。电子商务是依托网络发展起来的,但其快速可持续发展依赖于多种基础设施的完备与发展,包括信息网络、交通物流等关联基础设施。

一方面,迫切需要加快城乡之间尤其是农村各种信息传输网络的建设、信息传输设备的研制、信息技术的开发等一系列基础设施建设,实现有线电视网、图像通信网、多媒体通信网的三网合一,为城乡电子商务的发展创造良好的网络平台和运行环境。

另一方面,应充分利用铁道、公路、水路、民航、邮政、仓储、商业网点等现有物流资源,规划布局支撑"工业品进村、农副产品进城"的现代物流基础设施体系,加快建设服务城乡的现代物流基础设施平台,发挥电子商务与现代物流的整合优势,鼓励基础条件较好的物流信息服务企业,广泛采用地理信息系统、全球定位系统、无线射频识别等先进物流技术与装备,建设城乡物流公共信息服务平台,夯实城乡电子商务良性互动的基础,促进城乡物流信息资源共享,形成有效支撑城乡电子商务发展的现代物流网络。

第二,加快认证与支付体系建设,构筑城乡电子商务安全快捷的支撑平台。进一步完善健全电子认证体系和电子商务国家标准体系、加快在线支付体系建设、支持虚拟货币、电子合同、在线产品信息监测平台建设,推进信用服务体系建设,尤其是要注意农村电子商务发展的特殊性,构筑城乡电子商务安全快捷的支撑平台。

一是进一步规范密钥、证书、电子认证机构的管理,发展和采用具有自主知识产权的加密和认证技术。整合现有资源,完善电子认证基础设施,规范电子认证服务,建立布局合理的电子认证体系,实现交叉认证,为社会提供可靠的电子认证服务。

二是进一步规范完善在线支付业务规范和技术标准,研究风险防范措施,加强业务监督和风险控制。制定第三方支付服务机构的管理措施,实现银行与第三方支付服务的衔接协同。引导商业银行、中国银联等机构建设安全快捷、标准规范的在线支付平台。大力推广银行卡等电子支付工具,推动网上支付、电话支付和移动支付等新兴支付工具的发展。进一步完善在线资金清算体系,推动在线支付业务规范化、标准化并与国际接轨。应及早确立电子商务税收和电子发票应用的计划;通过推广应用电子发票,为今后的电子商务征税奠定基础。注意在使用电子发票后,税务机关可以对企业的生产经营情况进行实时监控,防止偷税、漏税。

三是建立政府监管、行业自律及部门间协调与联合、企业积极参与的科学、合理、权威、公正的信用服务机构。电子商务作为信息网络交易方式为信用失衡提供了滋生的空间，建立诚信的社会经济环境刻不容缓。为此，应按照完善法规、特许经营、商业运作、专业服务的方向，建立健全相关部门间信用信息资源的共享机制，推进在线信用信息服务平台建设，实现信用数据的动态采集、处理、交换。严格信用监督和失信惩戒机制，基本形成既符合我国国情又与国际接轨的信用服务体系。

第三，培育扶持多元化的市场主体，打造多元竞争的市场主体。网商、电子商务平台提供商、网络技术服务供应商是电子商务发展的生力军，对于这些新生力量，应当积极给予政策上的引导和鼓励和相关的优惠，促进其迅速发展壮大，引领城乡电子商务走向发达和成熟。对于快速成长的网商群体，可专门开辟农村电子商务创业平台，在资格认定、工商登记、税收征管等方面给予便利，并在财政和金融等方面制定有吸引力的支持政策。

针对电子商务零售企业数量多、规模小及散乱问题，可探索电子商务行业联盟的形式，对行业中小电子商务企业的资源进行整合。根据农村电子商务发展的实际格局，有针对性地培育一批实力较强及发展势头良好的电子商务平台，继续吸引一批全国性的 B2B、B2C 及 C2C 大型电子商务平台，支持电子商务平台功能改造和技术升级，支持通过技术融合及资本运营等手段，对农村现有的电子商务平台进行横向并购，使之做大做强。

除了支持大型电子商务企业、总部企业、行业龙头企业为"三农"服务外，还需大力培育一批扎根农村、农业的电子商务服务品牌，并支持电子商务企业在电子认证、信用评估、电子支付、现代物流等领域的关键技术、设备和软件研发方面取得专利或进行计算机软件著作权登记。通过政府力量，将优势产业和重点行业与城乡电子商务融合，通过电子商务带动农村传统产业优化升级，将农村传统经济逐步转变为与知识经济、网络经济相结合的发展模式。

第四，加快专业人才开发培养，构建城乡电子商务可持续发展的智力系统。电子商务不是简单的"电子加商务"，而是电子与商务的有机结合。其发展既受制于技术发展和管理创新，也受制于电子商务人才的技能与综合应用能力。由于电子商务是网络与经济贸易活动的集合体，是一项与原有生产、营销体系有着紧密联系的、复杂的系统工程。因此需要既懂得网络技术又懂得经济贸易活动的复合型人才，以利用网络应用技术分析市场行情、进行市场投资、预测市场走向并最终达到利益的最大化。为此，应该加大电子商务人才培养开发的力度，为城乡电子商务可持续发展提供智力支撑。

一是进一步完善电子商务相关学科建设，在学科科学里建立相应的学科部门并不断的补充完善，以加强电子商务基础理论和发展战略研究。同时，在人才培养方面，可以通过在高校开设电子商务专业来讲授相关课程或者采用远程教育、在职培训等形式来培养具备电子商务理论知识和实践操作能力的综合性人才。各类教育机构要积极与企业合作建立教学实践基地，培养适应电子商务发展需要的专业技术人才和复合型人才；改造和完善现有教育培训机构，多渠道强化电子商务继续教育和在职培训，提高各行业不同层次人员的电子商务应用能力；企业也应建立相应的平台，使企业的技术人员和商务人员之间进行沟通，起到桥梁和纽带作用。

二是对农民进行信息技术和电子商务培训，让农民能使用和掌握检索网络信息和网上交易的方法和技术及防范风险的方法，提高农民的信息素质和技术水平，并充分利用各种媒体，采用多种形式，加强农村电子商务的宣传、知识普及和安全教育工作，改善农村电子商务应用的社会基础。加强农村电子商务应用人才培养，培育农村电子商务应用主体，提高农村信息人员素质。强化各级农村农业信息管理和服务人员的培训，提高他们组织开展农村信息体系建设的能力和自身的服务水平，推进电子商务全面融入农村经济社会发展的各个环节。

第五，加快法律法规与政策体系建设，形成城乡电子商务发展的制度保障。为了保证电子商务的发展，应早日制定和出台更多切实可行的与电子商务贸易、税收制度等电子商务相关法律、法规。加快信息安全、网络管理、知识产权保护等方面的法律、法规建设。同时，只有新建电子商务法律体系既要与我国从城乡二元到城乡统筹发展的实际情况相符，又要与国际接轨，才能为我国电子商务健康有序地发展提供一个安全的外部环境。

一是根据电子商务的特点及我国城乡之间的实际，尽快制定完善信用管理、在线支付、网上交易税收征管、隐私权保护等方面的法律法规，制定完善虚拟货币、电子合同、在线产品信息管理办法。同时，根据电子商务发展的需要，适时修订现行相关法律法规。加大贯彻落实电子签名法等法律法规的执法力度，为电子商务发展创造良好的法制环境。

二是加大对电子商务基础理论、关键技术和重大政策研究方面的财政支持，形成持续稳定的经费渠道。加强政府对共性技术开发、重大装备研制、重点应用示范的引导性投入，支持电子商务领域信息资源的公益性开发和利用。对开展信用信息、电子认证等公共服务的企业和从事电子商务交易服务、技术外包服务等高技术服务的企业，允许享受与现行高新技术企业同等优惠的财税政策。在市场不能有效配置资源的电子商务发展领域，政府运用投资补助、贴息等多种手段，分步骤、有重点地予以支持。

三是加强对农村电子商务发展的政策倾斜与扶持。加快农村农产品从生产到消费全过程的标准化体系建设，从农业和农村经济发展的高度来制定农村电子商务发展规划，利用政策扶持加强农村、农业和农民与电子商务之间联系，如运用宏观调控、税收等手段鼓励企业从"三农"问题着手更多地运用电子商务；通过降低农村上网费用，刺激农民网上消费；通过注入资金或优惠政策支持农村电子商务研发活动，提高农村电子商务服务技术水平。此外，在电子商务政策法规的制定与执行、网上交易用户的身份认证等方面，政府也应担当更积极的角色，以保证和促进农村电子商务的安全顺利实施。

第十二章

城乡统筹视角下城乡双向流通的连锁经营网络体系建设研究

流通是社会再生产过程的环节之一，流通与生产之间存在着辩证统一的关系。流通既是生产与消费之间、工农之间、城乡之间的桥梁和纽带，又对生产具有主动性、能动性和先导性的调节作用。因此在国民经济运行和发展中，流通起着对资源合理配置和资金有效周转的重要作用。但由于在发展中国家中普遍存在着城乡二元经济结构，且旧的经济体制重生产、轻流通，重工业、轻农业的现象严重，使得农村的流通业处于滞后的状态，农民的生产消费不足，农村问题成为严重的社会问题，日益拉大的城乡差距影响着社会的长远进步以及和谐发展。鉴于此问题，商务部从2005年以来开展并在逐步深化一系列工程："万村千乡市场工程"、"双百市场工程"和农村商务信息服务工程等，从而为农民创造好的销售环境和流通环境，解决农产品难卖问题，通过对农民传播有效的市场信息进一步扶植农村市场，发挥市场的配置资源的作用。

第一节 城乡商贸流通体系的现状分析

一、城乡商贸网络体系不健全，流通成本高

城乡二元结构作为发展中国家必然经历的一个阶段，其状况尚未得到根本性

的改变。在城乡二元体制下,在社会经济发展和商品流通体系建设中"重城市,轻农村"、在农村工作中"重生产,轻流通"。人们往往把商业发展与城市建设联系在一起,把农村建设与农业生产联系在一起,从而更加重了城市商业与农村商业的分割和对农村商品流通体系建设的忽视。在这种病态的经济模式下致使农村基础设施薄弱,商品流通体系落后,农村商品流通仍然是以个体户小卖店和流动性的集贸市场为主。在市场经济改革之前,农村的经济形式主要是供销合作社的组织形式,而实行市场经济后,我国农村原有的完整销售网络——供销合作社现已大部分名存实亡,表现为:第一,零售业态的形式很有限,零售业态大多是传统的杂货店、夫妻店,这是小生产者的组织形式,具有小生产者"经营能力小,规范化、组织化程度低"的一般特征,同时具有自给自足性质。小生产者经营方式无法像社会化大生产那样相互协作,具有强有力的市场竞争力。这种简单的经营方式只能维持生存,无法让农民富裕,因而农民没有变革经营方式的动力,当各大中城市连锁商业悄然发展起来的时候,县级商贸企业发展连锁经营的只是凤毛麟角。第二,从地域结构上来说,广大农村地广人稀,同时传统村落的布局本身就是星罗棋布,加之生产上的自给自足形态必然会导致商业布局上的特点,那就是依村建设、布局散乱、规模较小。这种流通效率低下,缺乏社会化大生产的规模效益,满足不了农村消费者对商品质优价廉的最基本要求,再次,通常是定期和不连续的小批发市场、集贸市场为主。提供"无品牌、仿名牌、低质低价"的商品,严重影响了农村消费的品质。农村商贸流通业主要担负着将满足农民生产生活的消费资料和农业生产资料从外面运进来,同时将生产出来的农产品运出去的任务。由于农产品营销网络和农村物流体系的不健全,农民购买商品也好,卖出农产品也好,都十分不方便。

二、城乡商业网点分布不对称、规模差异较大

农村归根结底是依山傍水的一个村落,注定了农村市场需求分散、批量较小、地域偏远、交通不便等主要问题,因此零售网点极其薄弱。而零售业在农村属于进入壁垒低的垄断竞争性企业,容易形成零散而又规模较小的企业。在农村零售业的零散度高达90%以上。个体经营者由于自身的局限性,对市场、产品、产业的营销知识基本上从经验中得到,使得农村商业网点疏密不平衡。与城市零售业相比,把商品配送到星罗棋布的农村网点的物流成本是相当大的。加之由于农村市场需求分散、批量较小且大多地域偏远,交通不便,使得专业化的流通企业望而却步。农村市场只存在着弱小的个体经营户。个体经营者由于自身的局限性,对市场、产品、产业的营销知识基本上从经验中得到,使得零售业态经营者素

质整体偏低，也为大量假冒伪劣产品充斥农村市场提供了便利。深受假冒伪劣商品之害的农民出于自我保护的本能而不敢消费。根据中国消协最新公布的调查结果，近年来农村消费者的投诉呈上升趋势，消费环境不容乐观，农村假冒伪劣商品横行，日用生活品成为农村消费者受损害的主要载体。表面貌似两厢情愿的商品交换，掩盖了事实上的诈骗。这对广大农民的生产消费和生活消费造成了严重打击。开拓农村市场难在商品不对路，更难在不平等交换，难在现有低效的流通网络不能为农民提供保质保量的商品和服务，对宏观的消费和生产产生了严重的反作用。

第二节 中国城乡双向流动商贸网络体系构建中连锁经营发展的可行性分析

连锁经营作为现代化的流通组织形式，指经营同类商品，使用统一商号的若干门店，在同一总部的管理下，采取统一采购或授予特许权等方式，实现规模效益的经营组织形式。

目前对于双向流通的含义，多数学者认为双向流通包含多重含义。这里我们依然沿用高青松（2009）的定义，"双向流通"的第一层含义，就是指物流配送上的"双向"流动。这里的"双向"是指流通企业在往农村销售网点配送工业品之后的返程中把农村生产的农副产品运回城市，配送到城市的销售店。运输车辆往返过程中，两头不放空。"双向流通"的第二层含义是指品牌共享上的"双向"渗透。流通企业特别是大型流通企业，具有完善的经营管理和物流配送体系，具有较高的社会知名度和信誉度，更重要的是可以保证商品质量体系的完整、稳定与安全。流通企业定产订购的农副产品，获得了流通企业品牌的支撑。品牌的发展对扶植地方特色农业、促进区域农业经济的发展具有不可替代的作用。农副产品借助流通企业的品牌进入城市，而流通企业因为扶持了当地农村经济的发展而巩固了自己在乡村集镇的品牌地。①

一、来自农村自身发展的需要

（一）现代农村的发展需要新形态的经营模式

如前所述，农村商贸流通体系的不健全致使农村市场上商品质量低劣，而价

---

① 高青松：《连锁零售企业城乡市场"双向流通"模式构建》，载于《商场现代化》2009年第2期，第1~2页。

格又层次不齐,原有旧体制的模式是一种小农生产经济模式,在这种模式下农村零售网点散乱,零售业态单一,商品的质量无法保证,也就没有办法发展农村。

目前农村消费市场正在发生着深刻的变化:农村人口数量多,市场容量大。农民收入不断增加,购买力逐渐增强。收入的增加意味着农民消费数量和质量的增加,农村消费质量、结构发生了深刻的变化。从全国来看,"十一五"期间,我国消费品市场发展速度不断加快,规模不断扩大。社会消费品零售总额由2006年的7.9万亿元增加到2010年的15.7万亿元,增长98.3%,年均增长18.1%,消费品市场步入了快速发展期,成为改革开放以来增长最快的期间之一。"六五"期间,社会消费品零售总额年均增长15%,"七五"期间增长14%,"八五"期间增长23.3%,"九五"期间增长10.6%,"十五"期间增长11.8%。与"九五"和"十五"期间相比,"十一五"期间社会消费品零售总额年均增速分别加快了7.5个和6.3个百分点,表明消费品市场进入了一个新的历史发展时期。

近几年来,我国城乡居民收入持续增长,尤其是随着党中央、国务院一系列支农、惠农政策的贯彻落实,增强了农民购买能力,农村消费品市场发展明显加快,呈现出城乡市场同步增长,共同繁荣的可喜局面。2011年,城镇实现消费品零售额15.7万亿元,乡村实现消费品零售额2.4万亿元,分别较上一年增长17.2%和16.7%,年均增速分别达18.4%和16.5%。

农村供销社作为古老的流通形式为连锁经营的网点分布创造了条件。第一,供销社遍布城乡,是目前现存零售业态中服务体系较完整的一种业态,供销社90%以上的网点、设施、人员分布在县市以下,他们都同时拥有较为健全的机构设置,这使得供销社系统本身就具有连锁的性质。第二,由于供销社系统长期存在,因此在农村这种以关系而不是以契约形成的社会中具有较低的交易成本,他可以与农民形成良好的合作关系,在农村中拥有较高的信用。第三,在较为发达的农村地区,基础设施已经相当完善,为连锁经营实现的物流基础提供了良好的条件。首先,"村村通"工程的实施使得公路运输成为可能;其次,现代化电子信息技术的发展为农村提供了更多、更快、更有效的信息,现代化社会是信息社会,拥有信息就意味着更早一步的占领市场。

(二) 连锁经营的特征必然会带来农村的新发展

连锁经营使农村发展及农民收入提高不但能够"开源"而且能够"节流"。第一,"节流"功能。连锁经营能够有效的带来规模经济效应,从而降低商品的价格,这对于广大农村消费市场来说,无疑是最强有力的吸引力。采用连锁经营,通过连锁配送体系的正常运作,可以实现合理库存、减少缺货成本、脱销成本等,通过连锁总部与各分店、配送中心的有效衔接,实行统一采购、分散销售,可降低进货成本、销售成本,从而降低商品零售价格,实现薄利多销。它具有以下优势:首先是采购的规模优势。通过对分店采购权的集中,可以以较强的议价能力与供应商讨价还价,获得大批量进货带来的价格优惠。同时,连锁店比单店独立采购要减少采购人员、采购次数,从而降低采购成本,采购的规模优势不仅能够减低成本,更重要的是由于标准化的操作杜绝了假冒伪劣商品的可能性,保障了农民消费的利益。其次,仓储、配送的规模优势。在集中采购的基础上设置仓库,要比单店独立存储更节省仓储面积,根据各分店的销售情况不同,实现合理库存。通过总部集中配送可选择最佳运输路线,充分利用运输工具,及时运送,避免店铺商品库存过多或出现缺销现象。这样,对于工业品下乡来说既可以降低工业制成品的价格,为农民带来实惠;同时又可以合理配置工业品资源,实现资源的合理利用。

再者,连锁经营的多店铺分散化销售符合农村居民消费分散的特点。农村消费的分散性是多少年来零售无法实现规模降低销售成本的难题。而连锁经营的集中进货和分散销售相结合较好地解决了这一问题。多店铺销售使连锁店深入到农村居民相对聚集的消费区,具有小店铺的渗透优势,而规模化的进货又能够维持较低的成本,使得零售有利可图,从而使农村消费者和企业都有利可图。因此,连锁经营从一定程度上解决了由于农村居民消费分散而造成的销售成本过高、商品价格偏高的问题,并能以分散化的销售最大限度满足农村居民消费需求,解决了农村商业网点分散和大市场大流通之间的矛盾。

而从农业生产角度来讲,则是"开源"的功能。连锁经营使农产品买卖呈现规模优势:首先,促销的规模优势。由于连锁店各分店遍布一个区域或全国,其总部可统一进行广告宣传,广告费用可以分摊到多家分店,单店经营很难做到,这无疑加大了农产品的竞争力。其次,研究、开发、培训的规模优势。连锁商店可以聘请专家设计有关的照明、卖场布局等商业技术,开发计算机运用、商品陈列、防盗等技术,这些费用可以由多店承担,而开发成果可在整个连锁体系内推广,节约成本。最后,品牌优势。连锁店可以把各分店的成功经验在整个体系中推广,通过复制成功的经验模式,实现连锁店扩大,通过连锁经营的推广和发展,实现连锁店间经营资源、管理资源、品牌资源、服务资源的综合利用和共享,将新型经营方式、先进的管理模式、高素质的员工带入农村市场流通领域中,这样农产品经过了二次加工得到了附加价值,不再是传统的原料产品,而是具有现代理念的高产品附加值的农业产品,因而能够提高农民的收入。因此,无论从硬件或是软件上,连锁经营都利于农村消费市场的培育和农村消费市场商品流通体系的长远发展。事实上,在经济较为发达的农村地区,连锁经营已经取得了巨大的成功。如在苏、皖、鲁、豫、鄂、冀等省开设连锁店的江苏苏果超市有限公司截至 2008 年已经拥有 1 510 个连锁门店，其中 87% 以上的服务对象和 50% 以上的员工为农民，10 年间已拥有营业场地 2.3 万平方米，门店 30 多家，经营品种 1.5 万种，2002 年实现商品销售 3.5 亿元，连续经营四年跨入全国连锁百强。

二、来自城市商业连锁扩张的必然要求

事实上，农村需要连锁经营并不是"一厢情愿"的事情，伴随着现代社会的发展，城市零售业竞争激烈加剧，如何开发新的市场寻求新的利润空间成为城市零售业目前思考的问题之一。对于连锁超市的发展情况国内许多学者也有研究。夏玉春在《关于我国零售业态与立地发展趋势的研究》指出了我国零售业正在逐渐由城市中心部向副中心部转移，进而向郊外及农村部转移。[①] 而黄国雄教授则将国内商业圈分为三层，包括京津沪和各省会城市在内"第一零售商业圈"，包括经济较为发达的中小城市在内的"第二零售商业圈"和随着农村经济发展而正在形成的以乡镇为中心的"第三零售商业圈"。他认为"农村市场成为现阶段本土零售业抗衡国际巨头的重要砝码"，在目标市场决策方面零售企业的主攻对象一直是城市。国外零售巨头的进入，受环境影响在一定时期内也只能在"第一零售商业圈"建立店铺，难以深入到小城市和乡镇。这将使城市市场的竞争异常激烈，而农村市场的竞争压力则相对较小。本土中小企业如果选择乡镇市场，即在农村乡镇、村里开设连锁超市，在农村市场站稳脚跟后再"进军"大中城市，就有可能获得更大的成长空间。

随着我国经济的快速发展、国内消费市场需求不断扩大，连锁零售企业近几年也保持快速的发展，如表 12-1 所示。

表 12-1　　　　　　2005～2011 年连锁零售企业基本情况

	总店数（个）	门店总数（个）	年末从业人数（万人）	年末零售营业面积（万平方米）	商品销售额（亿元）	商品购进总额（亿元）	统一配送商品购进额（亿元）
2005 年	1 416	105 684	160.10	8 687.50	12 587.80	10 734.60	8 409.40
2006 年	1 696	128 924	187.10	8 979.00	14 952.20	13 447.40	10 565.70
2007 年	1 729	145 366	186.19	10 044.02	17 754.34	15 917.02	12 542.41

---

① 夏玉春：《关于我国零售业态与立地发展趋势的研究》，载于《中国流通经济》2000 年第 5 期，第 23～25 页。

续表

	总店数（个）	门店总数（个）	年末从业人数（万人）	年末零售营业面积（万平方米）	商品销售额（亿元）	商品购进总额（亿元）	统一配送商品购进额（亿元）
2008 年	2 457	168 502	197.08	10 197.83	20 466.53	17 193.07	13 782.08
2009 年	2 327	175 677	210.88	11 809.20	22 240.00	19 343.70	14 723.14
2010 年	2 361	176 792	225.16	12 756.80	27 385.43	24 044.61	17 412.46
2011 年	2 411	195 779	249.06	13 670.66	34 510.69	29 652.99	22 919.64

资料来源：根据《中国统计年鉴（2012）》相关数据整理。

根据 AC Nielsen 2007 年的统计资料，近几年来三四线城市超市大卖场、超市的发展速度快于一线城市，且成为驱动增长的主要动力。县乡级乡镇大卖场销售额增长比一线城市高 17~19 个百分点；超市销售额增长比一线城市高 6~9 个百分点。如表 12-2 所示：

表 12-2　　　　　　　　2007 年城乡超市发展速度比较

	门店数量增长速度（%）		销售额增长速度（%）	
	大卖场	超级市场	大卖场	超级市场
重点城市	9	24	10	15
省会城市	8	12	8	18
地级市	18	24	23	26
县级市/县和乡镇	24	25	27	24
全国	12	22	13	21

资料来源：中信证券，2007 年。

总结以上，首先，从现状来看，由于城乡二元经济结构致使城市的消费发展已经进入了一个饱和状态，90 年代以来，我国的零售业开始大力发展连锁经营等先进经营模式。加入世界贸易组织之后，我国又对外放开零售业的严格限制，外商零售企业可以在中国任何一座城市开设独资店铺，这些拥有着先进零售经验的巨头们对本土的连锁企业造成了巨大的压力，迫使他们考虑新的消费市场——农村社区。

其次，发展乡村商店是目前经济学探讨的一个重要问题。乡村商店以人数不多的小型商业圈为目标市场。虽然市场容量有限，但由于竞争商店很少，一旦夺得市场，仍然可以取得可观业绩。美国大型零售商沃尔玛特所采取的经营战略便是采用向乡村商业圈开设商店。从博弈论上讲，这种消费仍具有局限性质的农村商业圈开店，其市场容量是有限的，因此当一家超市进入该商圈后，在市场占有率上能产生很大的优势，当其他企业试图介入时，市场已形成很大的进入壁垒，因而进入农村连锁是有利可图的。在这一点来说，国内本土超市由于对农村的了解以及渠道关系要好于外资超市，因而具有很强的竞争力。从现在的情况来看，内地超市进军农村的速度很快，而外资零售店虽然在销售收入上仍高于本土超市，但门店数量已经远远落后于内地超市，从而为打入农村市场做好准备。

三、政府的有力措施

为了缩小城乡二元结构，构建社会和谐发展，中央高度重视农村市场体系建设工作，将农村市场体系建设工作纳入新农村建设的重要工作之中。为城乡双向流通创造了机遇。从2004年起中央连续五年发布了中央1号文件，加大了农业税免征减征力度，同时加大农村公共服务的支出；2004年国务院办公厅下发的《关于进一步做好农村商品流通工作的意见》，提出"鼓励有实力的零售企业运用特许经营、销售代理等方式，改造'夫妻店'、'代销店'，力争用五年左右的时间，初步形成以县城为重点、乡镇为骨干、村为基础的农村消费品零售网络"。2005年商务部、财政部下发的《关于对2005年"万村千乡工程"项目予以资金支持的通知》扶植农业经营。2006年商务部印发的《农村市场体系建设"十一五"规划》，提出进一步推进以解决农民买难为主的"万村千乡市场工程"和解决以农产品卖难为主的"双百市场工程"，以城区配送中心为龙头、乡镇店为骨干、村级店为基础的农村现代流通网络正在逐步形成，不仅大大改善了农村的流通基础设施，而且明显改善了农村消费环境。据商务部统计，截至2010年年底，已累计建设和改造52万个农村超市、2 667个配送中心，农村超市覆盖全国80%的乡镇和65%的行政村，年销售额近3 000亿元。

为进一步提升农产品市场现代化水平，2006年以来，国家大力实施了"双百市场"工程，重点改造升级大型批发市场、集贸市场和流通企业的冷链、结算、信息、监控、质量安全可追溯、废弃物处理等公益性设施。截至2010年6月底，累计改造740个农产品市场，覆盖了56%的地级市，交易额占全国亿元以上农产品批发市场交易总额的37%。大力推动了新型农产品流通模式，在17个省区市开展"农超对接"试点。截至2010年年底，全国累计支持740家农产品批发市场和农贸市场和升级改造，覆盖56%的地级市；支持2 000多家零售企业与1.1万家农民专业合作社开展"农超对接"。通过"农超对接"，农民销售的农产品价格平均提高约15%，超市售价下降15%，农民、消费者、企业三方均受益。

在城市，国家有关部门积极开展了"便利消费进社区、便民服务进家庭"为主题的社区商业"双进"工程，全国已建立全国商业示范社区143个，省级商业示范社区600多个，覆盖80多个大中城市，大大提高了商贸服务业的便民利民程度。开展早餐工程试点，在23个省市建成86个主食加工配送中心，建成1.8万个标准化早餐网点。在19个省市升级改造960家菜市场，新增营业面积20万平方米，当地居民满意度超过90%[①]，这些政策的连续出台，加强了城乡间商贸的可能性，同时也促进了连锁经营业态的不断繁荣。

四、商品流通市场形成多元化市场竞争格局

近年来，我国商品流通领域发生了巨大变化，不论在城市还是在农村，基本形成了四通八达的商品流通网络，各类商品市场空前发展，成为商品流通的一道亮丽的风景线。连锁经营、电子商务的迅速发展，彻底改变了过去商业经营模式比较单一的状况，形成了多元化、多层次、少环节、开放式的竞争发展新格局。"十一五"期间，在传统百货零售业稳步发展的同时，作为现代流通手段之一的连锁经营成为商业企业采用的主要经营组织方式，连锁企业从少到多、从小到大，不断发展壮大，多种业态经营的企业大量增加，超级市场、便民店、专业店、专卖店、购物中心、仓储式商场、无店铺销售等发展迅速。连锁零售企业和餐饮企业零售额占社会消费品零售总额的比重由2006年的10.5%提高到2009年的12.6%。营销手段的多样化、经营业态的日益完善，极大地方便了居民生活，消费者购物更加方便、快捷。

同时，商品交易方式日趋多样化。近几年，连锁经营、物流配送、电子商务、特许经营等得到较快发展，为繁荣市场、扩大就业、方便居民和促进流通发挥了积极的作用。通过实施商业网点规划，促进了商业网点的合理布局，加快了社区商业、家政、早餐等生活服务业的发展，城市居民消费便利化程度大幅提升。以信息化带动流通现代化，大力发展连锁经营、统一配送、电子商务等现代流通方式，推动了网络购物快速发展。据中国电子商务研究中心统计，2010年中国电子商务市场交易额已达4.5万亿元，同比增长22%。其中，企业间（B2B）交易额达到3.8万亿元，网上零售交易额达到5 131亿元。另外，国内电子商务服务企业已达25 000家，网络团购企业数量达1 880家。现代流通体系

---

① 中华人民共和国国家统计局：《"十一五"经济社会发展成就系列报告之五：消费品市场在平稳运行中加快发展》，http://www.stats.gov.cn/tjfx/ztfx/sywcj/t20110303_402707380.htm。

的快速发展，在降低流通成本、扩大消费、引导生产等方面发挥了重要作用。

再次，商品交易市场不断发展。近年来，大型商品交易市场发展加快，已经初步形成了门类齐全，覆盖面广，综合市场与专业市场、大型批发市场与中小型零售市场相结合的市场体系。截至2009年年底，全国现有年成交额亿元以上的大型商品交易市场4 687个，比2005年年末增加了1 364个，2009年全国亿元以上商品交易市场实现成交额30 021亿元，比2005年增长93%，年均增长17.9%。商品交易市场已成为日用消费品和生产资料的重要集散地和价格信息发源地，在活跃商品流通、方便居民生活、扩大城乡就业、推动国民经济发展等方面发挥了积极的作用。

最后，我国流通领域进入全面开放阶段。随着开放领域由零售业向采购中心、物流配送、分销体系等多方位演进，开放范围由少数类别逐步实现全面开放，大量外资企业开始进入流通领域。据有关资料显示，近几年已有50多家国际大型零售企业在中国开设分店，外商零售企业开设的门店数量达1.5万多个，营业面积近1 400万平方米，占全部连锁零售企业的比重分别为8.7%和13.7%。外资流通企业的进入，不仅为中国流通业的改革提供了资本支撑，而且带来了先进的经营理念、管理模式和商业业态，培养了一批优秀的管理人才，极大地丰富了市场上的商品品种，满足了居民日益多样化的消费需求。在对内对外开放中，众多民营资本也广泛进入流通领域，为流通业发展增添了新的动力。2010年限额以上零售企业销售总额中，内资企业占87.2%，港澳台商投资企业占4.4%，外商投资企业占8.4%。① 流通市场形成了健全的格局，为扩展城乡商贸渠道，加强城乡商贸交流提供了一个稳定安全的保障作用。

第三节　城乡统筹视角下我国城乡双向流动的连锁经营发展的思路和措施

一、连锁经营的模式探讨

在我国，连锁经营还只能算是一种比较新型的业态，因此我们必须先借鉴一

---

① 中华人民共和国国家统计局：《"十一五"经济社会发展成就系列报告之五：消费品市场在平稳运行中加快发展》，http://www.stats.gov.cn/tjfx/ztfx/sywcj/t20110303_402707380.htm。

下已有的连锁经营的模式以及国内的成功模式。

为适应建设和谐社会的需要，我国农村商品市场体系要进一步建设和发展，有必要汲取发达国家（地区）的经验，指导我国农村购买市场上的农村消费品、农业生产资料的商业形式的发展。

欧美等国已有几百年的市场发展历程，即使韩国也在美国的帮助下发展了约五十年，而我国仅是发展了二十年，农村市场体系的发展更是落后，这些方面都显示了不可逾越的差距。针对这种情况，要发展我国农村市场经济，完善我国新农村的市场体系建设，就应该借鉴美、日等国的建设经验，结合我国农村国情的商业经营形式，使得农村的物流体系整体提升、农村购买市场上商品的质量得到保障，如同美、日等国那样，让农民能够购买到"价廉物美"的商品，这样一方面能改善农民的生活水平，提高农民生活档次，缓和社会差距；另一方面也使得质良价优的农业生产资料顺利到达农民手上，存进农业的发展，从根本上改变农民的生活状态。

（一）国际经验模式

美国一般以直销模式为主。粮食类期货市场发达，果蔬类产地与大型超市、连锁经销网络间的直销比例约80％，主要由于其连锁超市以及供货地规模庞大，双方处于同等议价地位，适合直销模式。在物流组织模式方面，充分发挥产销一体化组织和农业协会的作用。美国通过产销一体化组织和农业协会进行了良好的农产品物流组织建设。这两类组织构成了美国农产品物流的主体，对农产品物流高效运行起了关键作用。

欧盟重视批发市场的作用，以公益性批发为主，比例较大。在信息化建设方面，由于西欧国家市场信息网络发达，地域内、国家间的农产品贸易十分活跃。荷兰花卉和园艺中心就有最先进的拍卖系统、新式电子交换式信息和订货系统，通过电子化农产品物流园区和配送中心向全球许多国家的广大客户和消费者提供服务。在物流组织模式方面，由于欧洲地区客户越来越希望所提供的农产品和各种食品新鲜、品种多样，而且要求提货和送货都要方便，随叫随到，因此荷兰人就通过在市场附近建立一个农产品和食品中转站，货物首先集中到这个中转站，然后再在中转站进行配送的方式保证充沛的货源，合理的配送，及时的运输和稳定、可靠和协调的供应。配送中心收到货物后，根据具体情况、条件和规范，对农产品进行分类、调制、分割、包装和储藏。配送中心的主要任务就是把农产品和食品及时运送到各个零售商。这种模式非常注重发展冷冻储藏，冷冻行业非常发达。

东亚则主要是以批发市场的形式，适用于频繁而小批量的配送。在设施配置方面，主要是以批发市场的形式并配备有完善的一系列物流设施和其他相关设施。目前全日本经由批发市场流通的蔬菜占 81%、果品占 72%。日本的批发市场早已改变仅有广场、仓库和停车场的局面，配备有完善的常温保管设施、冷风冷藏设施、配送设施、精加工、深加工设施和包装加工设施等，从而开展精加工、深加工、小包装分解、物流配送等业务。日本和韩国由于人多地少，自然资源有限，很难实现农产品物流的组织化、集约化和规模化，为了解决小而分散的生产规模，降低农户单独进入市场的风险和交易成本，它们非常注重发挥农业协会的作用，从而使得流通更规范化、法制化，而且效率更高。

（二）国内经验模式

1. 江苏经验：第三方物流与农产品连锁经营模式创新。江苏省在农产品的连锁经营方面进行了积极的尝试，一些大型超市如"苏果"陆续进入农产品销售领域，涌现出三种比较成功的连锁经营模式：一是无锡的"天惠连锁超市+批发市场+基地+保险承诺"；二是镇江的"万方连锁超市+基地"；三是盐城的"放心粮油专卖连锁店+加工企业+基地"。三种模式都是以超市、连锁店为销售终端，以基地为供货源，中间商或与加工企业合作，或与批发市场、配送中心合作，形成一个完整的产业链。

2. 重庆经验：农商对接。大多数文件及学者都认为农商对接"主要是指农户通过与超市、企业的对接，减少中间环节，提高农产品流通效率，降低农产品流通成本，提高农户的收入"。[①] 在农商对接模式中，重点是通过双方多次交易，建立信任，形成长期稳定的关系，寻求双方的利益最大化；核心是使农户参与农产品加工等环节，增加农户收入。因此，"农商对接"不仅仅只是农产品流通环节的减少，也是功能上的重新分工与协作，更是利润的重新分配过程。

3. 四川经验："仓储式+流动式"。实力雄厚的连锁超市可以针对农村市场的特点，在城市和农村开展两线经营。在交通便利、消费水平较高、具有能辐射周边地区的集镇上开设"仓储式"超市，另以"仓储式"超市为轴心向周边零售业不发达、农民对价格较敏感的地区派送"放心便利车"。便利车与整个连锁超市形象设计统一，车内装有 POS 机，货架齐全、商品陈列有序，可以根据不同地区的情况，合理安排派送时间。

4. 河南经验：建设三级网络，推进供销社改造工程。河南省将用 3~5 年时间把现有的 4 万多个基层供销社经营网点改造成现代化的农村流通服务网络。主

[①] 孟波、高谙、范磊：《农商对接：农产品流通模式创新问题研究——基于重庆城口县和开县的调研》，载于《重庆大学学报》2009 年第 12 期，第 93~96 页。

要措施有：(1) 由省供销合作总社所属公司牵头，打造农业生产资料、日用消费品等骨干网络。(2) 建设区域网。对原有经营网络资源进行整合和改造，建立起商品购进、配送、运输、结算、管理的细分体系。(3) 建设终端网。实施超市进乡村、进社区工程，鼓励各地供销社发展农村小超市、农产品直销店。

5. 其他城乡双向连锁经营模式。主要有：一是契约合作，分享经营利润的联盟形式。零售连锁企业与供销系统的基层社、龙头加工企业、各种农村经济组织合作，通过契约的形式形成紧密的上下游关系。二是建立综合服务中心，聘用专业人员，参与农技服务和产品生产管理。该中心的主要作用是实现农副产品与日用消费品双向流通渠道的统一。三是与上游的生产厂商合作，实现部分废旧物品的回收再利用。

二、城乡统筹视角下我国城乡双向流动的连锁经营发展的思路

(一) 选择适合的连锁模式

综上所述，新时期统筹城乡的连锁经营模式应当以双向流通为基础实行连锁经营的模式，引导市内外各类大中型流通企业直接到县、乡、村投资建设直营店，建合资合作店，或者鼓励各类连锁企业通过加盟的方式到乡、村建立加盟店。实现城乡双向流通的连锁经营，就是应当以零售企业中的连锁经营业态为中心，以连锁经营的物流体系、供应链管理为基础，将农民与农业生产组织、批发企业、加工企业相结合，实现互惠互利。也就是说通过加工企业、农户与供销社、批发市场以及行业协会相联系，通过连锁物流体系将农产品顺利地卖出去；同时依靠这一套物流体系，与若干批发商、大型流通企业相联系顺利地将工业制成品购入农村，为农民带来实惠。具体如图 12-1 所示：

在这个总体的模式下，各个城乡根据自己所处的具体情况，选择其中的一两条经营模式去发展。对于农产品规模化较高的地区，就可以通过直销的手段直接进入连锁店而无须其他中介手段，类似于垂直零售，即指由生产厂商自行投资建立及管理零售店，可以跳过代理商、批发商等中间流通环节，节约流通费用，降低商品成本，从而获得价格优势。而对于规模较小的农户来说，则秉持"小批量、个性化、准确性"的原则。通过物流节约成本，即在超市门店建立大型仓储式仓库，或者选择与连锁超市相距的中心点设立仓库，进行物流配送工作。

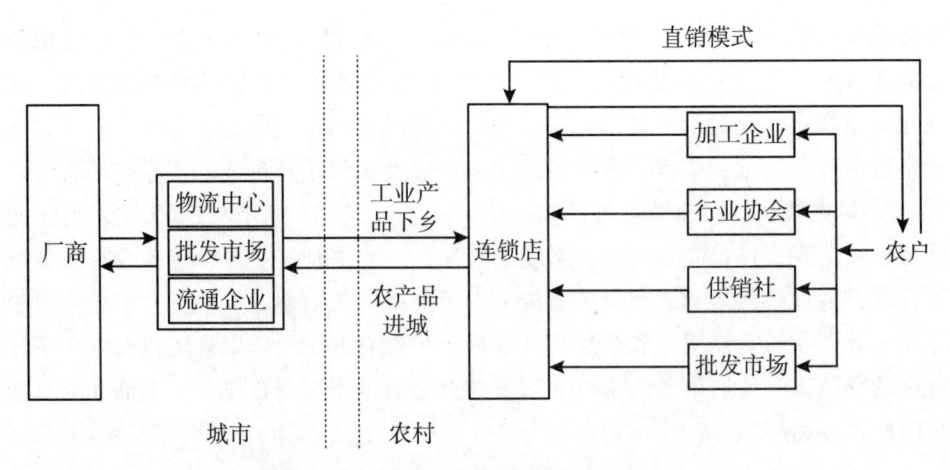

图 12-1　城乡双向流动的连锁经营模式

（二）进行科学合理的商业网点布局

网点布局是连锁经营成功的前提。可根据经济地理学的有关内容进行布局。具体来说通过对连锁经营的内容、市场、地理位置等区位因素的分析，正确地设立网点。对于连锁店的形态来说，也应区别对待。在人口相对集中的县城、交通方便的大集镇设立仓储商店和量贩店。仓储商店是类似于仓库的零售店，其特点是装修发展与实现农民潜在需求相适应的新型业态，简单或没有装修，设施简陋，营业面积大，地点选在租金便宜的地区，自选与导购相结合，因而经营费用低、售价低；量贩店的突出特点是批量作价、批量销售。这两种业态非常适合农民集中、大量购买日常用品的需要。连锁经营企业具有网点分布广泛、农产品销售量大和经营品种繁多的特点。所以，要根据农作物生长的地域特点、单个农作物的销售量、运输距离与费用，以及配送的规模经济量等因素，综合考虑农产品物流配送组织的布局和各配送组织的生产、配送能力，以实现供应链系统的整体最优化为目的。

（三）重视第三方物流的重要性

连锁经营的一般配送方式中要有自建物流、供应商直送和第三方物流。自建物流的初始投资非常大，并且存在着规模边界的限制，而供应商直送则会将成本转嫁给供应商。因此，对于地广人稀而又势力薄弱的农村来说，健全的物流体系能够提高流通效率。运用第三方物流进行配送，可以减轻双向负担。第三方物流不仅是为克服市场失灵和组织失灵而进行的被动的制度安排，更是为有效利用组织和市场双向优势的组织创新。第三方物流企业拥有专门的物流管理人才、先进的物流设施、设备，具备高度系统化、集成化和信息化的管理体系，能够对物流资源快速整合，具有规模经济的基本特点。尤其对于城乡双向流通来说，第三方物流企业作业效率更高，从而节约双方的交易费用。

根据发达国家的经验，连锁经营必将成为农产品零售的主渠道。如美国，80%的农产品通过生产基地——配送中心——超市、连锁店——消费者的方式完成其销售，只有20%的农产品通过生产者——批发市场等销售渠道完成销售过程。农产品物流配送组织是农产品供应链上的重要组成部分，在农产品的连锁经营中具有重要的理论和实践价值。随着我国零售连锁经营网络的发展，农产品销售量大幅增加，销售范围不断扩大，客观上要求农产品货源稳定、配送及时、产地直销和良好的加工、运输、保鲜设施的物流配送系统与之配套，以缩短农产品流通渠道。从我国农产品连锁经营现状看，由于绝大多数连锁企业没有自己的生产基地，专业的农产品物流配送组织建设滞后，所经营的农产品基本上是各连锁网点直接从农产品批发市场采购，然后转手销售的方式来经营的。落后的农产品物流配送体系成为农产品连锁经营的主要障碍。

（四）建立健全科学的管理体制和运行机制

由于农村连锁网点地域分散，门店经营情况参差不齐，信息的收集和传递渠道较长，管理和配送难度较大，这就要求连锁企业必须实现信息化管理。要创造条件发展信息化管理系统，提升管理手段，加强对终端网点的监督管理，统一管理规范，切实保证不售假冒伪劣商品，货真价实，诚信经营。此外虽然第三方物流能够有效地节约连锁成本，但是却对连锁经营的信息化水平提出了很高的要求，需要建立电子数据交换系统（EDI）、自动订货系统（EOS）、销售及库存的统计管理系统等。

此外，要借助于信息技术手段建立新型农商关系。农产品的生产、配送和销售位于农产品流通供应链的不同环节，彼此之间存在着此消彼长的利益关系。特别需要强调的是，农业生产领域和商品流通领域在买方市场条件下，经营风险日益加大，因此，建立新型农商关系、开拓市场是农商联合的基础，也是新形势下农商发展的主观要求。农商双方要相互渗透，逐步实现利益均沾，彼此有机地形成一条能对市场的各种需求反应灵敏的供应链。另外，农商双方要从理性的角度考虑，探索并逐步构建信誉与合作机制。因为在农产品流通供应链中，短期机会主义行为可以带来短期利益，但从长远来看，在一个有高度信誉和易于合作的组织安排中，各经济主体运作的成本较低，而且容易造就大的联合行动，给各方带来更大的、长期的经济利益。加强信息网络建设。在信息时代，信息是市场流通的命脉。农户、物流配送组织和连锁企业必须建立一体化的信息网，收集、汇总、分析农产品销售信息,提高企业市场需求的快速反应能力,指导农业生产,尽量避免因市场信息匮乏而造成生产和销售脱节,盲目生产而造成农产品滞销,给农民带来增产不增收结局,提高整个供应链对市场的快速反应能力,提高农产品配送的准确性和及时性,保证农产品物流供应链畅通无阻。

(五) 建立强有力的经济合作组织

目前在中国农村商品流通领域中,由于农民在市场交易活动中没有自己的流通组织或缺乏组织性,农民在商品流通中往往处于弱势地位。而农业合作组织将分散的农户联结起来,克服了小农生产的缺陷,通过合作组织与企业的契约关系和长期的交易关系,增加信任度,降低生产成本、流通成本和市场风险,提高农户收入。因而我们更应该在政府的指导下建立符合农民需要的经济合作组织。

适合于连锁经营的以农户为主体的合作组织,应是有规模经济优势和市场竞争力的经济组织,遵循市场经济的一般规律;组织产权归农户所有,以保护农民利益为根本目标。把分散经营的个体整合到物流配送组织内部,使其产生聚合规模、制衡力量和制衡机制,依靠集体力量完成农产品配送任务,抵御市场风险。组织内部实行"利益共享,风险共担"。独立农户以让渡部分流通所有权为代价,将流通活动引入组织内部,以组织内部"管理的交易"代替农户与连锁企业的直接交易。协调位于农产品供应链末端的连锁企业和供应链初端的农户之间的关系,解决个人利益和公共利益之间的矛盾,平衡生产和经营利润。农产品物流配送组织以销售联合为主,在合理布局的前提下,为保证组织的稳定性、聚合力和长久的生命力,应遵循自愿、自主、自助平等的原则,建立以农民为主体的、以农户生产独立为前提的农产品物流配送组织。其次,农户真正享有对组织的决策权、剩余索取权和对资产净值的处置权。这些是稳定和发展农户经济、刺激农户合作的前提。

第十三章

城乡统筹视角下城乡双向流通的商贸管理体系建设研究

改革开放以来，中国的社会主义市场经济有了前所未有的发展，商贸流通业也随之不断发展壮大。至今，我国商贸流通业已经取得以下成就：第一，发展规模实现新跨越。2010年我国社会消费品零售总额达到15.7万亿元、生产资料销售总额达到36万亿元、批发零售住宿餐饮业增加值达到4万亿元。第二，初步形成覆盖城乡的流通网络。在城市，建立起了以购物中心、超市、便利店等业态为支撑的流通体系；在农村，工业品下乡和农产品进程的双向流通渠道也初步形成。第三，流通现代化初步显现，流通主体呈现多元化。电子商务蓬勃发展、网络购物交易盛行、物流配送不断完善。第四，新型商贸流通业管理体制基本确立。先后出台《中华人民共和国反垄断法》、《中华人民共和国拍卖法》两部法律，《直销管理条例》、《商业特许经营管理条例》等4个行政法规和34个部门规章。但是，由于我国二元经济结构的影响，在进一步完善市场经济体制、全面建设小康社会的过程中，我国城乡商贸流通业发展很不平衡。城市和农村的商贸流通在流通成本、流通方式、业态结构、公共设施及市场规范化程度等很多方面都存在较大差异。主要表现在：第一，农村流通主体组织化程度较低，经营状态分散，市场信息闭塞，运销能力低下；第二，农村生产和流通之间缺乏内在联动，缺乏预期，市场流通不畅；第三，农村商流、物流、信息流三方面投入机制不完善；第四，农村市场管理体制仍不顺畅，宏观调控管理与公共服务缺乏效率。因此，在逐渐消除城乡二元结构和实现城乡一体化建设的过程中，需要加大力度提高农村商贸流通业的经营管理水平，创新农村流通管理体制。本章通过分析我国城乡商贸流通业管理体系的现状,进一步研究其对商贸流通业发展的制约和影响,以此提出商贸管理体系的建设目标和意义及相关政策建议。

第一节 我国城乡商贸管理体系的现状分析

现代管理的思想起源于对经济实体实施管理的各种科学手段。当代管理科学的奠基人、国际管理学大师彼得·德鲁克认为,对社会管理而言,社会机体是由各种制度性设置组织起来的,管理就是对各种制度性设置的控制和调度(1954年)。《中国大百科全书》中,对社会管理的定义是"政府和社会团体为促进社会系统协调运转,对社会系统的组成部分和社会生活领域及其发展过程所进行的组织、指挥和调节。它是相对于经济管理而言的"。商贸流通体系包括商品流通经营体系和管理体系,是微观主体行为和宏观制度环境相结合的有机整体,商贸流通管理体系指政府对商贸流通的宏观管理和调控,具体包括管理对象、管理形式、管理权限等。目前,我国新兴流通业管理体制基本确立,合理分配了专营管理和开放经营的商品类别,构建了城乡市场统计监测体系,并出台了相关法律法规和规章政策来不断建立和完善我国城乡商贸流通管理体系。但由于我国的二元经济结构,我国城乡商贸流通发展很不平衡,商贸流通经营管理水平特别是农村商贸经营管理水平仍然比较低下。

一、新型商贸流通业管理体制基本确立

对于关乎国计民生的重要商品,如储备粮食、食盐、烟草等,国家对其实施了专营管理,而其余商品则实行开放经营。并且,对于社会消费品零售总额、生产资料销售总额和农副产品收购总额中,市场调节价比重都在98%以上,在切实做好市场管制的同时,创建一个公平、自由、竞争的市场环境。在法律和规章制度方面,我国先后出台了《拍卖法》、《反垄断法》两部法律,《商业特许经营管理条例》、《直销管理条例》、《生猪屠宰管理条例》等四个行政法规和《商品零售场所塑料购物袋有偿使用管理办法》、《直销管理条例》、《中央储备肉管理办法》、《二手车流通管理办法》、《成品油市场管理办法》等34个部门规章,并建立起城乡市场统计监测体系。这个体系涉及22个流通行业,21大类600种消费品和11大类200种生产资料。同时,不断建立健全中央和地方两级储备机制,储备品种达到29种,应急商品品种达到38种。

二、流通产业协会组织、机构基本建立

在计划经济时期和改革开放初期，商贸流通主要是通过外贸、粮食、物资、商业等流通管理机构实现其职能的。改革开放后至今，我国逐步实现了由最初商业部、物资部、国内贸易部合并成立的内外贸一体化的商务部，通过商务部承担一系列管理贸易的职能。这种变化有利于深化贸易流通体制改革，建立全国统一、开放、有序竞争的现代市场体系。商经协会等组织的建立，为我国流通产业的发展提供理论支持，并为我国流通企业之间提供了交流的平台。近几年发展起来的农村市场中介组织，包括农产品流通组织、政府部门、企事业组织结合农民自助性组织以及由国家和集体兴办的经营性、事业性服务组织。中介组织主要从事农产品加工、运销实体、农民经纪人、技术咨询活动，还包括农村信用社、信息市场、劳务市场等配套服务组织。2004~2007年连续四年的中共中央1号文件均提出要鼓励发展农民经纪人等农产品营销主体，搞活农产品流通政策的建议。中国农产品市场协会、中国蔬菜市场协会、农村合作流通协会等相继成立，积极促进了农村商贸市场的流通。

三、农产品流通市场宏观调控机制不断完善

农产品是关系国计民生，保证人民生产生活的基本商品，但农业发展却处于弱势产业的范畴，因而农产品的流通体制也就成为整个经济系统的重要组成部分，任何国家都会在农业发展的过程中制定一系列政策和手段来保证农产品生产和流通的稳定。我国中央和地方政府综合运用经济手段、法律手段、行政手段以及价格机制加强了对农产品市场的宏观调控能力。利用经济手段，建立了农产品生产的财政补贴和风险基金；利用法律行政手段，建立了市场准入制度和对哄抬物价等扰乱市场秩序的行为进行监管、惩处的制度；利用价格机制，对特殊商品进行限价或最低保护。同时，我国在不断加强完善农产品储备系统、市场信息和基础设施的建设，为农产品流通体系的良性运转提供了有力保障。

四、商贸流通法律法规保障不力

我国的商贸流通法律尚未形成独立的法律部门，缺少一个处于"基石"地位的法律法规。近年来，我国商务部出台的大多数商贸流通市场管理规定权威性

低、法律地位不高，许多规定内容缺乏实际可操作性。由于行业性规章对其他部门缺乏约束力，在流通领域存在多头监管的情况下，仅仅靠行业主管部门对行业难以进行有效地监管。一些法律效力不高、法规作用有限的政策的出台，反而会加重商贸流通部门的行政负担，扰乱社会秩序，造成市场监管的真空。法律不健全以及行政主管部门的执行手段和执行力度有限，也会造成商贸流通法律法规的保障不力。如粮食流通，当前除中央储备粮食管理条例之外，关于粮食生产、流通、管理、调控、监管等方面的法律依据很少，系统性的法律法规更少。同时，现存的法律法规中有一部分已经过时，例如《粮食市场管理办法》、《粮食收购条例》、《粮食购销行为处罚办法》等。粮食管理法律体系的不健全直接导致了粮食流通关系的非法制化。法制建设严重滞后，如《商业法》起草经历20年，现在已退出立法计划。同时行政主管部门手段有限，对违法经营者不能造成足够的威慑，又使得我国商贸流通的行政管理陷入困境。

五、对流通部门控制和监管薄弱

目前，我国"重工轻商"的传统思想依然存在，生产企业在市场上的决定权远远大于流通企业，而同时，各级政府也不够重视对商贸流通部门的监管。我国商贸流通业本身存在着产业集中度低、流通企业规模小、分散度高和联合性差的特点，导致了各级政府对流通部门的控制能力低下，不利于商贸流通业的整体发展和现代化建设。而政府忽视对流通部门的监管必然会导致商贸流通部门机构建设薄弱，人员编制少，执法机构不健全，职责定位不清，无法对全社会流通主体和流通部门实施有效管理。这样，导致我国商贸流通企业之间形成低水平的过度竞争状态。一方面，大量工业品滞销，存在恶性的价格竞争情况；另一方面，广阔的农村市场没有得到开发，农村消费需求没有得到满足。其次，我国出现了大批量的"大而全"、"小而全"的流通企业，而且大多情况下这些企业都是各自为政，企业之间无法走向联合，因而导致了组织化程度低下，经营分散的市场状况，不利于我国商贸流通业的专业化分工和协作能力的发展。再次，市场长效监管机制的不完善、不健全导致了一些商品交易市场对市场准入与运作不规范，对摊位租赁者和进驻厂家、商家没有进行严格的资质审查，造成市场上的"三无"产品和假冒伪劣产品得不到根本性质的杜绝。

六、农村市场规范化程度低，市场管理不力

我国农村商贸流通市场往往比较分散，没有形成一定的规模体系，这样就造

成农村市场建设不完善，管理体制也不够健全。目前我国农村集贸市场上充斥着许多低廉却假冒伪劣的商品，市场上出售的日用化学品，如洗发水、香皂、化妆品以及一些食品，很多都是模仿一些名牌产品的包装，使得农村消费者贪图便宜却又难辨真伪。这些销售的"山寨"产品，不但损害了消费者的经济利益，更会危害消费者的健康。同时，监管主体的多头问题突出。由于我国农村市场比较分散，监管涉及工商、卫生、环保、检验检疫等多个部门，监管主体不明确、权责不清，某些环节监管缺位，某些环节又出现争权夺利、职责交叉、职能分散，造成农村市场"大家都管，大家都不管"的局面。特别是食品安全的质量问题，监管不力往往会造成很严重的后果，如前些年的"阜阳大头奶粉事件"、"三鹿奶粉事件"及"双汇冷鲜肉事件"，体现了市场管理不力的弊端。

七、地方行政垄断、地方割据妨碍了流通业的发展

目前，我国社会主义市场经济体系还不够完善，存在地方割据、地方保护主义和行政垄断的现象。一些地方及部门为了维护其局部利益，排斥异地企业进入本地市场，以行政命令或下发文件的形式限制外地企业的进入，或抬高外地企业进入"门槛"、增加歧视性收费项目、设置关卡等手段来造成商贸流通的壁垒。其中，比较突出的产品有：烟、酒、药品、煤炭、汽车等；比较突出的领域有：建筑、医疗、保险等。这样，破坏了市场机制，限制了公平竞争，阻碍了市场一体化的发展和商业资源的合理配置，不利于我国城乡双向流通和商贸市场的发展。

第二节 我国商贸流通体系不完善对统筹城乡双向流通的制约

作为构建城乡商贸流通体系的一个重要因素，我国城乡商贸管理体系的不完善直接影响到我国商贸流通体系的规范化程度，从而渗透到流通体系的各个方面，影响了城乡市场一体化的发展，继而制约了城乡商贸管理体系的建设。

一、城乡分割的二元经济结构制约了商贸流通一体化的形成

我国的经济发展是以城市化为导向，以城乡分割、地区分割的形势发展起来的。我国存在城乡分割的二元经济结构已经成为一个不争的事实，为反映我国二元结构的发展程度及对城乡商贸流通一体化的制约程度，在此引入"二元对比系

数"、"城乡居民收入差异系数"以及"城乡居民恩格尔系数"来进行解释分析。

(一) 二元对比系数

二元对比系数是测度二元经济结构的主要指标之一,即第一产业比较劳动生产率与第二、第三产业比较劳动生产率的比率。其数值理论上处于 0~1 之间。当数值越接近 1 时,表示第一产业和第二、第三产业的比较劳动生产率的差距越小,第一产业和第二、第三产业的比较劳动生产率的比值越大,说明经济发展水平高,二元经济结构不明显;当数值为 1 时,二元经济完全转变成了一元经济,经济的二元性消失;当数值越接近 0 时,表示第一产业和第二、第三产业的比较劳动生产率的差距越大;第一产业和第二、第三产业的比较劳动生产率的比值越小,说明两个部门差距大,经济二元结构越强;当数值为 0 时,第一产业比较劳动生产率为 0,经济二元性最显著。目前,发展中国家的二元对比系数通常为 0.31~0.45,发达国家一般为 0.52~0.86。我国的二元结构演变情况如表 13-1 所示。

表 13-1　　　　　　　　我国二元结构演变情况

年份	农业比较劳动生产率	非农业比较劳动生产率	二元对比系数
1978	0.40	2.44	0.16
1980	0.44	2.23	0.20
1985	0.46	1.90	0.24
1990	0.45	1.83	0.25
1992	0.37	1.89	0.20
1994	0.37	1.75	0.21
1996	0.39	1.62	0.24
1998	0.35	1.64	0.21
1999	0.33	1.67	0.20
2000	0.30	1.70	0.18
2001	0.29	1.71	0.17
2002	0.27	1.73	0.16
2003	0.26	1.71	0.15
2004	0.29	1.63	0.18
2005	0.27	1.60	0.17
2006	0.26	1.55	0.17

续表

年份	农业比较劳动生产率	非农业比较劳动生产率	二元对比系数
2007	0.26	1.51	0.17
2008	0.27	1.48	0.18
2009	0.27	1.45	0.19
2010	0.28	1.42	0.19
2011	0.29	1.38	0.21

资料来源：根据《中国统计年鉴（2012）》相关数据计算。

（二）城乡居民收入差异系数

城乡居民收入差异系数则是用来反映城乡居民收入水平差异和二元结构程度的指标，用 I 表示，公式为：I = 1 -（农村居民家庭人均纯收入/城镇居民家庭人均可支配收入）。城乡居民收入差距系数越大表示城乡居民收入差距越大，经济结构的二元性越明显。

当 I > 0.5 时，表示农村居民家庭人均纯收入不到城镇居民人均可支配收入的一半，城乡二元结构显著；当 0.2 < I < 0.5 时，处于二元结构向城乡一体化的过渡阶段；当 I < 0.2 时，表明已经完成城乡一体化。

（三）城乡居民恩格尔系数的差异程度

城乡居民恩格尔系数的差异程度反应城乡居民生活质量的差异，体现社会一体化的程度，用 E 表示，公式为：E = 农村居民恩格尔系数 - 城镇居民恩格尔系数。城乡居民恩格尔系数的差异程度越大，表明城乡居民生活质量差距越大。当 E < 5% 时，城乡居民生活质量基本一致；当 5% ≤ E < 10% 时，城乡生活质量差异较大，属于二元结构向城乡一体化的过渡阶段；当 E ≥ 10% 时，城乡二元结构明显。我国城乡居民人均收入和恩格尔系数变化如表 13 - 2 所示。

表 13 - 2　　　　　城乡居民人均收入及恩格尔系数

年份	农村居民人均纯收入（元）	城镇居民人均可支配收入（元）	城乡居民收入差异系数	农村居民恩格尔系数（%）	城镇居民恩格尔系数（%）	城乡居民恩格尔系数差异
1978	133.6	343.4	0.6109	67.70	57.50	10.20
1980	191.3	477.6	0.5995	61.80	56.90	4.90

续表

年份	农村居民人均纯收入（元）	城镇居民人均可支配收入（元）	城乡居民收入差异系数	农村居民恩格尔系数（%）	城镇居民恩格尔系数（%）	城乡居民恩格尔系数差异
1985	397.6	739.1	0.4620	57.80	53.31	4.49
1990	686.3	1 510.2	0.5456	58.80	54.24	4.56
1992	784	2 026.6	0.6131	57.60	53.04	4.56
1994	1 221	3 496.2	0.6508	58.90	50.04	8.86
1996	1 926.1	4 838.9	0.6020	56.30	48.76	7.54
1998	2 162	5 425.1	0.6015	53.40	44.66	8.74
1999	2 210.3	5 854.02	0.6224	52.60	42.07	10.53
2000	2 253.4	6 280	0.6412	49.10	39.44	9.66
2001	2 366.4	6 859.6	0.6550	47.70	38.20	9.50
2002	2 475.6	7 702.8	0.6786	46.20	37.68	8.52
2003	2 622.2	8 472.2	0.6905	45.60	37.10	8.50
2004	2 936.4	9 421.6	0.6883	47.20	37.70	9.50
2005	3 254.9	10 493	0.6898	45.50	36.70	8.80
2006	3 587	11 759.5	0.6950	43.00	35.80	7.20
2007	4 140.4	13 785.8	0.6997	43.10	36.29	6.81
2008	4 760.62	15 780.76	0.6983	43.67	37.89	5.78
2009	5 153.17	17 174.65	0.7000	40.97	36.52	4.45
2010	5 919	19 109.4	0.6903	41.10	35.70	5.40
2011	6 977.3	21 809.8	0.6801	40.40	36.30	4.10

资料来源：根据《中国统计年鉴（2012）》相关数据计算。

从数据显示可以得知，我国二元对比系数均小于 0.25，在 0.2 左右浮动，显示出我国城乡二元经济结构的分割程度不仅远远大于发展中国家的平均水平，还呈现出不断强化扩大的态势发展，二元经济结构的演化基本上处于一种刚性反应态势，使得我国经济的二元性还很明显；表 13 - 2 显示到 2011 年时，我国城乡居民收入差异系数为 0.68，2011 年农村居民人均纯收入只占城镇居民人均可支配收入的 30%，说明我国城乡居民收入差距悬殊，二元结构明显；从历年数据来看，城乡恩格尔系数差异程度在波动中逐渐下降，除 2009 年之外，其余年份的恩格尔系数差异程度均大于 0.5，说明我国处于二元结构还比较明显、向一元结构过渡的过程中。

城乡二元分割的经济结构导致了第一产业和其他产业比较劳动生产率的差异、城乡居民收入的差距、城乡居民生活水平的差异，种种差异阻碍了城乡商贸的流通机制，制约了城乡商贸流通一体化的形成。

二、农产品流通不畅，阻碍了城乡商贸一体化的发展

由于农村的市场化程度低，一方面，农村市场体系不健全、信息化程度低、农产品卖出难的问题突出，农民收入增长缓慢、不稳定；另一方面，农村物流基础设施差、管理体系不完善，增加了农村市场的交易成本，给农村的商贸流通业的发展带来障碍和困难。农产品的区域性和结构性供大于求的矛盾，加之我国农产品集约化程度低，农产品市场基础设施和管理体制不完善，农户不能及时掌握市场信息，导致农户不能及时掌握市场信息使得农产品生产存在无序性，生产调整存在盲从性，导致农产品结构性过剩，加大了农户的生产和经营风险。农民以个体力量面对市场，缺乏价格谈判的能力和力量，使得农产品价格偏低，农民的利益得不到维护。同时，农产品市场设施不完善，管理体制也不够健全。调查表明，我国农产品批发市场只有41.7%建有冷库、11.1%配备了冷藏车、12.9%有陈列冷柜。只有10%的肉类、20%的水产品、少量的牛奶和豆制品进入冷链系统。有的乡镇根本没有农产品收购网点，农村消费市场也大部分以路边摊为销售网点，规模小、设施差导致农村"商流"不畅。同时农产品市场缺乏严格的管理，农产品的质量和品质安全无法保证，进一步阻碍了城乡商贸一体化的发展。

三、农村消费水平低下，抑制了社会总需求的增加

消费是收入的函数，收入增长缓慢影响了农民的消费水平。近年来，虽然农民收入逐年增加，但增幅相对偏低，直接影响到了农民的消费需求；不断扩大的城乡收入差距又制约了农民的消费热情和消费结构，抑制了工业产品在农村市场的销售，影响了城乡商贸统筹的发展。

图13-1是我国2004~2011年城乡居民人均消费水平的变动趋势，由图中可以看出2004~2011年，我国城乡居民人均消费支出呈递增状态发展，而且差距在逐步扩大，两者消费支出的绝对量由2004年的5 426.64元扩大到2011年的10 427.54元。同时，社会保障机制的不完善、农村基础设施落后以及农村信贷业务发展的迟缓都影响到了农民消费支出和农民消费结构的升级。根据国家统计局研究，目前我国农村居民对工业品需求的收入弹性为1.314。即农民收入每增加1元，对工业品的消费需求就会增加1.314元。农村居民对工业品的需求收入

弹性较高，消费水平和消费结构提升的潜力大，对我国宏观经济的增长有很大的意义。从表13-3中可以看出农村居民家庭平均每百户年底耐用消费品拥有量，反映出对不同耐用消费品的消费程度。

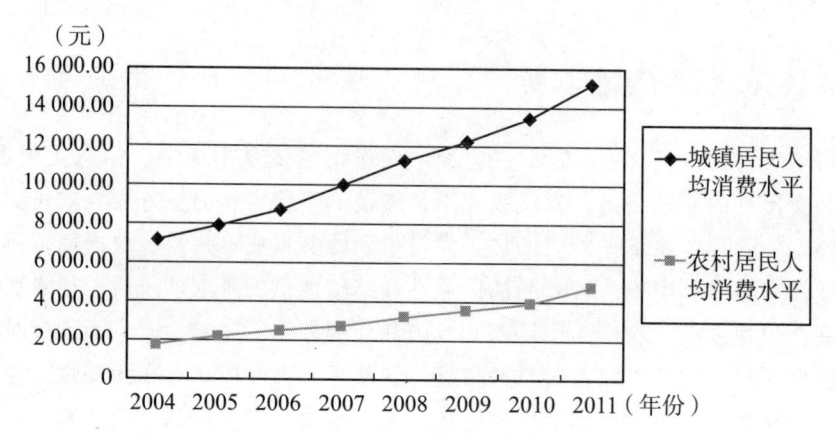

图 13-1　2004～2011 年城乡居民人均消费水平

资料来源：根据《中国统计年鉴》2004～2012 年数据计算得出。

表 13-3　农村居民家庭平均每百户年底耐用消费品拥有量

品名	1990 年	1995 年	2000 年	2005 年	2008 年	2010 年	2011 年
洗衣机（台）	9.12	16.90	28.58	40.20	49.11	57.32	62.57
电冰箱（台）	1.22	5.15	12.31	20.10	30.19	45.19	61.54
空调（台）		0.18	1.32	6.40	9.82	16.00	22.58
抽油烟机（台）		0.61	2.75	5.98	8.51	11.11	13.23
自行车（辆）	118.33	147.02	120.48	98.37	97.58	95.98	77.11
摩托车（辆）	0.89	4.91	21.94	40.70	52.45	59.02	60.85
电话（台）			26.38	58.37	67.01	60.76	43.11
移动电话（台）			4.32	50.24	96.13	136.54	179.74
黑白电视机	39.72	63.81	52.97	21.77	9.88	6.38	1.66
彩色电视机	4.72	16.92	48.74	84.08	99.22	111.79	115.46
照相机（台）	0.70	1.42	3.12	4.05	4.43	5.17	4.55
计算机（台）			0.47	2.10	5.36	10.37	17.96

资料来源：《中国统计年鉴（2012）》。

到 2011 年年底，洗衣机、电冰箱、空调、抽油烟机、照相机、计算机等耐用消费品在农村还未普及，与城市相比，消费结构水平还比较低，制约了农村居民科学消费、和谐消费，抑制了农村工业品市场的发展，并进一步制约了城乡商贸流通体系的构建。

第三节 城乡统筹视角下城乡双向流通的商贸管理体系建设的目标、思路

城乡统筹视角下城乡双向流通的商贸管理体系建设的目标：积极响应党的十七大报告提出的坚持城乡统筹，建立以工促农、以城带乡长效机制，形成有利于统筹城乡商贸发展、部门联动、上下对口、中介参与的流通管理新格局，建立起运作高效、资源整合的城乡商贸流通管理体系。改善我国重城市、轻农村，重工业、轻农业，重生产、轻流通的经济体制，充分发挥各级政府和流通市场各个主体在协调城乡商贸流通和建立相关制度方面的作用。在工业化和城市化高度发展的条件下，清除城乡之间的体制障碍，积极促进建设城乡市场一体化、产业一体化、公共服务一体化、社会管理一体化、生活方式一体化等统一、开放、公平、竞争、有序的城乡双向流通体系。

改革开放以来，我国发展的城市化道路及实行"城乡分治"政策，绝大部分的资金、技术、就业以及优惠政策都围绕城市进行，形成农村在资金、技术、人才上的三重流失，扩大了城乡差距，使得城乡商贸流通业发展不平衡的现象十分严重。具体表现在：城乡工农业品不能平等交易、城乡之间要素不能自由流动、城乡居民权利与发展机会不平等，城乡居民收入差距呈扩大趋势，城乡一体化发展进程缓慢，导致城乡二元结构刚性化和凝固化，成为发展和谐社会的重大障碍。城乡分割的二元结构不但制约了农业和农村的发展，而且还制约了工业化和城镇化的发展，抑制了整个宏观经济的可持续发展。在"城乡分治、工农分割"的体制中，农业作为弱势产业不但要为工业化和城市化的发展提供要素，还得不到发达工业的反哺；由于城乡市场隔离，致使要素和商品不能在城乡之间自由流动，而且由于农村居民增收缓慢，消费水平低也抑止了农村的消费需求，不利于工业化的进一步发展。

因此，要实现城乡统筹发展就要求打破我国长期以来形成的城乡体制分立、管理分治、发展分隔的二元经济社会结构，消除重城市、轻农村以及城乡分治的传统观念和城乡分割的管理体制，建立城乡一体化的制度体系及符合市场经济要求的城乡统筹的商贸管理体系。基本思路为：

一、建立城乡统一的法律制度体系

市场经济是法制经济,要求有一个良好的政策法律环境为商贸流通的发展提供可靠的保障。目前我国还处于从计划经济向市场经济转型的社会主义初级阶段,建立社会主义的法制基础还很薄弱,即我国现阶段市场经济的法制化程度还比较低,仍存在许多问题亟待解决。同我国总体法制化进程相比,我国商贸流通领域立法严重滞后,导致市场发展中所需的一些法律法规空白。由于我国商贸管理方面的立法更多地表现为部门立法,这样就造成我国商贸管理方面的立法往往权威性低、法律地位不高。事实上,我国城乡商贸管理法规大多以"办法"、"条例"、"意见"、"通知"等形式出现,部门立法的特征性强,立法层次低,约束力和法律效力差。因此,要求我国建立城乡统一的法律法规制度体系,提高立法层次、加强执法手段,立足于建立统一、开放、公平、竞争的城乡商贸流通体系,建立起符合我国市场经济发展要求,符合统筹城乡商贸规划的法律法规体系。

二、建立统一的城乡商贸主管部门

由于我国商贸管理各部门之间职能交叉、权责不清,导致商贸流通市场的多头管理和监管缺位并存的现象严重。商贸流通市场上涉及的工商、卫生、环保、质检、交通等各级管理部门之间权责不清、职能交叉并且各自为政,这样,造成商贸流通市场上监管不明、多头管理和监管缺位并存的现象严重。同时,由于缺乏统一的主管部门,严重抑制了我国商贸流通体系的统一规划和统一布局;阻碍了我国市场经济建立统一、开放、跨区域、跨部门的商贸流通体系的要求;制约了我国社会主义市场经济体制建设的进程。因此要求我国建立统一的城乡商贸主管部门,统一规划和立法,以加快实现商贸流通一体化。

三、积极促进行业协会和中介组织的发展

由于我国商贸流通市场上参与交易活动的市场主体之间因为信息的不对称和预期的不同,往往会增加交易的难度。特别是农产品市场,农民往往以独立的个体面对整个市场,缺乏价格谈判的力量和能力,这样就损害了农民的利益,减少了农民的增收,抑制了农民的消费需求,进而影响到整体的宏观经济。发展行业

协会和中介组织，一方面可以为商贸流通市场的主体和参与者提供服务，建立起交易者和市场之间的联系，消除农民进入市场的障碍，解决信息不对称的问题，最终节省交易费用，维护交易者的利益。

四、明确政府在城乡商贸管理中的职能定位

在市场经济条件下，我国政府职能主要包括宏观调控、社会服务、市场监管和公共管理的职能。表现在城乡商贸流通管理，具体体现在对市场运行进行管理和服务以及对市场主体行为进行监管和规范。政府对市场进行管理的目的就在于创建一各公平、自由、竞争、高效的市场运行体系。因此，必须首先遵循市场运行的基本规律，坚持市场资源配置的基础性。在市场规律的前提下进行必要的宏观调控，把"有形的手"和"无形的手"结合起来。而且，政府实现其职能时应尽可能多地采取经济手段和法律手段，而尽量避免行政命令和直接干预的行为模式。政府监管的重点由管企业转向管资格、管行为、管环境，要科学设置管理机构，转变政府职能。在城乡商贸管理体系建设中，积极促进政府的监管职能和服务职能，为统筹城乡发展建立一个公平、有序、信息及基础设施完善的市场条件和制度环境。

第四节 城乡统筹视角下我国城乡双向流通的商贸管理体系建设的措施

根据以上城乡商贸管理体系建设的目标和思路，鉴于我国城乡商贸流通管理体系的现状和对统筹城乡发展的制约，我国应该从法律法规建设、主管部门职能的明确、中介组织建设和政府职能转变四个方面提出政策建议：

一、加强法律法规建设

加强立法规范和制定适合我国国情的商贸流通领域的法律法规。要从建立和完善统一、开放、竞争、有序的现代市场体系出发，借鉴发达国家商贸流通立法经验，加快修订和制定法律法规及行政规章，进一步健全完善有关市场管理的法律法规体系。具体来说，要积极立法规范商贸流通活动、流通主体、市场行为、市场管理及调控。我国为此已出台了反垄断法、商业特许经营管理条例、商业网

点条例、商业连锁经营管理条例等流通法规;加大知识产权的保护力度,加强《知识产权法》的执行力度,实施品牌战略,维护品牌和商标信誉,打击侵权行为;制定有关网络交易的相关法律法规,就网络交易中纠纷处理、赔付机制、合同模式作出规定。

二、明确主管部门的职能职责

在坚持放开流通的同时,规范主管部门对商贸流通的执法、监督、管理和服务职能。城乡商贸流通业的发展必须遵循经济发展的规律,即放开价格管制,由市场交换形成价格;放松市场准入限制,允许个体私营企业进入流通领域。但在开放管制的同时必须加强执法工作,实行依法行政,规范市场秩序和交易行为,保护合法经营,依法打击违法乱纪扰乱市场秩序的行为;制定合适的市场准入制度和监督管理体制,创建一个公平有序的市场环境以保护经营者和消费者的合法权益;积极推进配套服务设施的建设,包括公共基础设施建设、市场信息监测分析系统的建设以及现代运输系统的建设,等等,为我国城乡商贸流通业的发展提供物质基础。具体做到:第一,通过制度的形式明确各主管部门的职能职责,避免政多出门、权限混乱等情况;第二,主管部门对商贸流通业的管理应实行间接的宏观调控,通过颁布、实施一系列规范市场秩序、监控物价以及维护合法权益的法律法规和行政手段来间接调控商贸流通市场;第三,积极促进主管部门的服务职能,主管部门应本着为市场服务的原则来积极转变其职能,推进信息平台和公共基础设施的创建,积极促进商贸流通管理体系的建设。

三、加强中介组织和行业协会的建设

行业协会和中介组织是专门从事某种或几种交易职能,为市场主体提供各种服务,保证市场交易有序、顺利进行的专业化组织。目前,我国商贸流通市场,特别是农村流通市场呈现秩序混乱、组织化程度低和过度竞争的现象,而仅仅依靠执法监管部门的监督管理是不够的,还需要行业内部的自律和自我约束。同时,由于我国流通市场比较分散,没有形成一定的规模体系,因而市场上要素、服务、信息的流通还不够完善,而市场中介组织介于市场主体之间,连接了商户、市场和消费者之间的桥梁,节省了交易费用。流通业中介组织和行业协会是整个流通业的代表,可以协调行业运行机制,规范行业竞争秩序,制定行业规章制度促进流通业的有效竞争和有序发展。

四、改善宏观调控，明确政府的职能定位

稳定经济增长、改善经济环境是培育一个公平有序的商贸流通市场体系的先决条件，经济增长的波动过大，供需失衡严重，价格大起大落，一方面会引起流通市场上投机倒把、囤积居奇的不良行为，另一方面又会影响经济的长期增长。因此，必须加强完善政府的宏观调控，明确政府的职能定位，保持经济的持续和有序增长，创建一个公平、竞争、开放、有序的流通市场。切实做到在尊重市场自主发展的前提下，对商贸流通业进行适当的宏观调控，并加强政府的监管服务职能，规范交易行为，提高社会福利。

第十四章

城乡统筹视角下城乡双向流通的商贸服务体系建设研究

对一国经济社会发展来说,生产环节是基础,但交换和流通能否实现也至关重要。随着我国改革的进一步深入,建立完善的社会主义市场经济的目标也更加明确,而商贸流通正是实现这个目标的重要环节。我国在工业化进程中出现了大多数发展中国家都会出现的现象——二元经济结构,这个最早由美国著名发展经济学家刘易斯提出的概念可具体分为城乡二元结构、劳动力市场二元结构、商品市场二元结构和金融市场二元结构四个层次,其中城乡二元结构已成为制约我国构建和谐社会,实现经济持续、健康、稳定发展的障碍。近年来,我国城乡商贸流通业规模不断壮大。截至2011年年初,全国共有批发和零售业法人企业125 223个,年末从业人数901.1万人,批发和零售业商品购进总额为328 160.3亿元,商品销售总额为360 525.9亿元,商品库存总额为24 979.3亿元。社会消费品零售总额为183 918.6亿元,比2010年增长了17.1%。连锁零售业门店总数为195 779个,营业面积为13 670.7万平方米。亿元以上商品交易市场数量为5 075个,摊位数为3 334 784个,营业面积为26 234.5万平方米,成交额为82 017.3亿元,其中批发69 390.8亿元,零售为12 626.5亿元。在统筹城乡的背景下,单向的商贸流通已不能满足经济发展的需要,建立城乡双向流动的商贸体系势在必行。如果构建社会普遍服务体系是城乡统筹的关键,那么构建城乡双向流动的商贸服务体系就是统筹城乡商贸的关键。本章将在分析我国城乡商贸服务体系现状的基础上,探讨城乡双向流动的商贸服务体系构建的目标、思路和措施,以期能有益于构建以城带乡、以乡促城的城乡商贸新格局。

第一节　我国城乡商贸服务体系的状态描述

商贸物流经济是现代社会的先导产业,也是衡量现代经济繁荣程度的重要标志之一。改革开放以来,我国城市商贸体系发展迅速,网点布局店大面宽,特别是国际商业巨头、国内大型连锁企业快速扩张,城市商业竞争异常激烈。而广大农村商贸流通体系的建设和发展相对落后,严重制约了农村消费环境的改善、农民收入的增加和生活水平的提高,进一步拉大了城乡差距,制约了农村商品流通业的繁荣和发展。农村商贸流通散、小、乱的现象依然存在,没有形成一定的规模,还保留原来"小市场、小商贸、小流通"的格局。城市农村的商贸流通依然是单向流通,城乡商贸流通二元矛盾突出,严重制约农村经济、人的素质的提高等。我国农村市场的总量与潜在消费力巨大,建立和完善城乡商贸流通体系,促进城乡商贸市场的繁荣,已成为发展现代商贸流通业的重要组成部分。如从消费品市场交易来看,表14-1表明,1990~2009年,农村的消费品市场数目均远多于城市。从消费品市场数目的占比来看,农村的消费品市场数目占比有下降的趋势,而城市的消费品市场数目占比逐年上升,但总体上农村仍处于绝对优势。如1990年农村消费品市场数目占比为81.9%,城市则为18.1%,农村比城市高出63.8个百分点;到了2009年,此构成比例差距已经缩小为18.2个百分点,可见19年来城市消费品市场得到了迅速的发展。但到目前为止,我国的城乡商贸服务体系仍存在突出问题。

表14-1　　　　　1990~2009年我国城乡消费品市场的数目及构成

年份 项目	1990	2000	2005	2006	2007	2008	2009
城市消费品市场数(个)	13 106	2 639	25 905	25 237	24 150	24 945	24 837
城市消费品市场构成(%)	18.1	5	37.3	37.6	39.0	40.5	40.9
农村消费品市场数(个)	59 473	29.7	43 615	41 805	37 763	36 590	35 890
农村消费品市场构成(%)	81.9	6 241	62.7	62.4	61.0	59.5	59.1

注:"城乡消费品市场"2009年以后官方并无此项统计。所以对城乡消费品市场的差异只能考察到2009年。

资料来源:根据《中国统计年鉴》(1989~2010年)整理得出。

一、对城乡商贸服务认识上不全面，城乡网络布局不合理

我国城乡商贸存在大量的一次交易，因而往往重视商品的销售，而忽略贸易前、贸易中和贸易后的相关商贸服务，对商贸服务的重要性认识不全面、不深刻。这种认识上的欠缺，对企业来说，在贸易前企业不仅容易丧失宣传的机会，而且可能在贸易进行中引起不必要的额外成本，贸易后还可能造成一些不必要的纠纷。这种认识上的欠缺，也会导致商贸主体不能从始至终把牢商贸服务质量关，从而无法为商贸流通创造有利的交易环境。对农村来说，商贸服务发展的滞后不仅影响城乡商贸流通，而且会阻碍农民增收。农民增收持续缓慢的情况还将继续，这会进一步拉大城镇居民与农村居民的收入差距，不仅影响扩大内需的进一步实施，更可能引发一系列的其他社会问题。因而要彻底从观念上扭转对商贸服务的片面认识，要注重对商贸流通各个环节服务质量的提高。

城乡商贸服务网络布局存在城市多、农村少的特征。城市商贸服务的网点较多，发展也比较趋于规范化；农村商贸服务网点较少，有的农村甚至没有服务网点，这会造成农副产品贸易困难，出现城乡商贸流通不顺畅的困境。城市的商贸服务较为完善，商贸活动的进行就相对容易；农村的商贸服务或是刚刚起步或是比较欠缺，其商贸活动的环境相对较差。城市的企业越来越倾向于城市间的商业贸易，城乡间互动往来的减少使得农村的农副产品价值的实现变得更加困难。随着国家城镇化建设力度的加大和各城市"城中村"改造步伐的加快，城乡一批专业商业街和专业市场相继建成并投入使用，全国初步形成遍布城乡、门类齐全的商贸流通网络和市场体系。如中心城市的各大专业批发市场已成规模等，全国亿元以上商品交易市场数量为4 567个；大中型连锁超市已进入人口集中居住区及小型超市进入社区等，城市商贸体系已经完善。农村各县区县城及乡镇商贸流通建设速度加快，建设了一些农村农贸市场如蔬菜批发市场，建成了一些商业街、专业市场。城市市场已完善，而农村市场还需要一定时间发展与完善。

二、农村基础设施建设滞后，城乡现代物流配套服务差异大

农村的基础设施建设比较滞后，没有形成四通八达的交通网络。表14-2通过城乡固定资产投资比例和投资额的变动情况反映出城乡商贸流通难的原因。如1990年城市固定资产的投资占比为72.5%，农村则只有27.5%，两者相差45%，到2009年分别为86.3%和13.7%，差距扩大到72.6%。从投资金额来看

也是如此，农村的固定资产投资远远少于城镇。由于基础设施投放存在巨大反差，相比城市的商业街和贸易批发市场，农村的商贸流通环境显得简陋，缺乏食、住、行、商集中的交易场所，很少形成较大的农副产品批发市场。来自2008年国家统计局发布的数据也支持这一论点，2008年全国全社会消费品零售总额比上年增长21.6%，增速加快4.8个百分点。2008年城市商品市场年平均交易额增长率为26.15%，而农村市场年平均交易额增长率仅为17.83%，低了近10个百分点，这反映出城市市场的发展速度快于农村市场的现象，也与中国城乡二元经济的格局相适应。

表14-2　　　　1990~2009年城乡固定资产投资总额与构成

	1990年	2000年	2005年	2006年	2007年	2008年	2009年	2010年	2011年
城镇固定资产投资（%）	72.5	79.7	84.6	84.9	85.5	86.1	86.3	86.8	97.1
城镇固定资产投资（亿元）	3 274.4	26 221.8	75 095.1	93 368.7	117 464.5	148 738.3	193 920.4	241 430.9	302 396.1
农村固定资产投资（%）	27.5	20.3	15.4	15.1	14.5	13.9	13.7	13.2	2.9
农村固定资产投资（亿元）	1 242.6	6 695.9	13 678.5	16 629.5	19 859.5	24 090.1	30 678.4	36 691	9 089

资料来源：根据《中国统计年鉴（1989~2012）》整理得出。

物流业是融合运输业、仓储业、货代业和信息业等的复合型服务产业，是21世纪现代经济发展的重要组成部分。发展城乡一体化的双向物流体系，是建设城乡一体化的商贸流通体系的基础环节。在城市经济快速稳定发展的前提下，适时实施和推进双向流动的城乡物流体系建设，能够推动农村物流体系的市场化、现代化进程，从而为城乡商贸经济一体化新格局的实现提供新动力。我国城市的现代物流服务已逐渐形成规范的体系，便利的现代物流服务大大缩短了交易时间，节省了贸易成本，提高了商贸活动的效率。但农村仍以传统的商贸服务为主，缺乏现代化的物流管理，低效率的传统贸易方式拉长了农副产品的贸易时间，一些不易储存的农副产品还可能因此造成一定损失。城乡物流服务的差异在一定程度上阻碍了城乡商贸流通，也影响了城乡统筹发展的进程。城乡双向物流体系建设面临的主要问题是城乡物流体系分割、农村物流渠道不畅，由此导致农村物流成本过高，农民增收不快、消费市场混乱等问题，严重制约"三农"问题的有效解决。以农产品进城为例，发达国家农产品超市销售比例达到70%，甚至95%，而我国平均只有6%，由于交易的不平等性、农民信息闭塞等因素，在价值链的收益分配上城市销售者的利润比农村生产者高2～3倍，后者收入仅为零售价格的1/4～2/5。

三、农村缺乏完善的金融服务的支持

从金融业增加值的角度分析。表14-3反映了1990～2011年间各主要商贸流通业的增加值变化情况，其中金融业的增加值从1990年的1 017.5亿元增加至2011年的24 958.3亿元，2011年是1990年的24.5倍。日益完善的金融服务在推动国民经济发展的同时，也会促进城乡商贸流通的发展。一般来说，城市有完善的金融服务网络，国有商业银行和商业银行为商贸活动提供优质的金融服务支持，自动提款机的普遍使用和网上银行的开通也为商贸活动提供了便利。农村正规金融机构主要包括农业发展银行、农业银行、农村信用社、邮政储蓄机构，具体情况见表14-4。农村普遍缺乏金融服务网点，有些农村甚至没有金融服务网点。农村商贸在金融支持方面多数仅限于农村信用合作社，且农村信用合作社大多支持小额的商贸服务，对大宗城乡商贸活动的支持有限。随着国家进一步扩大城乡商贸活动，加强城乡间的经济往来，对农村来讲是一次很好的机遇，但是由于农村金融服务方面的限制，无论是从金融产品的种类和城市比较，还是从金融服务的力度来对比，农村的金融服务远远不能满足现实中的需要。种种的限制使农村一些中型企业发展困难重重，金融链条上的缺乏支持可能使得本来发展就困难的农村流通企业雪上加霜，进而对在农产品的进一步深加工方面的农村商贸企业产生一些负面影响，城乡间的商贸交流可能会出现障碍。可以说，农村不完善的金融服务业在一定程度上减缓了城乡商贸活动的步伐。

表14-3　　　　1990～2009年商贸流通各行业的增加值　　　单位：亿元

	1990年	2000年	2005年	2006年	2007年	2008年	2009年	2010年	2011年
交通运输、仓储和邮政业	1 167	6 161	10 666.2	12 183	14 604.1	16 362.5	17 057.7	19 132.2	21 931.9
批发和零售业	1 268.9	8 158.6	13 966.2	16 530.7	18 169.5	26 182.3	28 984.5	35 746.1	43 445.2
住宿和餐饮业	301.9	2 146.3	4 195.7	4 792.6	5 705.4	6 616.1	7 118.2	8 068.5	9 172.8
金融业	1 017.5	4 086.7	6 086.5	8 099.1	11 057	14 863.3	17 727.6	20 980.6	24 958.3

资料来源：根据《中国统计年鉴（1989～2010）》整理得出。

表14-4　　　　　　　农村金融服务机构的基本情况

农村金融机构	成立时间	性质	提供的主要服务
农村信用合作社	1951年	合作性金融组织	储蓄、小额贷款、普通商业贷款
中国农业银行	1955年	国有商业银行	储蓄、小额贷款、贴息贷款、普通商业贷款
中国农业发展银行	1994年	国有政策性银行	不直接向农民提供服务
中国邮政储蓄	2007年	国有商业银行	储蓄

四、城乡商贸在信息、教育和文化服务方面的互促性不明显

城市有方便的交通网络和信息网络，能快速捕捉市场需求；城市良好的教育系统为商贸活动提供优秀人才，优化了商贸活动的队伍；城市文化也对商贸活动产生一定的影响，较为成熟完善的城市文化在客观上会促进商贸业的发展。相比之下，农村信息闭塞、商贸人才不足和农村独特的商贸文化开发不足，均不利于城乡间贸易互动。农民要脱贫致富，农业要走向市场，农村要融入现代文明，这些都迫切需要信息洪流的引导、冲刷与洗礼。顺应时代的需要，近年来涌现出许多涉农网站。其中，农业部和中国农科院率先建立的骨干网即中国农业信息网和中国农业科技信息网以及高等院校和科研院所、政府相关部门所建立的垂直农业信息网站纵横交错，也有如雨后春笋般层出不穷的各种涉农专业网站。"金农网"在全国已基本完善；农业统计网已经建到乡镇、村乃至定点户；科技部搭建了"国家级农村科技数据共享平台"，开通了"中国农村科技信息网"；中国气象局建立了国家、省、市、县四级信息中心并延伸到乡镇服务站，通过"中国兴农网"形成了一个辐射全国的农村综合信息服务体系；由中组部主抓的全国农村党员干部现代远程教育试点工作，在山东、湖南、贵州等试点省市累计建成现代远程终端站点18万个。此外，许多省市政府主管部门动员社会力量，结合农民实际需求，初步建立了一批针对农副产品种植和养殖、产品销售和供求信息、人才培训和外出务工等内容的涉农网站，如"安徽农网"、江西"信息田园"、"数字福建"、陕西"电子农务"等。截至2006年年底，全国各类涉农网站超过6 389个，但主要都集中在北京和沿海城市，西部的涉农网站较少。2009年我国农村网民规模已达10 681万人，但访问过涉农类网站的只占14.8%。虽然涉农网站的开发与完善正在日渐改进，但农村类信息网站的用户比例还较低，网络等信息化手段助农促农的作用还有待进一步发掘。到目前为止，全国农业信息系统已在260个地市建立了农业信息服务机构，整合电话网、电视网、电脑网优势而形成的"三电合一"综合信息服务平台扩展到100多个县。随着城乡商

贸更加紧密的联系，城乡信息服务还有更大的发展完善空间。

第二节　我国城乡商贸服务体系不完善对城乡双向商贸服务体系建设的制约

从现阶段我国城乡商贸服务的现状来看，完善的商贸服务体系还未形成。无论是对商贸服务的认识、商贸服务网络布局、现代物流服务体系，还是基础设施、金融、信息、教育和文化服务，城市的条件都显著优于农村。我国城乡商贸服务体系的不完善，在城乡商贸服务的差异下体现得淋漓尽致，这远远不能满足新时期更好更快地发展国民经济，不能满足城乡商贸的巨大需求，不能更好地服务于三农，也不能有效推动统筹城乡经济发展。

一、减缓了发展多层次的商贸流通服务网络的步伐

多层次的城乡商贸流通服务网络，是由无数的流通主体和客体提供交叉结合的服务而形成的。从流通主体服务的种类来说，形成国营、集体、个体、私营、合营等不同服务的交织网络。既有专门从事流通企业的服务，又有自产自销企业的服务；既有买断的商贸服务，又有代理的商贸服务。从流通客体服务的便利程度来说，为不同种类的主体提供对应的商贸服务，使得商贸流通的障碍减少、摩擦降低。同时城乡不同规模服务的协调，使得城乡大、中、小规模企业服务互利互促，形成城乡双向流动的多层次服务体系。而现阶段我国城乡商贸服务体系的不完善减缓了发展多层次商贸流通服务网络的步伐，农村在鼓励本地和外来企业发展连锁经营方面较为落后，在连锁形式方面较为单一，未能推进城市社区和农村连锁经营网络的发展。"千镇连锁超市"工程还有待进一步推进。在重点培育有较强竞争力的连锁经营龙头企业，实现城市工业品下乡、农村农副产品进城的双向渠道的建设上还不成熟。从而影响不同规模的贸易选择合适的科技服务的水平，制约全方位地兼顾大小规模商贸活动的举办。不能更好地将科技成果开发和转化，最终在沟通城乡商贸流通服务方面缺乏一定的保障。

二、削弱了信息和现代物流服务的优势

在统筹城乡的视角下，逐渐整合并推广信息技术服务，构建面向城乡商贸统

筹发展的、纵横交错的农业信息网和农商信息网，促进农业信息商业化、数字化和网络化，推进城乡市场信息服务体系的进程，逐步形成数据可靠、分析准确、发布权威的农业信息体系，有效地引导农产品产销活动是构建城乡双向流通的商贸服务体系的重要内容。而在现实中，一方面，区域物流中心的低效率、企业发展现代物流配送的缓慢进程再加上商贸企业建立商品供销基地和配送中心的滞后性，都严重影响了城乡物流资源的有效整合，降低了社会物流的效率，增加了社会物流成本。另一方面，没有牢牢抓住信息化建设的契机，从而没有形成以产业为依托，建立集信息公布、价格指导、网上交易、资源统一配置和其他辅助功能为一体的行业门户网站，从而丧失电子商务应用的优势。农村的专业批发市场缺乏健全的电子商务交易网络平台，影响了有形市场和无形市场的结合。在城乡普及和创新电子商务模式，发展网上购物、自动售货服务等无店铺新型业态上，农户和连锁企业、农资企业之间除了有信息流的双向交流外，还缺乏物流和资金流的双向来往。在连锁企业和农资企业通过电子商务，了解农户的生产和生活需求，同时向农户发布市场信息，告知农副产品供求的最新动向方面的优势未能完全体现。交通是商贸发展的硬件，能否加快推进农村现代物流服务的进程，关键在于交通的便利程度。城乡交通基础设施、通信设施、旅游设施等配套建设在近年来虽有较大改善，但在发挥现代物流服务的优势方面还需进一步加强，城市大型流通企业在分散无序的农村市场面前纷纷选择放弃的情况还未得以改观。随着市场竞争的加剧，农村市场的个体经营者在没有转变为现代物流服务下的中型流通企业的情况下，零售业的集中度和产业竞争力得不到体现，从而影响城乡商贸的良性互动。

三、降低了城乡商贸金融服务的质量

在农村，对新建的连锁店、便利店、验收合格的放心示范店给予金融服务支持的质量不高。商业银行在提高为农业产业化龙头企业、地方骨干企业、农村中小企业等提供金融服务的能力方面还欠妥；在深化农村信用社改革，鼓励信用社之间的竞争与合作，特别是在提高对农户的贷款覆盖面、满足农民资金需求方面的实质性进展缓慢；在强化农业发展银行的政策性功能，在农业综合开发、农村基本建设和技术改造等方面发挥的支持力度还不够大；在以城市联网为基础、以畅通汇路、支持三农为根本、以促进城乡商贸发展，建立适应新农村建设的统一的电子支付结算管理与服务体系方面还处于不断完善阶段。总体上基本形成以商业金融为主体、合作金融为补充、政策金融为扶持的农村金融体系，但在深化农村商贸流通的金融服务质量上还有较大的改进空间。在城市，不合理的系统控制策略和不完善制度管理规范，制约着系统化的金融服务管理机制的形成，从而既不能最大限度地降低风险，又削弱了城乡商贸流通深化金融服务的力度。政策金融与商业金融的支农作用还需要进一步强化，可以借鉴美国信用社享受免去联邦收入所得税的待遇、法国通过贴息贷款扶植农业等方式，通过财政采取适当的税收补贴、收入补偿、贷款利息补贴等多种形式，不定期实现对农业的扶持，为早日解决"三农"问题创造条件。在我国东南沿海经济发达地区还未形成农产品物流园运作模式，缺乏选择结算业务产品、保理型融资产品等高级别的农产品物流金融产品的种类。根据中部与东北粮食主产区的具体特点，在采用第三方农产品物流联盟运作模式方面进展缓慢，同时在选用以结算业务、融通仓融资为核心的融资产品方面改变不大。西部地区在建立以契约或合同为基础的物流外包运作模式的改进效果也不明显，在选择层次较低的农产品物流金融产品，如仓单质押、反向担保等形式上还较落后。

四、遮蔽了文化、教育和法律服务的综合效应

一般来说，成功的企业都有其独特的文化底蕴，这从外国连锁经营在我国迅速遍地开花可见一斑。同样，城乡商贸流通也需要特定的文化服务做其沟通发展的支持。在商贸文化建设上，现实中不注意突出城市文化和农村文化的特色，甚至搞城乡一样化，没有保持城市和农村传统文化的差异性，在突出人与自然和谐、现代文化和传统文化相结合上体现的优势不明显。不同地域的城乡要充分挖掘当地传统文化、提升商业文化品位，使得文商结合、借文兴商、以文促商，使城乡商贸在文化服务的支撑下焕发更加诱人的魅力，这是今后城乡双向商贸流通服务体系文化方面要努力的方向。按照建设社会主义新农村和实现城乡一体化的要求，在教育方面，农村和城市从事商贸人员都逐渐进行提高服务技能的培训，有条件的中小企业也开始开展岗位培训。党的十七大报告指出，"就业是民生之本"，如果将面临巨大就业压力的毕业生吸纳到城乡商贸服务的队伍中，既缓解了部分就业压力，又促进了城乡双向的商贸流通。但在加快制定城乡商贸流通人才队伍建设规划，大力开展城乡商贸流通产业职业技术教育、职业技能培训、技能竞赛、特别是对农村经纪人的市场意识、经营意识、市场前瞻性与预测性的培训方面还未达到高水平，城乡商贸教育方面的作用对双向流通的商贸服务的影响还不明显。由于缺乏专项资金，对物流专业人员的培养和培训时间短，熟悉和精通流通业体系及制度建设方面的人才较为稀缺，从而降低了城乡商贸流通产业人员的整体素质，在商贸领域的企业家、职业经理人、专业技术人员和农村能人队伍的建设和提升上就难以体现出来，不能为城乡商贸流通提供较多人才支持。此

外，研究生与农村教育科技机构的交流未能有效对接，教育的服务功能发挥不全面，科研的第一成果不能尽快转化为农业增收的动力，影响城乡商贸的发展。在法律方面，城乡商贸流通的自律和监管作用效果甚微，从而出现无序竞争。在选择专业技术人才、建立管理咨询专家库、面向城市和农村开展管理咨询服务上还不完善，并在现有基础上未能有效整合城乡法律服务资源，影响城乡商贸流通全程搭建法律服务平台的进程。不完善法律服务，一是会影响农产品信息网络和价格监测网络的建设，延缓形成电子商务下的农产品流通信息支持体系。二是会拉长建立农产品信息发布制度的时间，在完善价格监测体系、提高农产品供求、价格监测预警能力上有所减弱。三是会降低充分发挥信息的引导性作用，不能使信息尽量做到集中、有效、实用性强，增加了无效信息的负面调节。四是会降低网络平台的安全性，降低实施信息查询、在线交易、数据交换、订单处理以及宣传支持功能，增加了交易成本和物流成本。综合上述各个方面，它们在整体上遮蔽了文化、教育和法律服务的综合效应，不能更好地为构建城乡双向流通的商贸服务体系服务。

第三节　城乡统筹视角下我国城乡双向流通的商贸服务体系建设的目标和思路

在这种不完善的城乡商贸服务体系下，城乡双向流动商贸服务体系的构建受到了制约。要构建城乡双向流动商贸服务体系，就要打破旧的不合理的城乡商贸服务格局，制定新的目标和思路。

一、构建城乡双向流动的商贸服务体系的目标

商贸服务体系的发展状态直接关系到城乡商贸流通的发展，间接关系到城乡经济社会的健康协调发展，影响经济增长的质量和区域经济的综合竞争力。党的十七大强调，要转变经济发展方式，"促进经济增长主要由依靠投资、消费、出口拉动，向主要依靠消费、投资、出口协调拉动转变"，把启动内需放在首位，并强调统筹城乡发展。随着社会主义市场经济的不断发展，城乡商贸服务体系在市场化的进程中面临着发展困难，需要对其进行调整和完善，需要重新构建合理的城乡双向流动的商贸服务体系发展目标。具体来说，包括以下几个方面：

（1）构建原则：遵循十七大政策指导，在重点突破的基础上全面统筹城乡

发展。改革开放以来，城市在经济发展、社会进步、环境改善等方面都取得显著成就，是新中国成立以来经济增长最快的时期，但农村发展相对较慢，城乡发展差距有扩大的趋势，因而构建合理的商贸服务目标是统筹城乡发展的重点。在"十二五"规划的开局之年，要全面把握国家对统筹城乡经济社会发展的优惠政策，重点突破构建统筹城乡商贸发展服务体系中的瓶颈问题，进而实现整体的全面发展。

（2）构建依据：统筹城乡商贸服务体系应立足于以人为本的科学发展观。城市与农村的协调发展才是科学的发展，因而我们要建设城乡双向流动的商贸流通服务体系，把城市中存在的商业业态、流通服务方式渐次推广至农村，为进一步推进工业化、城市化建设和提高城乡居民生活质量提供动力。

（3）构建环境：营造浓厚的城乡商贸流通氛围。通过构建和完善包括网络、科技、现代物流、金融、信息、教育、文化、管理咨询和法律等方面的服务体系，营造并建设成集立体性、开放性、高效性、网络化、集约化、市场化为一体的现代城乡商贸流通服务环境。

（4）战略目标：在合理的商贸服务下形成共同发展的新型城乡关系。在制定城乡商贸流通规划的基础上，加快城乡商贸流通专业市场的建设，通过"万村千乡"、农超对接等举措加快城乡对接，进而形成共同发展的局面，不断完善新型城乡关系。

（5）政策目标：疏通城乡双向流动商贸服务体系的管道。城市商贸与农村商贸是我国商贸经济发展的两个重要环节，二者缺一不可。无论是城市还是农村的商贸流通不顺畅，都直接影响到城乡双向流通商贸服务体系的构建。通过对城市和农村商贸流通前、流通中和流通后的全程环节的疏通，保障城乡双向商贸流通管道的通畅。

（6）短期目标：加快要素的合理流动和优化配置，缓和城乡二元经济社会结构。城市和农村各自发挥优势，通过农产品进城和家电下乡的形式加快城乡要素的合理流动，并不断发展新的流通形式和内容，逐渐打破城乡二元结构的现状。

（7）长期目标：以城带乡、以乡促城，资源共享、扩大市场、完善服务，达到城乡之间的经济、社会、文化、生态的协调发展。通过农村支持城市、城市带动农村的商贸流通，加快城乡商贸流通各方面的沟通与交流，最终达到城乡经济社会的包容性发展。

二、构建城乡双向流动的商贸服务体系的思路

构建城乡双向流动的商贸服务体系，就要从城市和农村两方面着手分析，通

过对影响商贸服务各方面因素的综合分析，提出城市和农村的改造思路，解开制约城市和农村商贸双向流动的枷锁，最终形成城乡互动的良好局面。

（一）商贸流通服务网络、科技服务方面

在农村，要多角度构建商贸流通服务网络、加大科技服务推广更新的力度。建设农副产品流通服务网络，营造传统农业生产资料、日用消费品经营服务网络和现代连锁经营服务网络相互交织的环境。从农村商品流通来看，应鼓励有实力、有条件的城乡企业利用货源和管理优势，采取合资、合作、合营、加盟等形式，建立分店、连锁店、批发点，通过发展物流配送、连锁经营、代理等多种服务，提升和带动城乡商贸服务管理水平和层次。从科学发展观来看，建立可持续发展的资源回收利用服务网络，促进城乡商贸流通更健康长久地进行。农民除收入水平以外，消费观念对消费什么、如何消费、消费多少等都有决定性的影响，为了满足这些消费需求，就要推广不同的科技产品。在城市，对现有的流通网络进行完善，并不断创新科技服务方式。相比农村居民，城市居民的消费和理财观念较为领先，能将资金有效地运用到商贸流通中，并利用新技术改变现有的商贸品种，产生新的城乡商贸增长点。因而城市要继续巩固并发展科技服务，不断培养商贸科技人才，并将商贸人才输送到稀缺的农村商贸业中。商贸经营模式的转变需要人来完成，通过改变农村发展落后的商贸服务主体，进而改变城乡商贸双向流动发展的格局。

（二）信息服务、现代物流服务方面

商品流通过程是商流、物流和信息流三者的有机统一，而且商流和物流是以信息流为前提条件。没有信息的传导和流动，就没有商品流通的实现过程，因而商贸流通的信息化是大势所趋。当前，对农村来讲，要加快信息服务的发展速度。要提高农村商贸信息化水平，就要不断加强软硬件建设，加快信息服务的速度，以发展电子商务为契机，创新信息服务方式，推动农村传统商贸经营业务的转型。2005年以来，国家商务部就对农村信息化予以关注，如农村商务信息服务工程。今后还要沿着这条思路拓宽信息服务的视野，深化信息服务的力度，按照求实效、重服务、广覆盖、多模式的要求，整合资源，健全城乡信息服务体系。对城市来说，要积极发展新型商贸业，建立具有一定规模、专业从事第三方物流、综合服务功能和竞争优势较强的现代物流业。城乡双向流通不畅的一个重要原因就是农村运输成本高、效率低，所以要加大农村基础设施建设和改造的力度。要保持城乡商贸流通网络的通畅，这是城乡商贸物流服务的前提条件，也是城乡商贸双向流动可持续发展的要求。

（三）金融服务、教育服务方面

在传统的商品经济条件下，流通作为沟通生产领域和消费领域的中介，是依赖于商品的生产和消费而存在，重生产、轻流通的观念使金融服务业对城乡商贸未起较大作用。针对农村的现状，要逐渐放宽金融的管制。大力支持农村金融服务，充分发挥农村信用社的农村金融主力军和联系农民的金融纽带作用，把其建设成为农村金融组织体系的主体，并规范发展新型农村金融机构，更大范围满足多样化的城乡商贸金融服务需求。在农村设立贷款公司、农村资金互助社等新型银行业金融机构，建立专门的担保基金，催生一批专业性的农村信用担保机构，改善农村金融供给不足的局面。针对城市的现状，要发挥教育服务的优势，为农村提供更全面的商贸教育服务。虽然我国已普及九年义务教育制，但农村师资教育资源与城市相差甚远，城市文化和科技水平远远领先农村是不争的事实。要发挥城市教育服务促进城乡商贸流通的作用，一方面要构建农民终身教育服务体系，通过"绿色证书"教育、实用技术培训和实行连续教育，消除商贸主体上的障碍；另一方面要加快发展城市职业教育服务体系，扩大商贸服务领域，提高服务水平。同时吸引更多的相关企业参与到城乡商贸教育培训中去，发挥群众性学术组织和社团的作用，构建城乡商贸双向流通的教育服务网络。

（四）文化服务、法律服务方面

十七大报告指出"要提高国家文化软实力"。国家文化软实力是由城市文化和农村文化的相互交织构成，城市文化对城乡商贸发展的作用已日益明显，因而要着重把握农村文化服务的方向。未来城乡商贸流通要从流通文化上开拓发展空间，把握农村文化服务的方向，不仅要发展农村特色餐饮、乡村文化等吸引城市商贸业进驻农村，而且要让农村特色文化走出去，在城市中产生一定的影响，从文化双向交流上促进城乡商贸的发展。通过新建、改建、扩建、联建等方式，实现县有文化馆，乡镇有综合文化站，村有文化活动室的目标。城市各市场治安形势尽管好于农村，但仍要强化城乡商贸流通的法律服务建设。虽然我国已初步建立起涵盖商贸流通涉及的各类主体、各个环节以及各具体市场的法律法规，明确了政府各职能部门在商贸流通领域的职责并建立了相应的管理机构和执法队伍，对于维护城乡商贸流通的健康、有序发展发挥了巨大作用，但城乡商贸管理法律服务的不完善制约了城乡商贸流通的统筹发展。对此，一方面要强化城市管理咨询服务的建设，减少城乡商贸流通的阻力；另一方面要加强农村法律服务的建设，明确市场建设主体、交易主体、管理主体的权利和义务，规范市场管理行为和市场交易行为，制定农产品分级分类标准，推行农产品包装标识制度，建立农产品质量安全市场准入和责任追溯制度,保护城乡企业合法利益,促进双向流动的诚信经营,营造良好的城乡商贸环境。

第四节 城乡统筹视角下我国城乡双向流通商贸服务体系建设的措施

在社会主义市场经济下,城乡商贸流通对构建社会主义和谐社会、落实科学发展观和逐步解决三农问题起着重要的作用。同时,商贸服务的质量制约着城乡商贸流通的发展程度,建立完善的商贸服务体系任重而道远。为此,构建城乡统筹视角下的城乡双向流动的商贸服务体系应注意以下几点:

第一,要抓住统筹城乡商贸的契机,将理论和实践相结合。城乡双向流动的商贸服务体系对破解我国城乡二元经济结构、统筹城乡发展起着举足轻重的作用。对于农村,在商贸环境、贸易种类及贸易规模上都会有较大改变;对于城市,城乡双向流动的商贸服务可优化城市的产业结构,捕捉农村市场最需要的商品,出口转内销的程度也能得到进一步提高;对于国家,完善的商贸服务体系会更好地促进城乡商贸的双向互动,城乡互通有无,共同发展,不仅对保持经济增长和提高就业率产生较大影响,更对国家进一步统筹城乡发展、改善城乡分割的二元结构有着重大意义。在实践中,要将流通理论与实践相结合,以农产品供应链服务、现代物流管理理论为指导,依据区域优势发展具有地方特色的商贸服务,利用先进技术信息手段提升服务质量,将理论成果转化为现实的服务价值。

第二,要注重各服务间的相互支持,加深城乡商贸双向流动的联系。统筹发展城乡双向流动的商贸服务体系的各个方面,使流通服务网络、科技服务、信息服务、现代物流服务、金融服务、教育服务、文化服务和法律服务同步发展。在实践中,商贸活动涉及的诸多服务要做到相互支持,而且在涉及城市和农村的不同服务问题时,要力争在第一时间做到城乡不同服务的沟通与支持,为城乡双向商贸流通提供优质快捷的服务保障。随着社会的发展,城市与农村的联系日益紧密。城市农副产品的新鲜供应需要周边农村的大力支持,而农村电子科技产品的更新换代又需要城市的鼎力提供。商贸服务就是商贸流通的牢固轨道,使城乡商贸双向流通的"和谐号"列车快速飞驰。有着30多年改革开放积淀的城市,通过在农村建立流通服务机构、为农村提供相应的服务培训,农村主动通过文化信息与城市沟通,加强乡双向流动的联系。

第三,要探索和培育新型商业形式,充分发挥商贸服务的辐射功能。商贸流通是一个地区经济发展和社会繁荣程度的重要标志，而商贸服务是商贸流通的血脉和神经。加强城乡双向流动的商贸服务体系建设，在发展各方面服务的同时，积极探索和培育新型商业形式，形成城乡一体化的购物中心、百货商店、仓储式商场、便利店、专业店和物流配送中心，培育发展城乡商贸业中的龙头企业，构筑大市场、大流通的大商贸发展格局，构建城乡双向流通的商品和要素流通的服务平台，扩大城乡商贸流通的效率和范围，发挥商贸服务的辐射功能。在此基础上，现阶段应按照统筹城乡经济社会发展要求，以连锁经营、物流配送、电子商务等现代流通方式为手段，以连锁经营企业为载体，按照标准和要求新建或改造商业网点，形成以城市、区县配送中心为龙头、乡镇连锁经营超市为骨干、村社便民放心商店为基础的农村新型流通网络，满足农民消费需求，改善农村消费环境，净化农村消费品市场，保障农民方便消费、放心消费，促进农村地区经济持续快速健康发展。农村发展专业农户组织、行业协会和经纪人培训，实现农村产品加工、销售、储存、储藏一条龙建设，实现农村产品顺利进城、进社区，实现无缝隙对接，形成城市工业品顺利下乡、农产品顺利进程的城乡双向流通。

第四，通过制定一系列优惠政策，吸引城乡优秀企业提高商贸服务质量。好的政策会有事半功倍的效果，这同样也适用于商贸流通。要进一步加强商贸优惠政策，如"家电下乡"活动，进一步实施"万村千乡"市场工程，以及各省启动的"金农工程"、"阳光工程"、"新网工程"等项目，通过实施一系列工程来加强农村市场体系建设，刺激农村市场消费，吸引城乡优秀企业提高商贸服务质量，从而为农民营造放心、安全、实惠的消费环境。城市大中型商贸流通企业以连锁店的形式开进乡村，不仅使广大农民享受到了城市的消费方式，也提升了农民的消费层次。通过对一些企业实行补贴，包括同类企业和不同行业企业，让同类行业企业从主观上提高商贸服务质量，赢得更大的农村市场份额，不同行业企业在客观上有提高商贸服务的压迫感。农村也可制定商贸优惠政策，如对一定规模的优秀企业加以政策扶持，减少贸易手续，如若发现其提供商品质量水平降低或其他有损城乡商贸流通质量的行为，就取消对其优惠支持，从客观环境上督促农村优秀企业提高商贸服务质量，为打造农村优质龙头企业，发展农村特色经济奠定基础。城市和农村企业都提高商贸服务质量，城乡商贸流通的渠道也就更加畅通，城市与农村的联系也就越密切，这将对打破城乡二元结构起一定的推动作用。

第十五章

城乡统筹视角下城乡双向流通的商贸流通体系的支持系统建设研究

商贸流通作为连接消费的桥梁与纽带，在引导生产、促进消费、产业关联中具有先导性作用，然而城乡二元流通结构导致农村市场出现低市场化、低组织化与完全异质的消费市场，城乡分割使人流、物流、资金流、信息流在城乡之间不能双向流动。作为解决城乡二元结构问题的根本措施，党的十六大提出"城乡统筹"，将挖掘农业自身潜力与工业反哺农业结合起来，建立以工促农、以城带乡的长效机制，形成城乡良性互动的发展格局，其实质是打破城乡分割的二元体制，建立城乡互通的流通体制与机制，实现城市流通体系与农村流通体系的有机衔接与联动，以实现向现代社会经济结构的转变。由于商品流通体制是组织与协调商品资源的有机系统，有必要从城乡统筹视角下城乡双向流动的商贸流通体系的建设需要出发，从制度支持系统、组织支持系统、政策支持系统、环境支持系统几方面研究城乡统筹视角下城乡双向流动的商贸流通体系的支持系统建设。

第一节 城乡双向流动的商贸流通体系的制度支持系统建设

基于产权制度与交易成本分析，格罗斯曼和哈特（Grossman and Hart, 1986）、哈特和莫尔（Hart and Moore, 1990）均论证了制度安排对商贸流通的重要性。在二元经济结构背景下，制约城乡双向流动商贸流通体系发展的深层矛盾与突出问题，是如何在制度层面清除导致二元经济结构存在的障碍，为城乡经济一体化奠定基础。应通过市场化的推进、城乡户籍制度、教育制度、公共服务制度的建设，建立制度支持体系。

一、市场化的推进

市场化程度反映市场机制在资源配置中发挥作用的程度，直接影响商贸流通的效率。我国经济体制改革的市场化取向使商贸流通领域资本、土地、劳动力等要素的市场网络迅速发展，宏观调控也更多通过经济政策与杠杆来调节商贸流通领域的市场供需。然而在城乡商贸流通领域层面，市场壁垒与物流成本仍是构建双向流动流通体系的严重障碍。制度层面亟须市场化的推进，其原因有三：第一，市场规模总体偏小，市场基础相对薄弱。这是由于农业劳动生产率较低，农产品在自给后余下部分进入市场不多，农业剩余生产要素特别是剩余劳动力流出困难，而且农用生产要素（维持性的要素）也不需要都从市场取得等。第二，农村商品市场体系不健全。农村市场多为初级市场，并且流通基础设施建设相对滞后，商品市场功能不完善，整个商品流通没有形成多层次、多元化的市场体系。第三，法规制度与诚信体系建设滞后，市场秩序仍需规范。市场运行分析与预警机制有待加强，市场建设管理的体制与机制有待进一步理顺与完善。

市场化的推进应充分发挥城镇化的集聚、辐射功能，以城镇市场引导和带动农村市场的发展。利用现代生产技术提高农业生产率，在农业产量提高之后就会使得农产品的商品化与农业市场化的程度提高，因为当农民有了更多的产品之后就会扩大交易的规模和范围。在建立健全城乡一体化的市场网络，解除城乡分割、地区封锁方面，可以依托正在进行的"万村千乡市场工程"和"家电下乡"网点建设。在纵向上，应建立中心城市市场、中小城镇市场与农村初级市场的流通体系；在横向上，应以城镇工商经济组织引导农产品生产、加工与销售，稳定供求关系，降低农民直接进入市场的风险，逐步实现相互依赖等级多样的城乡双向流动商贸体系。

在我国的二元经济背景之下，城乡市场分割严重，使得城乡商贸流通分割，而这种分割主要是由制度因素引起的。推进市场化就要推进城乡一体化，需要进行制度创新，包括正式制度创新、非正式制度创新以及制度环境的优化。

（一）推进城乡一体化过程中正式制度创新

正式制度创新主要包括以下几个方面：第一，以土地制度为核心的产权制度改革。农业产权制度改革的核心是土地产权制度改革，在稳定家庭联产承包制的基础上，按照明确所有权、稳定承包权、搞活使用权的原则，建立土地使用权流转机制。允许农户依法有偿转让土地使用权，鼓励以土地使用权入股的办法，兴办股份合作农业企业，促进农业规模经营。进一步深化农村的产权制度改革，明确界定农民的土地权利，实际上就是承认农民拥有物权性质的土地使用权。从长远来看，这项改革的目标是要把现行强制性的行政征用行为转变成交易性的市场购买行为。第二，金融体制改革。当前要按照有利于增加农户和企业贷款，有利于改善农村金融服务的要求，改革和创新农村金融体制，建立多元化的融资机制，完善农村金融服务体系。改革农村信用社，采取股份制的办法，广泛吸纳农村集体经济组织、农村企业、农村专业合作组织、农业专业大户等参股，把农村信用社改造成为农村合作金融组织，并采取免税或低税率的政策，在保证农村信用社获得不低于一般商业银行同等赢利水平的条件下，鼓励农村信用社以低于商业银行的利率给农民发放贷款。改革农业发展银行，要改变农业发展银行只承担粮棉收购资金贷款的单一功能，充分体现国家对弱势产业和基础产业的特殊支持，将农业发展银行改建成为农业产业化服务的政策性银行，保障农业发展的资金需求，并利用改革后的农村信用社的网络发展委托业务。国家应建立政策性的农业保险公司，要切实改变农业保险无人问津的局面，对风险较大的农业项目进行保险，以保护投资者和生产者的利益。进一步完善部分农产品的期货市场，减少农民农业生产风险，使农业与金融市场进一步融合，逐步走向市场化。第三，农业行政管理体制改革。农业行政管理体制改革，让农业部门成为贸工农一体化的管理机构。要进一步深化政府机构改革，并通过配套的农产品流通体制、外贸体制的改革，建立集产加销、内外贸管理于一体的，集中、高效、协调的农业管理体制。要转变政府职能，强化综合协调、宏观管理和信息服务的职能，为各类农业市场主体和生产者提供公正、公平、公开的市场竞争环境，良好的投资发展环境和必要的政策支持与服务。

（二）推进城乡市场一体化过程中非正式制度创新

非正式制度创新主要包括以下几个方面：第一，全面认识农村传统非正式制度与经济社会发展的关系是重构农村非正式制度的基础。不容讳言，随着经济社会条件的变化，我国农村传统非正式制度的许多内容已经不能适应经济发展的需要，但部分内容由于具有较强可塑性，通过改造可以将其转化成为促进经济发展的积极因素。第二，消除计划经济体制下形成的城乡隔离的制度。非正式制度不能通过强制方式进行改造，需要在生活方式改变中逐步改变。第三，为促进农村观念转变还必须对农村的一系列制度和组织进行创新。大力发展农民专业经济组织，增强农民团结协作意识。通过政策扶持、市场引导，大力发展商品经济，改变传统封闭的自给自足意识，培育、强化农民的风险意识。引导文化产品消费，形成健康向上的观念。大力推进农村基层自治，培养民主观念和参政议政意识和能力等，都是加快农村非正式制度变迁，促进农村经济发展和二元经济结构转化的重要措施。

（三）推进城乡一体化过程中制度环境的优化

制度环境的优化包括以下几个方面：第一，加快城乡流通现代化建设步伐。推动连锁经营向更大范围、更深层次发展和延伸。连锁企业要从城市延伸到县域重点镇，初步确定连锁经营在城乡商业和服务业中的主体地位。积极推进物流配送发展，建立大规模、多品种、高效率服务的城乡物流配送体系。以现有市场为基础，通过改扩建完善现有市场功能，提高市场档次和规模，分期分批建设交易方式先进、功能齐全、信息灵敏和安全卫生的骨干批发市场。加强农产品检疫检测设施建设，在农产品批发市场建立农产品质量安全检测点，配置检疫检测设备，对进入市场的农副产品进行农药残留、残毒和违禁药物监测，保证农产品质量和消费安全。第二，完善市场法规，强化政府的宏观调控作用。随着市场配置资源的作用越来越强，政府职能应该从直接干预市场微观经济发展进程中逐渐退出，转而把重点放在制定法规和产业政策，并以此为准绳，为市场主体创造公平竞争的环境。

二、城乡户籍制度

我国的户籍制度在新中国成立初期虽然有效地缓解了农村剩余劳动力向城市无序流动所带来的压力与矛盾，但随着经济的发展，限制劳动力流动的户籍制度已成为阻碍城乡劳动力市场发育的制度根源；此外，渐进式的城乡户籍制度改革在方式与力度方面均存在地区差异（任保平，2007），劳动力进入门槛高，不利于城乡间统一、规范、竞争有序的商贸流通市场形成。针对发展中国家工业化过程中的二元经济问题，古斯塔夫·拉尼斯（Gustav Ranis）与费景汉（John C. H. Fei）的二元结构理论指出，劳动吸收速度只有大于人口增长速度才能摆脱马尔萨斯人口陷阱。因此在建立城乡互通的流通机制与制度过程中，需要改革城乡分割的户籍制度，一方面打开农村劳动力向城镇转移的通道，促进劳动力要素自由流动，应重点"调整产业结构，发展劳动密集型产业、非正规产业和非农产业，为城乡劳动力提供更多的就业机会，促进城乡劳动力的合理分工"（任保平，2007）；另一方面，由于权益化的户籍制度捆绑了一些附加制度如教育、医疗、养老、社会保障制度等，城乡户籍制度改革需要重点剥离附着在户籍制度上的福利制度，使得城乡居民在务工、入学、居住、医疗等方面享受同等权利与待遇，提高收入水平，反过来降低交易成本、提高交易效率，促进城乡双向流动的商贸流通。

户籍制度改革的具体措施包括：大中城市可逐步放松户籍制度的管理，县及县以下建制镇要通过取消"农转非"等控制人口迁徙指标，引导农民合理有序地向小城镇转移。对于在小城镇内有固定职业或有固定住所的，有进入小城镇要求的应当不受行政区划限制，允许其将户口迁入小城镇。禁止对进入小城镇落户的农民收取或变相收取增容费、基础设施建设配套费等。更重要的是，在农民身份变成市民以后，应与小城镇居民享受同等的权利，承担同等的义务。

三、教育制度

舒尔茨的人力资本理论中指出传统农业改造的关键是加强农业人力资本的投资，而教育是农村人力资本的重要积累机制，教育的发展可以提高城乡居民的综合素质与职业技能，为提升我国人力资本水平、推动农村富余劳动力转移奠定基础。此外，按照持久性收入假说，人力资本投资有利于稳定预期收入，因此教育也是代际收入流动的重要机制，具有促进代际流动的作用，有助于贫困家庭的子女实现经济地位的向上跃升。

加快教育体制改革，形成城乡教育一体化发展机制，应关注农村义务教育或基础教育，提高农村整体文化程度的同时，还应关注农村职业教育和技能培训。因为统筹城乡教育的发展重点是发展农村职业教育与技能培训，可以避免因单方面发展义务教育所带来的农村教育资源与人力资本远离农村、农业发展受阻等问题，尤其是农业生产技能培训，提高农民农业生产技能，增加农业产量。在教育制度安排方面，一方面应通过增加对农村教育的投入，将农民工随迁子女接受义务教育纳入公共教育体系，完善农村义务教育发展保障机制；另一方面，应按照不同行业、不同工种对从业人员基本技能的要求，以市场与企业需求为导向安排培训内容，在吸纳进城务工农民较多的重点行业和组织劳务输出较多的重点地区，建立以需定培、以培供需、以培训促就业的长效机制，加大农村实用型与技能型人才的培养，提高教育的针对性与实用性。

四、公共服务制度建设

城乡二元经济结构阻碍了城市发展与聚集的"扩散效应"（或"涓滴效应"），强化了"回波效应"（或"极化效应"），导致城乡差距随着经济的发展而扩大，农村居民难以公平地享受到与城市居民同等的公共服务体系。统计数据显示，近几年在城镇家庭消费支出中，生存型消费（食品、衣着）的比重约为40.9%，发展型消费（居住、交通、教育医疗、旅游等）已占50%以上。在2011年城镇家庭消费支出中，列前3位的是食品（37%）、交通通信（14%）、教育（12%），① 可见在城乡居民消费中，发展型消费支出比例远远超过生存型消费支出比例。在此背景下，公共服务制度的建设与发展有助于提高城乡居民消费倾向，进而扩大内需、拉动消费需求，是城乡双向流动商贸流通体系发展与完善的重要制度支持。

在城乡双向流通的商贸体系建设中，要特别关注农民的生活保障问题，我国的社会保障制度还存在保障面窄、保障能力差、保障资金匮乏等问题。因此，政府需要从城乡并重的角度构建农村社会保障制度。在具体实施过程中，可以从生活、医疗、养老三个方面入手。主要方针政策是：建立农村最低生活保障制度；完善以大病医疗统筹为主的新型农村合作医疗制度；鼓励和发展各类商业性养老保险。要注意的是，政府在推行上述政策时要做好资金筹措、运营、监督。政府应当对农村社会保障的主要内容和形式、保障项目和标准、保障金筹集和发放、保障金的监督等做出明确规定，逐步形成法制化、规范化、高效化的社会保障运行管理机制。

公共服务制度建设除了包括社会保障制度，还包括基础设施与环境建设、生产服务、社会管理等方面相关的建设，如农村现代物流基础设施建设、农村清洁经济能源体系、城乡统一供电网络等都能从制度层面有效促进城乡双向流动商贸流通体系的发展。

第二节 城乡双向流动的商贸流通体系的组织支持系统建设

将城乡双向流动的商贸流通放置于整个产业运行之中，商业主体的经营形式、交易方式、流通模式等均会对城乡双向流动商贸流通体系的建立与发展产生影响，应通过流通企业的改制、中介组织的发育，实现城乡流通组织的一体化。

---

① 根据《中国统计年鉴（2012）》相关数据计算得出。

一、流通企业的改制

我国城乡分割的二元经济结构使得城乡生产和消费方式之间都有很大的不同,从城市向农村的流通中的主要矛盾是大生产与小市场之间的矛盾,从农村向城市的流通中的主要矛盾是小生产与大市场之间的矛盾,要解决这样的矛盾,就要依靠流通企业发挥其作用,协调城乡之间的流通。

由于目前农村经济发展的现状还不足以内生出具有辐射城市市场能力的流通主体,城乡双向流通系统的建立有赖于城市流通企业面向农村市场的经营行为,大型零售企业和批发企业,特别是以连锁经营为主要经营形式的大型零售企业在城乡互动双向流通系统中应发挥建构主体的作用。作为流通企业,简单充当买和卖的角色是不够的,它必须参与生产制造过程,这是市场经济的特点决定的。高度发达的市场经济要求工商企业必须互相参股,因为现代化的生产都在向技术密集型、资金密集型方向发展,必然要在市场预测、资金投入上要求产业资本与流通资本的结合才能更有效地创造出巨大的效益。尤其是这样可以扩大农产品生产规模,便于使用先进的农业生产技术,提高农产品产量和质量,缓解小生产与大市场之间的矛盾,并且为农产品打开销路,避免出现农产品滞销的困境。

农业生产资料和生活用品向农村的流通,具有分散性的特点,需要在农村地区建立销售点,如果由大型流通企业执行,需要较高昂的成本,所以除了培养、扶持具有竞争力的大型批零贸易业龙头企业之外,还应引导中小企业向规模化经营发展,进一步提高中小批发零售业企业的规模组织化程度,提高其服务城市到农村的流通体系的能力。通过推进企业产权制度改革,加快产权清晰、权责明确、政企分开、管理科学的现代企业制度的建设,发展多种组织形式与服务方式,如连锁经营、特许经营、物流配送、代理制、多式联运、电子商务等,用现代流通方式改革传统流通业态,提高规模经营效益。

在流通企业的发展过程中,要注意防止垄断性流通企业的产生,因为垄断会导致流通市场效率低下。因此,增加流通市场竞争性,对于提高流通市场效率,保障农产品生产者和城市居民消费者的利益具有十分重要的作用。采取的措施可以包括:通过农村合作组织的建设与发展,提高农民的组织化程度,提高农民在流通交易中的谈判地位,削弱垄断流通企业的垄断力量;在发展集约流通的同时,同样重视大力发展集约生产,这样既可以提高生产和流通的总体效率,又可以通过生产的集约化克服流通中的垄断力量;增加农村交通、通讯、信息化建设,降低农村农产品流通运输成本,从而有效降低区域性流通市场的进入壁垒,增强区域农产品流通市场的竞争性;加大政府对于垄断流通企业不正当竞争行为的管制力度等。

二、中介组织的发育

与发达的市场经济国家中农村市场经济组织的政府—农业组织—农户三级架构不同，我国农村市场经济的组织架构仅有二级，即庞大的政府与相对弱小的农民，在政府与农民之间缺乏联系作用的中介组织（任保平，2007），因此中介组织的发育就成为推动城乡组织的一体化的重要组成部分。

农产品流通中介组织主要有三大基本职能，即开展农产品销售服务、为农民提供服务与市场管理。中介组织的本质是一种物流联盟，类似于威廉姆森提出的"双方规制结构"，适用于资产专用性强且经常重复发生的交易。通过中介组织间接与市场发生关系，降低不确定性、有限理性、机会主义、专用性等因素的实际影响，从而降低了市场交易成本；同时农户依然保持相当大的独立性，并拥有剩余控制权和剩余索取权，降低了管理交易成本。在城乡双向流通商贸流通体系中，中介组织（如农民经纪人、农产品运销专业户）的培育可以为农民提供市场信息、技术指导、产品收购、加工与运输等多种服务，减少流通中间环节，提高城乡双向流通的效率，在为偏僻地区农民提供农产品销售渠道的同时，也使农产品提高了市场竞争力，从而能有效地统筹城乡经济的协调发展。大力扶持发展农民的中介服务机构，为农民提供各种产前、产中、产后服务，通过统一注册商标、统一购销价格建立农产品质量标准化体系和动物防疫以及疫情监测体系等促进农业产业化发展，提高农产品在国内国际市场上的竞争力。

中介组织的具体形式主要包括：一是农民专业合作经济组织创办的产供销贸工农一体的经济实体，积极探索组织＋公司＋农户组织＋基地＋农户组织＋经纪人＋农户等多种发展模式，提高市场竞争力；二是商会和行业协会，制定行业规范，加强行业自律和监管作用，防止无序竞争，充分发挥政府与企业之间的沟通桥梁作用，通过信息引导保护企业合法利益促进诚信经营，营造良好的商业竞争环境；三是专业合作经济组织。扶持和规范农村合作经济组织的建设与发展，培育农产品赊销组织，壮大专业合作经济组织，鼓励农业专业大户、农业技术人员等素质较高的经济能人牵头领办合作组织开展销售加工技术服务等方面的专业合作。

第三节 城乡双向流动的商贸流通体系的政策支持系统

城乡间商贸流通近年来有所发展，但仍存在诸多问题与困难，特别是融资渠道窄、建设资金不足等问题已成为制约城乡双向流动商贸流通体系发展的瓶颈，应从金融政策、财政政策、税收政策等方面建立城乡商贸流通体系一体化的政策体系。

一、金融政策

我国金融改革与发展的不平衡性导致城乡金融二元结构问题，城市金融与农村金融在金融总量、金融结构、金融制度方面均存在巨大差距，两个市场是相对独立的体系，资金不能自由地双向流动。在农村金融层面表现为，一方面，在以小农经济为主要特征的农村经济中，农村信用合作社、中国农业银行、中国农业发展银行及非正规金融组织等为代表的金融组织虽然存在，但金融市场化程度低，金融机构间缺乏有效竞争，金融结构缺乏层次性，所提供的金融产品也仅限于基本存贷业务，如短期小额贷款等，不能够满足城乡双向流动商贸流通多元化的金融服务需求；另一方面，信息不对称所导致信贷市场的逆向选择与道德风险问题制约农村金融的内生发展，商业逐利性使得农村资金向收益相对高的城镇或非农产业部门流动，为扩大农户生产经营资金来源，民间金融从而成为城乡双向商贸流通中主要的融资渠道。

为促进城乡商贸流通体系一体化，在金融政策方面应着力于根本解决农村金融资源可获得性的问题。第一，基于城乡一体化，优化完善金融产品、金融服务、金融机构与金融体系。通过引入竞争机制建立多层次的农村金融体系，满足城乡双向商贸流通中多元化的金融需求。多层次的农村金融体系主要包括：农村合作信用社、农村小额贷款公司、农村资金互助组织等。第二，均衡农村金融中的政策金融与商业金融的发展。城乡双向流动商贸流通中资金链的良性循环需要金融政策的扶持，借鉴发达的市场经济国家经验，通过政策性金融的资金集聚效应，鼓励与引导商业性金融对农村流通企业的信贷支持。第三，规范引导民间金融，建立有效的外部风险控制机制。通过制定相关民间金融法规，提高民间金融交易的正规性与安全性，提高农村储蓄向投资转化的效率，为城乡双向流动商贸流通提供稳定的资金。第四，开办政策性、商业性、合作性、专业性等多种农业保险公司同步发展的新形式，建立多层次的农村保险市场发展长效机制，大力增强"三农"经济发展的抗御风险能力。由于农业保险的"三低"（低保额、低收入、低保障）、"三高"（高风险、高成本、高赔付）特点，导致商业保险公司严重缺乏对"三农"发展提供保险服务的主动性和积极性。也正是由于没有"三农"保险，农行、农村商业银行、农村邮政银行等农村金融机构不可能向农村地区更广泛的领域投放更多的贷款资金，"三农"发展很难获得银行贷款资金支持和帮助。建立政策性农业保险公司,在险种设计上优先建立种植养殖业保险、农产品生产加工保险、农产品运输销售等保险品种。在保费收取上,通过国家、地方、农民各方承担一部分的做法,以兼顾各方利益、增强农民投保的积极性。同时鼓励发展商业性农村保险机构,通过政策杠杆、法律体系做出硬性规定或者引导商业性的保险公司开展涉农保险业务,并给予免交营业税、所得税等政策优惠。

在金融政策创新的同时,金融产品体系也要进行相应的创新以满足城乡商贸流通一体化的需要。第一,创新农村基础设施建设和商贸流通市场建设贷款。重点开发财政垫贷、动产和种植租赁物权、经营使用权、收费权、收益权融资等贷款新产品,以及城乡商贸流通所需要的基础设施建设、商贸流通市场建设等系列贷款产品,适应城乡商贸流通建设与新农村建设的配套需要,为城乡商贸流通发展提供金融服务产品支撑。第二,创新中小型流通企业贷款系列品种。围绕中小型流通企业"额度小、需求急、期限短、周转快"等经营特点与"创业"、"成长"、"发展"三个阶段的不同金融需求,银行业金融机构要争取开办联户担保、权益质押、应收账款质押、商铺质押等多元化担保贷款品种,以及协议付息、票据贴现等金融服务产品。第三,创新农业现代化发展贷款系列品种。坚持做到因地制宜,适时有效推出在村镇领域突出发挥支柱作用的规模化、产业化、公司加基地加农户贷款系列品种。对有市场前景、有效益的优质农业、现代农业、高效农业、市场农业要积极提供贷款加票据承兑、贴现等贷款品种服务;积极探索委托放款、社团贷款等方式,支持优质龙头产业、特色农业、支柱产业发展;适时推出与开办"协会加基地加农户"的订单农业贷款、农业产业化项目贷款品种,大力支持发展现代农业、规模农业和优质高效农业。第四,创新农民个人贷款系列品种。积极开办以农业产业化龙头企业所配套的一般农户、种养及加工大户、家庭农场为重点的农户家庭个人贷款品种,优先支持农村土地流转反租经营,加快农村集约经营步伐,着力培养规模种养加工大户。着力创新农村土地流转经营权质押贷款品种。创新农村消费贷款品种,研发农民水电基础设施改造、农民住房改造、农民房屋装修、农民外出旅游、农民购置车辆行等适合新农村建设的系列消费贷款新品种,拉动农村消费市场。第五,创新农村商贸流通行业贷款系列产品。创新农副产品加工业贷款、为农业生产服务的农业生产资料、农机械(具)销售企业、农资储备、农村运输业等贷款品种,支持搞活农村市场流通,确保"三农"发展物资供应。

二、财政政策

推进统筹城乡综合配套改革,促进城乡双向流动商贸流通体系的建立与完善，要求完善政府的农业投入机制，改进政府投资管理体制。在财政政策方面，需要扩大政府补贴与财政转移支付，以促进城乡双向流动的商贸流通体系基础建设，提高城乡居民消费水平。

首先，在城乡双向流动商贸流通体系基础建设层面。保障道路及城乡商贸流通网络的畅通是商业经济建设和商贸业可持续发展的前提条件。要促进商贸业可持续发展，就必须加大公共财政对城乡商贸的基础设施投入，对建设或改造配送中心的银行中长期固定资产投资贷款予以贴息，进一步改善商贸经营、流通和仓储条件。重点抓好市场配套设施和基础设施的建设，在商贸流通基础设施建设投入上向农村倾斜，加大投资力度，扩大投资规模，充实建设内容。要在加强重点城市各主要交通干线改扩建的同时，不断修善商贸市场内部和周边乡镇的交通设施，通过加强农村商贸流通业基础设施建设，激活农村市场，改善农村消费环境。在加强基础设施建设的同时，要构建面向城乡商贸统筹发展的农业信息网和农商专网，促进农业信息商务化、数字化和网络化，推进城乡市场信息服务体系建设，把国家的政策、法规和社会经济信息传递给广大农民，将收集到的农民的消费需求、农副产品生产信息向社会发布，为农民提供技术、市场信息服务。

其次，在城乡居民消费层面。一方面，由于持久性收入决定总体消费水平，收入的波动与不稳定性会显著降低边际消费倾向，因此财政支出，特别是财政基本公共服务支出，在降低因教育、卫生及社会保障支出所带来的不确定性的同时，可以有效改善消费预期，直接或间接促进城乡居民消费，吴栋、周鹏（2010）的研究佐证了这一论点；另一方面，在二元经济结构背景下，统筹城乡政府基本公共服务支出，逐步建立城乡基本公共服务均等化机制，促进公共资源在城乡之间均衡配置，建立起与城乡一体化发展相适应的财政管理体制，可以改善目前城乡间单向的商贸流通，推动城乡间资源的双向流动，提高流通的效率。

最后，要建立健全财政长效运行机制，为城乡商贸流通提供长期支持。创新财政体制，逐步建立完善财政均衡机制，尤其是要建立和完善横向转移与纵向转移相结合、一般转移与专项转移相结合的纵横交错的均等化财政转移支付制度，减少财政级次，实行"省管县"和"乡财县管"。

三、税收政策

税收不仅可以影响城乡居民收入，而且可以通过影响物品和生产要素价格而影响激励机制与行为方式。通过政府政策对城乡双向流动的商贸流通提供税收激励有其必要性，一是公共利益，因为城乡双向流动的商贸流通体系建设有显著的外部性特征，完全通过市场机制发展有一定的困难；二是资金缺口，在二元经济结构背景下,农村发展商贸流通难以获得足够的资金,导致城乡间商贸流通多以单向流动为主,政府通过税收减免等激励政策可以有效刺激资金的供应。

为促进城乡间物流、商流的双向流动,需要利用税收政策消除造成城乡分割、阻碍城乡融合的制度性障碍,逐步实现城乡间税制统一。一方面,在城乡统筹过程中,利用税收政策的调整调节收入分配,取消农业特产税等不应由农民承担的税赋,提高其收入水平,逐步缩小城乡居民收入水平差距。另一方面,利用税收政策的激励机制,引导资金、劳动力等生产要素由城市向农村、由工业向农业流动,如改革城镇建设税制与农地征用制度,减少相关审批程序,对一定规模以上的商贸流通企业或市场予以税收减免;在交通运输、水电供应等方面予以优惠政策,吸引商贸流通企业在乡镇开办连锁超市;通过个人所得税的改革,吸引人力资本向乡镇农村的流动等,以实现城乡间资源的双向流动与优化配置。

第四节 城乡双向流动的商贸流通体系的环境支持系统建设

农村商贸流通中存在流通组织规模小、流通设施陈旧、交易环境无序、信息不对称等问题,为了缩小农村与城市在双向流动的商贸流通方面的差距,需要通过城乡商贸流通的信息化和现代化来建立商贸流通体系一体化的环境。

一、城乡商贸流通的信息化

在二元经济结构背景的城乡商贸流通中,基层商贸组织功能不强、信息化程度不高,影响了农副产品的外销和农村、农业、农民的产品需求的供给;信息不对称带来的逆向选择问题,使得农村消费市场上"假冒伪劣"问题较严重,同时也加强了由于体制因素而造成的流通主体地位的不平等;传统流通方式居于主导地位,新型经营业态仍较为落后,因此需要以信息化推动低成本的城乡双向流动商贸流通体系建设。

现代信息技术对流通产业发展最根本的影响在于流通效能的提高,而流通效能的提高最终体现为流通成本的降低。应积极运用信息化整合供应链,再造业务流程与管理流程,使购销活动能纳入到信息网络的轨道上来,使体系突破农村流通企业在空间上分散及单店规模偏小的瓶颈。依托商务网络与流通市场,整合信息资源,通过信息化引导生产、指导消费,改变城乡商贸流通中农村市场信息不足的现状,同时可以借鉴美国利用先进信息系统与期货市场促进农村流通体系建设的经验，通过对农产品生产、流通、消费的干预及农产品期货市场对农产品价格的市场化调节，可以有效地指导生产与调节消费。提高构建面向城乡商贸统筹发展的农业信息网和农商专网，促进农业信息商务化数字化和网络化，推进城乡市场信息服务体系建设，把国家的政策法规和社会经济信息传递给广大农民，将收集到的农民销售需求农副产品生产信息向社会发布，为农民提供技术支持、信息服务和交易平台。

电子商务是新兴起的商贸流通方式，但是在城乡商贸流通中电子商务的发展还比较滞后，大力发展电子商务也是城乡商贸现代化的重要方面。加快信息化建设进程，推广电子商务的优越性，强化交易主体的电子商务意识，有条件的农村地区可以培养专业的电子商务人才，同时，进一步加强和改善落后农村地区的电信设施升级和电网改造，加大网络的普及程度，开发适合农产品和农资产品流通的电子商务平台，为构建城乡统筹下城乡双向流动的电子商务体系提供一个良好的环境。

二、城乡商贸流通的现代化

城市商贸业与农村商贸业无论是在商业网点建设，还是在业态结构、空间布局、消费观念等方面都存在较大的发展差距。应推动城乡商贸流通的现代化，促进城乡一体化，从而带动城乡双向流动的商贸流通体系的建立与完善。

虽然对商贸流通的现代化的内涵与外延学界一直存在争论（谢培秀，2003；黄福华，2004；易开刚，2006；丁俊发，2007；董山峰，2008），但基本认同这是个综合概念，需以复合的指标体系来衡量。现代物流被认为是商贸流通现代化的主要内容，推进流通现代化应以流通方式与组织形式的改革与创新为切入点，重点推动连锁经营、物流配送和电子商务的发展（黄福华，2004）；并以城镇化带动农村现代化流通的发展。通过推进创新"万村千乡市场工程"，支持与鼓励大型流通企业在建设农村流通网络、提高连锁化农家店的覆盖范围，构建工业品下乡与农产品进城双向流通平台。应以城乡商贸流通业的现代化带动商贸流通的规模化、一体化与外向化，逐步形成城乡双向流动的商贸流通体系与统一开放、竞争有序的市场体系。

城乡商贸流通现代化是建立在基础设施建设完善、农村消费习惯现代化等一系列条件的基础上的，为了促进城乡商贸流通现代化，就要加大农村市场建设力度，完善农村商贸流通基础设施，引导农村消费，开拓农副产品连锁经营。同时大力推进农村商用体系建设，规范和发展消费信贷，努力扩大消费需求，优化消费结构，完善消费手段，扩大消费信贷种类、范围和规模，在落实和完善政策法规为农村流通业提供有力保障的条件下,充分调动各方面的积极性,促进农村现代商贸流通业快速健康持续地发展。

综上所述,从城乡统筹视角下出发,应从制度支持系统、组织支持系统、政策支持系统、环境支持系统等方面推动城乡双向流动的商贸流通体系的支持系统建设,以降低交易成本,提高城乡商贸流通效率,扩大社会总需求,解决城乡二元结构问题。

第十六章

城乡统筹视角下城乡双向商贸流通体系建设中的政府与市场

我国自改革开放初期就十分重视城乡流通体系建设。但是,随着社会主义市场经济体制日臻完善,人均收入水平不断提高,完善的城乡商贸流通体系并没有随之建立起来,而且,市场经济改革阶段形成的城乡市场分割使城乡商贸流通呈现为一种单向流通模式,农产品流通渠道严重受阻,限制了农村居民收入水平的提高,因此,能否成功建立双向商贸流通体系已经成为影响城乡收入差距的重要因素。在当前城乡市场分割背景下建立有效的双向商贸流通体系就必须立足于政府和市场的双方互动,为双向商贸流通体系的建立提供基础和保障,推动市场经济体制的完善。

第一节 城乡双向商贸流通体系建设中的政府

要有效解决城乡商贸流通问题,实现城乡经济社会协调发展,政府必须进一步调整和完善监管职能,加强对城乡商贸流通体系建设的规划力度,完善基础设施和城乡商贸流通网络,发展龙头企业,培育龙头市场,积极开发新型商贸平台,大力兴办各类农村合作经济组织,建立健全财政激励的长效运行机制。

一、商贸流通体系建设中政府的基本作用

在城乡商贸流通体系建设过程中,政府的基本作用主要体现在以下几个方面:

第一,通过政府规划促进专业市场的形成、加快城乡商贸流通建设。地方政府的参与程度与当地专业市场规模、发展速度高度相关,并在专业市场成长、商贸流通体系建设过程中发挥关键作用。具体表现在:(1)政府建设规划促进了专业市场形成,推动了城乡商贸流通业的发展。尽管在市场经济条件下,专业市场的发展有赖于市场机制的自发调节,但是,在专业市场发展较为薄弱且又具备较大潜力和发展空间的地区,政府规划行为是促进专业市场崛起与发展的关键因素。政府参与市场规划和基础设施建设,有利于形成良好的交易设施、物流设施等硬件设施。(2)政府的投资优惠政策为城乡商贸流通发展和专业化市场建设提供资金保障。在基础设施建设方面,政府通过优惠政策,拓宽融资渠道,因地制宜,结合当地农业生产特点,合理布局,建立大型专业化产品批发市场,加速了流通体系的建设。(3)政府的一系列激励政策,为专业市场的发展和城乡商贸流通的建设指明了方向。政府通过制定和实施一系列地方性优惠政策,对流通市场经营商户采取政治上鼓励、资金上扶持、技术上指导以及法律上保护等措施,不断促进专业市场的发展和壮大,而且在土地供应、基础设施建设与管理、行政收费等方面实行优惠政策,推动流通体系的完善。

第二,政府强有力的调控是城乡商贸流通体系快速发展的动力。主要表现在:(1)政府通过调控资源配置,发展特色市场。政府部门能够结合工农业生产特点,发展产地型市场和特色专业市场推动了城乡商贸流通,通过发展产地型市场,大力提高产品的本地化程度,通过本地产业的发展支撑专业市场的发展,有利于夯实市场基础,形成政府和专业市场发展的良性互动。(2)政府通过扶持大型商贸龙头企业促进城乡商贸流通体系建设。大型商贸龙头企业是城乡商贸流通的主体,也是连接专业市场和农户的桥梁和纽带,大型商贸龙头企业的成长离不开政府的大力支持,政府通过扶植龙头企业带动专业化生产,鼓励龙头企业发挥自身所拥有的市场资源、信息网络等条件,扩大商品流通,提高商品生产者收入,为城乡商贸流通提供动力支持。

二、统筹城乡商贸流通中的政府职能定位

根据公共经济学理论,在市场经济环境下公共部门(主要是政府)可以通过干预经济活动,既可以促进资源配置效率和生产效率的提高,也可以促进技术

创新和积累的增长，以弥补市场功能的缺陷，从而充分发挥市场在经济活动中的作用，提高经济效率，增进社会福利。在统筹城乡商贸发展的过程中，政府对商品流通的管理是为了保证城乡商贸流通统筹的正常运行和协调发展，弥补市场失灵，从而消除城乡市场分割，实现城乡市场一体化。政府对城乡商贸流通体系的建设与管理应围绕规划、调控、监督、服务四个方面来确定职能定位（童年成，1997）。

第一，规划管理职能。规划管理是通过制定商品市场发展规划、加强商品市场建设与监督两种手段，实现对商品流通的有效调控。规划管理具有基础性、前瞻性、系统性等特点，是保证城乡商贸流通体系正常运行和协调发展的基础工程，政府对城乡商贸流通的规划管理职能主要包括：一是对商贸流通业发展阶段规划，主要是通过加强对与城乡商贸流通直接相关的行业发展进行规划，为政府城乡商贸流通体系建设提供依据。具体上，要求政府要从经济发展战略全局出发，重视和研究流通产业的发展，认真制定流通产业发展总体规划，对所在地各类大型商业网点和市场建设进行统筹规划、合理布局，避免重复建设，切实加强对城乡流通产业的培育、扶持、引导和组织协调。二是对商贸流通业的业态发展规划，根据不同时期城乡商贸业发展特点，按照"合理发展，适度超前"的原则，制定出切合政府所在地实际的商贸业态发展规划。例如，从当前发展趋势来看，政府主要是制定好推进连锁经营、大卖场、专卖店、超市、电子商务和信息技术、物流配送等新型业态发展规划。三是对商贸流通业网点布局规划，要按照"调整布局、强化功能、规范管理、完善体系"的指导思想，构建起"方便生活，有利生产，布局合理、结构完整、发展协调、功能齐全"的城乡商贸流通网络体系，全面推进城乡流通设施布局战略性调整。

第二，调控管理职能。调控管理是政府在城乡流通领域对某类商品出现供求波动时所作的调节与控制。调控管理分为间接调控和直接调控。间接调控最基本的手段是储备调控和进出口调控。储备调控和进出口调控由政府相关部门组织并实施，它的特点是面对某类商品市场，不是针对某个具体经济单位。因此，间接调控是政府对城乡商贸流通进行统筹的一种理想调控手段。间接调控主要通过市场风险基金制度和限价制度来具体实施，其中市场风险基金制度有利于维护敏感性商品的产量和价格稳定，而限价制度是当市场价格短期内涨势过猛时，国家可以实行最高限价，以避免市场的过大波动，从而保护消费者的利益。限价制度有利于保护商品市场的正常进行。直接调控指运用计划、行政、政策等手段直接实施对商品流通的调节和控制。

第三，监督管理职能。监督管理是保证市场正常运行的一项基础性职能，监督管理的前提是加强市场立法，只有市场立法健全了，监督管理才有章可循，才能做到客观、公正和科学，监督管理包括对市场主体资格监督和市场行为监督等，通过国家监督、社会监督和企业自身监督来具体实现。具体包括：对市场主体资格监督、对合同的管理、对价格的管理、对质量技术的监督管理、对消费者利益保护的管理等。监督管理职能具体表现在：一是对城乡商品供求动态进行监测，要把市场商品供求监测作为流通主管部门的重要职能，我国工农业生产基础尚不稳定，生产能力依然较低，一些非正常因素的影响都可能使消费品市场产生波动。因此，商贸流通主管部门必须加强对消费品市场供求状况的监测，确保市场供求关系相对平稳，同时加强商品市场信息统计和信息发布，完善市场监测体系（冯平，2002）。二是对城乡商贸流通业运行质量监测。我国商贸流通业规模小，管理水平较低，企业运行效率差，经济效益不高，难以适应市场经济发展需要，而且当前统计监测体系尚不完善，统计资料不能反映商贸流通经济运行综合情况，不能满足经济分析要求，因此，要在现行统计体制基础上，强化流通行业内部统计体系建设，为市场监测提供较为详细的统计分析资料。

第四，服务管理职能。服务管理是指各级政府通过为企业提供各种服务来实现对商品市场的调节与管理。它包括信息服务、培训服务、中介服务等。具体内容包括：一是优化城乡商贸流通的环境。一方面要加强对商品流通领域的宏观调控，优化城乡商贸流通发展的环境，打击城乡市场上存在的各种假冒伪劣现象，维护消费者权益，促进城乡商品流通行业的健康发展；另一方面通过宏观调控使我国城乡流通产业发展从单纯数量扩张转向提高竞争能力的整体升级，从城乡二元经济转向农村与城市化互动发展的一元经济，改变我国流通产业发展滞后现状，实现我国流通产业跨越式发展。二是技术培训服务，通过各种形式的教育和岗位培训，进一步提高商贸流通行业职工的人力资本水平，特别是要大力提倡社会主义的商业道德风尚，培养出一大批思想政治素质好、经营管理能力强、系统掌握现代管理知识、适应改革开放要求的现代化流通人才。另外，加强对外向型流通人才的开发和引进，建立对经营管理者进行培训、选拔、管理、监督的有效办法，使之逐步制度化、规范化（任宗哲，2011）。

三、城乡双向商贸流通体系中政府职能的保障措施

统筹城乡商贸流通就是要解决城乡之间的市场分割，使城乡市场由分割走向一体化。城乡商贸统筹主要有两大动力：政府和市场。根据动力不同从而形成统筹城乡的两类模式：一是由市场利益而诱发的诱致性统筹模式，二是由政府通过制定政策而形成的强制性统筹模式。诱致性统筹模式的内在动力在于最终收益的

最大化，这种模式难以适应农业经济发展的需要。强制性统筹模式可以借鉴行政命令，但是这种模式无法适应市场经济条件下政府职能的转换。因此，我国城乡商贸统筹需要把政府与市场的力量结合起来，采取政府间接调控下的诱致性统筹模式。

第一，做好统筹城乡商贸流通的规划。一方面以城乡统筹的理念为指导，从整体上科学规划城乡建设、经济发展资源配置和生态环境保护，确保城乡商贸网点规划布局符合城乡统筹发展的要求，科学规划统筹建设；另一方面指导和组织城乡商贸统筹发展工作，使城乡商贸统筹发展有计划、有步骤地全面推进。另外，完善和推进区域内"万村千乡工程"，加大区域内农村市场的布局规划，界定区域内龙头企业的市场范围，提高区域内流通网络的密度（夏春玉，2009）。

第二，完善统筹城乡商贸流通的基础设施。一是要完善城乡商贸流通网络，使道路及城乡商贸流通网络的畅通成为促进商业经济建设和商贸业可持续发展的有利条件；二是要完善统筹城乡商贸流通的基础设施，主要通过加强商贸流通基础设施建设的科学规划，加大对城乡商贸流通基础设施的公共财政投入，对建设或改造配送中心的银行中长期固定资产投资贷款予以贴息；三是加大农村商贸流通基础设施的建设，主要是对农村信息平台和市场网点建设的投资。

第三，创新统筹城乡商贸流通的制度设计。统筹城乡商贸流通，实现城乡要素资源合理配置，除充分发挥市场在资源配置中的基础性作用外，需要政府制定并落实相关配套政策，创新制度设计，调动城乡两方面的积极性，充分发挥政府在资源配置中引导作用，特别是要强化政府在"农商对接"中的桥梁与中介作用，通过多种方式为流通企业与农产品加工企业之间、流通企业与组织之间搭建沟通与合作的平台，促进各种模式的"农商对接"，推进当地特色农产品品牌的打造。同时，通过政府引导，消除城乡商贸统筹中各种体制障碍，促进要素在城乡之间合理流动。（方杰，2004）。

第四，创造统筹城乡商贸流通的市场环境。政府为城乡双向商贸流通体系建设创造市场环境，将市场体系的建立和完善与政府机构改革、部门职能职责整合充分结合起来，从实际需要出发整合政府行政管理资源，建立职责分明、联动高效的商贸流通行政管理体制，充分协调各部门之间管理关系，建立政府领导下以流通主管部门为主、各相关职能部门参与的工作机构。通过优惠政策激励大型流通企业与农产品加工企业建立农产品加工基地，强化流通企业对农产品生产与流通的联动作用，并在城乡商贸流通活动中建立一套与市场经济相适应的制度，打破行业垄断和地区市场分割。

第二节 城乡双向商贸流通体系建设中的市场

一、市场的基本作用

传统的经济理论认为,市场的基本作用主要体现在以下几个方面:

第一,市场通过市场机制自发调节、配置社会资源,协调资源在各部门之间的分配。在任何社会里,社会再生产要想顺利进行,都必须使生产资料和劳动力等要素按一定比例分配于各生产部门。市场环境下,对生产要素分配的调节,是通过竞争和价格波动等方式实现的。价格涨落直接关系到商品生产者的经济利益,反映出商品供求的变化,价格高于价值,生产者可以获得更多的经济利益,从而激励更多的生产资料和劳动力投入到这些生产部门中去,促进生产扩大,以满足消费,提高社会福利水平。

第二,市场通过竞争促使市场主体劳动生产率的提高。在市场上,由于竞争机制存在,那些劳动生产率高的商品生产者以及服务提供者,可以获得较多的利益;而那些劳动生产率低的商品生产者和服务提供者,只能获得较少收益。劳动生产率高,市场主体即使在竞争中把价格降到社会价值以下,但只要在个别价值以上出售商品,仍可获得较多利益,因而在竞争中处于有利地位。因此,市场主体为了追求更多的经济利益,并在竞争中取胜,必须努力提高劳动生产率,积极采用先进技术,改进生产方法,改善经营管理,提高劳动熟练程度,其结果必然会促使整个社会生产力发展。

第三,市场机制使市场主体出现两极分化。由于生产技术水平差异,那些资本雄厚、生产技术设备好、劳动生产率高的市场主体,其商品的个别价值低于社会价值,在竞争中处于有利地位,能够迅速发展壮大并富裕起来;而那些劳动生产率低下的市场主体,将陷于贫困境地。这就造成富裕者越富、贫者越贫,引起市场主体的贫富分化。

二、城乡双向商贸流通体系下的市场作用

在构建城乡双向商贸流通体系建设过程中,市场的作用主要体现在:

第一,市场通过市场机制自发调节社会资源在流通主体之间进行配置。一般

而言，在城乡双向流通体制下，农业生产主体拥有丰富的劳动力、较为先进的生产工具，劳动生产率相对有了很大提高，但是由于缺乏相应的资本建立起自己的营销体系，缺乏固定的消费群体，容易发生产品滞销的情况；而作为流通渠道的厂商，在丰裕资本推动下建立起发达的配送体系、先进的营销理念以及丰富的人力资本，而且拥有庞大的消费群体，但是由于缺少生产环节，只能向农产品生产者采购，运输时间过长且无法对生产环节进行监管，致使农产品质量不高，影响超市的经营业绩，所以在市场机制充分发挥作用的条件下，农业生产主体可以充分利用流通渠道厂商的物流及营销平台将农产品销售出去，从而保证商品质量，促进流通业的快速发展。

第二，市场通过竞争促使流通主体改进技术，提高劳动生产率。市场的竞争机制决定了流通厂商必须改进技术，提高流通效率，降低存储成本，才能在激烈的竞争中，获得持续经营的条件。而对于劳动生产率高的生产者主体，其商品的个别价值低于社会价值，在竞争中能够有更大的利润空间，才可以通过降低价格获取竞争优势，不断扩大自己的市场范围。因此，流通主体为了扩大市场范围，获取竞争优势，必须通过先进的生产技术和管理理念以提高劳动生产率，从而促使整个社会流通效率不断提高。

第三，市场使流通主体出现两极分化。市场的基本特征在于竞争性，竞争的结果就是优胜劣汰，那些资本雄厚、技术设备精良的流通厂商，由于较高的流通效率，产品在分销过程中往往处于有利地位，这种较强的竞争优势为扩大经营、开拓市场提供了保障，而那些资金欠缺、劳动生产率低下的流通渠道厂商，将面临破产兼并的风险，出现两极分化，还有可能出现具有垄断势力的流通厂商，从而为获取更大的利润创造了条件，这些都是市场经济发展过程中必然存在的问题。

第四，市场能够刺激生产，吸引厂商进行研发，为流通体系建设提供物质基础。市场经济条件下，商品市场更多的表现为买方市场，企业的经营决策基本都是由市场需求决定的，需求则通过流通渠道中的信息流表现出来，厂商可以根据市场变化不断调整经营策略。可见，市场具有一定的先导性作用，能够引导流通主体生产和经营的演变方向，促进产品价值形式的转换，加速产业资本循环的速度。同时，由于市场机制的作用，使商品通过流通渠道从生产者快速转移至消费者，有利于消费需求得到满足，也在一定程度上提高了消费者对生产厂商的忠诚度，促进工农业产品分配的快速实现，为流通业的发展壮大创造条件。

三、商贸流通体系中市场体系建设

从改革开放初期，政府部门就开始对流通体系进行改革，通过引入市场机制,加大流通体系建设投资,取得了一定的成就,但仍存在有待解决的问题。

经过改革开放三十余年的建设历程,商贸流通体系中市场体系较改革开放初期已有很大改观(李富忠、张云华,2007),具体表现在:(1)流通体系中流通主体实现了多元化。改革开放以来,我国流通业市场主体改变了计划经济国营商业和供销合作社等商业形态一统天下的格局,业态形式多元化日趋明显,国营商业和供销合作社在商贸流通体系中的地位不断下降,个体运营商、连锁超市、生产基地等多种市场主体形式不断参与商贸流通,特别是农村合作经济组织、农村专业化生产性质的龙头企业在流通体系中的作用更加凸显。(2)市场体系得到进一步完善。通过对商贸流通体系改革,各类商品的批发市场逐步建立起来,零售市场的经营竞争行为也逐步实现了规范和公平,主要商品期货市场的导向作用开始得到发挥,各种类型的连锁超市也在各地得到快速发展。(3)商品交易方式多样化局面初步形成。经过长期改革,各类商品的市场交易方式已由传统的集市贸易延伸到专业化批发贸易、跨区域甚至跨国界贸易,订单购销、期货交易和拍卖交易等方式也为城乡流通市场体系发展提供了动力。同时,适应信息化发展要求,流通配送、连锁经营、电子商务、网上交易等新型营销模式也得到了快速发展。(4)流通体系市场基础设施建设进一步完善。在政府部门引导和鼓励下,企业和其他民间社会资本逐步进入到流通体系市场的建设和管理之中,市场机制的调节作用在商贸流通体系建设中得到充分体现,流通市场的经营管理模式提高了市场主体投资积极性,为改善流通体系市场基础设施提供了资金来源和先进的管理模式,推动了流通市场基础设施的建设和完善。(5)完善的市场服务体系初步建立。市场服务体系建设是流通体系建设的重要组成部分,为商品的流通提供必要的保障,包括为农产品快速流通而设立的"绿色通道",为市场信息能够快速传递而设立的市场信息流通体系、信息组织体系以及信息采集体系,这些对于完善商贸流通体系中的市场体系建设具有重要意义。

然而,商贸流通市场体系建设也面临许多问题,这些都严重阻碍了城乡双向商贸流通体系建设的步伐,具体表现在:(1)农产品生产组织化程度低。由于分散的农村生产模式,从根本上限制了城乡商贸流通市场体系的发展,而且分散生产的模式也限制了专业化合作组织模式的发展,加上农村经济应对市场风险的能力相对较弱,从而又进一步限制了农产品市场体系的发展,无法使农产品在流通市场上获得更大的竞争优势,使城乡差距不断扩大。(2)市场建设不完善,地区间不平衡显著。自经济改革之后,不断完善的商品流通市场体系仍不能成为覆盖全国范围的市场网络,而且由于经济发展的差异,东中西部地区商品数量和质量差异加大,导致市场体系建设差异化显著,也限制了统一的商贸流通体系的建立。(3)流通体系商品交易主体方式仍然比较落后。虽然,流通领域现代化的商品交易模式已经得到了一定程度的发展,但是连锁经营、网上交易、电子商务和期货交易等商品交易方式仍处于开始发展阶段,相应的交易保障措施仍不完善,从而限制了新型交易模式的发展,现代化程度相对较低。(4)流通体系市场基础设施建设仍需改进。政府和企业虽然长期对流通中市场基础设施投入资金,使市场基础设施有了很大改观,但仍不能满足流通业发展需要,市场基础设施不完善,导致流通成本和交易成本较高,从而限制了流通体系建设的步伐,使市场的作用无法得到充分发挥。(5)地方保护主义仍然很严重。商贸流通体系的建设就是要打破地方保护主义,使市场对资源配置的作用得到充分发挥,但是地方保护主义严重限制了商品流通,导致流通效率低下,无法满足市场需求,造成了市场扭曲和社会资源极大的浪费,严重阻碍了全国统一的流通市场体系建设。(6)商贸流通系统中市场法制法规建设不完善。由于法律制度不完善、管理规范的缺失,导致了我国流通领域内交易、竞争过程中屡屡出现违背市场基本原则的经济行为,公平、公正的市场秩序得不到有效保证,也在一定程度上限制了市场机制在流通领域中的调节作用。

四、加强双向商贸流通体系市场作用的保障措施

为了解决目前流通体系建设过程中市场体系存在的问题,有必要采取以下措施,保障城乡双向商贸流通体系下市场作用得到充分发挥:

第一,加快城乡双向流通体系市场主体转型,增强市场主体的竞争力。具体包括:(1)对流通企业进行改革,优化投资结构,多元化投资主体,建立健全企业经营管理决策机制,使企业能够按照市场基本规则进行管理经营;(2)提高农产品生产专业化程度,改善生产组织形式,提高农村参与市场的能力,因地制宜,结合每个地区的特殊生产条件,适当培育"公司+农户"型以及专业化等多种形式的生产流通组织形式,加快产品流通的组织化、规模化;(3)正确处理流通企业、流通组织、农产品生产者三者之间的关系,还要正确把握企业、合作经济组织和农户三者之间的关系,充分发挥流通组织、流通企业在推动生产专业化、合作化组织的作用,促进农业生产要素的集中,实现农产品生产规模的扩大。

第二,扩大交易规模,完善双向流通体系市场网络建设。交易规模是影响交易成本和效率的重要因素,农民每次交易中所支付的交易费用,大部分是固定成本,交易量增加,分摊额减少。交易批量的扩大可使农户分享大量交易的利益补偿。同时,规模扩大还是运用各种先进营销技术和交易方式的前提,只有在交易规模允许的条件下农户才有可能利用期货市场、批发市场等现代化市场工具规避风险,提高经营收益。基于此,要在流通体系市场网络建设方面:(1)更新流

通组织业态形式，规范流通组织，特别是城市大店名店以及各类连锁店、专卖店要向乡镇延伸，形成以城区店为龙头，乡镇店为骨干，村级店为基础的农村消费品流通网络；（2）注重培育能够推动城乡商贸统筹发展的龙头企业，充分发挥龙头商贸流通企业的示范带动作用，积极支持餐饮、商贸流通龙头企业到农村建立原材料供应基地，鼓励各类工商企业通过收购、兼并、参股和特许经营等方式参与商品市场建设和农产品经营，培育一批大型涉农商贸企业集团；（3）建立专业化批发市场，集中销售工农业商品。专业化市场起着城乡商贸统筹发展的核心支撑作用，具有交易量大、吸纳就业人口多、相对稳定的特点，并且对信息反应快，能够显著提高商品流通效率。

第三，完善城乡双向商贸流通体系市场基础设施。基础设施是否完善，对于降低交易成本、提高市场效率具有重要意义，因此要：（1）拓宽流通体系市场基础设施建设投资渠道。流通体系建设具有准公共物品的性质，而且投资成本巨大，有必要结合国家和地方财政，并且发挥民间资本的优越性，鼓励社会资本、企业等投资主体将资本投入到市场基础设施的建设之中。（2）积极构建虚拟市场网络，注意循序渐进原则。对于不同类别的商品集散市场，应有重点、分阶段推进基础设施建设，其中批发市场，产品存储、质量检测以及简单加工等设施是建设重点，而对于期货市场、电子商务等虚拟市场，则应加快市场信息化进程，完善相应的交易制度规范。（3）完善高效率的市场信息流通体系。信息是影响供给不足和"市场失灵"的重要因素，因此要实现市场信息有效流通，就必须构建流通体系的市场信息网，加强农产品市场信息体系建设，不仅要投资市场信息系统的硬件设施，更要注重相应的人力资源培训和软件设施维护，处理好商品流通信息的搜集、处理以及发布，提供完善的市场信息咨询服务，从而引导市场向健康良性的方向发展。（4）完善仓储系统建设，一方面通过借鉴发达国家的物流体系建设经验；另一方面充分发挥政府、企业、农户之间的联动机制，实现仓储运输系统的多元化，使仓储运输系统满足不同类型商品流通的需要。

第四，在城乡双向流通体系中发展多种形式的市场服务组织。其中包括：（1）建立完善的质量管理和检测体系。首先协调工商、质检等多个部门职能，明确各自分工，在减少各部门对市场行为干预的情况下，发挥各部门检测、管理的优势，促进流通渠道产品质量的提高。（2）建立健全相关部门对市场变化的监测和预警机制。要做到对市场的充分了解，掌握产品市场供求之间的动态变化，提高供求信息和价格信息的准确度和透明度，建立农产品市场供求和价格异常波动的应急机制。（3）有效发挥中介组织的作用。中介组织拥有收集、评价和扩散信息等方面的优势，可充当媒介将农户的零散购销整合为集中购销，提高交易的集中性，降低市场交易成本。流通体系中的中介组织主要有购销中介、技术中介、信息中介等，其中购销中介能够在一定程度上紧密联系城乡市场，扩大市场交易规模，而信息中介，能够利用搜集到的市场信息，为市场主体提供咨询，帮助他们进行生产经营决策，降低了市场信息不对称性和不确定性。

第五，完善流通体系市场制度建设。建立健全市场制度和法规，加强执法监督，维持良好的交易秩序，保证农民有一个公开、公平、公正的交易环境，是提高市场交易效率的一个重要措施。（1）加强市场法规建设，要加强规范市场建设的法律法规立法，为健全市场管理、加强产品质量安全创造良好的制度环境。（2）规范市场竞争秩序。任何违反市场秩序的竞争行为，都可能使流通体系的建设受到影响，维护和健全流通体系市场机制，是保障城乡双向流通体系顺利实现的重要保障，加强对市场主体的舆论监督，加大对不法行为和不合规行为的惩罚力度，从而保障流通体系良性发展。（3）加强各职能部门之间的协调，开放地区市场。一方面要求注重发挥城乡商贸流通各职能部门之间的服务和支持功能，进行信息共享，共同监管流通体系；另一方面，打破地方保护，建立开放统一的全国商贸流通市场，整治地区封锁，减少地区之间的差异水平，最终为城乡双向流通体系建设提供开放有序的市场环境。

第三节　城乡双向商贸流通体系建设中政府与市场的关系

一、政府与市场的基本关系

从经济理论和历史发展的角度可以发现，政府与市场之间的关系主要经历了三个阶段：

第一阶段，市场发挥基础作用，政府发挥辅助作用。从亚当·斯密开始，市场被人们认为是万能的，能够通过"看不见的手"调节供需平衡，能够实现资源的优化配置，人们也始终相信市场条件下的自由竞争，是实现最优经济秩序和市场效率的唯一路径，而此时政府仅仅充当市场经济"守夜人"的角色，任何影响市场经济效率的行动都将是政府管理和规范的对象，政府的职能主要体现在规范市场经济各参与主体的行为、维护公平公正的市场竞争秩序，是调节市场供求机制以外的重要辅助力量。

第二阶段，政府职能逐步完善，对市场经济的调节力度进一步增强。由于经济的发展，市场经济的弊端逐渐暴露出来，在保持市场经济发挥基础作用的条件下，政府部门辅助功能得到进一步强化。由于市场规模的不断扩大，早期自由竞争状态被垄断经济所打破，保持完全的市场竞争机制以不可能再现，就必须借助政府力量对垄断市场进行强有力的调整和限制，规范垄断企业的市场行为，维护市场经济秩序。而且，政府在规范市场经济的同时，必须向经济主体提供市场无法有效率生产的公共物品，这使得政府作为市场经济的重要参与者，已不再局限于发挥市场的辅助作用，政府的调节领域已经随着经济发展逐步从市场外部进入市场内部，对市场经济的影响进一步增强。

第三阶段，市场经济的基础作用进一步得到发挥，政府作用从调节微观层面向宏观层面扩展。随着经济理论和市场经济的发展和完善，人们认识到市场经济在调节资源配置方面发挥着强大作用，需要不断调整政府部门行为保证市场机制的有效发挥；但另一方面，社会化大生产使政府部门必须注重整个宏观经济层面的平衡问题，有必要通过相应的财政和货币政策调节整个国内经济的总供求平衡，实现国内的充分就业、物价稳定等目标，而不仅仅是对微观经济主体的经济行为进行规范和调整，政府在保证市场资源高效配置的同时，必须发挥宏观调控职能使国内经济结构进一步优化、经济增长的路径更加平稳，为实现经济社会的全面发展提供良好的物质基础（任保平，2011）。

从经济理论和实践角度来看，政府与市场之间关系变化经历的三个阶段具有一定的逻辑基础，当市场经济处在成熟状态条件下，企业决策就具有较强的主体性和独立性，也会发挥自身创造性能力并利用市场机遇实现经营的持续性，这时，政府相对于市场的作用主要在于弥补市场无法调节的领域以及弥补市场机制本身所具有的缺陷。只有市场机制充分发挥了基础性作用，政府职能和调控领域才能够从微观层次逐渐过渡到宏观层次。而在市场经济存在调节失灵时，政府则需要加强各职能部门之间的相互协调能力，因为各部门之间能否有机组织起来、协调管理和监管是解决市场失灵问题的重要保障，但是政府作为市场重要的参与者应该发挥调节市场经济缺陷的职能，绝对不能完全凌驾于经济体系之上，这与当前国内经济现状不符。

二、商贸流通体系建设中政府与市场关系的历史变化

中国自改革开放之初就对城乡商贸流通体系进行调整和改革，重点是结合市场经济发展对商贸流通体系进行调整，主要任务是结合政府与市场的作用对农产品流通体系进行建设。但从发展历程来看，政府与市场在流通体系改革中的关系主要经历了以下阶段：

第一阶段是在政府计划的流通体制下逐步引入市场因素，时间从 1979 年开

始至 1984 年截止。这一时期改革农产品流通体制的主要内容就是调整农产品价格，通过价格机制调整工农业产品之间以及各部门内部的相对价格，使国民经济结构趋于合理化。改革首先是从提高收购价格开始。1979 年国务院规定提高粮食、食油等多种农产品收购价格，提价幅度达到了 24.8%。农产品价格调整的基本方向是通过逐步改变原有计划经济体制下的不协调比价关系，使农产品价格与工业品价格之间保持合理的比例关系，从而有效刺激农业生产积极性，促进农业更快更好发展。在这一阶段的调整过程中，虽然部分具有政府指令性计划性质的农产品流通议购议销形式得到了调整，市场价格因素对于调节城乡商品流通的作用开始得到体现，并逐渐形成"双轨制"的雏形，但从总体上来看，这一阶段的流通体系仍局限在传统政府指令性计划的经济体制范畴之内（李炳坤，1999）。

第二阶段是协调政府计划经济与市场经济在调节城乡商品流通中的作用，使市场经济调节商品流通的作用得到进一步发挥，时间从 1985 年开始到 1991 年截止。这一时期，继续推进"双轨制"是改革农产品流通体制的基本内容，市场流通和计划流通是实现城乡商品流通的主要形式，体现了这一阶段城乡商品流通体系改革的特征和趋势。由于市场经济因素的影响，使政府部门不能及时对快速扩大的产品需求做出积极反应，计划经济体制下的商贸流通体制弊端不断显现，这就要求政府必须进一步扩大市场调节作用，放开更多商品的价格管理和经营，市场机制调节供求关系的基础作用得到发挥，市场经济的积极作用也开始逐渐被市场主体认识和接受。然而，在农产品流通方面，国家指令性流通仍占较大比重，国家管理部门对于这些农产品的价格和流通量仍具有绝对的影响。除此之外，其余商品实行市场调节，流通渠道以及价格变化主要由市场决定。这就形成了我国流通体制改革过程中指令性计划管理与市场调节并存的局面，即"双轨制"性质的城乡商贸流通体制。实践结果证明，实行双轨制流通体系对于流通业的发展起到了积极的促进作用，但是随着市场规模的扩大、市场主体对工农业产品需求的快速增加，这种双轨制商贸流通体制在一定程度上限制了更大规模的产品流通，市场供求平衡条件不断恶化，有些产品演变成为影响国民经济持续快速发展的"瓶颈"，国内通胀压力上升，且治理难度逐渐加大，客观上需要进一步深化对城乡商贸流通体系的改革。

第三阶段是市场机制在农产品流通体系内充分发挥作用的阶段，时间从 1992 年开始至 1998 年结束。中国特色社会主义市场经济理论的完善和发展，为城乡商贸流通体制改革提供强大的理论基础。这一时期，工农业产品受市场调节的作用更加突出，政府不断放开市场经营范围，特别是涉及国民经济中一些特殊领域，也逐渐引入市场机制。在农业领域，农业生产由各地分散决策，同时逐步放开国家统一收购计划，在维持国家储备粮食稳定增长前提下，放开价格管制由市场供求决定,其他农产品价格和经营也以市场调节为主,但在具体改革的过程中市场化进程过快,使部分地区出现了违背市场规律的现象,政府为了维护经济秩序,决定出台相应措施加强对粮食等农产品的宏观调控,其中包括调节粮食储备平衡物价,适时调整收购价格缩小与市场价格之间的差距。这一时期,由于农产品价格的变化,刺激了农业生产,使农产品产量大幅度增加,粮食连续多年增收,农村收入水平稳步上升,为城乡商品流通提供了强大的动力。

第四阶段是强化政府在城乡商贸流通体系建设中的宏观统筹阶段,时间从1998年开始至2002年截止。这一时期,政府部门不断从微观领域退出市场,十五大报告指出,农产品流通体制改革就是要建立起在国家宏观调控下权责分明的流通体制,既要满足社会主义市场经济改革建设的要求,又要适合我国具体国情,特别在粮食流通方面,要求实行政企分开、经营与储备分开、中央和地方分开等措施,完善价格机制在粮食流通过程中的调节作用,活跃农产品流通市场,促进农村经济稳定发展。

政府与市场之间关系,在改革实践的过程中发生着深刻变化,并对城乡商品流通建设发挥着重要作用,这与农村生产力水平相适应,推动了农村生产力发展,但是从以上的变化可以看出,我国商品流通体制改革对象主要是农产品,并没有把具有双向流通性质的商贸流通体系作为建设重点。然而,在当前统筹城乡发展的背景下,建设双向商贸流通体系的任务更加艰巨,需要对政府与市场之间关系做新的调整。

三、统筹城乡双向流通体系建设中政府与市场的关系

基于对发展阶段的梳理,在推动城乡双向商贸流通体系建设的过程中,只有处理好政府与市场之间的关系才能有效推动流通体系的快速平稳发展。结合城乡统筹发展的背景,政府与市场之间的关系在建设双向商贸流通体系进程中主要体现在以下几点:

第一,建设初期,政府为主、市场为辅,即政府主导的初始阶段。政府应注重调解城乡购买力平衡,倡导公平交易原则推动城乡商贸流通体系快速发展。由于市场化和工业化的发展,扩大了城乡之间的差距,政府特殊的制度安排也在一定程度上限制了城乡差距的缩小,城乡购买力失衡在很大程度上阻碍了城乡双向流通体系快速建设步伐。当前,由于经济社会在不断转型,政府主导的渐进式市场化改革仍处于过渡阶段,这就决定了政府主导的经济惯性必然要在城乡双向流通建设的过程中发挥重要作用,使城乡商贸统筹发展在很大程度上也具有政府主导的特点。这一时期,政府应通过相应的政策工具不断缩小城乡之间差距,消除

城乡商贸流通体系建设中出现的障碍因素，促进各流通主体之间协调发展。所以在我国统筹城乡商贸流通建设的过程中，政府的作用主要是解决两个问题，一是消除计划体制和政府长期干预下形成的阻碍城乡商贸流通体系建设的非均衡因素，二是缩小城乡之间经济差距，这样才能为城乡双向商贸流通体系建设提供坚实的经济基础，才能有助于完善农村市场制度，推动流通体系的市场化和制度化进程（黎元生，2004），才能有效发挥流通体系对经济的调节作用。

第二，建设中期，市场为主、政府为辅，即市场主导的深化阶段。以效率为导向，通过市场机制推动城乡双向流通体系的建设和发展。市场效率是推动城乡商贸流通平衡发展的内生动力，市场通过多种机制共同作用于城乡商品流通建设的整个过程，构成了统筹城乡商贸流通的核心驱动力。工农业产出的增长，消费规模的扩大，使城乡之间的市场体系交流更加频繁，相互联系的市场交换体系基本确立，市场机制配置城乡资源的作用得到有效发挥，市场的自发式制度演进和自我实施能力也得到了进一步加强。从我国城乡商贸流通体系建设的发展过程来看，以往政府和市场之间的关系实质上主要体现在政府和企业、政府和居民之间，但是，在目前双向流通体系建设过程中，应该主要体现市场作用，使流通主体和消费主体都有权确定自己的行动，包括销售什么、怎样销售、何时销售等，这些决策都应是市场主体意志的体现，由市场主体自主完成，进一步通过不同市场主体之间的商品、劳动以及服务等交换构成统一的市场，从而推动城乡市场和商贸流通之间的一体化。

第三，建设后期，是政府与市场均衡调整阶段。通过公平与效率的作用机制共同推动城乡双向流通的快速发展，政府主要是消除城乡之间发展不平衡问题以及消除城乡双向流通建设过程中的体制性障碍因素，推动商贸流通体系平衡发展；市场方面则重点是调解城乡商贸流通发展中低效率资源配置问题，同时缩小城乡之间购买力差距。经济的快速发展，使社会更加注重对公平与效率的关注，同样，随着城乡双向商贸流通体系的建设，流通业本身对政府和市场所发挥的作用也提出更高要求，因此只有将政府与市场充分结合起来，一方面发挥政府提供公共物品供给的职能，另一方面使市场作为资源配置的最有效机制得到充分发挥，将两者作用机制进行有机结合，以推动城乡商贸流通体系的快速健康发展。可见，政府与市场之间不断演进变化的关系是构建城乡双向流通体系过程中的基本特点。

四、统筹城乡双向流通体系建设中政府与市场关系的保障措施

城乡双向商贸流通体系建设过程中，要十分重视政府与市场之间的关系。协

调处理好政府与市场之间关系是影响城乡双向商贸流通体系建设的重要因素，概括起来，应通过以下几点保障措施协调政府与市场之间的关系：

第一，发挥政府引导作用的保障措施。一是基于公平角度，政府积极消除城乡商贸流通的各种体制性障碍；二是应积极制定统筹城乡商贸流通体系建设的规划，以引导城乡市场由分割走向一体化；三是不断完善城乡商贸流通体系的基础设施，尤其应加大对农村商贸流通的信息平台与市场网络建设投资；四是维护城乡商贸流通的市场环境，为优良的城乡商贸流通竞争秩序和竞争环境创造基础。

第二，发挥市场机制的保障措施。一是基于效率角度，通过重点培育城乡流通主体，分散决策，提高生产以及参与流通体系的积极性；二是在城乡市场一体化建设的基础上，通过市场机制引导生产要素和资源更多地向农村方向流动，使城乡商流、物流、信息流、价值流实现一体化发展。

第三，政府与市场均衡调整的保障措施。一是通过政府的引导作用为城乡商贸流通体系的建设和发展指明方向，维护商贸流通体系建设的正常秩序；二是通过市场价格机制配置与城乡商贸流通相关的各种资源，为商贸流通体系的快速发展提供动力支持；三是在政府和市场的互补与融合中实现城乡商贸流通的统筹发展，确保城乡经济发展与流通体系建设相适应。

第十七章

研究结论与展望

以马克思主义城乡关系和现代流通理论为指导，借鉴当代西方经济学的商贸流通理论，以科学发展观为统领，综合运用发展经济学、区域经济学和管理学的理论与方法，在理论与实践相结合的基础上对中国城乡商贸流通问题进行了研究。本章作为总结部分，主要总结课题研究的基本结论以及未来的研究展望。

第一节 研究结论

本课题通过基础理论研究、面上调研、典型调研、综合研究，对中国城乡商贸流通问题进行了全面的研究。通过研究，课题组得出如下结论：

一、城乡交易效率的提升是统筹城乡商贸流通的逻辑

农产品和工业品市场交易效率的差异是造成我国城乡市场分割的根本性原因，城乡交易效率的差异使得城乡市场发育的差别过大，农村市场发育不健全，农村经济整体发展水平低，生产规模小、农民收入低、农村市场对城市工业品需求容量的相对狭小，造成城市工业品滞销积压；农村不断涌现的初级产品由于缺少畅通的渠道和途径，得不到城市和工业及时充分的吸收，出现城乡交换关系的

紊乱和"双重滞销"的产生。只有不断提高农村市场的交易效率,实现城乡市场的整合和一体化,才能缓解工业品以及农产品的滞销积压,从而实现城乡双向流通商贸一体化。因此,城乡交易效率的提升是统筹城乡商贸流通的逻辑。

从一般意义上来说,农村市场由于农产品天然的属性,其交易效率低于城市市场。在发达的市场经济国家,尽管存在城市和农村两类市场,但这类国家的农村市场已基本实现了市场化,其城乡流通的组织形式及参与流通的主体都相对来说比较完善。而发展中国家,农村市场自给自足的自然经济比例高,流通费用高,造成农村市场发展缓慢,形成城乡市场分割。由于城乡市场分割,农村市场交易效率低于城市市场,城乡在市场方面分割加剧,城乡商贸流通不对接。中国农业目前正处在从半自给经济向较大规模的商品经济转化时期,使得农产品流通行为具有商品经济和自然经济的双重特征,农产品市场的交易效率远远低于工业品市场的交易效率,造成城乡工业制成品市场和农产品市场的脱节和割离,使城乡商贸流通不对接。

交易效率反映了特定时间内一个区域经济体中交易活动或者业务活动进行的速度快慢或效率高低。由于城乡交易效率的差异造成了城乡商贸流通的不对接,而只有不断提高农村市场的交易效率,实现城乡市场的整合和一体化,才能缓解工业品以及农产品的滞销积压,从而实现城乡双向流通商贸一体化。提高农产品市场的交易效率,减少交易费用需要扩大农产品交易规模,加强农村流通网络的建立。构建高效完备的农产品市场信息网络。发展多种形式的中介组织,加强市场制度的建设,完善政府调控,抑制交易主体的机会主义倾向,降低市场的风险。

二、资源禀赋条件是统筹城乡商贸流通的先决条件

要素禀赋结构是指经济发展所需要的各种生产要素的比例关系。参与市场的任何组织和个人都拥有一定的要素,不同的主体要素禀赋也会有所不同,从而决定了各主体在市场中的特征和地位。统筹城乡商贸流通的"农超对接"项目能够顺利地实施,与农产品生产合作社、连锁超市、政府三个主体的要素禀赋有着直接的联系。因此,资源禀赋条件是统筹城乡商贸流通的先决条件。

统筹城乡商贸流通的战略制定需要从主体要素禀赋结构出发。在城乡市场分割的背景下,农产品生产基地拥有丰富的劳动力、较为先进的生产工具,劳动生产率相对传统的生产模式有了很大提高,但是由于缺乏相应的资本以建立起自己的流通体系,缺乏固定的消费群体,流通环节不通畅,容易发生产品滞销的情况;而在城乡商贸一体化以及具有流通组织的前提下,流通组织通过建立起发达

的配送体系、先进的营销理念、丰富的人力资本、物流及流通平台将产品销售出去。因此,普遍存在的市场主体要素禀赋结构差异是城乡商贸流通要素整合的前提和条件。

只有存在差异或者互补的要素禀赋结构特征的条件下,才能为不同主体的要素禀赋整合提供前提条件。新型城乡商贸流通体系的构建,政府必须有效整合要素禀赋。政府占有的资本,一方面要用于推动流通体系建立所需要的硬件基础设施建设;另一方面也要用于支持和补贴资本要素相对缺乏的其他流通主体。在城乡商贸流通统筹的过程中,政府的权利更多的表现为制度供给,为要素结构不同的主体整合提供指导和依据,保障各个流通主体的权益。

三、专业化市场的发育是统筹城乡商贸流通的基础

按照经济学的一般原理,市场起源于分工,分工与市场规模成正比,城乡商贸统筹的本质是流通过程的分化与延伸,而流通过程的分化与延伸的实质是社会分工的深化过程。通过社会分工的深化,发展专业市场,提高城乡专业化分工水平,在城市分工深化、市场延伸的基础上,形成专业化市场的发展,专业化市场的范围与功能向农村延伸,最终实现城乡商贸流通一体化。专业市场促进了农村的专业化分工,家庭工厂生产的"小商品"通过专业市场的渠道占领了"大市场",在与城市市场对接的过程中实现城乡商贸流通一体化。因此,专业化市场的发育是统筹城乡商贸流通的基础。

首先,专业市场的网络结构与网络效应为城乡商贸统筹创造了条件。专业化市场本质上是一种分工网络组织。这种网络组织包括以生产者为中心和以贸易为中心的两种形态。其中以贸易为中心的形态是"交易——生产"组成的流通分工型网络结构,在这种网络结构中,市场经营者、供应商、采购商、中介服务机构、金融机构在交互作用中形成一种网络化关系。这种网络化结构会产生一种网络效应,使交易活动在地理布局上形成一种扩散效应。当城市或者城镇专业化市场发达时,网络效应使流通活动不断由城市或者城镇向农村扩散,使城市市场与农村市场相互衔接,从而为城乡商贸流通创造条件。

其次,专业化市场范围的扩大促进了城乡市场的融合与统一。市场的形成源自于社会分工产生的个人需求的多样性,个人需求多样性的满足只有通过交换才能得以解决,交换的产生需要在固定的场所进行,从而使集市产生。集市产生之后,随着市场范围的扩大,在流通领域内部也形成分工,部分市场利用集聚经济的优势向专业化市场转变。专业化市场的建立有效提高了交易效率,降低了交易对象发现和价格形成的交易成本,促进了城乡商贸流通一体化的实现。

最后，专业化农产品批发市场促进了城乡商贸流通的统筹。农产品的生产者数量多、产品种类多、销售量小，具有典型的"多、小、散"特征。专业化市场的发展化解了农产品品牌缺失、流通体系建设成本较高的不足。在统筹城乡商贸流通体系建设中，尤其是农产品流通体系建设中，应通过专业化市场的整合、转型和提升，形成跨区域的结构合理、层次分明的专业化市场体系，使专业化市场成为连接城乡、跨区域的商品集散地。同时，专业化市场通过向生产领域延伸，掌握优质资源、提高产品品质、降低流通成本，进而确立竞争优势，更好地促进商品流通。

四、多业联动是统筹城乡商贸流通的基本路径

商贸流通业是服务业，是价值实现的过程，不能单纯强调城乡统筹，而是要把商贸业的发展与农业产业化、城市化和工业化的发展相联系，促进商贸流通业与农业产业化、工业化、城镇化和工业化的联动，实现工业支撑市场，市场与产业联动发展，在多业联动中实现城乡商贸统筹。因此，多业联动是统筹城乡商贸流通的基本路径。多业联动表现在：

第一，商贸流通业与农业产业化的联动。农业产业化是通过生产基地和加工、流通龙头企业把农产品的生产、加工、流通以及服务诸环节紧密地联系在一起，形成产加销一条龙，贸工农一体化的产业链，在市场机制的作用下，把分散的农产品生产和流通联结起来，形成利益共沾、风险共担的经营机制，保证农产品的生产、加工、流通等各个环节均有良好的经济效益和抵御市场风险的能力。在城乡商贸统筹中，要以供应链和价值链为基础，实现流通业与农业产业化的一体化联动。

第二，商贸流通业与城镇化、城市化的联动。商贸流通业要落实到具体的空间才能发挥作用，这个空间就是城镇或者城市。城镇和城市是商贸流通业发展的载体，具有高度的聚集效应。商贸流通业只有聚集才有效应，大量农村剩余劳动力涌入城市，将放大城市和城镇的聚集效应，使城市或者城镇成为商贸流通业发展的载体。城市（城镇）化推进的结果带来了人口和产业的聚集效应，使生产的中间投入增加，社会对生活和生产服务的需求量才足以达到支撑起形成和发展的起点规模，引起对商贸流通业的需求。

第三，商贸流通业与工业化的联动。工业化会大大地推动农业向现代化发展。工业的大发展，工业化进程的加快，促进了农村剩余劳动力的转移，使农业集约化、规模化经营得以实现。工业化发展到一定阶段之后，工业的反哺作用、工业化后财政支农力度加大以及农业装备技术水平的提高，促使农业龙头企业大

大增加，农产品加工流通业极大发展，农业生产设施显著改善，农业产业化水平也随之提高，传统农业最终转变为现代农业，城乡在市场一体化的过程中实现商贸统筹。

五、农村流通主体的再造是统筹城乡商贸流通的关键

由于二元经济结构的存在，造成了城乡市场的分割，在市场分割背景下，造成了农村流通主体的缺失，使城乡之间在流通主体方面不对接。城市有大型商业企业、大型批发市场和密集的零售企业，而农村过去的流通主体供销社随着经济体制改革，其职能逐渐丧失，造成了农村流通主体的缺失，这种主体缺失造成了城乡之间主体的不对接和谈判机制的缺失。在城乡商贸统筹的过程中，关键是要再造农村流通主体，实现城乡流通主体的融合与对接。因此，农村流通主体的再造是统筹城乡商贸流通的关键。而农村流通主体的再造需要发展以某种组织为核心的多元化流通主体。

一是以大型农资企业为核心的多元化农资流通主体。大型农资企业凭借着自己对农资市场的深层接触和自身实力，可以作为农资流通主体的主导力量，通过建立农资连锁经营店，减少流通环节，维护品牌信誉，降低农资价格。以大型农资企业连锁方式作为农用物资流通主体的核心力量，其实质是用现代化企业和物流方式改造传统的农用物资流通方式，是将城市流通业的先进方式运用于农资流通的传统领域，是统筹城乡发展目标下农资流通主体培育的有效方式。

二是以连锁超市为核心的多元化农村日用品流通主体。我国县、乡、村一级的农村商业多数处于单店和个体经营的状态，竞争能力和服务能力都比较弱，依靠农村商业自身力量很难发展成为具有较大规模的连锁企业。城市大型流通企业通过连锁方式与城乡结合或向农村延伸是未来农村流通业发展的一大趋势。将城市中经营较好的超市引入农村地区，成为农村商品流通主体的核心力量，在竞争中促使供销社、乡村集市和农家店等朝着优质服务、积累声誉的方向发展，逐渐净化农村消费品市场环境，实现城乡统筹背景下农村消费品市场与城市消费品市场的接轨。

三是以农业合作社为主导的多元化农产品流通主体。发达国家的经验表明，多种形式的农业合作社，是保障农民利益、提高农产品流通速度和农业收益的有效组织形式。根据我国的实际情况，建立以农业合作社为主导的多元化农产品流通主体更为可行。农业合作社主要发挥指导生产和组织销售的职能，通过合作社出面与流通企业进行谈判，增强自身的谈判力量，为农户争取到更多的利益。另外农业合作社在与贩销大户、大型销售企业、农产品加工企业和供销社的博弈

中，争取有利地位。与此同时，农业合作社可以尝试建立自己的销售渠道，以直销方式进入农产品市场，提升合作社的组织化水平，向更高级的农业合作社发展。

六、正确处理政府和市场的关系是统筹城乡商贸流通的出发点

统筹城乡商贸流通主要是解决城乡市场分割，实现城乡市场一体化，由过去以城市为本的战略转向以农村为本的战略。这一过程实质是克服市场失灵过程。为此，需要正确处理政府与市场的关系。如果单纯发挥市场机制的作用，城乡分割只能越来越大。在尊重市场规律的基础上，发挥政府的职能作用。因此，正确处理政府和市场的关系是统筹城乡商贸流通的出发点。

一方面，政府基于公平导向来推动城乡商贸统筹。在经济转轨和社会转型的背景下，我国以渐进式为主的市场化改革仍处于过渡阶段，政府主导经济的惯性使城乡统筹发展具有典型的政府主导型特征。我国城乡差距在相当长的一段时间，还需要借助政府的力量来缩小，而对于统筹城乡发展战略本身，即是从语意上明确地凸显了政府在缩小城乡差距、扫除商贸流通障碍、促进城乡协调发展中进行统筹策划的积极作用。在我国统筹城乡发展进程中政府需要直面传统体制安排和政府干预下形成的长期城乡非均衡发展中存在的诸多问题，重点在于扭转历史遗留下来的城乡不合理发展格局，将其作为重要的推动力促进城乡走向协调发展。在城乡商贸统筹中政府对城乡商贸统筹的管理应围绕规划、调控、监督、服务几个方面来搞好职能定位。

另一方面，市场基于效率导向来推动城乡商贸统筹。在政府作为推动力启动城乡走向统筹发展轨道之后，市场在其自然发育成长及政府培育、加快其发育的过程中，作为统筹城乡发展持续的、内生的力量，市场在统筹城乡发展的深入阶段充分发挥其核心驱动力的作用。在市场经济运行中各个流通主体和消费主体都有确定自己行动的自主权，销售什么、怎样销售、何时销售、消费什么、怎样消费、何时消费等决策。因此，在城乡商贸统筹中，市场从效率角度出发，引导流通组织成长，引导商流、物流、信息流和价值流在城乡之间自由流动。通过各个主体之间相互交换商品、劳动和服务发生联系，从而相互形成市场，因而市场基于效率导向来推动城乡商贸统筹。

七、转型与创新是城乡商贸统筹的动力

城乡商贸流通业的统筹发展需要立足于现代流通革命这一背景，流通革命受

产业革命与消费革命的制约,并对产业革命和消费革命起到能动作用。当代流通革命是在信息化背景下零售业结构调整、批发业结构调整、物流业结构调整、流通组织创新、流通国际化和流通现代化的结合。流通革命要求城乡商贸的统筹要在体制、产业政策、结构、制度、秩序、中介组织、技术手段等方面进行创新和变革。因此,转型与创新是城乡商贸统筹的动力。

第一,城乡商贸统筹要从传统商贸流通业向现代商贸流通业转型。城乡商贸流通业的统筹一方面要转型,从传统商贸流通业向现代商贸流通业转型,特别是农村流通业要把连锁经营、物流配送、电子商务作为现代流通业发展的主线,积极推进城乡商贸流通业的转型发展,促进转型升级。促进仓储、物流企业形成流通形态的创新和发展,发展连锁经营、物流配送等现代流通产业,大力采用现代科学技术改造提升传统商业,实现经营业态、企业管理和技术水平的全面升级,促进产业和商品结构的调整,构建现代大流通体系,提高流通效率,实现流通的现代化和国际化,使流通业成为经济发展新的重要支柱产业,推动流通业由传统流通业向现代流通业转型。

第二,创新城乡商贸流通业的发展模式。现代流通发展的一个重要趋势就是网络化、信息化和连锁化,一系列的物流配送技术、信息技术等得到广泛运用,引起了城乡商贸流通业发展模式的创新。与此相适应,流通组织在规模、结构、组织方式、交易方式等诸方面均进行了革命性的变革。这一革命性的变化要求在统筹城乡商贸流通的过程中,要积极推进流通业的制度创新、经营方式创新和业态创新,大力推进转型升级,转变发展方式。运用现代流通业的经营管理方式和科学技术手段,对传统流通格局中的商流、物流、资金流和信息流进行全面改造和提升,以便全面、系统、大幅度地提高流通的效能。从流通体制创新、管理机构创新、流通结构创新、企业制度创新、流通秩序创新、信用体系创新、中介组织创新、基础设施创新、技术手段创新、产业政策创新等方面创新城乡商贸流通业的发展模式。

八、城乡双向流通是城乡商贸统筹的目标

统筹城乡商贸就是加快商贸流通业从城乡之间的单项流通转变为城乡之间的双向流通,按照城乡购买力动态平衡理论,将城乡商贸流通纳入到统一的城乡经济发展激励结构转变中。探讨城乡各方主体在城乡商贸流通一体化中的利益均衡、激励相容的实施机制。设计城乡双向流动的物流体系、城乡双向流动的市场体系、城乡双向流动的商贸组织体系、城乡双向流动的商贸服务体系、城乡双向流动的电子商务网络体系、城乡双向流动的连锁经营网络体系、城乡双向流动的

商贸管理体系。因此，城乡双向流通是城乡商贸统筹的目标。双向流通体系主要表现在：

一是城乡双向流动的物流体系建设。立足于城乡双向流动商贸流通体系建设的基本思路，从供应链战略出发，结合城乡市场分割的商贸流通体系，建立城乡统筹视角下城乡双向流动的物流模式。可以根据我国农业物流配送的特点和现状，运用现代物流理念和现代物流技术，对城市物流和农村物流两个系统进行战略规划、战略整合，使变点式、孤岛式物流经济发展成为线式、面式、网络式物流经济，实现城乡物流一体化。从全国范围内来考虑，可把城乡商贸配送流程的整体运作设为三级：建立覆盖城乡的"物流配送中心——区域范围的配送站——乡镇一级的配送点"三位一体的配送流程，在这一流程中，农业生产资料通过配送点销售给广大农户，农产品通过这些配送点从广大农户那里采购收集起来，再给配送站或者农产品深加工厂。

二是城乡双向流动的市场体系建设。统筹城乡发展必须按照加快发展和现代市场体系的要求，培育城乡统一的商品市场和要素市场，建立健全城乡一体化的市场网络：一要实现城乡要素市场体系一体化。消除城乡要素市场的分割，疏通城乡要素流动的渠道，实现农村要素市场和城市要素市场双向流动，提高农村要素的市场化程度，为统筹城乡商贸流通创造良好的体制条件。二要实现城乡商品市场体系一体化。推进由"城市的展销市场——中小城镇的专业市场——农村初级农贸市场"构成的三级流通网络，形成相互依赖且纵向联系多样的城乡流通网络系统。充分发挥城市和城镇的聚集、辐射功能，引导和带动农村商贸流通业的发展，提高农产品的商品化程度和市场化程度。

三是城乡双向流动的商贸组织体系建设。商贸流通组织建设是统筹城乡商贸流通的重要方面，"组织化可以提高农村经济主体的谈判能力"。城乡双向流通的商贸流通体系建设的内容包括：一是积极发展农村供销社主渠道作用。要继续深化供销社体制改革，使供销社从单纯的购销组织向农村经济的合作组织转变。二是积极培育商贸流通的中介组织。建立多种多样的中介组织，为农民提供市场信息、技术指导、产品收购、加工、运输等多种服务，在供给与需求之间牵线搭桥。三是壮大新型经济组织。特别是要培育和发展具有综合性服务功能的流通组织。探索和推广"超市+基地"、"超市+农村流通合作经济组织"、"超市+批发市场"、"超市+社会化物流中心"等专业合作组织的成长。

四是城乡双向流动的商贸服务体系建设。在城乡商贸统筹中，要加强城乡双向流动的商贸服务体系建设：一是要加快城乡商贸统筹发展的设施和平台建设，积极构建新型农村商贸流通体系和城乡产业联动体系。二是要积极推行新型商业业态。形成城乡一体化的购物中心、百货商店、仓储式商场、便利店、专业店、物流配送中心。三是要培育发展商贸龙头企业，提升城乡商业特色。构筑大市场大流通，形成大商贸的发展格局，使商贸流通业步入健康发展的快车道。

五是城乡双向流动的商贸流通管理体制创新。要建立城乡双向流动的商贸流通体系，必须首先改革现行城乡分治的二元商贸管理体制，促进城乡双向流动的商贸流通管理体制创新：一是要打破城乡流通体制条块分割的状态，培育和建立城乡统一、公平竞争的商贸管理体制。建立城乡统一的商品与要素市场，实现城乡生产要素公平自由流动。二是推进城乡商贸流通的综合配套改革，消除城乡分割的二元经济社会结构和各种制度障碍。三是要改变以城市为导向的发展体制，形成以工促农、以城带乡、城乡商贸流通发展的新体制，促进城乡商贸流通业的共同繁荣。

九、城乡网络商圈的一体化是统筹城乡商贸流通的基本形式

商圈是指商店以其所在地点为中心，沿着一定的方向和距离扩展，吸引顾客的辐射范围。简单地说，也就是来店顾客所居住的区域范围。无论大商场还是小商店，它们的销售总是有一定的地理范围。这个地理范围就是以商场为中心，向四周辐射至可能来店购买的消费者所居住的地点。在城乡市场分割的背景下，商圈主要是集中在城市中，城乡商贸统筹就是要扩展城市的商圈，形成覆盖城乡的商贸网络体系。在宁波市的案例中通过加快县域商业中心建设，加快农村现代流通网络建设实现商贸业的网络化发展。在成都市的案例中，其总体特征可以概括地描述为圈层辐射与层级发展。圈层辐射是指以城市为核心的集聚和扩散的圈层状的空间分布结构。圈层从中心区至外围，由城市核心到近郊县区和远郊镇、村，从中心到外围，它们之间在生活方式、经济活动等方面都呈现出圈层状的有规律辐射作用。因此，城乡网络商圈的一体化是统筹城乡商贸流通的基本形式。

十、城乡购买力平衡是统筹城乡商贸流通发展的保障

商贸流通业的发展取决于消费需求，而消费需求取决于收入水平。城市经济发达，人们收入水平高，消费需求大，引起了城市商贸流通业的发展。而农村经济发展水平低，人们的收入水平低，消费需求弱，商贸流通业不发达。城乡购买力严重失衡是城乡商贸流通不对接的主要因素，因此统筹城乡商贸流通需要通过提高农民的收入水平、实现城乡购买力平衡来作保障。因此，城乡购买力平衡是统筹城乡商贸流通发展的保障。

第二节 研究的展望

统筹城乡商贸流通是中国社会主义市场经济发展中亟须解决的问题,尽管本课题已经进行了多方面的研究,但是在未来的研究中还需要深入研究以下问题:

第一,在理论上研究城乡双向流通商贸流通体系的机制。结合农村近中期农产品供给和需求的变动以及城市近中期工业产品供给和需求的变动,从机制创新和政策体系角度对城乡双向流通商贸流通体系的机制进行深入研究,以加快我国城乡双向流通体系建设的实践进程。

第二,在实践上总结现有政策实施的绩效。为了统筹城乡商贸流通体系建设,从 2005 年开始,国家商务部实施"家电下乡工程"、"万村千乡工程"、"双百市场工程",这些工程对促进城乡商贸统筹发挥了积极作用。目前需要对这些政策的实施效果进行系统评价,分析存在的问题,进一步研究完善的思路和对策。

第三,总结各地实施城乡商贸统筹的经验。近年来,全国各地在统筹城乡商贸流通方面作了大量工作,在一些地区形成了先进的经验,例如,成都、无锡、宁波等,需要对这些地区的先进经验进行总结,形成可推广的经验,以加快城乡商贸统筹的实践进程。

附录

调查问卷一:"家电下乡"政策的效果评价

一、引言

"家电下乡"政策的实施是在经济危机的背景下,为了解决国内家电行业生产过剩的问题,同时促进农民家电消费,拉动内需,缓解出口下降的矛盾而提出的。"家电下乡"政策首先于2007年12月在山东、河南、四川、青岛三省一市试点,对彩电、冰箱、手机三大类产品给予按产品销售价格13%的财政资金补贴。随后又于2008年12月1日起在家电销售及售后服务网络相对完善、地方积极性较高的内蒙古、辽宁、大连、黑龙江、安徽、湖北、湖南、广西、重庆、陕西等共计14个省、自治区、直辖市及计划单列市推广开来。最后从2009年2月1日起,"家电下乡"政策正式向全国推广,计划实施四年。

目前,国内对于"家电下乡"政策实施效果的研究主要分为三种方法:第一种方法是从纯粹的经济学理论角度对"家电下乡"政策进行评价。张月友(2009)从效率与公平的视角分析认为在缺乏配套措施的情况下,"家电下乡"政策会进一步拉大贫富差距,促使企业垄断和低劣产品的形成,进而损害消费者。相反,孙菲菲(2009)则指出"家电下乡"政策对于农村的贫富差距有收敛效应,同时在促进企业生产和拉动消费需求上也有正面效果。第二种方法是在实地调研的基础上,对调研数据进行描述性统计分析得出"家电下乡"政策的实施效果。其中,王辉(2009)对山东、河南、四川三省的调研,卓越、彭辉(2010)对云南、湖南、黑龙江等9个代表性县城的调查以及黄振华(2010)对全国205个村庄的实地问卷调查都反映出"家电下乡"政策的总体反响强烈,但是仍然根本上受制于农民收入不高的现实,同时在政策宣传、价格补贴和产品质量等方面存在不足,特别是13%的价格补贴对于消费者购买"家电下乡"产品并非重要因素。第三种方法则是构造计量模型对政策绩效进行定量估计。这方面的研究主要有白雪飞、郭瑜（2009）利用调查数据从微观层面进行的 Logit 分析，王非、洪银兴、戴蕾（2010）构建的基于农村家庭跨期效用函数和预算约束的理论模型和计量分析以及杨洋、刘和东（2011）基于省际面板数据的固定效应和随机效应模型分析。他们的研究结果表明"家电下乡"的福利效果在东、中、西部存在程度上的差异，同时受制于农民的收入风险和教育医疗预期支出。国外对于类似的价格补贴政策也有相关研究：迈克尔·R·沃德，格伦·A（2009）在家户面板数据的基础上，运用双重差分模型研究发现：价格补贴对于消费者在固定电话和移动电话的选择上影响很小；爱德华·黄（2010）通过回归分析认为，价格补贴计划一定程度上增加了绿色汽车的购买。

对"家电下乡"的政策效果进行单纯理论分析的文章很多，观点各异，对于认识和分析"家电下乡"政策提供了不同视角，但是其共同局限性是缺乏经验证据的支持，往往只能停留在定性分析的层面。问卷调查基础上的统计分析是感性认识到理性认识的一次升华，能够从一定层面和侧面反映"家电下乡"的实际效果，突出各个地方政策实施的区别，但另一方面由于调查的范围和数量的不足，研究受制于对调查对象的主观选择、统计样本的代表性和认识问题的地域局限。构建计量模型进行分析的好处是样本数据都有较好的代表性，能够反映全局的政策效果，但是对省级层面"家电下乡"政策效果的研究较少。更重要的是，前面三种方法都无法很好地分解政策效应和其他经济因素的影响，本文采用项目评价文献中最新出现的合成控制法（Synthetic Control Methods）对最初试点的山东、河南、四川三省的"家电下乡"政策效果进行估计，更好地排除了其他经济因素的影响，突出了政策效应。研究表明：统计上，"家电下乡"政策在削弱山东省农户家电保有量的下降趋势和提升河南以及四川农户家电保有量方面具有一定的显著性。

本文其他部分组织如下，第二部分是理论分析，第三部分是估计方法，第四部分是主要结果和三个稳健性检验，第五部分是结果的经济学解释。

二、理论分析

因为农户购买耐用品首选家电，而且家电占耐用品的比重较大，所以借鉴王非、洪银兴、戴蕾（2010），按照新古典主义模型的框架，本文以家电代替耐用品，构建一个包括家电的跨期效用函数和预算约束方程，农户购买决策的目标是在满足预算约束的情况下实现家庭跨期效用的最大化。"家电下乡"政策实施的价格补贴相当于家电价格的下降。

(一) 模型假设

假设 1：农户购买家电是理性的。

假设 2：农户购买家电不存在流动性约束。因为 2008 年，全国农村居民人均纯收入已达 4 760.6 元，而下乡家电的价格在可承受范围内。

假设 3：农户在家电使用年限内实现效用最大化。

假设 4：资产收益率对农户购买家电无影响。我国农村家庭最主要的金融资产是存款，对于农民而言，存款利率对其消费无显著影响（孙稳存、彭彩霞，2002）。

假设 5：农户只在第 0 期购买家电，而消费则从第 0 期持续到第 T 期；第 0 期农户家电的初始存量为 0，第 0 期家电的购买量即存量。

假设 6：农户的消费者偏好一致。代表性农户的购买决策依赖于跨期效用最大化，并受制于预算约束方程。

假设 7：为简化计算，农户的期初财富即可满足之后家电使用年限内的所有开支，不再考虑家电使用年限内的收入和储蓄。

(二) 基于预算约束的跨期最优化模型

$$\text{Max } U = \sum_{t=0}^{T} \frac{u_t(C_t, TV_0)}{(1+\rho)^t}$$

其中 C_t 表示第 t 期非耐用品的消费，TV_0 表示第 0 期家电的购买量，ρ 是家庭的时间偏好，瞬时效用函数为：

$$u_t(C_t, TV_0) = \frac{C_t^{1-\alpha}}{1-\alpha} + \delta_t \frac{TV_0^{1-\beta}}{1-\beta}$$

其中包括非耐用品效用函数和家电效用函数，α 和 β 均大于 0，且为常数，分别表示这两个效用函数的家庭相对风险厌恶系数，其决定了农户在不同时期转换消费的愿望，相对风险厌恶系数越小，农户能接受的消费波动越大。δ_t 是第 t 期由于使用家电而发生损耗的比例，体现了耐用品具有资产和一般非耐用消费品的特征（牛筱颖，2005），并满足

$$\sum_{t=0}^{T} \delta_t = 1$$

预算约束方程为：

$$\sum_{t=0}^{T} \frac{p_{ct} C_t}{(1+r)^t} + p_{tv} TV_0 = W_0$$

其中 p_{ct} 表示非耐用品第 t 期的价格，p_{tv} 表示第 0 期家电的价格，W_0 是农户

用于消费的财富。r 表示资产收益率，根据假设 4，其为常数。

构造 Lagrange 函数求解上述模型，第 0 期家电的最优购买量 TV_0^* 的隐式解表达为：

$$qp_{tv}^{1/\alpha}TV_0^{*\beta/\alpha} + p_{tv}TV_0^* = W_0$$

其中 $q = \dfrac{\sum\limits_{t=0}^{T}\left[\dfrac{p_{ct}}{(1+r)^t}\right]^{(\alpha-1)/\alpha}\dfrac{1}{(1+\rho)^{t/\alpha}}}{\left[\sum\limits_{t=0}^{T}\dfrac{\delta_t}{(1+\rho)^t}\right]^{1/\alpha}}$

"家电下乡"政策相当于政府在第 0 期对农户进行价格补贴，此时下乡家电的价格降低，由上述隐式解求全微分有：

$$\frac{\partial TV_0^*}{\partial p_{tv}} = -\frac{\alpha TV_0^* + qp_{tv}^{(1-\alpha)/\alpha}TV_0^{*\beta/\alpha}}{\alpha p_{tv} + \beta qp_{tv}^{1/\alpha}TV_0^{*(\beta-\alpha)/\alpha}} < 0$$

可见，"家电下乡"政策的价格补贴使农户家电的最优购买量提高了，进而增加了农户家电的保有量。下文将用经验数据对"家电下乡"政策影响农户家电保有量的程度和方向给出估计。

三、估计方法

"家电下乡"政策从 2007 年 12 月到 2008 年 12 月在山东、河南、四川三省一年的试点可以看作对三个地区实施的一项自然试验，其对农村家电保有量的影响能够反映政策的实施是否促进了农村居民消费、拉动了内需。由于"家电下乡"政策要求凭户口购买中标产品，而且家电产品价值有限，所以极少出现政策外溢的问题，即非试点省份的人跨省到试点省份购买家电。另外，通过收购农村户口骗取补贴的案例也是少数。所以，"家电下乡"政策的外生性能够得到较好的保证。按照项目评价文献，2007 年 12 月之后，山东、河南以及四川就位于处理组（treatment group），除了直辖市和香港、澳门、台湾地区以外，其他省份则是对照组（control group），比较处理组和对照组之间的差别，可以得到"家电下乡"政策对农户家电保有量影响的估计。

传统的思路是利用双重差分模型（Difference in Difference Model，DID），即在实施"家电下乡"政策后，通过比较处理省份的农户家电保有量变化和对照省份相应变化之差，反映政策实施的效果。但是，双重差分模型对于外生性要求非常严格，而且要求较长时间的时序数据，此外其政策处理变量会由于时间变化而改变，这三个原因互相作用还会导致序列相关问题（Marianne Bertrand，Esther Duflo，Sendhil Mullainathan，2001）。更重要的是，因为处理省份和对照省份的农户家电保有量的决定因素存在巨大差异，即使没有"家电下乡"政策，其家电保有量的变动也不一定一致。

根据阿巴迪，加登扎尔（2003）和阿巴迪等（2009）提出的合成控制法（Synthetic Control Methods）构造对照组，能很好地克服处理组和对照组的差异。该方法的主要思路如下：尽管找到与处理组完全一样的对照组是困难的，但是可以根据没有实施"家电下乡"政策的省份构造出一个较好的对照组。合成控制法研究政策效果的优点是：（1）对照组的构造是数据驱动（data-driven）的，减少主观选择权重的偏差，与回归模型相比，具有透明和防止额外推断（extrapolation）的优点。（2）作为一种非参数方法，其扩展了传统的双重差分模型。合成控制法构造的对照组是所有对照省份的加权平均，既能反映每一个对照省份在构造反事实状态（counterfactual state）时的贡献，也能显示处理省份和对照省份在政策实施前的相似程度，避免将差异过大的省份纳入对比（Temple，1999）。这个方法中权重的选择均为正数且所有权重之和为1。

具体地说，假设观测 $J+3$ 个省份的农户家电保有量情况，其中第1、2、3个省份（山东、河南、四川）受到了"家电下乡"政策试验的影响，其他 J 个省份为对照组省份。这些省份 T 期的农村家电保有量情况可以观测到。假设 T0 表示"家电下乡"政策实施前的年份，对应着处理省份（山东、河南、四川）之前的2007年，因而在我们的估计中，$1 \leq T0 < T$。利用项目评价文献中的反事实状态框架（counterfactual states framework），对于省份 $i=1,\cdots,J+3$ 和时刻 $t=1,\cdots,T$，TV_{it}^N 表示省份 i 在时刻 t 没有受到试验时的结果，TV_{it}^I 表示省份 i 在时刻 t 受到试验时的结果。因此，$\alpha_{it} = TV_{it}^I - TV_{it}^N$ 就表示"家电下乡"政策试验所带来的效果。假设"家电下乡"政策对于实施之前的家电保有量没有影响，则对于 $t \leq T0$ 的年份来说，所有省份 i 都有 $TV_{it}^I = TV_{it}^N$，而当时刻 $T0 < t \leq T$，$TV_{it}^I = TV_{it}^N + \alpha_{it}$。用 D_{it} 表示是否接受试验的哑变量：

$$D_{it} = \begin{cases} 1, & \text{受到试验} \\ 0, & \text{没受到试验} \end{cases}$$

在时刻 t 观测到省份 i 的结果 TV_{it}^N 就是 $TV_{it} = TV_{it}^N + D_{it}\alpha_{it}$，对于不受"家电下乡"政策影响的省份，有 $TV_{it} = TV_{it}^N$。因为有3个省份（山东、河南、四川）在时刻 T0 之后开始受到"家电下乡"政策的影响，本文的目标即估计 $\alpha_{it}(i=1,2,3)$。当 $t > T0$ 时，$\alpha_{it} = TV_{it}^I - TV_{it}^N = TV_{it} - TV_{it}^N (i=1,2,3)$。$TV_{it}$ 是处理省份（山东、河南、四川）的实际家电保有量，是可以观测到的。为了估计 α_{it}，需要估计 TV_{it}^N。TV_{it}^N 是处理省份（山东、河南、四川）没有"家电下乡"政策实施时的家电保有量情况。

类似双重差分法模型中的设定，假设 TV_{it}^N 是由如下模型决定：

$$\text{TV}_{it}^{N} = \delta_t + \theta_t Z_i + \lambda_t \mu_i + \varepsilon_{it} \tag{1}$$

模型（1）中，δ_t 是对所有省份相同的影响家电保有量的时间固定效应，Z_i 是一个（r×1）向量，含有省份 i 不受"家电下乡"政策影响的可观测变量，θ_t 是一个（1×r）维的未知参数向量，λ_t 是一个（1×F）维观测不到的共同因子，μ_i 则是（F×1）维观测不到的省份固定效应，误差项 ε_{it} 是每个省份的观测不到的随机临时冲击，期望是 0。方程（1）是固定效应双重差分法模型的扩展，双重差分法模型允许存在观测不到的影响变量，但是这些影响变量的效应不随时间变化。但是，方程（1）的模型允许观测不到的变量的效应随时间变化。如果限制 λ_t 不随时间 t 变化，就得到了传统的双重差分法模型。此外，在这个模型中 Z_i、μ_i 和 ε_{it} 之间不必独立。

为了估计"家电下乡"政策的影响，必须估计第 1、第 2、第 3 个地区在没有"家电下乡"政策时的结果 $\text{TV}_{it}^{N}(i=1,2,3)$，这可以通过对照组的省份来近似没有"家电下乡"政策影响的处理省份（山东、河南、四川）。为此，考虑一个（J×1）维权重向量 $W = (w_4, \cdots, w_{J+3})'$，满足对任意的 j、$w_j \geq 0$，并且 $w_4 + \cdots + w_{J+3} = 1$。向量 W 的每一个特殊取值表示对第 i(i=1, 2, 3) 个省份的一个可行的合成控制，这是对照组内所有省份的一个加权平均。用 W 作为权重的合成控制的结果变量就是：

$$\sum_{j=4}^{J+3} w_j \text{TV}_{jt} = \delta_t + \theta_t \sum_{j=4}^{J+3} w_j Z_j + \lambda_t \sum_{j=4}^{J+3} w_j \mu_j + \sum_{j=4}^{J+3} w_j \varepsilon_{jt}$$

假设存在一个向量组 $W^* = (w_4^*, \cdots, w_{J+3}^*)'$ 满足：

$$\sum_{j=4}^{J+3} w_j^* \text{TV}_{j1} = \text{TV}_{i1}, \cdots, \sum_{j=4}^{J+3} w_j^* \text{TV}_{jT0} = \text{TV}_{iT0} \quad (i=1,2,3)$$

并且

$$\sum_{j=4}^{J+3} w_j^* Z_j = Z_i \quad (i=1,2,3) \tag{2}$$

如果 $\sum_{t=1}^{T0} \lambda_t' \lambda_t$ 非奇异（non-singular），则有：

$$\text{TV}_{it}^{N} - \sum_{j=4}^{J+3} w_j^* \text{TV}_{jt} = \sum_{j=4}^{J+3} w_j^* \sum_{s=1}^{T0} \lambda_t \left(\sum_{n=1}^{T0} \lambda_n' \lambda_n \right)^{-1} \lambda_s' (\varepsilon_{js} - \varepsilon_{is}) - \sum_{j=4}^{J+3} w_j^* (\varepsilon_{js} - \varepsilon_{is})$$

阿巴迪等（2009）证明了在一般条件下，上述等式的右边将趋于 0。所以，当 $T0 < t \leq T$ 时，可以用 TV_{it}^{N} 的无偏估计来近似 $\text{TV}_{it}^{N}(i=1,2,3)$，即用上式左边作为 α_{it} 的估计。

下面求解 W^*，要使方程组（2）成立，需要第 i(i=1, 2, 3) 个省份的特征向量位于其他省份的特征向量组的凸组合之内。但是实际计算中很难求得恰好满足方程组的解，只有通过近似解来确定合成权重向量 W^*，即通过最小化 X_1

和 X_0 之间的距离 $\|X_1 - X_0 W\|$ 来确定权重向量 W^*。X_1 是"家电下乡"政策实施前处理省份的（k×1）维特征向量；X_0 是（k×J）矩阵，X_0 的第 j 列为省份 j 的"家电下乡"政策实施前的相应特征向量。特征向量为方程组（2）中决定农户家电保有量因素的任意线性组合。其中：

$$\|X_1 - X_0 W\| = \sqrt{(X_1 - X_0 W)' V (X_1 - X_0 W)}$$

V 是一个（k×k）的对称半正定矩阵，其选择会影响估计均方误差。借鉴阿巴迪和加登扎贝尔（2003）的方法，本文也选择对角半正定矩阵 V 来最小化"家电下乡"政策实施前家电保有量估计的均方误差，使得本文估计的合成处理省份（合成山东、合成河南、合成四川）的家电保有量变动路径尽可能地近似"家电下乡"政策实施前处理省份（山东、河南、四川）实际的家电保有量变动路径。注意在估计权重 W^* 时要求 $w_j \geq 0$，这样就把合成对照组限制在对照组的凸组合内，可以避免处理组和对照组差距过大的估计，减少因为对照组和处理组差异过大而外推估计带来的估计偏差（金和郑，2006）。本文通过修改阿巴迪（2009）开发的 Synth① 程序，使用软件 MATLAB 7.10.0（R2010a）对模型进行了估计。

四、主要结果与稳健性检验

鉴于相关预测变量的可得性、构造对照组的要求和政策实施的时间限制，本文使用 2000~2008 年的省级平衡面板数据来分析"家电下乡"政策对农户家电保有量的影响。因为北京、天津、上海和重庆四大直辖市和港澳台地区的特殊性，所以只选择了除这 7 地以外的 27 个省份（自治区）的数据。剔除直辖市和港澳台地区数据的原因是：(1) 农村居民消费价格分类指数没有直辖市和港澳台地区农村的数据，使用它们居民整体的数据代替偏差较大；(2) 直辖市的经济环境具有特殊性（杭斌，2009）。经济数据均来自 2001~2009 年《中国农村统计年鉴》和《中国农村住户调查年鉴》。本文的思路是用其他地区的加权平均来近似没有实施"家电下乡"政策省份（山东、河南、四川）的农户家电保有量的情况，通过处理省份的实际数据对比估计"家电下乡"政策分别在 3 个处理省份的影响。根据合成控制法，权重的选择要使得在"家电下乡"政策实施前，合成山东、合成河南和合成四川的各项决定农户家电保有量的因素与实际情况尽可能一致。借鉴王非、洪银兴、戴蕾（2010）的指标，本文的结果变量选

---

① 该程序包可登陆 http://www.mit.edu/~jhainm/software.htm 网站下载。

择农村每户年底彩电保有量①，预测变量的选择有：(1) 农村每户家庭实际收入的自然对数，用农村居民人均实际纯收入②乘以农村每户常住人口再求自然对数。(2) 彩电价格的自然对数，彩电价格用农村居民文娱用耐用消费品价格指数代替。(3) 非家电价格的自然对数，因为非家电在农村居民消费价格指数中的比重远大于家电，所以农村居民消费价格指数能较好地代表非家电的价格。(4) 农村每户预期教育支出，用农村家庭户均在校生人数减去7~15岁在校生人数得到在校大学生和高中生人数。(5) 农村每户预期医疗支出则用农村家庭常住人口减去整半劳动力和在校学生人数得到老年人和学龄前儿童的人数作为代理指标，原因是老年人和学龄前儿童为医疗支出主体。此外，参考樊潇彦、袁志刚、万广华（2007）并结合该次实地调研的分析研究，选取预测变量。(6) 农村每户大专以上文化人数的比例和。(7) 农村每户年内新建住房价值都将影响农村每户年内家电保有量，本文取年内新建住房价值的自然对数。

（一）"家电下乡"政策分别对山东、河南、四川农户家电保有量的影响

图1给出了山东、河南、四川农村每户彩电保有量和对照省份农村每户彩电保有量平均值的情况，本文图中年份所标位置均指当年年底。无论是在2007年年底之前还是之后，对照省份的农村每户彩电保有量均与处理省份存在差距。其中，山东省农村每户彩电保有量持续高于对照省份的平均值，而河南和四川的农村每户彩电保有量则始终低于相应对照省份的平均值。因此，对照省份农村每户彩电保有量的平均值并不能很好地拟合处理省份（山东、河南、四川）在"家电下乡"政策实施前的农村每户彩电保有量情况。

图2.1、图2.2、图2.3则分别给出了山东、河南、四川与用合成控制法得到的合成山东、合成河南以及合成四川的农村每户彩电保有量对比图。与图1利用对照省份的平均值构造合成省份相比较，可以明显地看到三个处理省份在2007年年底之前的农村每户彩电保有量都较好地与合成省份的农村每户彩电保有量保持了一致，此外表1给出了处理省份、合成省份和对照省份平均的各预测变量的数值，也清楚地表明使用合成控制法较好地拟合了"家电下乡"政策实施前处理省份的情况。在所有7个预测变量中，无论是农村每户家庭实际收入的自然对数值，还是彩电价格的自然对数值、非家电价格的自然对数值、年内新建住

---

① 以彩电作为家电的代表原因是：1) 彩电是所有家电中普及率最高的；2) 彩电是农户购买家电时首选的；3) 农户购买的文娱用耐用消费品主要是彩电，因此农村居民文娱用耐用消费品价格指数可以近似地描述农村彩电价格的变化，而选择其他家电很难找到合适的价格指数描述其价格变化。

② 以2000年为价格基期对农村居民人均纯收入调整得到。

房价值的自然对数值、农村每户预期教育支出、农村每户医疗支出、农村每户大专以上文化人口的比例,实际处理省份和合成省份的差别都较小,总体上要优于对照省份各预测变量的平均值。

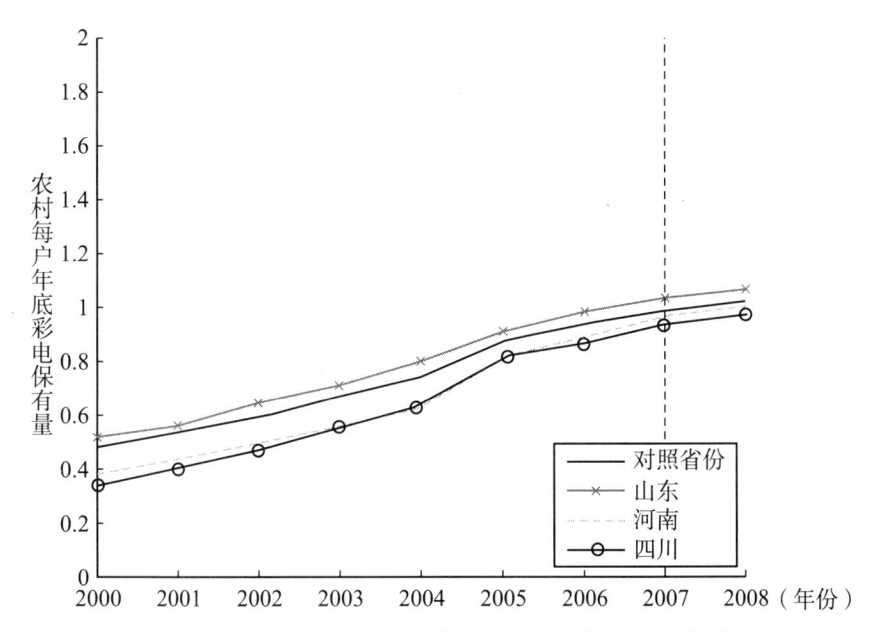

图1 处理省份和对照省份农村每户彩电保有量平均值对比

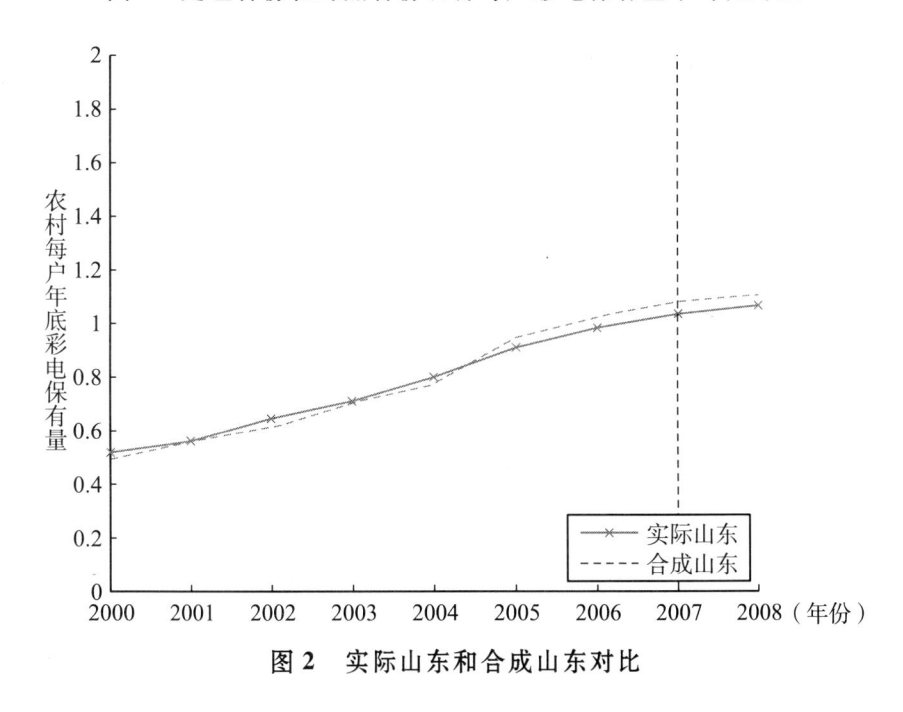

图2 实际山东和合成山东对比

图 3　实际河南和合成河南对比

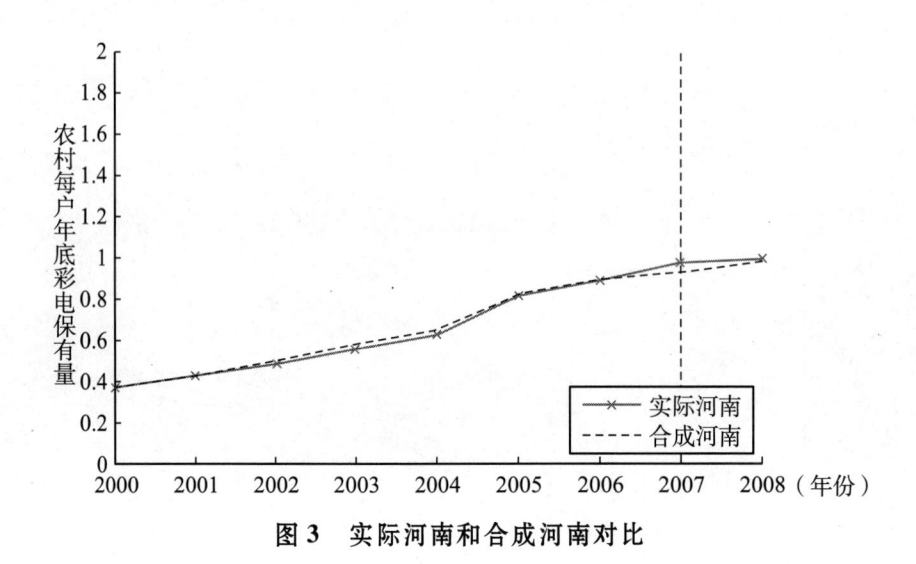

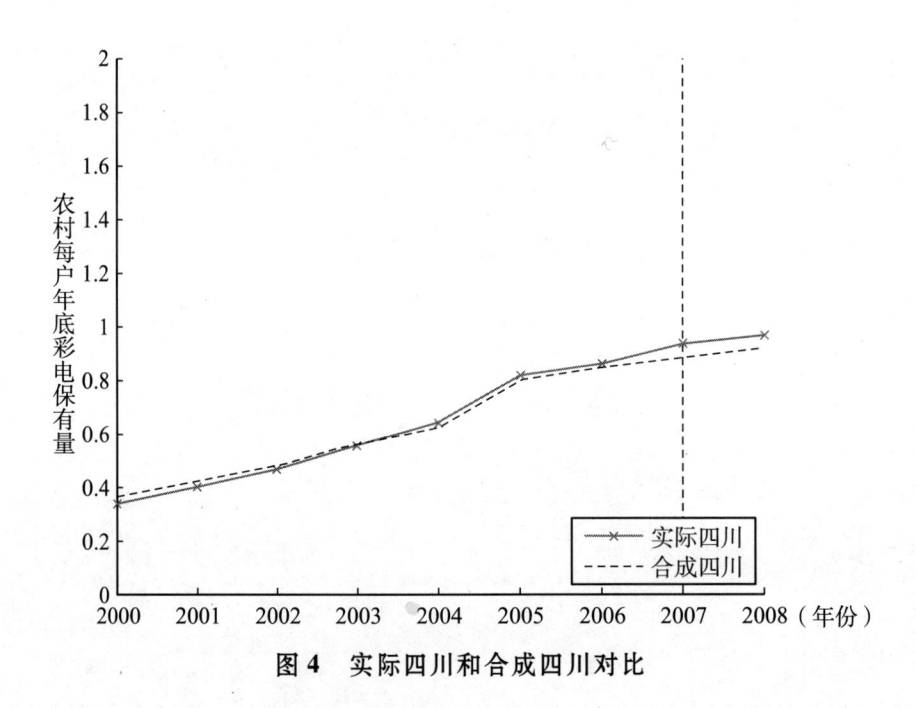

图 4　实际四川和合成四川对比

表1　　　　　　　　　　　　　预测变量对照表

	实际山东	合成山东	实际河南	合成河南	实际四川	合成四川	对照省份平均值
每户家庭实际收入的自然对数值	9.4320	9.4046	9.2572	9.3648	9.1306	9.1854	9.3429
彩电价格的自然对数值	4.4463	4.4382	4.4746	4.5131	4.5272	4.4567	4.4067
非家电价格的自然对数值	4.6295	4.6297	4.6198	4.6643	4.6463	4.6378	4.6054
年内新建住房价值的自然对数值	7.1388	6.7524	7.2243	7.0808	6.3453	6.4556	6.8335
每户预期教育支出	0.2318	0.2276	0.2437	0.2290	0.1708	0.2144	0.2208
每户预期医疗支出	0.7060	0.8067	0.8384	0.8294	0.7758	0.8014	0.9625
每户大专以上文化人口比例	0.0260	0.0287	0.0186	0.0210	0.0106	0.0189	0.0220

继续看图2、图3、图4，到了2007年年底前后，处理省份和合成省份的农村每户彩电保有量之间逐步显现出差距。具体而言，山东省实际农村每户彩电保有量在2005年之前与合成山东的农村每户彩电保有量拟合较好，2005年之后合成山东的农村每户彩电保有量逐步超过实际山东相应指标，而且一直持续到2007年年底达到样本区间的最高点，但2007年年底到2008年年底有少许回落，这至少能够说明"家电下乡"政策一定程度上减缓了山东省农村每户彩电保有量增速下降的趋势。此外，由图3和图4可以看到，从2006年年底到2008年年底，河南和四川的实际农村每户彩电保有量分别与合成河南和合成四川相比都有明显地提升，特别是2007年年底达最大值，之后虽然有一定程度的下降，但是仍然可以清晰地看到"家电下乡"政策对于河南和四川农村每户彩电保有量有显著的正面影响。

为了更加直观地了解"家电下乡"政策对于处理省份的影响，在以上分析的基础上，计算了处理省份和合成省份农村每户彩电保有量的差距图，如图5、图6和图7所示。

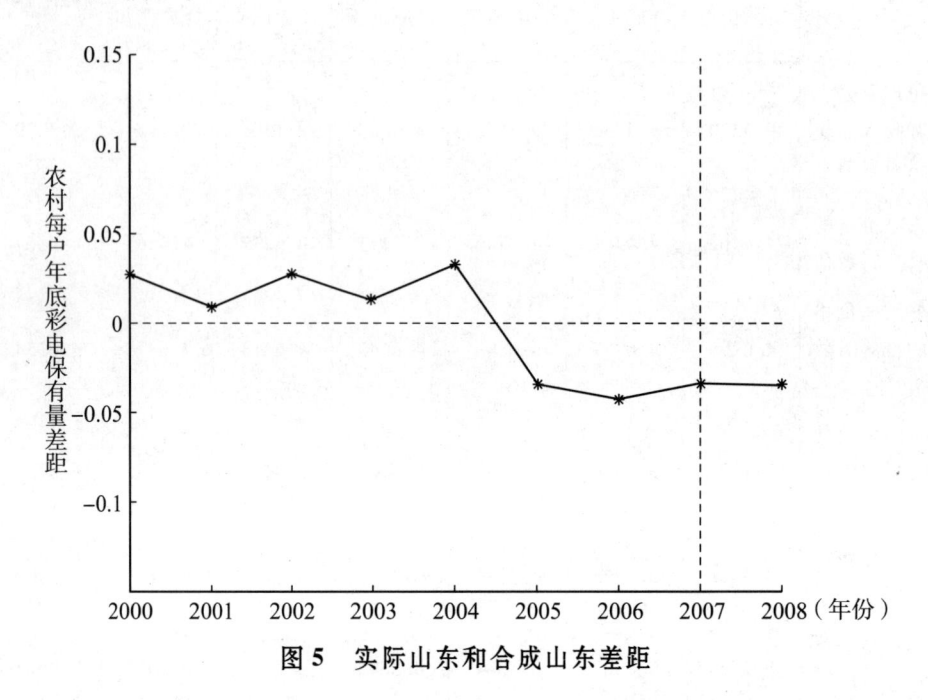

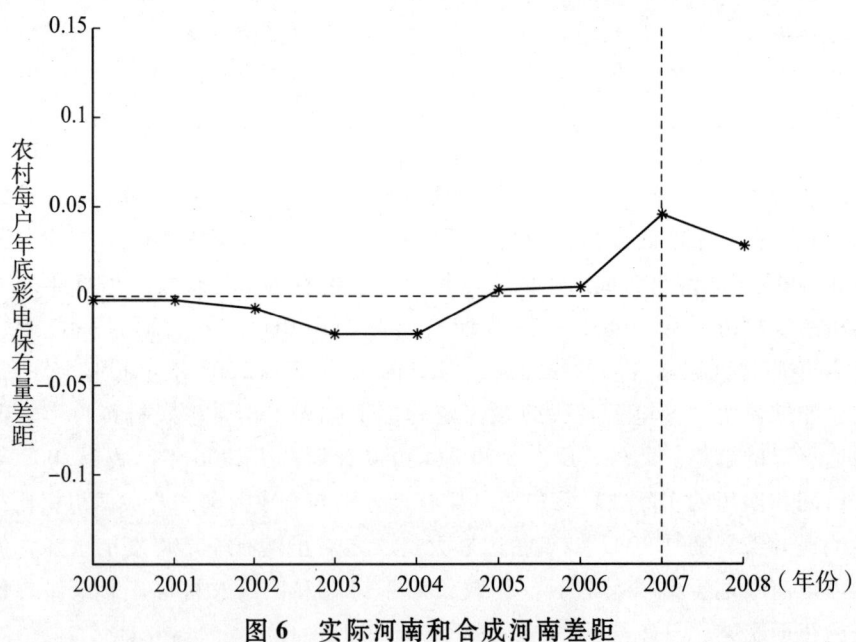

图5　实际山东和合成山东差距

图6　实际河南和合成河南差距

图7　实际四川和合成四川差距图

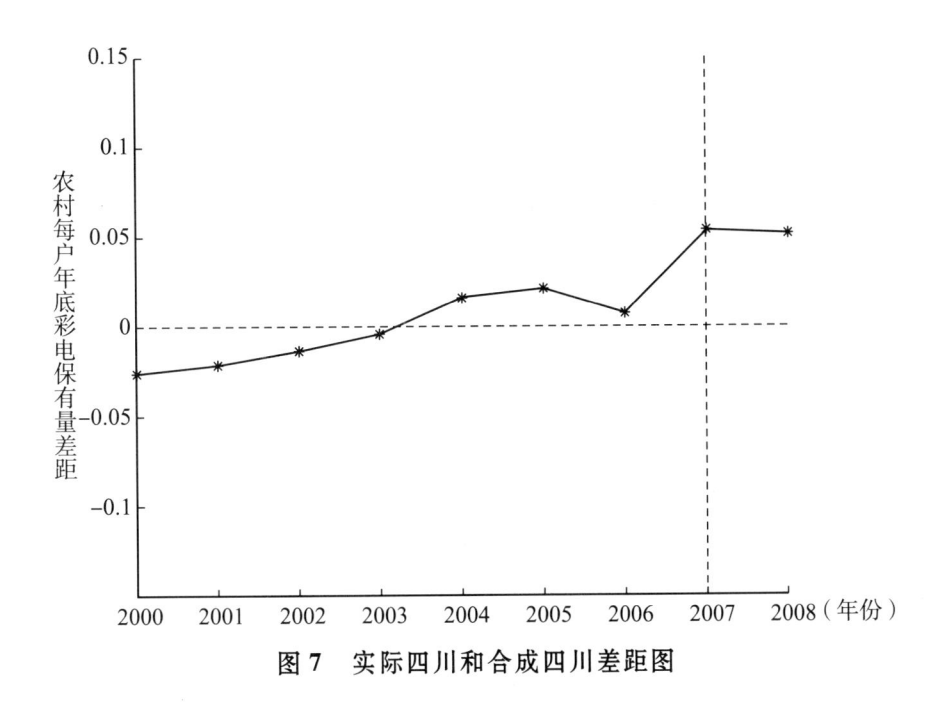

图5显示，2000年年底至2004年年底间，实际山东的农村每户彩电保有量一直高于合成山东的农村每户彩电保有量，差距最低时是0.009（台/户），最高时是0.033（台/户）。2004年年底开始，实际山东和合成山东的差距开始缩小，从2005年年底到2008年年底，反而变成合成山东的农村每户彩电保有量高于实际山东的农村每户彩电保有量，其中2005年年底、2006年年底、2007年年底和2008年年底的差距分别为0.034（台/户）、0.043（台/户）、0.034（台/户）和0.035（台/户），注意到2007年年底之后的差距小于2005年的情况，其中2007年年底的差距比2006年年底的差距减少了0.009（台/户），相对于2000年年底到2008年年底0.030（台/户）的平均波动（用2000年年底到2008年年底的各年差距的平方求平均值再开方求得）而言，差距减少了30%，这至少说明"家电下乡"政策一定程度上减缓了山东省自2004年之后农村每户彩电保有量下降的趋势。

再看图6，在2006年年底之前，实际河南和合成河南的农村每户彩电保有量差距非常小，甚至实际河南还略小于合成河南。但是从2006年年底到2008年年底，出现了显著的变化，实际河南的农村每户彩电保有量开始超过合成河南，到2007年年底差距达到样本区间的最大值0.045（台/户），与河南的平均波动0.021（台/户）相比，正向相对变动达到114.3%，充分说明"家电下乡"政策有效地提高了河南农村每户彩电保有量。但是，也应该看到，2008年年底差距降到0.028（台/户），正向相对变动只有33.3%了，某种程度上说明"家电下乡"政策具有一定的短期性。这个现象也可以从图7四川省的情况发现，2007

年年底时实际四川和合成四川的差距为样本区间内的最大值0.054（台/户），与四川省的平均波动0.029（台/户）对比，正向相对变动为86.2%，到2008年年底差距减少到0.051（台/户），正向相对变动为75.9%，也有少许降低。

总体而言，"家电下乡"政策一定程度地减缓了山东农村每户彩电保有量下降的趋势，短期内显著地增加了河南省和四川省的农村每户彩电保有量。

（二）安慰剂试验（Placebo test）和排列检验测试（Permutation test）

传统的回归模型计算的标准误差是用来反映微观数据估计宏观效应的不确定性，但是合成控制法在使用宏观数据估计政策效果时没有这种不确定性。不过由于不能确定构造的合成对照组是否完全复制了处理组的潜在演进路径，因此估计的参数仍有不确定性。通过借鉴阿巴迪，加登扎贝尔（2003）的方法，本文对其他对照省份进行了安慰剂试验（Placebo test），随后又使用阿巴迪等（2009）提出的排列检验测试（Permutation test）来检验本文估计的政策效果是否在统计上显著。

安慰剂试验的主要思路是：在对照省份中选择一个地区，假设它而不是处理省份实施了"家电下乡"政策，然后根据合成控制法再相应构造一个合成省份（不包括之前处理的3个省份，因此只有23个省份参与构造）。观察2006年年底之后这个省份和它的合成省份在农村每户彩电保有量上的差距是否显著，如果不显著，则说明之前的合成控制稳健，没有充分证据表明处理省份实施的"家电下乡"政策有负面效应（negtive effect）。反之，则不稳健。安慰剂试验的对象一般选择合成对照组中权重最大的省份，但是鉴于江苏省处于东南经济发达地区，特别是农村经济较山东省有较大差异，所以对于山东省而言选择内蒙古作为安慰剂试验对象，对于河南省、四川省，分别选择湖南省和内蒙古做安慰剂试验。权重如表2、表3和表4所示。

表2　　　　　　　　　　合成山东权重表

山东	内蒙古	江苏	湖南	甘肃
1	0.3904	0.4363	0.0213	0.1521

表3　　　　　　　　　　合成河南权重表

河南	浙江	湖南	陕西
1	0.0779	0.7062	0.2159

表4　　　　　　　　　　合成四川权重表

四川	内蒙古	湖南	贵州
1	0.5049	0.3877	0.1074

如图 8、图 9 所示安慰剂试验的结果。可以看到，无论是内蒙古还是湖南省，在 2007 年到 2008 年合成版本的农村每户彩电保有量都较好地复制了真实的农村每户彩电保有量。这个试验再次说明之前的结论，山东省农村每户家电保有

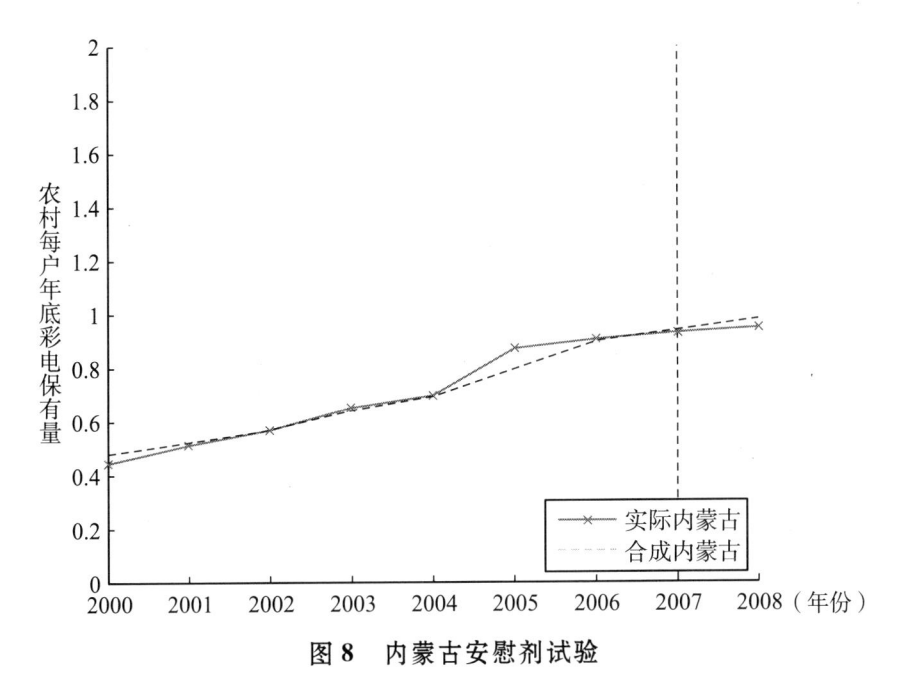

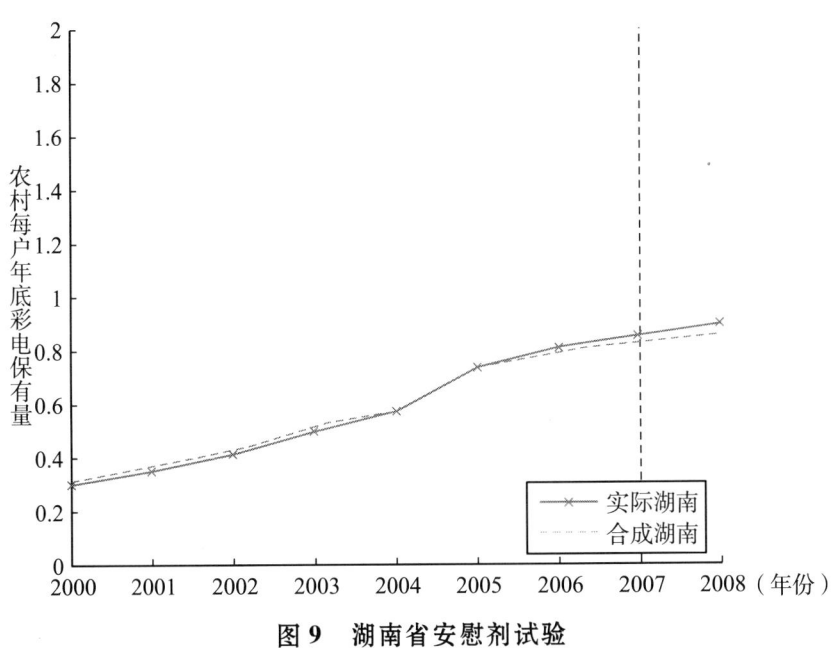

图 8　内蒙古安慰剂试验

图 9　湖南省安慰剂试验

量下降的趋势得到减弱，以及河南省和四川省的农村每户家电保有量一年左右的显著增长与"家电下乡"政策的实施有密切关系。

排列检验测试的方法如下：在对照省份中随机选择一个地区，假设它在2007年12月实施了"家电下乡"政策并用合成控制法估计它的政策效果，如果其与处理省份的政策效果差异足够大，那么说明"家电下乡"政策对于处理省份的农村每户彩电保有量变动有显著作用。本研究对于其他24个对照省份都进行了安慰剂试验，通过计算每个对照省份农村每户彩电保有量和它相应合成省份农村每户彩电保有量的差距来作为随机选择省份估计政策效果的统计分布。因为本文是通过近似2007年之前的预测变量构造合成省份，如果一个省份2007年之前的平均波动过于强烈，则在某种程度上说明模型对该省份的近似程度较差，进而利用其2007年之后的差距作为对比的作用较弱。因此，本文去掉了2007年之前平均波动是处理省份1.5倍以上的地区。

具体而言，对于山东省的检验去掉了辽宁、吉林、江苏、浙江、福建、广东、海南、贵州、云南、西藏、青海、宁夏、新疆13个省区，其中福建省和海南省2007年之前的平均波动只是略微小于山东省平均波动的1.5倍，故也一并剔除，检验的显著性水平为8.3%（=1/(24−13+1)）。对河南省的排列检验测试只留下了黑龙江、安徽、湖北、湖南和陕西5个省份，检验的显著性水平为16.7%（=1/6）。至于四川省的排列检验测试则去掉了河北、山西、江西、甘肃以及之前山东省检验所排除的13个省份共计17个省份，显著性水平为12.5%（=1/(24−17+1)）。对山东、河南、四川3个省份的排列检验测试图如下图10、图11、图12所示。2007年年底之后，处理省份的平均波动基本位于相关比较省份平均波动的最外部，这表明经过稳健性检验后，可以认为"家电下乡"政策对山东省农村每户家电保有量下降趋势的减弱以及增加河南、四川两省的农村家电保有量在统计上具有一定显著性。

（三）政策后—前的平均波动比值检验

最后一项检验是观察所有对照省份和处理省份的政策后—前平均波动比值的分布，来看处理省份在"家电下乡"政策实施后的波动是否显著。这项检验的好处是消除了之前排列检验测试中因剔除掉政策实施前不符合波动要求的省份而造成的误差。如图13所示，通过计算所有省份政策实施后—前平均波动的比值并取一位小数得到下图。其中，山东省的比值是1.2，在24个对照省份再加上山东省中随机选择要得到像山东省这样显著的政策后—前平均波动倍数的概率是0.32（=(10−2)/25）。类似地有，河南省的比值是1.4，显著性的概率是0.24（=6/25）；四川省的比值是2.1，随机选择获得这个显著性的概率是0.16（=4/25）。

图 10　山东省排列检验测试

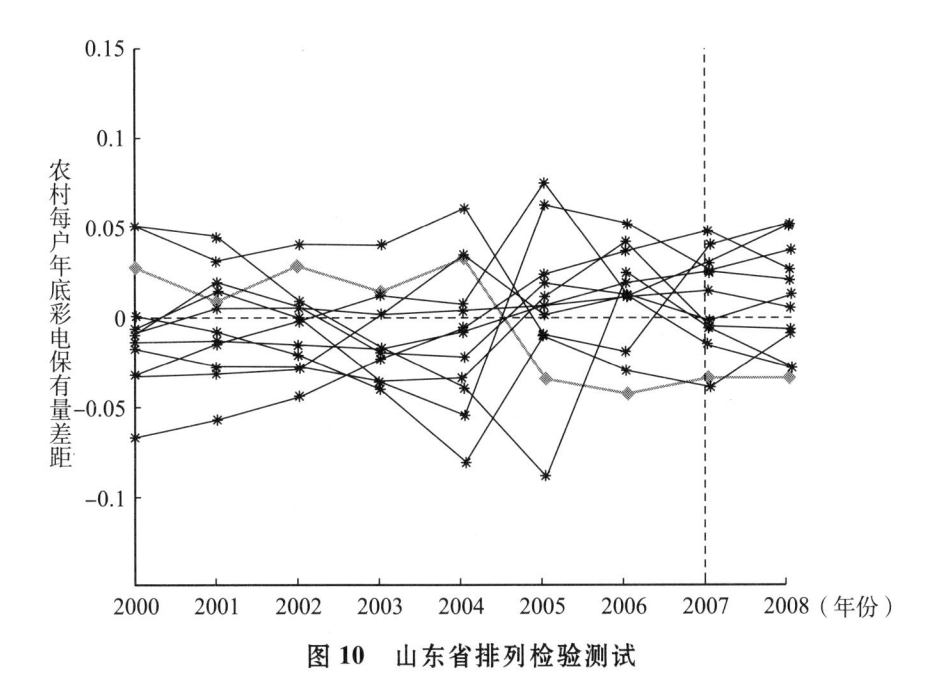

图 11　河南省排列检验测试

图 12　四川省排列检验测试

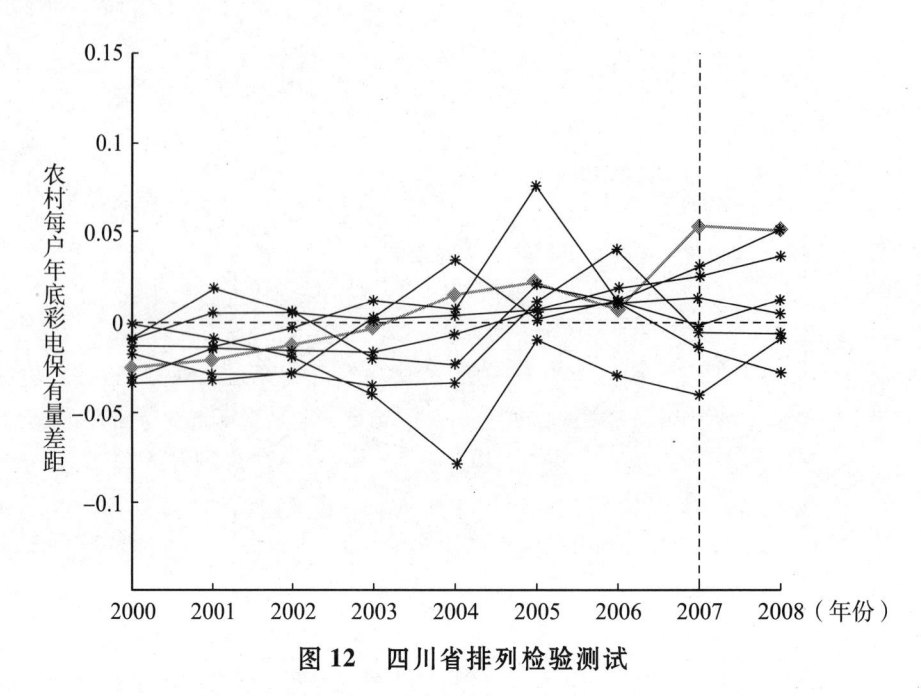

如果考虑到东南沿海省份的经济发展水平远远高于山东、河南和四川，"家电下乡"政策的影响相比其他因素要弱得多的话，将江苏、浙江和福建 3 个东南沿海省份剔除，则山东省、河南省以及四川省的政策后—前评价波动倍数的概率分别会进一步降低到 0.227（=(10-5)/(25-3)）、0.136（=(6-3)/(25-3)）和 0.125（=(4-1)/(25-1)），其中江苏、浙江和福建的政策后—前平均波动倍数分别是 1.5、1.6、2.7。政策后—前的平均波动比值检验表明"家电下乡"政策的影响在统计上具有一定显著性。

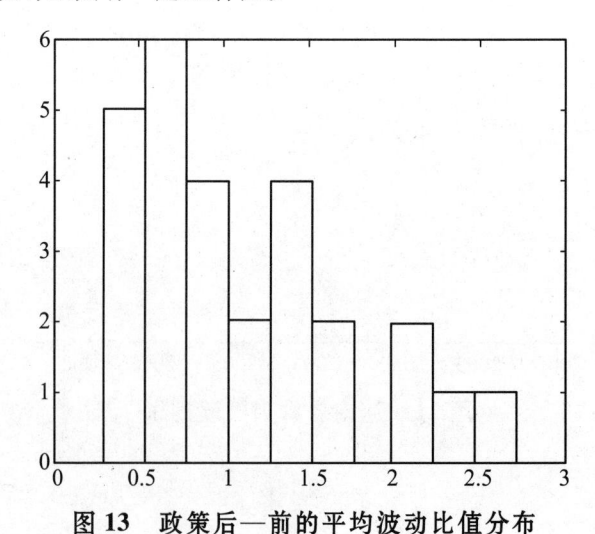

图 13　政策后—前的平均波动比值分布

五、结果的分析和解释

根据以上合成控制法的估计，本文发现"家电下乡"政策对山东、河南、四川三省的农村每户家电保有量产生了影响。其中，一定程度上减缓了山东省农户家电保有量持续下降的趋势，在增加河南省和四川省农户的家电保有量上具有一定的显著性。产生这种结果的原因主要是以下三个方面：

第一，"家电下乡"政策的补贴增加了农户的暂时性收入，这种暂时性收入对于增加农户的家电购买需求有显著作用。"家电下乡"政策拉动的消费需求主要是处于临界点上的农村消费群体：高收入的农户早已经购买了家电，而低收入的农户仍处于解决温饱的阶段，没有动机购买家电下乡产品，"家电下乡"政策的补贴正好解决了有家电购买欲望但仍有部分资金缺口的农户的困难，实现了其家电消费需求。这部分群体在农村占有较大部分，从而"家电下乡"政策显著提升了农村家电购买需求。这个观点也可以从苏良军、何一峰、金赛男（2005）的研究中得到印证，他们利用我国农村居民的面板数据，采用新的方法分解弗里德曼提出的持久收入和暂时收入，表明暂时收入对我国农村居民的消费同样有显著影响，只是影响程度因不同省市的经济发展水平和消费习惯有所差异。暂时性收入的提升使得农户的预算约束性向外旋转，原来抑制的家电需求得到了释放，促进了家电产品的首次购买和更新换代。

第二，"家电下乡"政策与农村居民消费结构升级的大趋势相辅相成，促进了农村居民的家电消费。"家电下乡"政策显著拉动了农村的家电消费与农村居民的消费结构变动有一定关系，例如，范剑平（2001）指出农村居民消费结构将由温饱型向小康型转变，文娱通信消费将成为新的热点，特别是千元级家电将成为消费主流，还有项本武、俞伟悦（2004）利用1999～2002年中国31个（不包括港、澳、台地区）省市区的农村消费数据，通过计量手段考察了农村消费结构的变迁情况，指出农村消费结构变迁的总趋势是人均食品和衣着消费的总支出弹性下降，同时人均其他消费的总支出弹性上升，进而认为农村居民消费结构正在升级。姚奕、郭军华、曹广喜（2009）根据投影寻踪分类模型对2001～2006年我国31个（不包括港、澳、台地区）省、市、自治区农村居民消费结构进行了综合评价，依据最佳投影方向判断各消费指标对综合评价目标的贡献大小及演变规律。结果表明，在农村消费结构中食物、居住、交通通信、文教娱乐比重较大，而衣着、家庭设备及服务比重较小，随着农民生活水平的逐步提高，对家庭设备的需求将进入更新换代期。这一系列研究成果与当前的"家电下乡"政策不谋而合，表明随着农村居民的消费结构升级，对家电产品的需求逐步提升,而"家电下乡"政策进一步释放了这种需求,显著拉动了农村的家电消费。

第三,"家电下乡"政策的配套措施改善了农村的消费环境,激发了农村居民的家电购买欲望。农村的消费环境长期存在的问题主要有:(1)法律法规不完善以及落实不到位,导致假冒伪劣产品充斥,农户无法获得质优价廉的产品,抑制了农户的购买欲望。(2)购销网络不健全,市场宣传落后,致使农村消费者长期处于信息不对称的条件下,缺乏全面了解产品的渠道,而且购买产品不方便。(3)适应农村基础设施特点的产品不足,农户即使购买了也无法持续稳定地使用,使得农村消费需求长期受到抑制。而"家电下乡"政策的实施有效改善了农村消费环境,特别是家电产品的消费环境。"家电下乡"产品都是通过政府公开招投标进入农村市场的,产品质量和品牌都受到较大认可,而且有关职能部门也加大了打击假冒伪劣产品的力度,使得农村消费者能够放心购买家电产品,提升了农村家电消费需求。此外,生产和销售"家电下乡"产品的企业大多有着完善的购销网络,对于产品的宣传和推广也全面、及时、有效,使得产品信息能够更快地进入农村消费者视野,促进了家电产品的消费。最后,"家电下乡"产品的中标企业也注意到了农村基础设施相对落后的特点,特别是水电设施不完善,其销售的"家电下乡"产品都具有节水节电和防鼠等功能,较好地满足了农村消费者的现实需要,使得农村消费者的家电购买欲望更加强烈。

最后要指出的是,由于"家电下乡"政策的实施时间较短,本文的估计和结论是基于短期数据得出的,所以目前"家电下乡"政策的长期效果无从知晓,应该继续客观和审慎地关注与评价政策的实施效果。

附:关于家电下乡政策实施情况的调查问卷(农户)

调查村所在地:

_____县(市,区)_____乡(镇)_____村

您好,我们是西北大学的课题组成员,此次调查旨在了解家电下乡政策的效果及影响,非常希望听取您的想法,对您的积极配合我们非常感谢,这次调查不记名,也不会涉及您的隐私,所有的资料只用于课题研究并按照相关法律严格保密,请您不用担心。

一、家庭基本情况

1. 家庭常住成员表

序号	性别	年龄	最高学历(1小学,2初中,3高中,4大学)	职业(务农,打工,学生)
1				
2				

续表

序号	性别	年龄	最高学历（1 小学，2 初中，3 高中，4 大学）	职业（务农，打工，学生）
3				
4				
5				

2. 2008 年每月家庭生活支出大约为（　　）元

2009 年每月家庭生活支出大约为（　　）元

2010 年每月家庭生活支出大约为（　　）元

3. 家庭总共

2008 年纯收入大约为（　　）元

2009 年纯收入大约为（　　）元

2010 年纯收入大约为（　　）元

二、居住地基本情况

1. 用电情况

（1）是否有电（是，否）

（2）是否经常停电（是，否）

（3）2008 年平均每月用电（　　）度，用电总共花费（　　）元

2009 年平均每月用电（　　）度，用电总共花费（　　）元

2010 年平均每月用电（　　）度，用电总共花费（　　）元

2. 用水情况

（1）是否通自来水（是，否）

2008 年平均每月用水（　　）吨，用水总共花费（　　）元

2009 年平均每月用水（　　）吨，每月费用总共为（　　）元

2010 年平均每月用水（　　）吨，每月费用总共为（　　）元

（2）是否打了水井或建有水塔（是，否），总共花了大约（　　）元

3. 电视信号是否清晰（清晰，不清晰）

4. 是否有电视接收锅（是，否），购买总共花了大约（　　）元

三、生产基本情况

1. 居住地盖一栋新房的花费大约总共为（　　）万元

2. 2008 年购买化肥大约总共花费为（　　）元

2009 年购买化肥大约总共花费为（　　）元

2010 年购买化肥大约总共花费为（　　）元

四、家电下乡基本情况

1. 购买家电下乡产品表

购买的产品名称	数量（台）	补贴后大约花费（元）
冰箱		
彩电		
洗衣机		
手机		
空调		

2. 购买家电下乡产品以前已经有的家电产品的名称、数量及使用年数

原有家电名称	数量	使用年数
冰箱		
彩电		
洗衣机		
手机		
空调		

请在符合您情况的选项上画"○"。

若第3题选B：否，则调查结束。真诚感谢您的参与！

若第3题选A：是，请继续完成下面调查，谢谢！

1. 政府推行的"家电下乡工程"，对农民购买家电等产品有优惠，你对这件事是否了解？

　A. 不了解

　B. 从电视广播、亲戚朋友那里知道一点

　C. 知道这件事，但没买过此类产品

　D. 知道这件事，并买过此类东西

2. 您去过（或知道）当地的家电下乡销售网点吗？

　A：是　　　　　　　　B：否

3. 您是否购买过家电产品？

　A：否　　　　　　　　B：是

您具体购买过哪些产品（多选）

冰箱　彩电　手机　洗衣机　计算机　空调　热水器　微波炉　电磁炉　抽

油烟机　　电动自行车　　DVD影碟机　　电饭煲　　燃气灶　　电压力锅

4. 您没购买家电下乡产品的原因是：（多选）

A：不了解政策

B：农村配套设施不完善（水，电，路）

C：补贴手续繁琐

D：产品质量差

E：产品档次低

F：产品价格高

G：补贴种类范围小，没有涵盖我需要的

H：其他

5. 除了第3题所列家电下乡产品，您还急需哪些家电产品（未列入补贴范围的产品），如

A：数码产品（数码相机或摄像机、MP3/MP4便携播放器等）

B：影音产品（音响、家庭影院等）

C：小家电产品（电动剃须刀、饮水机、加湿器等）

D：厨卫产品（消毒柜、榨汁机等）

E：其他（请注明）：

6. 您在过去一年中用于购买上述家电产品的支出是多少？

A：1 000元以下

B：1 000～3 000元之间

C：3 000～5 000元之间

D：5 000～7 000元之间

E：7 000元以上

7. 请按您在购买家电过程中重视程度将以下几项做以排序（用1～5表示，1表示最重视，5表示最不重视）。

最重视的是

其次是

再次是

A 品牌：

B 价格：

C 功能：

D 外观：

E 售后服务：

F 质量：

（可加入其他因素）

8. 产品出现了问题是否可以得到及时维修？

A：可以

B：不可以

9. 一次维修时间的长短是

A：两周以内

B：两周到四周

C：四周以上

10. 产品目前为止维修的次数是

A：0次

B：1次

C：2次

D：3次及以上

11. 您对于现行政策补贴的额度是否满意？

A：是

B：否

改进的意见是什么？

您对于现行政策补贴的方式是否满意？

A：是

B：否

改进的意见是什么？

12. 家电下乡产品出现问题后的投诉渠道是？

A：无

B：网络投诉

C：电话投诉

D：直接找相关部门，请具体写出部门名称：

13. 投诉的事项得到解决的时间长短？

A：10天内

B：20天内

C：30天内

D：30天以上，请写出具体时间：

14. 您对曾购买的家电下乡产品有哪些方面不满意，请对以下方面做以排序（用1~9表示不满意程度依次增大）。

耗水、电（　　）　缺少适宜农村的辅助设施（如防鼠装置、提升电压装

置等）（　　）

产品过时（　　）　维修点少（　　）　维修质量不高（　　）　维修时间长（　　）

补贴手续繁杂（　　）　补贴数额难以落实（　　）　投诉解决时间过长（　　）

其他

15. 您对家电下乡政策有什么建议与意见？

调查问卷二：中国农村农家店顾客满意度调查分析及评价

一、问题提出

随着改革开放的不断深入和社会主义市场经济体制的完善，我国发展城乡商贸流通业，对促进城乡协调发展，提高农民收入的意义重大。但我国城乡商贸流通业发展不平衡现象非常严重，城市商贸业与农村商贸业无论是在商业网点建设，还是在业态结构、空间布局、消费观念等方面都存在着较大的发展差距。相对落后的农村商贸流通业已经严重延缓了农村的市场化进程，抑制了农民的消费，成为了阻碍城乡统筹发展的新瓶颈。

因此，破解城乡商贸流通的二元结构，启动中国农村的巨大潜在市场成为一种大势所趋。虽然越来越广泛地开始新世纪的"上山下乡"运动，布局农村消费市场，但农村消费市场不畅、体系不完善依然问题严峻。针对这一问题，中国商务部实施"万村千乡"市场工程意图在于启动农村消费市场，从而拉动整体内需提升。本文通过调查全国层面的"万村千乡"市场工程的农家店顾客满意度情况，来了解农家店经营过程中存在的问题以及绩效水平等情况，从而为国家"万村千乡"市场工程的后续政策的进一步完善以及相关配套等方面的决策提供坚实的实证研究基础。同时为发展农村商贸、统筹城乡商贸提供借鉴和参考也是本文目的之一。

二、文献综述

对于"万村千乡"市场工程的研究，首先要追溯到对城乡商贸流通研究。统筹城乡商贸对于破解我国城乡二元经济结构具有重要意义（张智，2009），但是我国存在严重的市场分割，其中最为突出的是城乡要素市场分割（洪银兴、高春亮，2006），并且中国城市商品在市场效率和总量上都优于农村商品市场，这种差距还在不断加深（柳思维、唐红涛，2008），所以在统筹城乡商贸的过程中应向农村应着重发展农村商贸流通业,消除市场分割,促进二元商品市场和谐发展。在肯定了统筹城乡商贸流通的意义和城乡商贸流通业的巨大差距之后,研究转向了如何促进农村商贸流通业的发展从而进一步统筹城乡商贸流通(易开刚,2010;黎筠,2008;张学鹏,2010)。多数研究普遍认为,统筹城乡商贸流通的关键是发展农村流通,在农村流通发展的基础上,实现城乡商贸流通的一体化(刘远,2005;庄尚文、尹星慧,2009;易开刚,2006;王新利,2007)。

"万村千乡"市场工程是商务部于2005年开始实施的一项农村现代流通网络建设工程。建设以城区店为龙头、乡镇店为骨干、村级店为基础的农村现代流通网络,从而达到改善农村消费环境,满足农民生产生活需求的目的。自从"万村千乡"市场工程实施以来,在取得巨大成效的同时也遇到很多问题,这引起了国内学者的关注。

在"万村千乡"工程实施之后,有学者首先对其意义进行了肯定。李永英(2005)认为"万村千乡"工程的实施有利于推进新型农村市场流通网络建设,进而改善农村消费环境,促进农村经济发展,推进城乡经济统筹协调发展。欧翠珍(2006)从消费效应的角度进行了分析,认为"万村千乡"工程可以改善农村消费的软硬件环境,提高消费质量,更好地满足农村消费需求。李芬儒、忻红(2007)为"万村千乡"工程寻找了大量的理论依据,指出现有的以"夫妻店"为主的农村零售业态已经无法适应农村消费的变化,需要建立新的零售业态,即农家店。为了说明农村零售这一变化,作者使用了零售轮转理论、真空地带理论、手风琴理论等。同时还指出农家店发展要采用规模经济组织的模式。其次,主要是对实施"万村千乡"市场工程取得的成效的研究。杨刚(2007)认为,实施"万村千乡"市场工程,活跃了农村市场;改善了农村商业网点面貌;促进了地方经济发展;增加了企业规模效益。孔德华(2006)认为,实施"万村千乡"市场工程,使政府、企业和农民都获得了好处。具体表现为:编织安全网,政府得民心;架起便民桥,企业得市场;撑起"放心伞",农民得实惠。再次,也有学者指出了"万村千乡"工程中存在的一些问题。吴峰、涂晓玲(2008)指出"万村千乡"工程还存在五个方面的问题:政府部门间配合不够;企业参与积极性不高;品牌产品销售困难;新兴业态发展缓慢;赊账现象严重。

除此之外,还有一些文献对"万村千乡"工程中日用品超市的绩效以及影响绩效的因素进行了研究。江若尘、陈宏军(2009)通过对1 200家"万村千乡市场工程"中的农村日用品连锁超市店店长进行问卷调查,使用聚类分析法进行分析,最后得出结论,影响日用品超市绩效的主要因素是店长的年龄和受教育水平、规模大小、进货渠道与员工来源。陈卫平、申学锋、姜瑛(2009)使用层次分析法从企业经理层和超市店长两个方面分析了影响超市经营的因素,指出顾客服务是最主要的因素,而且政府政策也起着很重要的作用。另外物流配送、加盟关系也有一定影响。

从以上研究可以看出,对于"万村千乡"市场工程的核心——农家店的状况研究文献较少。农家店作为该工程的主体,连接着市场和消费者,是启动和改善农村商贸流通的最终端。农家店经营的好坏直接关系着该工程实施的绩效以及让民众受益的程度,所以将视角定位在"千村万乡"农家店的状况显得重要且具有一定的意义和价值。

三、样本设计与数据分析

"万村千乡"市场工程由商务部2005年2月开始启动,工程的主要内容是,通过安排财政资金,以补助或贴息的方式,引导城市连锁店和超市等流通企业向农村延伸发展"农家店",力争用三年的时间,孕育出25万家连锁经营的农家店,构建以城区店为龙头、乡镇店为骨干、村级店为基础的农村现代流通网络,使标准化农家店覆盖全国50%的行政村和70%的乡镇,满足农民消费需求,改善农村消费环境,促进农业产业化发展。截至2009年8月底,全国累计建设改造36万家连锁化农家店和1 186个配送中心,覆盖全国84%的县、71%的乡镇和44%的行政村,较2008年底分别提高了9个、22个、11个百分点。以城区店为龙头、乡镇店为骨干、村级店为基础的农村现代流通网络正在逐步形成。"万村千乡市场工程"社会效益日益凸显。2009年1~8月,农家店实现销售额660多亿元,带动社会投资245亿元,创造就业32.2万人。

(一)样本设计

农家店是"万村千乡市场工程"的一个重要举措,也是本文研究的重点,现有研究也有通过对农家店进行调查从而寻找影响农家店绩效的因素。但是农家店作为服务组织,顾客对其的评价也就是满意度是影响其业绩和发展的重要因素,只有了解农家店所服务的群体对其现有软硬件的评价才能更好地进行改进从而提高顾客满意度和再次购物的可能性,从而促进农家店的健康发展。

基于以上理由,本文的研究从消费者的角度出发设计问卷,问卷共涉及4个维度、18个具体指标,主要从农家店整体情况、商品情况、环境情况和服务情况四个方面来了解消费者对农家店的评价,具体指标是在参考已有研究的基础上结合试调研的情况下确定的,对于每个具体指标采用从非常满意到非常不满意五个等级进行评价。

在"万村千乡市场工程"启动之后,农家店的建设也迎来了一个高峰,大量标准化农家店建成并投入服务，最基层的是村级农家店。村级农家店的服务和运行状况在一定程度上决定着"万村千乡市场工程"的成败。所以调研的对象选择光顾过村级农家店的群体，调研的方法是进行入户调查。由于地区之间经济发展程度差距较大，农家店的发展情况也有所不同。在经济越发达的地区，人们的需求多样化且层次较高，对农家店的要求就会提高。为了准确考察农家店的整体满意度，调研在多个省进行，其中东部地区包括浙江、山东、福建；中部地区包括山西、安徽、河南、广西、江西、湖北、湖南；西部地区包括陕西、贵州、云南、重庆、四川、新疆。其中既包括了商贸流通业较为发达的浙江和山东，也包括近几年发展较为迅速的重庆和四川，拥有较好的代表性。本次调研共完成问卷1 022份，其中有效问卷924份，问卷有效率为90.4%。

（二）基本数据分析

在全部有效问卷中男女比例基本一致，分别为53.03%和46.97%。受访者中年龄在20岁至49岁的比例较大，占到总样本的75.3%。基本数据说明农家店的主要消费群体是20岁至49岁的人，并且农家店密度较大，给人们提供了多种选择，一周光顾农家店次数在5次以下居多。

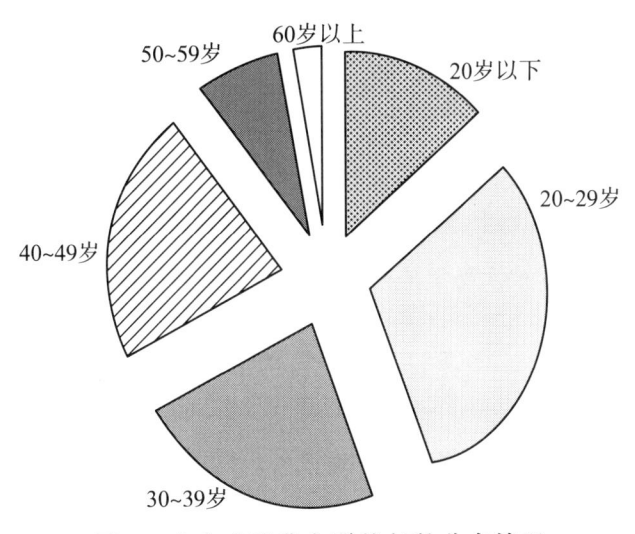

图1　农家店消费人群的年龄分布情况

表1　　　　　　　被调查者一周光顾农家店的次数

	2~3次	4~5次	6~7次	8次及以上
一周光顾村里农家店的次数	35.9%	35.8%	20.5%	7.8%

在农家店购买商品的类别主要集中于副食和生活用品等生活必需品上,也符合农家店的基本定位,但有超过一半左右的受访者认为农家店并不能满足家庭内各个年龄阶段成员的需要,说明农家店还需要完善商品的供给结构和质量,以满足广泛的年龄阶段人群在生存需求之外的其他高级需求。71.8%的受访者表示农家店的价格较为稳定,并不经常变化,在此基础上,受访者中每月在农家店花费100~300元的比例较大,占到总样本的64.1%。受访者中去农家店主要采用的交通形式为骑自行车、摩托车或步行,比例为89.70%,说明农家店大都位于方便群众的地方,这点从59.50%的人并不是只去一家农家店购物也可以看出。

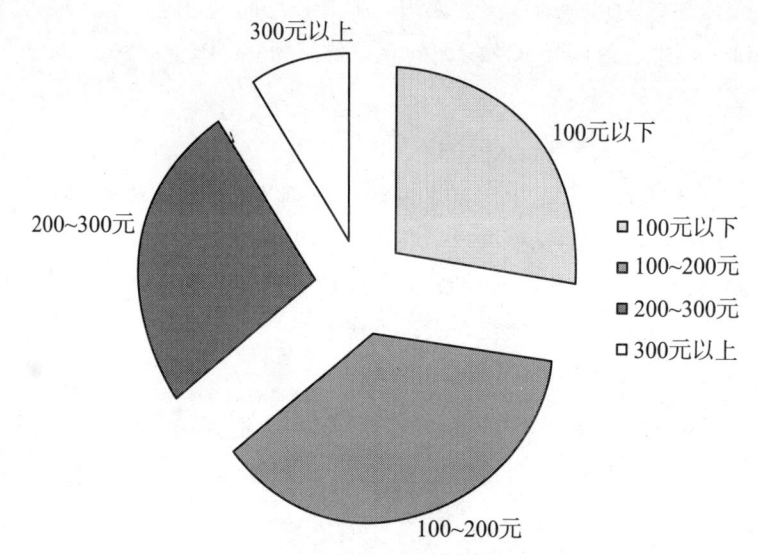

图 2　在农家店每月消费金额的分布

表 2　被调查者光顾农家店的购买物品种类

	米、面等粮食	副食	生活用品	小家电
去农家店购买物品种类	26.4%	45.8%	46.2%	2.9%

农家店密度较大,给人们提供了多种选择,同时农家店主要出售生活必需品且价格稳定。但是随着人们生活水平提高,农家店逐渐难以满足人们多样化的需求。

表 3　被调查者价格和满足需求情况

	价格是否经常变动	是否能满足家庭成员的需要
是	28.2%	47.8%
否	71.8%	52.2%

(三) 可靠性检验

虽然在问卷设计和调研中都采用了较为科学的方法，而且获得的数据也能够反映基本状况，但是仍然有必要在进行满意度分析前对数据的可靠性进行分析。表4给出了克朗巴哈信度系数（Cronbach's α）的检验结果，可以看出除了整体情况的其他三项的 α 值都超过 0.7 的要求，整体情况的 α 值为 0.595，也是可以接受的，从而说明数据有较高的可靠性。

表4　　　　　　　　　　可靠性检验

结构变量	基本情况	商品情况	环境情况	服务情况
观测变量	信誉 距离 交通	价格 质量 种类 品牌丰富 促销	卫生 物品摆放 价格表示 装修 面积	服务 结算便捷 营业时间 售后服务 赊销服务
可靠性（α）	0.595	0.707	0.752	0.731

四、基于隶属度模糊评价法的农家店满意度分析

（一）方法选择

模糊综合评价以模糊数学为基础，应用模糊关系合成的原理，将一些边界不清或不易定量的因素定量化，从多个因素对被评价事物隶属等级状况进行综合性评价（杜栋等，2005）。

设评判对象为 P，其因素集 $U_i = \{u_1, u_2, \cdots, u_m\}$，评价等级集 $V_j = \{v_1, v_2, \cdots, v_n\}$，则从因素 U_i 着眼，该评判对象能被评为 V_j 的隶属度为 R_{ij}。一般隶属度的确定采用等级比重法。本文根据基础指标的具体数值，运用模糊统计法对数据分组进行频数分析并得到隶属概率后，再根据隶属概率的图像确定其对应的隶属函数 f_i，$i \in (1, 2, \cdots, m)$。将被评价的不同时期对应的数据分别代入对应的隶属函数中，可以得到各个指标的隶属度向量 $r_1, r_2, \cdots, r_n$，则评判矩阵为 $R = (R_{ij})_{m \times n}$，其中，$R_{ij}$ 为因素 U_i 对评价等级 V_j 得到的隶属度，$\sum R_{ij} = 1$。

最后采用层次分析法来确定权重 A。最终得模糊评价结果：$B = A * R$。

（二）农家店满意度测度的过程及结果

1. 确定评判对象、隶属度及各级指标权重

确定评判对象，我们根据农家店的特征，分别就农家店"基本情况"、"商品情况"、"环境情况"、"服务情况"的满意度进行了调查，其中细分了四大维度下的各类问题满意度的调查，构成了三级指标体系，作为此次分析的评判对象。

隶属度确定，首先在于建立评语等级。在满意度评价中，建立评语集：$V = \{V_1（非常满意），V_2（基本满意），V_3（一般），V_4（不满意），V_5（非常不满）\}$。根据这一评语集，可得各维度各指标在评语集上的隶属度，具体结果见表5。

确定评判因素指标权重，即构建评价的权向量。指标权重决定人们进行模糊综合评价时的着眼点，即评判时依次着重于哪些因素。一般来讲确定权重的方法有主观赋权法和客观赋权法。在此我们采用层次分析法（AHP）来进行指标权重的确定。所谓层次分析法，是指将一个复杂的多目标决策问题作为一个系统，将目标分解为多个目标或准则，进而分解为多指标（或准则、约束）的若干层次，通过定性指标模糊量化方法算出层次单排序（权数）和总排序，以作为目标（多指标）、多方案优化决策的系统方法。具体结果见表5。

表5　　　　　　　各项指标权重及在评语集上的隶属度

一级指标	二级指标及权重	三级指标及权重	评语集上的隶属度				
			非常满意（%）	基本满意（%）	一般（%）	不满意（%）	非常不满（%）
农家店满意度	基本情况 0.2532	信誉 0.1080	11.92	49.39	32.12	4.44	2.13
		距离 0.0677	13.13	44.34	33.23	7.17	2.13
		交通 0.0774	13.64	42.83	31.41	10.00	2.12
	商品情况 0.3592	价格 0.0868	6.77	43.64	38.79	8.99	1.81
		质量 0.0801	6.57	47.37	34.44	10.10	1.52
		种类 0.0711	8.08	37.88	38.18	13.33	2.53
		品牌丰富 0.0582	5.66	31.62	41.21	18.48	3.03
		促销 0.0630	6.67	27.88	43.74	17.98	3.73
	环境情况 0.1697	卫生 0.0443	5.96	41.01	35.25	15.45	2.33
		物品摆放 0.0362	7.98	40.40	37.37	11.72	2.53
		价格标示 0.0297	8.69	33.54	34.44	19.19	4.14
		装修 0.0274	6.87	33.74	44.24	13.03	2.12
		面积 0.0321	7.37	35.25	39.70	14.44	3.24

续表

一级指标	二级指标及权重	三级指标及权重	评语集上的隶属度				
			非常满意（%）	基本满意（%）	一般（%）	不满意（%）	非常不满（%）
农家店满意度	服务情况 0.2179	服务 0.0452	11.21	43.03	37.27	7.37	1.12
		结算便捷 0.0452	10.91	46.57	30.30	11.21	1.01
		营业时间 0.0370	13.74	43.43	30.61	10.51	1.71
		售后服务 0.0452	7.88	33.74	36.97	18.28	3.13
		赊销服务 0.0452	7.47	36.46	40.20	12.63	3.24

2. 测度结果

根据上文阐述的模糊综合评价的方法，可以得出各分项以及整体的满意度。首先，一级模糊综合评价是对三级指标进行综合，即先测度对"基本情况"的满意度，将三级指标的权重矩阵记为 A_1，模糊综合评价矩阵记为 R_1。

$$A_1 = [0.1080 \quad 0.0677 \quad 0.0774]$$

$$R_1 = \begin{bmatrix} 11.92 & 49.39 & 32.12 & 4.44 & 2.13 \\ 13.13 & 44.34 & 33.23 & 7.17 & 2.13 \\ 13.64 & 42.83 & 31.41 & 10.00 & 2.12 \end{bmatrix}$$

$$B_1 = A_1 \times R_1 = [3.2320 \quad 11.6510 \quad 8.1498 \quad 1.7389 \quad 0.5383]$$

于是，可得对农家店"基本情况"的满意度：

$$B_1 \times [5 \quad 4 \quad 3 \quad 2 \quad 1]^T / (3.2320 + 11.6510 + 8.1498 + 1.7389 + 0.5383) = 3.6045$$

同理可得

$$B_2 = A_2 \times R_2 = [2.4427 \quad 13.9059 \quad 14.0187 \quad 4.7526 \quad 0.8712]，即"商品情况"的满意度：$$

$$B_2 \times [5 \quad 4 \quad 3 \quad 2 \quad 1]^T / (2.4427 + 13.9059 + 14.0187 + 4.7526 + 0.8712) = 3.3416。$$

$$B_3 = A_3 \times R_3 = [1.2358 \quad 6.3314 \quad 6.4238 \quad 2.4992 \quad 0.4799]，即"环境情况"的满意度：$$

$$B_3 \times [5 \quad 4 \quad 3 \quad 2 \quad 1]^T / (1.2358 + 6.3314 + 6.4238 + 2.4992 + 0.4799) = 3.3149$$

$$B_4 = A_4 \times R_4 = [2.2020 \quad 8.8299 \quad 7.6748 \quad 2.6258 \quad 0.4475]，即"服务情况"的满意度：$$

$$B_4 \times [5 \quad 4 \quad 3 \quad 2 \quad 1]^T / (2.2020 + 8.8299 + 7.6748 + 2.6258 + 0.4475) = 3.4460$$

二级模糊综合评价是对二级指标对评价对象的影响进行综合，其模糊综合评价矩阵为 $R = [B_1 \quad B_2 \quad B_3 \quad B_4]^T$，则可求出二级模糊评价集如下：

$$B = A \times R = [0.2532 \quad 0.3592 \quad 0.1697 \quad 0.2179]$$

$$\times \begin{bmatrix} 3.2320 & 11.6510 & 8.1498 & 1.7389 & 0.5383 \\ 2.4427 & 13.9059 & 14.0187 & 4.7526 & 0.8712 \\ 1.2358 & 6.3314 & 6.4238 & 2.4992 & 0.4799 \\ 2.2020 & 8.8299 & 7.6748 & 2.6258 & 0.4475 \end{bmatrix}$$

$$= [2.3853 \quad 10.9435 \quad 9.8615 \quad 3.1437 \quad 0.6282]$$

则被调查者对农家店整体的满意度为：

$$B \times [5 \quad 4 \quad 3 \quad 2 \quad 1]^T / (2.3853 + 10.9435 + 9.8615 + 3.1437 + 0.6282) = 3.4196$$

五、结论与政策建议

（一）基本结论

经过上文的处理，我们将各维度满意度测算出来，由于 5 个等级，5～1 分别代表"非常满意"至"非常不满意" 5 个等级，所以我们可以得出如下的结论：

（1）对农家店"基本情况"满意度最高，对"环境"满意度最差。从最终评分可以看出，农家店的"基本情况"为3.6045，为"基本满意"。近四成的人不论是对农家店的信誉、交通和距离都表示基本满意。与之相对的是，在四个维度中，"环境情况"评价得分最低，为3.3149，总体满意度属于"一般"。其中对"卫生"和"物品摆放"基本满意的居多，而"价格标示"的清晰与否、"装修"程度以及"面积"大小满意度不高，特别是农家店店名不统一、不显著问题严重。商标或者商店统一标识是建立一个信誉农村市场体系的重要组成部分。"万村千乡"市场工程的农家店没有统一的店面标识，没有统一的标志。店名繁多各不相同，有标志的标志大小不一，样式凌乱，不显著。除此之外，农家店店铺的经营环境普遍存在脏、乱、差现象。经营空间布局不合理，商品分区摆放不科学，食品尤其是儿童食品散装、随地堆放现象严重，商品保鲜要求低。

（2）对农家店"商品情况"和"服务情况"满意度也不高。"商品情况"和"服务情况"满意度测算分别为3.3416和3.4460，都属于"一般"，满意程度不高。商品状况来看，对商品的价格和质量表示基本满意居多数，可以看出在国家信用和补贴的影响下，"万村千乡工程"的农家店在改善农村消费环境普遍存在不安全、不方便、不实惠的状况方面作用明显。但其中可以看出，商品种类、品牌以及促销状况满意度不高，四成人表示满意度是"一般"。即商品种类丰富程度在农家店并未得到显著改善。其中问题之一，即品牌商品销售困难。我们都知道，真正"大件"消费品村镇店铺基本不经营，从调查来看农家店也无法回避这一问题。而中档品牌商品，如日化商品、洗化商品等，农民们既要求品牌响，又要求价格低廉，还要求真品，而真品的进货价格比较高，使得村镇店铺对这类商品的经营利润比较小，形成"食之无味、弃之可惜"的软肋。就农家店服务情况来看，基本服务、结算以及营业等方面满意度较高，半数人表示基本满意，但售后以及要求更高的赊销服务仍处于满意度较低的位置。这与农家店以盈利为目的和以补贴来提供普遍服务职能之间存在冲突和悖论分不开。

(3) 对农家店评价整体情况是"一般"。从四个维度对"万村千乡"工程农家店的满意度整体情况评价可以看出，被调查者对这一评价是"一般"，还达不到基本满意。由此可见，在推进改善农村消费环境、统筹城乡商贸问题依然严峻。另外，农家店经营者对经营理念认识模糊。虽然在走访中，经营者对连锁经营且持续经营下去的利益诉求和期望值比较高，但对连锁经营的经营管理规范要求、基本流程、义务责任、风险意识等深层次内涵尚不了解。同时经营者也停留在对传统农村小卖部经营层次上，很难有经营新的突破。除此之外，店铺延伸服务项目少，信息化程度较低。在试点店铺中，广告信息发布、物价局的涉农收费公示、提供公用电话服务等延伸服务项目相对较少。还有农家店并未完成城乡商贸统筹的任务。"万村千乡"市场工程的最终目的是流通，农家店是载体。但是可以看出农家店依然没改变"贵的农村消费不起"和"好的城里接触不到"的局面，即城市向乡村配送体系使得产品依然下不来，同时乡村向城市配送，特色农业品也出不去，在统筹城乡商贸方面农家店发挥的作用实在有限。

(二) 政策建议

从以上分析可以看出，被调查者对"万村千乡"工程的农家店评价一般。由于农家店在发展中存在诸多问题才造成如此结果。要真正实现城乡商贸统筹，让城乡居民获得实惠，特别是改善农村消费市场，农家店的完善和进一步优化任重而道远。根据存在的问题，有如下政策建议，以供参考。

1. 经营意识的更新，长效经营是关键。农家店经营者应明确"万村千乡"工程虽然初期是政府行为，但仅仅是政府引导和监管行为。农家店生存要依赖于收益，即所在市场有顾客，要有购买能力和购买行为，才能形成长期稳定的流通和盈利模式。所以探索以低成本经营为主的长效机制是关键，尽快完成从政府"输血"到企业"造血"的转变。

2. 加强对店铺管理，优化购物环境。通过调查发现，农家店店铺管理仍存在诸多问题。经营者缺乏产品陈列知识，商品陈列不合理或者堆放现象严重，不能很好地利用空间范围，产品堆放占据了很大的面积，店铺内设施简陋。应当按照农村的消费水平和实际情况进行村镇店铺门脸标的统一设计与布置，店铺的装修要求统一、简单、适用即可。对参与连锁经营的人员要进行业务培训，使之养成科学的商品陈列、摆放、售货习惯。

3. 扩宽进货渠道，建立城乡互动模式。一方面加强"万村千乡"农家店配送商品的管理，承办企业配送率应该达到政府规定的要求。对自主进货商品也应该加强管理，真正做到统一采购、统一配送、统一培训、统一服务、统一价格和统一的经营方式，为农民消费搭建一个"安全网"，保证商品的质量，使广大农民免受假冒伪劣商品的侵害。另一方面，农家店与城区店建立互动模式。充分发挥配送中心中间机构的重要作用，应积极投入到物品双向流通中。农超对接，农村市场产品与超市对接，省下中间代理费用，满足城市对农村特色产品的需求；超农对接，超市产品与农民消费对接，扩大农民消费领域，满足农民对城市中特殊商品的需求。应以"农超对接"、"超农对接"的形式，进一步拓展"万村千乡"市场工程，深化农村市场改革。

附：农户对农家店满意度的调查问卷

A. 基本情况

1. 被调查人性别（1 男，2 女）
2. 您的年龄：
   A. 20 岁以下　B. 20～29 岁　C. 30～39 岁　D. 40～49 岁　E. 50～59 岁　F. 60 岁以上
3. 您家里_____口人
4. 您是不是经常只去一家农家店买东西？
   A. 是　B. 不是
5. 您一周光顾村里农家店的次数_____
   A. 2～3 次　B. 4～5 次　C. 6～7 次　D. 8 次及以上
6. 您去农家店一般常采用什么交通方式？
   A. 骑自行车、摩托车去　B. 步行去　C. 乘公共汽车去　D. 自己开车去
7. 您常去农家店购买什么东西？
   A. 米、面等粮食　B. 副食　C. 生活用品　D. 小家电
8. 您大约一月在农家店购买物品花钱_____
   A. 100 元以下　B. 100～200 元　C. 200～300 元　D. 300 元以上
9. 您常光顾的农家店商品价格是不是经常变动？
   A. 是　B. 不是
10. 您觉得农家店卖的东西能不能满足您家各个年龄家庭成员的需要？

A．能　B．不能

B．农家店基本情况

1. 您对您常光顾农家店总体的满意程度如何？

   A．非常满意　B．基本满意　C．一般　D．不满意　E．非常不满意

2. 您对您常光顾农家店信誉的满意度如何？

   A．非常满意　B．基本满意　C．一般　D．不满意　E．非常不满意

3. 您到您常光顾的农家店与您家距离远近的满意度如何？

   A．非常满意　B．基本满意　C．一般　D．不满意　E．非常不满意

4. 您对到您常光顾的农家店交通便利满意度如何？

   A．非常满意　B．基本满意　C．一般　D．不满意　E．非常不满意

5. 您对您与你常光顾的农家店店主之间邻里关系的满意度如何？

   A．非常满意　B．基本满意　C．一般　D．不满意　E．非常不满意

C．商品情况

1. 您对农家店商品价格满意度如何？

   A．非常满意　B．基本满意　C．一般　D．不满意　E．非常不满意

2. 您对农家店商品质量满意度如何？

   A．非常满意　B．基本满意　C．一般　D．不满意　E．非常不满意

3. 您对农家店商品种类的满意度如何？

   A．非常满意　B．基本满意　C．一般　D．不满意　E．非常不满意

4. 您对农家店同类商品品牌丰富的满意度如何？

   A．非常满意　B．基本满意　C．一般　D．不满意　E．非常不满意

5. 您对农家店商品促销活动的满意度如何？

   A．非常满意　B．基本满意　C．一般　D．不满意　E．非常不满意

6. 您对农家店商品新旧程度满意度如何？

   A．非常满意　B．基本满意　C．一般　D．不满意　E．非常不满意

7. 您对农家店的货源渠道满意度如何？

   A．非常满意　B．基本满意　C．一般　D．不满意　E．非常不满意

D．环境情况

1. 您对农家店的卫生条件满意度如何？

   A．非常满意　B．基本满意　C．一般　D．不满意　E．非常不满意

2. 您对农家店的物品摆放满意度如何？

   A．非常满意　B．基本满意　C．一般　D．不满意　E．非常不满意

3. 您对农家店的价格标示的清晰满意度如何？

   A．非常满意　B．基本满意　C．一般　D．不满意　E．非常不满意

4. 您对农家店装修情况的满意度如何？

A. 非常满意　B. 基本满意　C. 一般　D. 不满意　E. 非常不满意

5. 您对农家店营业面积大小的满意度如何？

A. 非常满意　B. 基本满意　C. 一般　D. 不满意　E. 非常不满意

E. 服务情况

1. 您对农家店的服务态度满意度如何？

A. 非常满意　B. 基本满意　C. 一般　D. 不满意　E. 非常不满意

2. 您对农家店的结算便捷程度满意度如何？

A. 非常满意　B. 基本满意　C. 一般　D. 不满意　E. 非常不满意

3. 您对农家店营业时间的满意度如何？

A. 非常满意　B. 基本满意　C. 一般　D. 不满意　E. 非常不满意

4. 您对农家店售后服务的满意度如何？

A. 非常满意　B. 基本满意　C. 一般　D. 不满意　E. 非常不满意

5. 您对农家店赊销服务的满意度如何？

A. 非常满意　B. 基本满意　C. 一般　D. 不满意　E. 非常不满意

6. 您对农家店服务人员促销行为的满意度如何？

A. 非常满意　B. 基本满意　C. 一般　D. 不满意　E. 非常不满意

调查问卷三：农户对农家店满意度的调查分析

一、引言

长期以来我国农村地区存在着诸多限制农村消费的因素，在现有城乡二元经济结构下，农村消费市场难以与城镇消费市场有效衔接。其中表现为农产品流通体系基础薄弱、信息化服务滞后、农村市场物流配送成本过高、消费质量过低等。为了实现农村消费市场同城镇消费市场的对接，建立现代流通网络体系，商务部于2005年2月启动了"万村千乡市场工程"。"万村千乡市场工程"，即通过安排财政资金，以补助或贴息的方式，引导城市连锁店和超市等流通企业向农村延伸发展农家店，构建以城区店为龙头、乡镇店为骨干、村级店为基础的农村现代流通网络，把农民需要的日用消费品和质优价廉的农业生产资料送下乡，从而满足农民消费需求，改善农村消费环境，促进农业产业化发展。作为"万村千乡市场工程"的主体，农家店是指将店址设在乡镇或村，运用现代流通方式，以销售商品为主，并提供收购农产品及其他相关服务的零售店铺。该工程要求农家店采用统一标识、统一价格、统一配送、统一核算、统一管理、统一采购的模式，并引导城市连锁和超市向农村延伸发展，来健全农村流通网络，改善农村消费市场环境，提供安全、便捷、实惠的消费环境，缩小城乡消费差距。

二、研究设计

1. 研究方法

传统的用于评价产业市场绩效的方法主要有两种：（1）单指标测度方法。分别用利润率指标、勒纳指标和贝恩指数、托宾q值等指标来测度产业组织的绩效水平。（2）综合测定方法。分别从资源配置效率、规模结构效率、技术进步程度、销售费用水平四个方面对产业组织的市场绩效进行分析，由于市场绩效的单指标测度方法过于简单，不能全面反映市场绩效状况，而综合测度的方法更多的是从消费者的角度强调消费者福利，缺乏相关数据的支持。因子分析法是一种较为客观的多指标评价方法，能够克制以上两种方法的不足。它选取反映产业市场绩效的若干主要指标，从指标数据内部结构出发，获得对产业市场绩效的各项评价。因此，本文借助因子分析模型，通过寻找一组数目较小、相互独立的公共因子来代替相对较多和相互关联的绩效评价。

因子分析法是研究相关矩阵内部的依存关系，将多个变量综合为少数几个因子以再现指标与因子之间相关关系的一种统计分析方法。本文基于因子分析的思想，根据各绩效评价指标相关性大小将它们分组，使得同组内的指标之间的相关性较高，不同组的变量之间的相关性较低，通过对相关矩阵内部结构关系的研究，找出影响市场绩效的几个综合指标就成为因子。而因子模型表达式为：

$$\begin{cases} X_1 = a_{11}F_1 + a_{12}F_2 + \cdots + a_{1n}F_n + \varepsilon_1 \\ X_2 = a_{21}F_1 + a_{22}F_2 + \cdots + a_{2n}F_n + \varepsilon_2 \\ \cdots \\ X_m = a_{m1}F_1 + a_{m2}F_2 + \cdots + a_{mn}F_n + \varepsilon_m \end{cases}$$

其中 X_1，X_2，X_3，$\cdots$，X_m 为实测变量，a_{ij} 为因子荷载，$F_i(i=1,2,3,\cdots,m)$ 为公共因子，$\varepsilon_i(i=1,2,3,\cdots,m)$ 为特殊因子，本文使用 spss7.0 软件，按照以下四个步骤展开因子分析：（1）建立指标体系和原始矩阵 Z。原始数据标准化，得到标准化矩阵 R'。计算 Z 或者 R' 得相关系数矩阵 R。（2）解特征方程 $|R - \lambda E| = 0$，计算相关矩阵的特征值 λ_i，若 $\lambda_1 \geq \lambda_2 \geq \cdots \lambda_n \geq 0$ 则根据方差累积贡献率（一般取值在85%以上）确定因子个数 p。（3）计算特征向量和初始因子载荷矩阵 A，找出因子载荷系数绝对值大于 0.4 的变量。（4）计算因子得分和主因子解，该过程中，若因子意义不明显则对初始因子进行逆转，并根据主因子和综合因子得分情况，给出相应的评价。

2. 研究样本以确定主因子解

本文的样本数据源于问卷调查，鉴于我们研究的是农户对农家店满意度，截至 2011 年 10 月，我们在陕西省榆林、商洛、安康、宝鸡、渭南、汉中、咸阳七个地区展开调研。在确定调研地的选择时，考虑到农家店的情况受消费主体收入情况、市场开放度、交通运输条件等的影响，为更好地反映出陕西省的整体情况，从样本的全面性、样本的代表性、样本的可获取性三方面因素考虑，选取陕南、关中和陕北三个地区作为代表地区。问卷发放采取实地发放调查问卷、当面填写、立即收回的方法。本次调查活动一共发放问卷 358 份，回收有效问卷 341 份，有效率为 95%。

3. 评价指标权重计算

关于农户对农家店满意度的测评，本质是一个由定性分析向定量分析转化的过程。因此需要农户对农家店满意度均为顾客的主观认识，通过直接询问来了解是不准确的。对测评指标进行量化转化，这种主观态度量化的过程包括两步：第一步：根据指标的重要性不同，对不同程度分别赋予数值。第二步：对指标数据进行因子分析，确定各指标的权重，分析影响农户满意度的关键因素。本文采用5级态度：非常满意，基本满意，一般满意，不满意和非常不满意，相应赋值为1，2，3，4，5。

表1　　　　　　　　　　满意程度的量化

满意程度	赋值
非常满意	1
基本满意	2
一般满意	3
不满意	4
非常不满意	5

农户对农家店满意度的综合评价需要对各种基础指标进行加总，由于各指标对总体满意度的影响程度不同，在综合评价时，必须对指标体系中诸指标进行权重分析。为了揭示各指标内在的信息结构，本文借鉴多指标综合评价的分析思路，采用因子分析对满意程度进行综合评价。

在现有运用因子分析法进行多指标的综合评价中，一般都是根据提取公共因子的累计平方和（达到85%以上即说明反映了原有变量的大部分信息）来确定主成分的个数，并计算综合评价得分。该方法反映的仅是抽取公因子单独综合原始信息能力的总和，其综合原始信息的能力不可能超过所提取公因子的累计综合能力，也不可能超过第一个公因子综合原始信息的能力。据此，本文采用第一个公因子中各基础指标的系数作为各基础指标相应的权重，并采取相同方法确定方面指标的权重以合成城乡一体化程度的评价。表2和表3是根据spss18.0统计分析软件中的因子分析法计算出的基础指标的最终权重以及方面指标的权重。

表2　　　　　　　　　　方差分析

维度	成分	特征根	方差贡献率（%）	累积方差贡献率（%）
农家店基本情况	1	1.325	49.736	49.736
	2	0.532	19.968	69.704
商品情况	1	1.898	51.844	51.844
	2	0.591	16.145	67.989

续表

维度	成分	特征根	方差贡献率（%）	累积方差贡献率（%）
环境卫生情况	1	2.277	55.458	55.458
	2	0.618	15.050	70.508
服务情况	1	1.689	52.552	52.552
	2	0.637	19.805	72.357

表3　　　　　　　　　　指标权重及满意度汇总

项目	权重	指标体系	指标权重	非常满意	基本满意	一般满意	不满意	非常不满意
农家店情况	0.4333	信誉	0.3492	40	188	99	13	1
		距离	0.6038	44	140	121	33	3
		交通	0.5725	49	142	118	27	3
		邻里关系	0.4309	35	156	124	24	2
商品情况	0.6434	价格	0.3281	16	141	141	37	6
		质量	0.4348	25	157	117	38	4
		种类	0.4841	30	126	137	40	6
		品牌丰富	0.4762	20	103	154	60	5
		新旧	0.4921	20	114	140	59	7
环境卫生情况	0.0666	卫生	0.4188	17	136	119	64	5
		物品摆放	0.45	31	139	125	64	8
		价格标示	0.4864	25	101	125	72	17
		装修	0.4506	24	99	162	50	7
		营业面积	0.4274	25	110	149	48	9
服务情况	0.20	服务	0.4394	40	143	129	26	2
		营业时间	0.4609	54	148	105	31	3
		售后服务	0.564	25	101	152	64	15
		赊销服务	0.5263	31	104	152	47	8

三、影响农户对农家店满意度的基本因素分析

农户对农家点满意度正是农户在农村消费品市场上所获福利高低的一种主观体现，可以反映农村居民在消费品市场上获得效用的多少。农户的福利主要取决于消费的安全性、便捷性、实惠度等。通过对临潼区农家店的问卷调查，主要结果如下：

1. 农户自身情况

在随机取样调查的341位农户中，以女性为主，年龄主要分布在20～50岁

之间，其每周光顾次数和月花费状况如表4及图1、2所示：

表4　　　　　　　抽样农户结构组成及基本消费情况

年龄	20岁以下	20~29岁	30~39岁	40~49岁	50~59岁	60岁以上
农户数	41	101	67	110	15	7
家庭人口数	2	3	4	5	6	7以上
农户数	11	80	181	132	43	14
周光顾次数	2~3次		4~5次		6~7次	8次以上
农户数	125		121		68	28
月花费	100元以下		100~200元		200~300元	300元以上
农户数	118		110		76	37

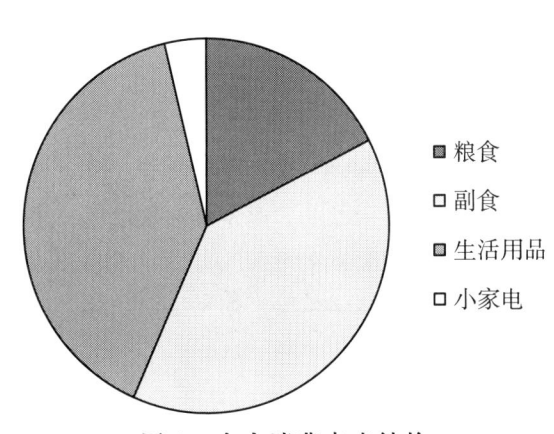

图1　农户消费支出结构

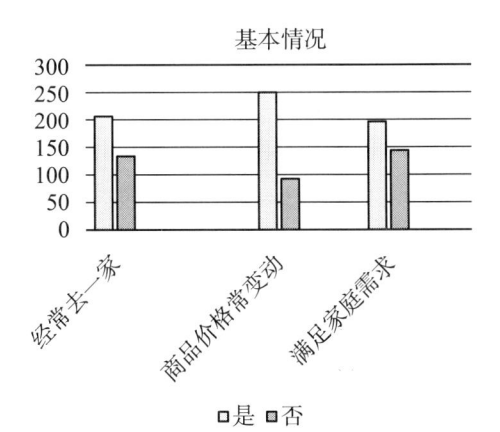

图2　农户对农家店基本评价情况

调查表明，农户的家庭结构和收入来源以及消费偏好对农户的消费水平有着重要作用，对农家店的需求度和满意度也有较大影响。根据调研地反映出的情况，务农、畜牧业以及外出务工成为这一地区农村居民的三大收入来源。收入水平和收入的不确定性对农户的消费偏好有着决定性的影响，受消费支出总额的限制，农户在农家店的月消费支出额不高，主要在200元以下。从周光顾次数和主要消费品可以看出，主要是以日常生活用品和食品支出为主。农家店的商品基本可以满足农户家庭各成员的需求，商品的价格浮动也在正常范围内。

此外，家庭人口数量的多少影响家庭基本生活资料的支出。随着家庭人口的增长，在食品饮料、日用品、通讯费和交通费上的支出不断增长。由于农村家庭通常在婚后马上生育子女，因此人口数为1~2人的农户大多数不是新婚，而多为子女分家后的老人。这类家庭收入低，在家庭各项支出上均很低。家庭人口数为3人的家庭属于核心家庭，这类家庭的主要购买决策者大部分属于年轻父母，他们消费观念较新，因此这类家庭在休闲娱乐和耐用品上的消费比较突出。由于农村家庭可以生育两个子女，人口数为4人的家庭属于核心家庭的可能性也较高。与三口人的核心家庭不同，这类家庭子女的年龄较大，已经入学的比例较高，因此该类家庭在教育上的支出很高。人口数在5人及以上的家庭通常属于主干家庭或联合家庭。在这样多代同堂的家庭中，通常由年龄最长的父母作为家庭的主要决策者，因此这类家庭的消费观念较为传统。主要表现在基础生活资料、住房的支出上较为突出，而在休闲娱乐的人均支出上较低。

2. 农家店自身情况

（1）农家店自身条件。根据表3可知，农家店自身情况对综合满意度的影响权重为0.4333，在四大影响指标上影响权重仅次于商品情况。主要从农家店的信誉、距离远近、交通便利性、邻里关系四个方面来衡量农家店自身情况。其中，距离的远近对农家店自身情况的影响最大，权重为0.6038；其次是交通的便利程度和邻里的关系，权重分别是0.5725和0.4309。这表明农户比较注重购物的便利性，比较注重农家店的距离远近、分布覆盖状况。此外，受传统农村消费市场的局限，几乎都是邻里之间的交易，一次性的偶发交易次数不多，因而邻里关系的好坏和农家店的信誉对满意度也有着直接的影响。

（2）商品情况。商品情况对综合满意度的影响比重最大，权重为0.6434，分别从商品的价格、质量、种类和同类产品的品牌丰富情况来衡量。其中商品的种类影响系数最大，其次是品牌的丰富性，指标权重分别为0.4841和0.4762。由于农村的消费品市场接近于完全竞争市场，商品的质量和价格都基本保持一样，因此对商品情况的影响系数较小，特别是价格在货比三家、偏好低价耐用性商品的消费习惯的影响下，价格的高低及其变动的频率直接决定了农户对农家店的满意度。同种商品的价格会逐渐趋于一致。但不能忽视的是，消费价格水平直接影响了农户的购买欲望。居高不下的物价会提高农户的生活成本，使农户面对商品尤其是价格弹性较大的商品望而却步，或压缩购置计划、压缩消费需求，或延后执行购买计划，或者将资金转向储蓄或投资。农户价格水平下降，使得农户生活水平成本增加，会减少同等价值的食物消费，损害消费者的利益。

3. 环境卫生情况

农家店的环境卫生状况对综合满意度的影响权重最小，为0.0666。衡量环境卫生情况的五个因素——卫生情况、物品摆放情况、价格标示情况、装修情况和营业面积的影响权重都很接近，其中价格标示情况的影响相对最大，为0.4864。这主要是由于传统农村消费品市场经营模式的缺陷，存在价格标明不清、乱要价、价格变动不合理等情况。但是，与满意度相关性较小的营业面积、装修情况、物品摆放以及卫生条件，是区别与传统销售方式"杂、乱、脏"，体现新型城市化流通销售模式的外在特征，可以反映出农户对农家店的标准化和现代化有一定的要求。在统一的价格前提下，零售店的装修情况、物品摆放以及卫生条件的标准化、现代化，可以提高农户消费的满意度。

4. 服务情况

服务情况对综合满意度的影响权重也较小，为0.20。在衡量的因素中，售后服务的权重最大，为0.564，其次是赊销服务，权重为0.5263，而服务态度和营业时间的影响相比较小，这主要是由于农村消费人口比较固定，消费市场较小，对营业时间和服务水平的要求不高。

四、结论与建议

目前在完全竞争的市场环境下，农户对农家店并未有全面的认识，对农家店也没有形成明显的偏好，对农家店与一般的小商店并无区分。为发挥好农家店对城乡商贸流通的促进作用，针对前文通过农户对农家店满意度的调查分析，以及对农家店的绩效分析中发现的问题，提出以下政策建议：

1. 加大政府扶持力度，完善监督管理职能

针对农村消费市场发展中的制度因素中，由于二元经济结构中存在聚集农村资源财富向城市转移的情况，政策扶持和资金流向都偏向于城市，导致农村的发展远远落后于城市，无论是农业的产业化与乡镇企业的发展，还是基础设施建设与教育医疗卫生条件的改善都有较大差距。在完善农村市场、拓展农村消费品市场的过程中，未能积极引导资金流转，为市场的发展提供资金与政策的扶持，同时也未能在完善市场的过程中做好监督管理的职能，尤其是对假冒伪劣商品的监管力度不足，

未能对消费主体权益做到有效保障，未能有效促进市场秩序与交易规则的规范化。

为了扶持企业，鼓励农户加盟农家店，实现现代化服务流通配送体系，从而发展完善城乡商贸流通体系。首先，政府应解决农户加盟资金难的情况，通过加大资金扶持，提高对农家店的资金补助力度，完善乡镇的金融市场，健全农村消费市场的信贷体系和农村融资渠道，适度放宽对农户自主创业的贷款要求。同时，还应把扶持重心向农村转移，在政策上有所倾斜。其次，要加大培训指导力度，除了对相关的政策法规做宣传指导外，还应对农家店整体的服务管理机制给予指导，主要是针对消费市场的营销、管理、服务的科学方法的培训，使农家店更具规范化、规模化，增强农家店的服务软实力。再次，在发展建设农家店阶段，政府要做好监督管理，对农家店的流通、配送、服务、硬件配套设施、商品价格及质量进行监管，切实解决农村消费市场的"不方便，不安全，不实惠"问题，创建安全实惠的农村消费品市场。

2. 降低流通成本，提高农家店的市场竞争力

消费环境的不完善，导致消费品市场的供求未形成有效的对接。对农家店的发展形成了严重的制约。供给方找不到市场销售商品，需求方找不到市场来满足需求。市场信息的不对称、市场秩序的不健全严重制约了农村消费品市场的完善和拓展。农村的消费品市场受农村传统生产生活方式的影响，消费渠道为杂货店、夫妻店、流通商贩和集贸市场为主。在没有有效的监督管理机制的约束下，假冒伪劣商品就会通过这种传统的经营模式，严重损害农村居民的消费权益。同时，由于农村居民偏好于档次偏低的耐用型商品，同类商品中，价格低廉的商品占据市场份额较大，品牌效应的影响较小。这也形成了尽管未能形成全面健全的市场体系，但市场机制的调节作用是高效的。虽然在发展农家店的过程中，引入新连锁经营模式旨在规范农村消费品市场，实现规模化、标准化、品牌化。但未能结合农村发展现状，考虑区域特点，合理规划网点的设立，协调好政府、企业、私人的利益关系，实现小农生产的零散性与连锁经营的统一性的结合。未能形成与农村市场分散、农业生产率较低、农民消费偏于低价耐用品相适应的新型现代化的零售模式。

因此，提升农户对农家店的满意度，最主要是提高农家店的竞争优势。在竞争激烈的消费品市场环境下，一是要降低成本，在流通环节中，要利用规模经济的优势，降低配送成本和流通费用。二是要注重满足农户的多重选择和需求，要增加商品的种类以及同类商品的类型。同时在统一配送中，要扩大涉及商品范围。三是要加大服务环境的竞争优势。在注重服务态度、结算效率的情况时，还应根据地区条件，适度延长营业时间，满足农户的需求。在外出务工人员较多的区域，应统一规范赊账服务，关照留守儿童和老人。

3. 加快农村基础设施建设，统筹城乡商贸流通体系

陕西省农村消费市场发展受地理位置和开放度等自然环境因素的制约，西北地区的经济总量远远落后于东部发达地区，这对城市化的进程中基础设施的建设、教育医疗条件的升级都有影响，伴随区域信息的不对称，也阻碍了劳动力的流转，限制了农民收入水平的增加。特别是村落比较分散、消费品市场广阔但分散，导致流通环节重复度高，流通运输成本较大。

基础设施建设的完善，不仅可以方便农户的日常生活，促进乡镇企业的发展，提供就业机会，提高农户收入水平，而且可以推动城乡商贸流通，转变二元结构，缩小城乡收入差距。在基础设施建设的完善中，首先要注重完善道路交通建设，提高交通的便捷性，注重村级公路、乡镇级公路的建设，提高乡镇之间、城乡之间的联系。既可以缩小流通费用、降低成本，又可以推动农产品进城、工业品下乡，同时还可以增强信息、技术的传递和交流。其次是要扩大农村通信网络和互联网络的覆盖范围，为农户的沟通、学习、获取知识和讯息等资源提供更高的平台，有利于农家店与现代化的商贸流通业的融合，有利于扩大农家店的覆盖率，提高其标准化、规模化。完善城乡商贸流通体系，不是要求城市市场与农村市场完全一致，而是要实现在不同市场主体，发挥各自优势，相互促进，相互完善，协调发展，协调农村市场与城市市场，统筹消费品流通和生产资料流通。

参 考 文 献

［1］任保平，任宗哲．统筹城乡视角下城乡双向流通路径研究［M］．中国经济出版社，2011．

［2］任保平，任宗哲．统筹城乡商贸流通的案例分析［M］．中国经济出版社，2011．

［3］庄尚文，尹星慧．城乡二元结构下商品流通的复杂性及发展对策［J］．现代管理科学，2009，（1）．

［4］商务部研究院．中国现代流通30年［M］．中国商务出版社，2008．

［5］梁云．城乡商贸统筹发展模式及实践［M］．商业经济，2009（8）．

［6］李芬儒．"万村千乡"市场工程建设理论指导和模型选择［J］．中国流通经济，2007（11）．

［7］欧翠珍．"万村千乡"市场工程的消费效用评价与前瞻［J］．消费经济，2006（1）．

［8］梁睿．商业连锁开始向农村扩展［N］．经济日报，2007-5-23．

［9］刘新燕．构建新型顾客满意度指数模型—基于SCSB，ACSI，ECSI的分析［J］．南开管理评论，2003．

［10］廖颖林．顾客满意度指数测评方法及其应用研究［M］．上海财经大学出版社，2008．

［11］李小云，左停，叶敬中．2009年中国农村情况报告［M］．中国农业出版社，2010．

［12］刘雯，安玉发．基于功能分解的农产品批发市场经济性质评价研究［J］．经济与管理研究，2010（10）．

调查问卷四：统筹城乡视角下的城乡商贸流通体系研究调查问卷

（农产品流通价值链分卷）

问卷编号：☐☐☐☐☐☐

（说明：编号由六个数字组成，第一、第二、第三个数字分别表示调查的省、市、区的编号，第四、第五个数字表示访员的编号，第六个编号表示该访员的第几个问卷）

使用说明：

1. 本问卷中所有选择题都可以多选，在方框（☐）中打勾（√）即可，在有需要填写"其他_____"的问题中将受访者答案填写在下画线上；

2. 本问卷中所有的填空题需要填写问题的具体数值等答案，务必如实客观填写。如果问卷在填空后没有注明单位，则请按照受访者回答的单位予以注明；

3. 有些开放式问题受访者可能会回答较多内容，请将回答的重点填写，并注意不要与受访者进行更深入的讨论，以免浪费时间，影响下一步的提问。

一、基本情况

1. 调查农产品名称_____

2. 该农产品调研地_____

（1）批发市场☐　（2）连锁超市☐　（3）零售摊点☐　（4）其他_____

3. 该农产品成色划分_____调查农产品所属等级_____（可附具体该种农产品分类标准_____）

4. 当前销售价格_____

5. 常规销售量_____

6. 该农产品原产地_____

二、价格状况

1. 当前销售价格区间_____
（1）零售价格（少量购买，临界值_____）_____
（2）批发价格（大量从优，临界值_____）_____
（3）常规平均价格（常规规模_____）_____
（4）其他状况_____
2. 当前进货价格_____
（1）少量（规模_____）进货_____
（2）大宗（规模_____）进货_____
（3）进货均价（规模_____）_____
（4）其他状况_____
3. 价格波动状况_____
（1）价格波动平均周期_____
（2）价格波动原因_____①供货商提价□　②供应不足，供大于求□　③其他_____□
（3）最近一次价格波动时间_____波动幅度_____

三、流通量状况

1. 一次性进货量_____进货周期_____
2. 上级进货机构（供货方）_____
3. 农产品采购运输工具_____
4. 由上级流通机构运至该市场所需流通时间_____流通（运输）成本_____
5. 到达该机构前经历的流通环节_____
6. 该农产品当前库存量_____
7. 该农产品销售商承担的流通成本总和_____
附成本细化组成：（1）买卖时间_____
　　　　　　　　（2）簿记成本_____
　　　　　　　　（3）仓储租金费用_____
　　　　　　　　（4）农产品占用资本机会成本（利息）_____
　　　　　　　　（5）劳动力工资费用_____

(6) 运输费用_____
(7) 其他_____

8. 主要购买方（个人、机构）_____
9. 销售量_____

(1) 零售□_____　　(2) 批发□_____　　(3) 其他□_____

10. 购买方流通（运输）工具_____
11. 下级销售机构_____
12. 由该市场至下级销售市场的流通时间_____流通（运输）成本_____

四、纵向对比

1. 购入价格纵向对比

时间区间	少量购买价	批发价	平均价
2011 年第一季度			
2010 年第四季度			
2010 年第三季度			
2010 年第二季度			
2010 年第一季度			
2009 年			
2008 年			
2007 年			
2006 年			

2. 售出价格纵向对比

时间区间	零售价	批发价	平均价
2011 年第一季度			
2010 年第四季度			
2010 年第三季度			
2010 年第二季度			
2010 年第一季度			

续表

时间区间	零售价	批发价	平均价
2009 年			
2008 年			
2007 年			
2006 年			

3. 流通成本（总计）纵向对比

流通最大支出备选项：a. 买卖时间

　　　　　　　　　　b. 簿记成本

　　　　　　　　　　c. 仓储租金费用

　　　　　　　　　　d. 农产品占用资本机会成本

　　　　　　　　　　e. 劳动力工资费用

　　　　　　　　　　f. 运输费用

　　　　　　　　　　g. 其他

时间区间	流通总成本	a	b	c	d	e	f	g
2011 年第一季度								
2010 年第四季度								
2010 年第三季度								
2010 年第二季度								
2010 年第一季度								
2009 年								
2008 年								
2007 年								
2006 年								

五、流通环境

1. 主要交易手段

（1）现金交易□　（2）转账交易□　（3）信用卡交易□　（4）网上交易□

（5）期货交易□　（6）其他＿＿＿＿＿＿＿

2. 交易基础设施

该交易场所主要流通基础设施_____

目前基础设施能否满足交易需求 （1）是□   （2）否□

如不能较好地满足流通需求，还应增加哪些设施或作哪些改进_____

3. 劳动力雇用情况

流通领域劳动力能否满足需求，能否顺利雇佣所需劳动力（1）是□
（2）否□

4. 流通服务状况

该流通场所主要的服务机构_____

服务状况是否满意（1）是□   （2）否□

如对服务状况不满意，应做哪些改进，或增加哪些服务机构_____

参 考 文 献

英文部分

[1] Grossman, S. J., O. D. Hart. 1986. The Costs and Benefits of Ownership: A Theory of Vertical and Lateral Integration [J]. Journal of Political Economy, Vol. 94: 691 – 719.

[2] Hart, O. D., J. Moore. 1990. Property Rights and the Nature of the Firm [J]. Journal of Political Economy, Vol. 98: 1119 – 1158.

[3] Tang, Kam-ki. 1998. Economic Intergration of the Chinese Provinces: a Business Cycle Approach [J], Journal of Economic Integration, Vol. 13.

[4] Naughton, B.. 1999. How Much Can Regional Internation Do to Unify China's Markets? [A]. Conference for Research on Economic Development and Policay [C], Stanford University.

[5] Wu, Laping. 2001. Integration of China's Major Agricultural Product Markets [Z]. Paper presented to the 3rd International Conference on Chinese Economy, CERDI, Clermont-Ferrand, France.

[6] Xu, Xinpeng. 2002. Have the Chinese Provinces Become Integrated under Reform? [J]. China Economic Review, Vol. 13.

[7] Poncet, S.. 2003. Measuring Chinese domestic and international integration [J]. China Economic Review, Vol. 14.

中文部分

[1] 任保平，任宗哲等. 统筹城乡视角下城乡双向流通的路径研究 [M]. 北京：中国经济出版社，2011.

[2]〔美〕菲利普·科特勒. 营销管理（第13版）（中译版）[M]. 北京：中国人民大学出版社，2009.

[3] 周利国. 中国农村商贸流通研究 [M]. 北京：中国财政经济出版社，

2009.

　　[4] 周日星,苏为华,张悦,沈毅,辛玉娟. 商贸流通业统计监测评价体系研究 [M]. 北京:中国市场出版社,2006.

　　[5] 财政部经济建设司,中国物流与采购联合会. 农村流通体系财税政策研究 [M]. 北京:中国经济出版社,2007.

　　[6] 蔡昉,林毅夫. 中国经济:改革与发展 [M]. 北京:中国财政经济出版社,2003.

　　[7] 陈少晖等. 统筹城乡发展:历史考察与现实选择 [M]. 北京:经济科学出版社,2008.

　　[8] 高铁生,郭冬乐. 中国流通产业发展报告 [M]. 北京:中国社会科学出版社,2004.

　　[9] 纪良纲,刘东英. 中国农村商品流通体制研究 [M]. 北京:冶金工业出版社,2006.

　　[10] 姜受堪,崔延森. 农产品流通论 [M]. 北京:中国商业出版社,1992.

　　[11] 拉尼斯. 费景汉. 增长和发展:演进的观点 [M]. 北京:商务印书馆,2004.

　　[12] 李碧珍. 农产品物流模式创新研究 [M]. 北京:社会科学文献出版社,2010.

　　[13] 厉以宁. 资本主义的起源 [M]. 北京:商务印书馆,2006.

　　[14] 刘玉成. 论中国农产品流通体系建设 [M]. 成都:西南财经大学出版社,1999.

　　[15] 彭望勤,刘斌. 物流实务手册 [M]. 上海:立信会计出版社,2003.

　　[16] 张留记,李福众,白炳林. 怎样改善农村商品流通 [M]. 河南:河南人民出版社,1984.

　　[17] 李道亮. 中国农村信息化发展报告 [M]. 电子工业出版社,2009.

　　[18] 马克思. 马克思恩格斯全集 [M]. 北京:人民出版社,1972.

　　[19] 马克思. 资本论 [M]. 北京:人民出版社,1975.

　　[20] 商务部研究院. 中国现代流通30年 [M]. 北京:中国商务出版社,2008.

　　[21] 杨菁. 国外的农产品贸易与市场流通 [M]. 北京:中国社会出版社,2006.

　　[22] 晏维龙. 交换、流通及其制度 [M]. 北京:中国人民大学出版社,2003.

　　[23] 吴佩勋. 社会主义新农村流通服务体系的现状与展望 [M]. 广东:中

山大学出版社，2008.

[24] 林毅夫，姚洋主编.中国奇迹——回顾与展望 [M].北京：北京大学出版社，2009.

[25] 舒尔茨.改造传统农业 [M].北京：商务印书馆，1987.

[26] 袁纯清.共生理论 [M].北京：经济科学出版社，2001.

[27] 宋则，郭冬乐，荆林波.中国流通理论前沿 [M].北京：社会科学文献出版社，2006.

[28] 王崇举.城乡协调发展与社会创新 [M].北京：经济管理出版社，2008.

[29] 王晋卿，谢志华等.中国商业改革开放30年回顾与展望 [M].北京：经济管理出版社，2009.

[30] 吴健安.市场营销学 [M].北京：高等教育出版社，2004.

[31] 武云亮，赵玻等.中国流通产业理论与政策研究 [M].合肥：合肥工业大学出版社，2008.

[32] 赵保佑.统筹城乡经济协调发展与科学评价 [M].北京：社会科学文献出版社，2009.

[33] 陆铭，陈钊.中国区域经济发展中的市场整合与工业聚集 [M].上海：上海三联书店、上海人民出版社，2006.

[34] 白全礼，郝爱民.国际农村流通体系建设比较及对中国的启示 [J].河南师范大学学报，2009（6）.

[35] 保健云.中国发达地区间的发展竞争与市场一体化 [J].中国人民大学学报，2006（3）.

[36] 蔡昉，都阳，王美艳.户籍制度与劳动力市场保护 [J].经济研究，2006（12）.

[37] 蔡昉.中国"三农"政策的60年经验与教训 [J].广东社会科学，2009（6）.

[38] 曹庆林，范爱军.现阶段中国市场分割程度的测算——以全国猪肉市场为例 [J].当代财经，2008（3）.

[39] 陈炳辉，安玉发.农产品批发市场发展模式国际比较及对中国的启示 [J].世界农业，2006（2）.

[40] 陈晓东，李晏墅.推进农村流通现代化提升"三农"利益 [J].财贸经济，2004（12）.

[41] 陈煜，贺盛瑜.农村商品流通模式创新研究 [J].农村经济，2009（7）.

[42] 陈钊, 陆铭. 从分割到融合：城乡经济增长与社会和谐的政治经济学 [J]. 经济研究, 2008 (1).

[43] 程艳. 商贸流通理论的发展及其述评 [J]. 浙江学刊, 2007 (5).

[44] 迟福林. 扩大内需重在基本公共服务制度建设 [EB/OL]. 人民网—理论频道, 2009.2.3

[45] 戴红梅, 贾后明. 城乡市场分割的形成和统筹建设的措施分析 [J]. 农业现代化研究, 2004 (7).

[46] 邓琪, 杨海龙. 地方中小超市生存发展之路的研究——探索"乡村超市+城乡配送中心+城市生鲜便利"的模式 [J]. 价格理论与实践, 2006 (5).

[47] 丁建吾. 农产品流通存在问题分析 [J]. 中国经贸导刊, 2009 (3).

[48] 丁俊发. 构建现代流通体系面临的形势和任务 [J]. 中国流通经济, 2007 (2).

[49] 丁旭辉, 黄韫慧, 吴取芳. 安徽省"双向流通"连锁经营阶段性发展探究 [J]. 集体经济, 2009 (4).

[50] 董山峰. 农村流通现代化水平大提高 [N]. 光明日报, 2008.11.12.

[51] 杜红梅. 我国农产品流通组织体制的理论和实证分析 [J]. 求索, 2004 (7).

[52] 杜鹏, 任金芳, 李茂. 城乡两个均势市场的差异与优势研究 [J]. 现代财经：天津财经学院学报, 2004 (5).

[53] 范秀荣, 李晓锦. 日、美、荷农产品物流组织的经验与启示 [J]. 中外物流, 2007 (4).

[54] 方杰. 统筹城乡生产要素资源配置促进城乡要素市场一体化 [J]. 商场现代化, 2004 (6).

[55] 方鸣, 应瑞瑶. 中国城乡居民的代际收入流动及分解 [J]. 中国人口、资源与环境, 2010 (5).

[56] 冯平. 商贸流通主管部门政府职能转变初探 [J]. 宁波经济丛刊, 2002 (6).

[57] 刚翠翠, 任保平. 城乡双向流动的商贸流通连锁经营网络体系的构建 [J]. 经济研究导刊, 2011 (3).

[58] 高涤陈. 深化对市场经济规律的认识 构建顺畅运行的市场秩序 [J]. 财贸经济, 2004 (8).

[59] 高帆. 论二元经济结构的转化趋向 [J]. 经济研究, 2005 (9).

[60] 高力. 农产品流通市场主体培育的目标探析 [J]. 安徽农学通报, 2006 (12).

[61] 高青松. 连锁零售企业城乡市场"双向流通"模式构建 [J]. 商场现代化, 2009 (5).

[62] 高燕翔. 中小商业企业面临的困境及发展对策 [J]. 经济问题, 2007 (2).

[63] 耿莉萍. 我国流通产业发展现状与趋势分析 [J]. 北京工商大学学报（社会科学版）, 2010 (11).

[64] 桂琦寒, 陈敏, 陆铭, 陈钊. 中国国内商品市场趋于分割还是整合：基于相对价格法的分析 [J]. 世界经济, 2006 (2).

[65] 韩正清, 王燕, 王千六. 城乡经济金融二元结构：理论关系与实证分析 [J]. 财经问题研究, 2010 (2).

[66] 郝玉龙, 穆岩. 以市场一体化为平台加快区域物流发展 [J]. 中国流通经济, 2007 (8).

[67] 何燕子. 加快发展中国农村市场建设的研究 [J]. 农业现代化研究, 2005 (11).

[68] 洪涛, 郑强. 城市流通力的内涵及其相应指标体系的建立 [J]. 商业经济与管理, 2002 (11).

[69] 洪涛. 我国城乡流通业协调发展初探 [J]. 中国流通经济, 2010 (7).

[70] 洪涛. 新世纪我国农村商品流通问题研究 [J]. 商业经济与管理, 2003 (2).

[71] 洪银兴, 高春亮. 城乡市场的分割和统一 [J]. 经济学家, 2006 (6).

[72] 洪银兴, 郑江淮. 反哺农业的产业组织与市场组织 [J]. 管理世界, 2009 (5).

[73] 侯慧君. 我国金融信用的缺失与监管问题研究 [J]. 上海金融, 2005 (8).

[74] 侯清麟, 黄洁辉, 田颖. 论农村零售业现状与发展农村连锁超市的策略 [J]. 湖南工业大学学报（社会科学版）, 2008 (2).

[75] 胡保玲, 胡正明. 连锁商业开拓农村市场的营销策略 [J]. 农村经济与科技, 2006 (11).

[76] 黄福华. 推进区域性商贸流通现代化进程的物流战略 [J]. 中国软科学, 2004 (3).

[77] 黄国胜, 陈宗兴. 统筹城乡发展视角下的新农村建设 [J]. 西北大学学报, 2010 (6).

[78] 黄国雄, 刘玉奇, 王强. 中国商贸流通业60年发展与瞻望 [J]. 财贸经济, 2009 (9).

[79] 黄赜琳, 王敬云. 地方保护与市场分割: 来自中国的经验数据 [J]. 中国工业经济, 2006 (2).

[80] 黄祖辉, 吴克象, 金少胜. 发达国家现代农产品流通体系变化及启示 [J]. 福建论坛·经济社会版, 2003 (4).

[81] 计保平. 论城乡消费结构变动的差异及其市场影响 [J]. 北京行政学院学报, 2000 (5).

[82] 纪良纲. 论农产品流通中介组织发展的规律性 [J]. 北京商学院学报, 1999 (3).

[83] 贾小玫, 周瑛. 对缩小城乡收入分配差距的思考 [J]. 财经科学, 2006 (4).

[84] 贾愚, 刘东. 供应链契约模式与食品质量安全: 以原奶为例 [J]. 商业经济与管理, 2009 (6).

[85] 蒋文博. 以科学发展观加强商贸流通市场监管 [J]. 发展研究, 2009 (2).

[86] 焦伟伟. 河北省农村商贸流通体系实证研究 [J]. 物流工程, 2007 (10).

[87] 金琳, 连锁经营与农村流通现代化思考 [J]. 物流工程与管理, 2009 (1).

[88] 黎筠. 城乡商贸统筹发展的财政对策 [J]. 中国集体经济, 2008 (7).

[89] 黎筠. 城乡商贸统筹发展中存在的问题及对策探讨 [J]. 河北农业科学, 2009 (2).

[90] 黎元生. 论农产品流通组织创新中的政府职能及行为边界 [J]. 福建论坛, 2004 (12).

[91] 李炳坤. 农产品流通体制改革与市场制度建设 [J]. 中国农村经济, 1999 (6).

[92] 李定珍. 关于我国农村零售组织创新的思考 [J]. 湖南社会科学, 2007 (6).

[93] 李东. 基于统筹视角下的农村市场流通体系建设 [J]. 经济理论研究, 2009 (6).

[94] 李芬儒, 忻红. "万村千乡" 市场工程建设理论指导和模式选择 [J]. 中国流通经济, 2007 (11).

[95] 李芬儒. 关于我国农村商品流通创新的思考 [J]. 河北经贸大学学报, 2003 (5).

[96] 李富忠, 张云华. 我国农产品市场体系建设研究 [J]. 中国流通经济,

2007（5）.

[97] 李湘蓉. 城乡市场一体化的障碍分析及实现途径［J］. 经济体制改革，2005（2）.

[98] 李勇. 农村连锁经营的限制因素及发展思路［J］. 商场现代化，2007（5）.

[99] 李志杰. 我国城乡一体化的指标体系设计及其实证分析——基于时间序列数据和截面数据的综合考察［J］. 经济与管理研究，2009（12）.

[100] 梁云. 城乡商贸统筹发展模式及实践［J］. 商业经济，2009（8）.

[101] 辽宁省农经考察团. 对日本农协的考察报告［J］. 农业经济，2002（10）.

[102] 林建华. 城乡统筹视角下城乡双向流动的商品管理体系研究［J］. 经济纵横，2011（3）.

[103] 林素娟. 构建双向流通低成本的模式促进社会主义新农村建设［J］. 商业研究，2006（24）.

[104] 林素娟. 新农村建设背景下西南地区城乡流通一体化体系构建［J］. 地方经济，2008（13）.

[105] 林毅夫，刘培林. 地方保护和市场分割：从发展战略的角度考察［Z］. 北京大学中国经济研究中心工作论文 No.C2004015，2004.

[106] 刘宝. 我国物流发展的城乡"二元"形态及其破解思路［J］. 经济问题探索，2008（4）.

[107] 刘宝. 协调城乡物流发展，构建城乡一体化物流［J］. 经济研究参考，2008（42）.

[108] 刘东. 流通主体缺位造成农村流通力低下［J］. 商业研究，2001年（9）.

[109] 刘宁，杨以文. 商品流通与产业升级的关系研究：理论与实证［J］. 南京财经大学学报，2007（5）.

[110] 刘颖，李晓琳. 推进农村流通现代化的思考［J］. 农业经济，2004（7）.

[111] 刘远. 农村商贸流通业的滞后要素与提升思路［J］. 南京社会科学，2005（11）.

[112] 刘战平. 城乡商品市场统筹发展研究［J］. 消费导刊，2009（1）.

[113] 柳春岩. 基于农村商贸流通业的农产品供应链—商贸流通业城乡协调发展战略研究之一［J］. 中国市场，2007（49）.

[114] 柳思维，唐红涛. 关于城乡二元商品市场格局及城乡商品市场和谐

发展的探讨 [C]. 载于《中国流通理论前沿5》（宋则，荆林波）. 北京：社会科学文献出版社，2008.

[115] 柳思维. 努力实现城乡消费品市场协调发展的思考 [J]. 财贸经济，2004（4）.

[116] 路小昆. 市场一体化：统筹城乡发展的体制基础 [J]. 理论界，2006（1）.

[117] 马强文，任保平. 中国商贸流通业增长能力的综合测度 [J]. 财贸研究，2011（2）.

[118] 毛孟凯. 从商铺引力分析连锁便利店的市场定位和生存空间 [J]. 经济论坛，2005（22）.

[119] 孟波，高诣，范磊. 农商对接：农产品流通模式创新问题研究——基于重庆城口县和开县的调研 [J]. 重庆大学学报，2009（12）.

[120] 孟波，吴方，范磊. 基于渠道关系理论的农产品流通模式创新探讨 [J]. 甘肃农业，2009（7）.

[121] 潘劲. 农产品行业协会：现状、问题与发展思路 [J]. 中国农村经济，2007（4）.

[122] 潘旭明，郭冰冰. 农村连锁经营的创新模式："仓储式"+"流动式" [J]. 农村经济，2007（3）.

[123] 钱雪亚，张昭时，姚先国. 城镇劳动力市场城乡分割的程度与特征——基于浙江数据的经验研究 [J]. 统计研究，2009（12）.

[124] 任保平，钞小静. 实现统筹城乡发展、工业反哺农业和建设新农村的有机衔接 [J]. 江西财经大学学报，2007（5）.

[125] 任保平，杨斐. 基于城乡商贸流通的政府与市场的关系 [J]. 黑龙江社会科学，2011（3）.

[126] 任保平. 城乡经济一体化新格局：制度、激励、组织和能力视角的分析 [J]. 西北大学学报，2009（1）.

[127] 任保平. 发挥商贸流通业在后危机时代扩大总需求中的作用 [J]. 贵州社会科学，2010（5）.

[128] 任保平. 加快中国城乡二元经济结构的转变 [J]. 重庆工商大学学报（西部经济论坛），2004（6）.

[129] 任保平. 论统筹城乡商贸流通的基本原则 [J]. 求索，2011（1）.

[130] 任保平. 市场分割背景下城乡商贸流通一体化运行模式及其实现路径 [J]. 福建论坛，2011（3）.

[131] 任保平. 统筹城乡商贸流通：态势、机制与模式选择 [J]. 社会科学

辑刊，2010（4）．

[132] 任保平．以制度的正确激励引导新农村建设激励结构的新设计［J］．学术月刊，2008（7）．

[133] 任博华．中国农产品流通体系的现状及优化建议［J］．北方经贸，2008（10）．

[134] 任宗哲．统筹城乡商贸流通中的政府职能及其转变［J］．西北大学学报，2011（1）．

[135] 商务部流通产业促进中心．中国农产品流通发展报告（上）［J］．中国流通经济，2009（1）．

[136] 商务部流通产业促进中心．中国农产品流通发展报告（下）［J］．中国流通经济，2009（2）．

[137] 沈益丹．江阴市统筹城乡商业发展的实践与探索［J］．商业经济，2004（11）．

[138] 石忆邵，朱卫锋．商贸流通业竞争力初探——以南通市为例［J］．财经研究，2004（5）．

[139] 宋书彬．农村经济合作组织应成为我国农产品流通的主体［J］．山西农业大学学报（社会科学版），2005（4）．

[140] 宋则，张弘．中国流通现代化评价指标体系研究［J］．商业时代，2003（11）．

[141] 宋则．流通现代化及流通业竞争力研究［J］．商业时代，2006（4）．

[142] 宿长海，王雯，金芝．中国农产品物流的现状、问题及对策［J］．商业经济，2010（8）．

[143] 孙薇．基于因子分析法的地区流通力比较研究［J］．财贸研究，2005（4）．

[144] 汤向俊，任保平．统筹城乡商贸流通体系的约束条件及其路径选择［J］．商业时代，2011（3）．

[145] 唐红涛，唐红帆．基于城乡市场发展视角的第三方物流体系建设［J］．交通企业管理，2008（3）．

[146] 唐红涛．城乡商品市场分割的实证研究［J］．经济纵横，2009（9）．

[147] 唐红涛．中国城乡商品市场失衡的制度诱因分析［J］．吉首大学学报（社会科学版），2008（5）．

[148] 童年成．论商品流通的政府管理问题［J］．中国流通经济，1997（3）．

[149] 完世伟．城乡一体化指标体系的构建及其应用［J］．经济经纬，2008

(4).

[150] 汪旭晖. 农产品流通体系现状与优化路径选择 [J]. 改革, 2008 (2).

[151] 王碧峰. 城乡一体化问题讨论综述 [J]. 经济理论与经济管理, 2004 (1).

[152] 王朝辉. 市场结构、流通能力与我国农产品流通企业扩张绩效 [J]. 经济学家, 2008 (4).

[153] 王成慧, 郭冬乐. 中国农村流通发展30年之成就 [J]. 财贸经济, 2009 (2).

[154] 王美艳. 转轨时期的工资差异: 歧视的计量分析 [J]. 数量经济技术经济研究, 2003 (5).

[155] 王新利. 我国现行农村物流模式研究 [J]. 经济与管理研究, 2004 (3).

[156] 王新利. 新农村建设中农村物流体系构建初探 [J]. 北京交通大学学报, 2007 (1).

[157] 王忠伟. 城乡物流一体化的内容体系的战略探讨 [J]. 中国商贸, 2009 (10).

[158] 温铁军, 温厉. 中国的"城镇化"与发展中国家城市化的教训 [J]. 中国软科学, 2007 (7).

[159] 吴栋, 周鹏. 城乡二元结构下财政支出对居民消费率影响研究 [J]. 当代经济研究, 2010 (6).

[160] 吴峻. 当前农村连锁经营的特点——关于浙江农村连锁门店经营的调查 [J]. 浙江经济, 2008 (16).

[161] 武文珍. 运用连锁经营构建农村消费市场分销网络 [J]. 农业经济, 2006 (6).

[162] 夏春玉, 杨宜苗. 开拓农村零售市场研究——以辽宁为例 [A]. 中国流通业与新农村建设理论研讨会论文集, 2006.

[163] 夏春玉, 张闯, 梁守砚. 城乡互动的双向流通系统: 互动机制与建立路径 [J]. 财贸经济, 2009 (10).

[164] 夏玉春. 关于我国零售业态与立地发展趋势的研究 [J]. 中国流通经济, 2000 (5).

[165] 肖北鹰. 从花卉拍卖市场看荷兰农产品流通 [J]. 世界农业, 1998 (2).

[166] 谢培秀. 试论发展中国的农业物流业 [J]. 中国流通经济, 2003

(11).

[167] 徐丽娟. 城市的流通力建设 [J]. 商场现代化, 2003 (10).

[168] 阳征保, 高青松, 肖淑葵. 以双向物流与品牌整合方式构建湖南农村新的流通局面 [J]. 集体经济, 2008 (9).

[169] 杨剑英. 生鲜农产品流通现状与对策探讨——以江苏省为例 [J]. 农业经济, 2009 (5).

[170] 杨伟. 城乡商贸双向流通战略的可行性研究 [J]. 市场论坛, 2009 (11).

[171] 易开刚. 统筹城乡商贸发展的路径探讨 [J]. 中国流通经济, 2010 (8).

[172] 易开刚. 我国农村现代化商贸流通体系的构建 [J]. 商业经济与管理, 2006 (12).

[173] 易开刚. 我国农村现代流通网络的战略举措与路径选择 [J]. 商业经济与管理, 2005 (3).

[174] 俞菊生, 张培红. 三大世界级城市的农产品市场模式 [J]. 世界农业, 2004 (10).

[175] 喻闻, 黄季焜. 从大米市场整合程度看我国粮食市场改革 [J]. 经济研究, 1999 (3).

[176] 喻问兰. 推进重庆市城乡商贸统筹发展探讨 [J]. 现代商贸工业, 2008 (8).

[177] 原生梅, 弓志刚. 论现代农村商品流通体系的构建 [J]. 财贸经济, 2005 (3).

[178] 袁平红. 直卖所——日本农产品流通新模式 [J]. 现代日本经济, 2009 (2).

[179] 曾庆均. 我国城乡市场协调发展的重点策略 [J]. 山西财经大学学报, 2001 (4).

[180] 张德化. 城乡二元流通体系与市场异质性 [J]. 中国流通经济, 2010 (3).

[181] 张锦华. 教育不平等、收入不平衡与贫困陷阱——对农村教育与农民收入的考察 [J]. 经济经纬, 2007 (6).

[182] 张利庠. 二元结构下的城乡消费差异分析及对策 [J]. 中国软科学, 2007 (2).

[183] 张明. 城乡一体化与社会管理体制改革——以江苏省苏州市为例 [J]. 苏州大学学报, 2010 (6).

[184] 张庆源, 龙丽. 奶源背后的利益链 [N]. 21 世纪经济报道, 2008-9-13.

[185] 张希颖, 冯海霞. 第三方物流与农产品连锁经营模式创新——河北省农产品营销模式分析 [J]. 价格理论与实践, 2007 (7).

[186] 张学鹏. 完善城乡流通市场体系, 全面启动农村市场 [J]. 山东轻工业学院学报, 2010 (2).

[187] 张智. 论城乡商贸统筹中商贸流通 [J]. 重庆职业技术学院学报, 2009 (1).

[188] 章迪平, 孙敬水. 中国商品流通业市场结构与绩效实证研究 [J]. 价格月刊, 2009 (4).

[189] 赵奇伟. 东道国制度安排、市场分割与 FDI 溢出效应: 来自中国的证据 [J]. 经济学 (季刊), 2009 (8) 3.

[190] 赵晓飞, 田野. 我国农产品流通渠道模式创新研究 [J]. 商业经济与管理, 2009 (2).

[191] 中国互联网络信息中心. 2009 年中国农村互联网发展状况调查报告 [R]. 2010-04-15.

[192] 周爱华, 王艳. 流通带动型城乡一体化发展研究 [J]. 南昌大学学报, 2008 (11).

[193] 周波, 万小兵. 国外农业合作社发展模式探析 [J]. 江西农业大学学报 (社会科学版), 2009 (1).

[194] 周海蓉. 中国城乡经济联动发展要求下的商业布局研究 [J]. 华东经济管理, 2005 (11).

[195] 朱卫民. 发挥自身优势积极打造农村商品流通主体 [J]. 中国合作经济, 2007 (11).

[196] 朱文涛, 余群, 黄巧夷. 我国农民专业合作社发展绩效问题及思考 [J]. 中国集体经济, 2011 (4).

[197] 朱颖. 城乡一体化评价指标体系研究 [J]. 农业经济与科技, 2008 (7).

[198] 朱智, 赵德海. 我国城乡商品流通市场一体化研究 [J]. 财贸经济, 2010 (3).

[199] 庄洪艳. 论城乡一体化战略与新农村建设 [J]. 现代商贸工业, 2009 (23).

[200] 庄尚文, 尹星慧. 城乡二元结构下商品流通的复杂性及发展对策 [J]. 现代管理科学, 2009 (1).

[201] 邹雪丁, 王转. 基于国际经验的农产品流通模式研究 [J]. 物流技

术，2009（1）．

［202］王海龙，司爱丽．农村电子商务发展构想［J］．经济纵横，2007（2）．

［203］郑文生，郑亚琴．农业电子商务的经济性及政府角色探析［J］．农业与技术，2006（8）．

［204］王美舒．物联网在农产品电子商务中的应用［J］．现代商情，2011（2）．

［205］陈文争．试论我国电子商务的发展现状及改革措施［J］．物流与采购研究，2009（2）．

［206］叶佳丽．中国电子商务发展现状及其面临的问题［J］．商业经济，2010（4）．

［207］裴长洪．电子商务的兴起及其对世界经济的影响［J］．中国工业经济，2000（10）．

［208］范玉贞，卓德保．我国电子商务对经济增长作用的实证研究［J］．工业技术经济，2010（8）．

［209］盛革．我国农产品现代流通服务体系的协同优化设计［J］．管理评论，2009（8）．

［210］中国互联网络信息中心（CNNIC）．中国农村互联网发展状况调查报告［D］．2007，2008，2009，2010．

［211］中国电子商务研究中心．1997～2009：中国电子商务十二年调查报告［R］．B2B．TOOCLE．COM，2009．

［212］中国社会科学院中国循环经济与环境评估预测研究中心，阿里巴巴集团研究中心．

［213］电子商务的环境影响报告［R］．http：//view．china．alibaba．com/book/pdf/201107/environment．pdf．

［214］艾瑞咨询，阿里巴巴集团旗下的阿里学院．中国电子商务从业人员职业发展及薪酬研究报告（2009）［R］．http：//www．ebrun．com/report/2071．html．

［215］电子商务发展"十一五"规划［R］．http：//www．sdpc．gov．cn/zcfb/zcfbtz/2007tongzhi/W020070620595393012331．pdf．

教育部哲学社会科学研究重大课题攻关项目成果出版列表

书　名	首席专家
《马克思主义基础理论若干重大问题研究》	陈先达
《马克思主义理论学科体系建构与建设研究》	张雷声
《马克思主义整体性研究》	逄锦聚
《改革开放以来马克思主义在中国的发展》	顾钰民
《当代中国人精神生活研究》	童世骏
《弘扬与培育民族精神研究》	杨叔子
《当代科学哲学的发展趋势》	郭贵春
《服务型政府建设规律研究》	朱光磊
《地方政府改革与深化行政管理体制改革研究》	沈荣华
《面向知识表示与推理的自然语言逻辑》	鞠实儿
《当代宗教冲突与对话研究》	张志刚
《马克思主义文艺理论中国化研究》	朱立元
《历史题材文学创作重大问题研究》	童庆炳
《现代中西高校公共艺术教育比较研究》	曾繁仁
《西方文论中国化与中国文论建设》	王一川
《楚地出土戰國簡册〔十四種〕》	陳　偉
《近代中国的知识与制度转型》	桑　兵
《中国抗战在世界反法西斯战争中的历史地位》	胡德坤
《京津冀都市圈的崛起与中国经济发展》	周立群
《金融市场全球化下的中国监管体系研究》	曹凤岐
《中国市场经济发展研究》	刘　伟
《全球经济调整中的中国经济增长与宏观调控体系研究》	黄　达
《中国特大都市圈与世界制造业中心研究》	李廉水
《中国产业竞争力研究》	赵彦云
《东北老工业基地资源型城市发展可持续产业问题研究》	宋冬林
《转型时期消费需求升级与产业发展研究》	臧旭恒
《中国金融国际化中的风险防范与金融安全研究》	刘锡良
《中国民营经济制度创新与发展》	李维安
《中国现代服务经济理论与发展战略研究》	陈　宪
《中国转型期的社会风险及公共危机管理研究》	丁烈云

书　名	首席专家
《人文社会科学研究成果评价体系研究》	刘大椿
《中国工业化、城镇化进程中的农村土地问题研究》	曲福田
《东北老工业基地改造与振兴研究》	程　伟
《全面建设小康社会进程中的我国就业发展战略研究》	曾湘泉
《自主创新战略与国际竞争力研究》	吴贵生
《转轨经济中的反行政性垄断与促进竞争政策研究》	于良春
《面向公共服务的电子政务管理体系研究》	孙宝文
《产权理论比较与中国产权制度变革》	黄少安
《中国企业集团成长与重组研究》	蓝海林
《中国加入区域经济一体化研究》	黄卫平
《金融体制改革和货币问题研究》	王广谦
《人民币均衡汇率问题研究》	姜波克
《我国土地制度与社会经济协调发展研究》	黄祖辉
《南水北调工程与中部地区经济社会可持续发展研究》	杨云彦
《产业集聚与区域经济协调发展研究》	王　珺
《我国民法典体系问题研究》	王利明
《中国司法制度的基础理论问题研究》	陈光中
《多元化纠纷解决机制与和谐社会的构建》	范　愉
《中国和平发展的重大前沿国际法律问题研究》	曾令良
《中国法制现代化的理论与实践》	徐显明
《农村土地问题立法研究》	陈小君
《知识产权制度变革与发展研究》	吴汉东
《中国能源安全若干法律与政策问题研究》	黄　进
《城乡统筹视角下我国城乡双向商贸流通体系研究》	任保平
《生活质量的指标构建与现状评价》	周长城
《中国公民人文素质研究》	石亚军
《城市化进程中的重大社会问题及其对策研究》	李　强
《中国农村与农民问题前沿研究》	徐　勇
《西部开发中的人口流动与族际交往研究》	马　戎
《现代农业发展战略研究》	周应恒
《综合交通运输体系研究——认知与建构》	荣朝和
《中国独生子女问题研究》	风笑天
《我国粮食安全保障体系研究》	胡小平

书　名	首席专家
《中国边疆治理研究》	周　平
《边疆多民族地区构建社会主义和谐社会研究》	张先亮
《中国大众媒介的传播效果与公信力研究》	喻国明
《媒介素养：理念、认知、参与》	陆　晔
《创新型国家的知识信息服务体系研究》	胡昌平
《数字信息资源规划、管理与利用研究》	马费成
《新闻传媒发展与建构和谐社会关系研究》	罗以澄
《数字传播技术与媒体产业发展研究》	黄升民
《互联网等新媒体对社会舆论影响与利用研究》	谢新洲
《教育投入、资源配置与人力资本收益》	闵维方
《创新人才与教育创新研究》	林崇德
《中国农村教育发展指标体系研究》	袁桂林
《高校思想政治理论课程建设研究》	顾海良
《网络思想政治教育研究》	张再兴
《高校招生考试制度改革研究》	刘海峰
《基础教育改革与中国教育学理论重建研究》	叶　澜
《公共财政框架下公共教育财政制度研究》	王善迈
《农民工子女问题研究》	袁振国
《当代大学生诚信制度建设及加强大学生思想政治工作研究》	黄蓉生
《处境不利儿童的心理发展现状与教育对策研究》	申继亮
《学习过程与机制研究》	莫　雷
《青少年心理健康素质调查研究》	沈德立
《WTO主要成员贸易政策体系与对策研究》	张汉林
《中国和平发展的国际环境分析》	叶自成
*《中部崛起过程中的新型工业化研究》	陈晓红
*《中国政治文明与宪法建设》	谢庆奎
*《我国地方法制建设理论与实践研究》	葛洪义
*《我国资源、环境、人口与经济承载能力研究》	邱　东
*《非传统安全合作与中俄关系》	冯绍雷
*《中国的中亚区域经济与能源合作战略研究》	安尼瓦尔·阿木提
*《冷战时期美国重大外交政策研究》	沈志华
……	

*为即将出版图书